21世纪普通高等院校系列规划教材

企业战略管理

Qiye Zhanlüe Guanli

（第二版）

主　编　李成文

副主编　王相平　汪　腾

西南财经大学出版社

图书在版编目(CIP)数据

企业战略管理/李成文主编.—2版.—成都:西南财经大学出版社,2016.7

ISBN 978-7-5504-2515-6

Ⅰ.①企… Ⅱ.①李… Ⅲ.①企业战略—战略管理—教材 Ⅳ.①F272

中国版本图书馆CIP数据核字(2016)第162340号

企业战略管理(第二版)

主　编:李成文

副主编:王相平　汪　腾

责任编辑:李特军

责任校对:杨婧颖

封面设计:杨红鹰　张姗姗

责任印制:封俊川

出版发行	西南财经大学出版社(四川省成都市光华村街55号)
网　　址	http://www.bookcj.com
电子邮件	bookcj@foxmail.com
邮政编码	610074
电　　话	028-87353785　87352368
照　　排	四川胜翔数码印务设计有限公司
印　　刷	四川五洲彩印有限责任公司
成品尺寸	185mm×260mm
印　　张	17
字　　数	370千字
版　　次	2016年7月第2版
印　　次	2016年7月第1次印刷
印　　数	1—3000册
书　　号	ISBN 978-7-5504-2515-6
定　　价	32.00元

21 世纪普通高等院校系列规划教材
编　委　会

总序

为推进中国高等教育事业可持续发展，经国务院批准，教育部、财政部启动实施了“高等学校本科教学质量与教学改革工程”（下面简称“质量工程”）。这是深入贯彻科学发展观、落实“把高等教育的工作重点放在提高质量上”的战略部署，在新时期实施的一项意义重大的本科教学改革举措。“质量工程”以提高高等学校本科教学质量为目标，以推进改革和实现优质资源共享为手段，按照“分类指导、鼓励特色、重在改革”的原则，加强课程建设，着力提升我国高等教育的质量和整体实力。为满足本科层次经济类、管理类教学改革与发展的需求，培养高素质有特色应用型创新型人才，迫切需要普通本科院校经管类教学部门开展深度合作，加强信息交流。值得庆幸的是，西南财经大学出版社给我们搭建了一个平台，协调组织召开了普通本科院校经管学院院长联席会议，就教学、科研、管理、师资队伍建设、人才培养等方面的问题进行了广泛而深入的研讨。

为了切实推进“质量工程”，第一次联席会议将“课程、教材建设与资源共享”作为讨论、落实的重点。与会人员对普通本科的教材内容建设问题进行了深入探讨，认为目前各高校使用的教材存在实用性和实践性不强、针对性不够等问题，需要编写一套高质量的普通本科教材，以促进课程体系和教学体系的合理构建，推动教学内容和教学方法的创新，形成具有鲜明特色的教学体系，以利于普通本科教育的可持续发展。通过充分的研讨和沟通，与会人员一致同意，共同打造切合教育改革潮流、深刻理解和把握普通本科教育内涵特征、贴近教学需求的高质量的21世纪普通高等院校系列规划教材。鉴于此，本编委会与西南财经大学出版社合作，组织了二十余所院校的教师共同编写本系列规划教材。

本系列规划教材编写的指导思想是：在适度的基础知识与理论体系覆盖下，针对普通本科院校学生的特点，夯实基础，强化实训。编写时，一是注重教材的科学性和前沿性，二是注重教材的基础性，三是注重教材的实践性，力争使本系列教材做到“教师易教，学生乐学，技能实用”。

本系列规划教材以立体化、系列化和精品化为特色，包括教材、辅导读物、讲课课件、案例及实训等；同时，力争做到“基础课横向广覆盖，专业课纵向成系统”；力争把每本教材都打造成精品，让多数教材能成为省级精品课教材、部分教材成为国家级精品课教材。

为了编好本系列教材，在西南财经大学出版社的支持下，经过多次磋商和讨论成立了由西南财经大学副校长、博士生导师丁任重教授任名誉主任，章道云教授任主任，王朝全教授、李成文教授、花海燕教授、赵鹏程教授、傅江景教授、蒋远胜教授任副主任，二十余所院校的专家教授任委员的编委会。

在编委会的组织、协调下，该系列教材由各院校具有丰富教学经验并有教授或副教授职称的教师担任主编，由各书主编拟订大纲，经编委会审核后再编写。同时，每一种教材均吸收多所院校的教师参加编写，以集众家之长。自2008年启动以来，经几年的打造，现在已出版了公共基础、工商管理、财务与会计、旅游管理、电子商务、国际商务、专业实训、金融、综合类九大系列七十余种教材。该系列教材出版后，社会反响好，有九种获评四川省“十二五”规划教材，有多种成为省级精品课程教材。

下一步根据各院校的教学需要，还将做两件事：一是结合转变教学范式，按照理念先进（体现人才培养的宽口径、厚基础、重创新的现代教育理念）、特色鲜明（体现科学发展观要求的学科特色、人才质量水平和转变教学范式的最新成果）、理论前沿（体现学科行业新知识、新技术、新成果和新制度）、立体化建设（基于网络与信息技术支持，形成一本主教材加与之配套的数字化资源、以辅助教学的网络平台提供创新型教学服务为支撑的内容产品体系）、模块新颖（教材应充分利用现代教育技术创新内容结构体系，以利于进行更加生动活泼的教学，引导学生利用各种网络资源促进自主学习和个性化学习，兼具“客观化教材”“开放性索引”“研究性资料”和“实践性环节”的功能）的要求，引进先进的教材编写模块来修订、完善已出版的教材；二是重点补充规划旅游类、实训类教材。

希望经多方努力，力争将此系列教材打造成适应教学范式转变的高水平教材。在此，我们对各学院领导的大力支持、各位作者的辛勤劳动以及西南财经大学出版社的鼎力相助表示衷心的感谢！

21世纪普通高等院校系列规划教材编委会

2013年4月

修订说明

转眼之间，本书已出版7年之久，应该修订了，但由于此书广受欢迎，加之其诸多理论为经典理论，所以修订之事延迟至今。但在许多二本院校培养应用型人才的趋势中，企业战略管理教材有诸多的问题，如如何把战略的宏观转化为微观、如何把理论转化为应用、如何让没有企业高管经历甚至没有企业管理经验的学生掌握企业战略管理的思维等。以上问题成为本教材修订的指导思想，主编思索再三，决定增补相应内容，提高教材的应用水平，使之既有理论厚度，又有工具的功能，让管理专业的学生增强专业应用能力。

修订后分工情况为：第一章，李成文（宜宾学院）；第二章，汪腾（西昌学院）；第三章，王相平（西华大学）；第四章，罗丹（西华师范大学）；第五章，龚勋（西昌学院）；第六章，王山宝（宜宾学院）；第七章，牟绍波（西华大学）；第八章，李成文（宜宾学院）；第九章，白如彬（宜宾学院）；第十章，杨波（宜宾学院）。

本书在修订和出版过程中，得到了参编者所在院系领导和西南财经大学出版社的关心、支持和指导。同时，本书还参考、借鉴了国内外企业战略管理的研究成果和诸多同仁的教学科研信息。在此，一并表示最诚挚的谢意。

李成文

2016年6月

前言

詹姆士·布莱恩·奎恩在《应变战略：逻辑增值主义》中指出："战略就是将一个组织的主要目标、政策和行动过程整合为一个整体的方式或计划。一个明确的战略有助于组织根据自己的相对优势和劣势、预期的环境变动以及明智的竞争对手的意外举措来规划和配置资源。"显然，战略的本质是抉择、权衡和适当。战略是保证一个组织尽可能去"做正确的事"，而战术是一种"正确地做事"的手段或方法。"战略决策的错误，是不可以用战役和战斗的胜利来弥补的"。由此可见，战略思维已成为管理中不可缺少的工具，也是管理类专业的学生强化战略思维训练的必修课之一。对于普通高等院校管理专业的学生而言，学习好"企业战略管理"这门课程的一个关键问题是选择一本合适的教材。基于此，我们以基本理论介绍、应用能力培养、技能训练为脉络，编写了本教材。各章都有小结、案例、思考题等内容，力求帮助学生增强学习能力、实践能力以及研究能力，同时形成科学、规范、简约的教材特色。

本书由四川省企业战略管理精品课负责人宜宾学院李成文教授任主编，西华大学王相平副研究员、西昌学院汪腾副教授任副主编。全书写作大纲由李成文教授拟订，并与两位副主编沟通商定。本书编写分工情况为：第一章，李成文（宜宾学院）；第二章，汪腾（西昌学院）；第三章，王相平（西华大学）；第四章，罗丹（西华师范大学）；第五章，龚勋（西昌学院）；第六章，王山宝（宜宾学院）；第七章，牟绍波（西华大学）；第八章，白如彬（宜宾学院）；第九章，杨波（宜宾学院）。本书统稿、审稿工作由李成文教授完成。

本书在编写和出版过程中，得到了参编者所在院系领导和西南财经大学出版社的关心、支持和指导。同时，本书还参考、借鉴了国内外企业战略管理的研究成果和诸多同仁的教学科研信息。在此，一并表示最诚挚的谢意。同时，也希望广大读者能够对本书的瑕疵之处不吝赐教，以便本书再版时修订。

编者

2009 年 4 月

目录

第一章　战略与战略管理

第一节　战略的定义与特点

一、战略的定义

（一）战略的经典定义

（1）一个全面的计划：界定在所有可能出现的不同情况（选手）如何做出选择。（约翰·冯·诺依曼和奥斯卡·摩根斯坦，《博弈论与经济行为》，1944）

（2）战略可以被定义为确立企业的根本长期目标并为实现目标而采取必需的行动序列和资源配置。（小阿尔弗雷·钱德勒，《战略与结构》，1962）

（3）战略是联结公司所有活动的共同线索，是实现目标的途径，是一整套用来指导企业组织行为的决策准则。战略应由四个基本要素组成：①经营范围：产品与市场组合；②竞争优势：选择优势产品与市场，识别环境变化的特点，寻求机会；③协同作用：产品间的相似性，资源与能力的共享，市场、生产、投资和管理方面的协同；④增长向量：选择公司发展与成长的方向，如市场渗透、市场开发、产品开发和多元化。（伊戈尔·安索夫，《公司战略》，1965）

（4）企业战略是这样一种决策格局：决定并昭示企业的使命、要旨和目标，提供现实目标的基本政策和计划，界定企业的业务的范围、它所代表的或者希望成为的那种经济与社会组织，以及它要为股东、雇员、顾客和社区所作出的经济的和非经济的贡献。（肯尼斯·安德鲁斯，《公司战略的概念》，1971）

（5）战略是一系列决策中反映出的某种模式。（亨利·明茨伯格，《战略制定中的模式》，1978）

（6）战略是企业与环境的联结手段。（雷蒙德·E. 迈尔斯和查尔斯·C. 斯诺，《组织战略、结构和过程》，1978）

（7）战略是将组织的主要目标、政策和行动序列整合于一个有机整体的计划模式。一个好的战略帮助企业获取和配置资源，从而根据其相对的内部实力与缺点、预期的环境变化，以及明智的对手的伺机举动，造就企业的独特和有利的态势。（詹姆斯·B. 奎因，《变革的战略：逻辑渐进主义》，1980）

（8）保证企业的基本目标能够得以实现的一个统一的、综合的全面的计划。（W. F. 格力克，《企业政策和战略管理》，1980）

（9）战略是企业所追寻的目标以及其实现方法或政策的结合。（迈克尔·E. 波特，

《竞争战略》，1980）

（10）业务战略的实质，一言以蔽之，就是竞争优势……战略计划的唯一要旨在于使企业可以尽可能有效率地获得相对于对手的持久优势。公司战略因此意味着试图通过最有效率的途径改变企业相对于对手的实力。（大前研一，《战略家的头脑》，1982）

（11）战略是对能够创造和增强企业竞争优势的某种行动计划的有意搜寻。（布鲁斯·D. 亨德森，《战略的起源》，1989）

（12）战略关乎输赢……战略是运用资源建立优势地位的总体计划。战术是一个有关某种具体行动的谋划。（罗伯特·M. 格兰特，《当代战略分析》，1996）

（13）竞争战略在于与众不同。它意味着可以选择不同的活动系列来提供独特的价值组合。（迈克尔·E. 波特，《什么是战略》，1996）

（14）战略是使得企业保持和增进其绩效的某种资源配置模式。（杰伊·B. 巴尼，《获取和保持竞争优势》，1996）

（15）战略的实质在于通过打破现有的价值/成本均衡改变游戏规则从而创建蓝海。（W. 钱·金和勒纳·莫博尼，《蓝海战略》，2005）

（二）综合的定义

亨利·明茨伯格，战略管理领域中的一位具有重要贡献的学者，他选择从不同的层次和侧面对战略进行复合定义，从而能够全面详实地把握战略的要义，并能够适合不同的情景之需。他采用5个在英文中以“P”为开头字母的词语来为战略做出一个综合的“5P”定义，即计划（Plan）、计谋（Ploy）、模式（Pattern）、定位（Position）与视角（Perspective）。这种综合的处理虽然略显不甚简约和精当，却无疑以丰厚与包容见长，更加全面具体地捕捉到了战略概念与现象的多面性与复杂性。

1. 战略乃计划

在最高层面上，战略是一个宏大的计划和蓝图，是某种有意识、有企图的行动进程，体现于一系列为了实现某种目标和结果而制定的基本方针、政策和准则。总而言之，这种计划通常富于理性和综合性，试图涵盖企业运行和管理的所有重要方面，涉及和警示企业内外各种可能的突变与不测。

2. 战略乃计谋

在操作层面上，战略可以被理解为一个睿智机敏的策划、聪明狡黠的计谋或者乖巧伶俐的手腕，以利于在某个具体的争斗或冲突中比对手占上风。相比于总体计划而言，作为计谋的战略，在时间上更加迅速和短暂，内容上更加具体和特定，范围上更加有限和明确，实质上更具有操作性和策略性，受企业的总体计划支配并服务于总体计划。

3. 战略乃模式

战略可以是理性的和有意图的，也可以是在一系列决策中自然而然产生的，它作为一种事后体会和总结成的某种模式而被追认和存在。作为模式战略，指的是企业在一个决策序列中展现出的行为一致性，不管有意与否。作为理性计划的战略可能并未得到实现，而在行动中滋生的“突现战略”（Emergent Strategy）却可能在无意间自然形成。

4. 战略乃定位

在其最为容易观察的状态，战略主要反映在企业的定位上，即在竞争图景中相对于竞争对手的定位。战略联结企业与环境。作为定位战略，揭示企业所选定的经营范围、产品与市场组合以及其独特的竞争优势。通过这种定位选择，一个企业确定它的细分市场或“利基”，选择面对某种竞争而回避另外某种竞争，对外部资源与市场空间进行取舍。从这个意义上讲，战略的实质在于寻求恰当的市场定位，从而获取持久竞争优势和长期卓越经营绩效。

5. 战略乃视角

战略是一种根深蒂固和系统一致的世界观，是一个企业观察和理解现实的独特视角。作为某种视角或世界观的战略，它昭示企业的基本经营哲学、核心精神、管理逻辑和占主导地位的企业文化。它定义企业的形象认知和“人格”特点。企业通过主导的和共享的价值体系和管理逻辑来感知世界。从这个意义上讲，战略并非一个真实有形的物理存在，而是一个概念，一个概念化了的存在，作为通过某种想象力虚构而成的记忆，储存于相关人士的脑海中。

二、战略的阶层

在现代企业中，我们经常会发现战略阶层现象：战略在不同的企业管理层面上同时存在和作用。霍夫和申德尔（Hofer 和 Schendel，1978）对企业的战略阶层给出了最早也最为详尽的论述。他们把企业的战略分为制度战略、公司战略、业务战略和职能战略。

（一）制度战略

制度层面的战略是一个企业在社会领域而非竞争领域的战略，它所面对的问题是如何解决企业的社会合法性问题。在其所进行经营活动的社区中，作为一个企业公民，承担社会责任和义务，关注人文和自然环境，在非经济领域为社会做贡献等，可以帮助企业增进其公众形象和认知。也就是说，行善可以转换成赢利。那些社会形象良好的企业通常可以享用各类免费的宣传和报道，提升顾客的忠诚度和美誉度，从而间接地对其在竞争领域中的作为进行反馈。

（二）公司战略

公司，在现代企业制度下和通行的管理文献中，通常指的是多元化经营的企业。公司战略，或曰公司总体经营战略，主要应对的是如下问题：我们将要经营哪些业务？就实质而言，公司总体经营战略的要务在于企业经营范围的选择，即企业经营业务的数量、种类和相关性。在此基础上，公司战略还要关注和管理企业资源在不同业务之间的配置、核心竞争力的培养、公司总部与业务单元之间的关系，以及公司与其他企业之间的关系和交往，包括战略联盟以及其他方式的合作安排。具体而言，公司战略的主要任务是管理企业的多元化经营，从多元化的动机和诱因，种类和形式、方式和途径、手段与模式（比如内部发展或者兼并与并购），到多元化经营的绩效与风险。

(三) 业务战略

业务单元，通常指的是公司中一个相对独立的并拥有自己的总体管理阶层的经营实体和利润中心。业务战略，或曰战略业务单元的竞争战略，主要应对如下问题：给定企业的经营范围，在某一个具体的行业或市场中，一个业务单元如何去竞争并获取竞争优势？就实质而言，业务战略的要务在于如何在某项业务中耕作和挖掘，以确定相应的竞争定位与竞争态势，发现竞争优势的源泉和持久动力，并实现长期的优秀经营绩效。

(四) 职能战略

职能战略，是指一个业务单元中不同职能部门的战略，其主旨在于为业务单元的竞争战略服务。职能战略应对如下问题：我们职能部门如何为业务单元的战略选择和实施做出相应的贡献？具体而言，职能战略通常支持业务战略，甚至在某些情况下决定业务战略的成功。比如，在业务战略层面，差异化战略的成功实施通常取决于出色的营销战略和制度或操作战略。聪明的营销战略可以从强调身份、地位和荣耀入手，帮助增进和提高企业产品和服务的无形价值。合适的制定和操作战略能够使得企业的产品和服务质量优异、工艺精良、准确一致、可靠性强，这种有形优势的组合才会使差异化的优势真正强大持久。

三、战略的特点

每个企业都有自己的战略，无论管理者意识到与否。战略，或公开或隐含，或有意企图，或自然突现，乃企业与环境联结与沟通的根本媒介与手段。战略有一些共同的一般特点：目标导向、长期效应、资源承诺和冲突互动。

(一) 目标导向

战略通常具有强烈的目标导向性，战略是实现目标的方法和手段。如果你不知道你要到哪里去，什么战略都无所谓。常识告诉我们，一个战略，只有在具体的目标前提下讨论和实现才真正有意义。否则，战略只不过是脱离实际情况的简单准则与政策，或是毫无生气的技术手段。当然，没有特定目标的战略也不是完全没有可能。比如，无论任何情况和游戏规则，一个企业可以采取和遵循一个简单的准则和方法：无论在任何时候都不第一个采取行动。然而，也许这种战略本身也隐含了某种目的性。

其实，就战略的定义本身而言，作为一个实现目标的手段和方法，战略并不包括目标。如此，战略和目标是两个不同的概念，尽管它们通常密不可分。

(二) 长期效应

战略，更确切地说是战略管理，不仅要注重目标，而且有长期效应。战略面向未来，把握企业的总体发展方向，聚焦于企业的远见和长期目标，并给出实现远见与长期目标的行动序列和管理举措。由于战略决定大政方针和基本方向，它就不可能是短期的伺机行事和即兴发挥，不可能朝令夕改，随意更张易弦。战略对企业的行动通常具有制约和规范作用，表现出某种一致性和稳定性。然而，战略的长期效应，或者说战略决策通常具有长期影响，并不一定意味着对战略进行决策的时间拖得很长。战略可以在某一个短暂的瞬间被一蹴而就地果断敲定，也可以在选择与实施的往返交替中渐进形成。问题的关键是，可以称为“战略”的东西，一般都具有长期的影响和效应。

（三）资源承诺

战略是一种以承诺所支持的姿态和境界。战略决策往往牵扯到大规模、不可逆转、不可撤出的资源承诺。成功则承诺成为明智投资，失败则承诺变成沉没成本。这就意味着，在企业的战略决策序列中，每一步都是有约束力的，通常朝着某个方向深入和强化。有约束力的承诺，意味着对灵活性的某种主动丧失或放弃，使得战略不可能是免费进出和轻易改辙的游戏。当一个企业决定选择某种战略方向时，它也自动和其他一些可能的方向暂时或者永远地分手。这种承诺正是战略长期效应存在的原因。承诺帮助企业创建和确定其竞争定位，并通常是持久竞争优势存在的充分必要条件。

（四）冲突互动

战略主要应用于冲突与竞争之中，因此有明显的互动性，必须考虑竞争双方或者多方的动机、利益、实力和行动及其后果。如果没有冲突和竞争，战略也就没有存在的必要。各取所需，各自按照自己的自由意志行事即可。然而，在现实生活中尤其是商业活动中，由于利益的不同和资源的稀缺，冲突和竞争在所难免。战略的互动性也就不言自明。自戕不需战略，只需计划；打败别的对手，则需要战略。一个企业可以闭门造车，不管对手的行为，只顾自己的意愿，这种所谓的“战略”还不能被称为真正意义上的战略，只是一种不切实际的计划而已。战略不可避免地要考虑对手的行为和反应，因为一个企业的行为结果注定要受其他竞争对手的反应的作用和影响。

战略不是单行线，而是双边和多边的相互运动，只不过对手间直接接触的程度和互动的激烈程度随着竞争的环境不同而变化罢了。比如，足球和篮球比赛通常互动性强，你来我往，竞争激烈，而体操和跳水比赛则基本没有对手间的身体接触，各赛各的，互不干涉。即使如此，在赛前准备和参赛项目的选择上，参赛选手也要关注对手的实力和选择。不可否认，一个企业可以通过战略创新独辟蹊径，开创“蓝海”，在某个特定时间和空间组合，甩开对手，特立独行。但是，以模仿或替代等为手段的竞争对手也必定实际地或潜在地尾随其后，虎视眈眈。因此，长期而言，所有的市场和企业都是“可竞争的”或者说是具有“可竞争性的”（Contestable），冲突和竞争是不可避免的，即使对垄断企业来说也是如此。

四、战略的基本准则

（一）独特性

战略的生命线是其独特性。一个企业独有的、难以被对手模仿的特点与资质可以帮助企业获取和保持竞争优势，是战略的可靠基础。从这个意义上讲，战略的精彩在于特色突出、性格显著、出类拔萃、卓尔不群。波士顿咨询公司创始人布鲁斯·亨德森教授曾经声称，企业的独特性乃是“战略的根源”。他如此引述“高斯竞争性互斥原理”：1943 年，莫斯科大学的高斯教授将两个同属的非常小的动物（原生物）放在一个瓶子里并提供适量的食物。如果两个是不同类的，它们可以共同生存和持续；如果它们是同类的，则不可能共生和持续。这种观察导致了“高斯竞争性互斥原理”——两个生存方式完全相同的物种不可能同时共存。(Henderson，1989)

显然，作为高斯原理的派生原理，在同质化的竞争游戏中，与采用同样战略的竞争对手（同类物种）争斗到死实际上是主动自杀。一个企业必须寻求其可以赖以生存和延续的“利基”，发现和发挥其独特性及其带来的竞争优势。

（二）合法性

一个企业在拓展其独特性边界的时候，也要考虑所谓社会合法性问题，即需要被对手、公众、政府、社区和整个社会所容忍和接纳。制度学派的理论强调组织的趋同性，亦即企业的特性和行为向着某种大家公认的主导规范和形态收敛的趋势。与主导规范和形态保持一致可以赋予企业必需的社会合法性，使之从容正当地获取资源，坦然自若地从事经营活动。这种合法性不仅意味着在某种法律和道德底线之上进行经营，而且还意味着社会和经济生活中其他有形和无形的制度安排下，比如传统规范和风俗习惯等，企业的行为和做派要显得合情合理。

合法性显然是制度层面的战略需要解决的问题，对于一个独特性凸显的企业来说尤其如此。因为独特性强，就容易不合群。比如，像微软这样一个拥有独特资源和能力的企业，通常也会有强大的市场地位，它往往会成为对手恐惧甚至憎恨的对象，也会受到政府和公众的怀疑，怀疑它是否依赖市场强权，采取所谓“不正当竞争手段”打压对手，损害消费者利益。实际上，在过去的几十年中，西方管理学教科书中在每一个时代所标榜和吹捧的“伟大企业”或“管理典范”，基本上毫无例外地都在某个时期被政府警告、惩治或处罚过。所谓“木秀于林，风必摧之”，被警告或惩治之后，这些原先以为在所有领域都可特立独行的企业也会变得谦恭起来，刻意注重改善自己的形象，增进与政府、顾客、社区和各种相关利益集团的关系。

随着全球化的进程日益迅猛，许多跨国公司现都逐步意识到自己在所在国当地的社会合法性问题的重要性。比如，一个财大气粗的跨国银行，可以利用它的全球资产和声誉等独特优势，对所在国本土的银行采取极端的竞争手段，从而激怒它们。这些本土对手就会集体向政府告状，要求政府对跨国银行进行限制和制裁。相反，如果跨国公司积极主动地增进其合法性，效果就会好得多。

因此，虽然一个企业的战略需要在竞争领域充分发掘、培育和张扬其独特性，从而不断创造和保持竞争优势，但它同时还需要保证和满足社会合法性的要求，从而成为一个既独特领先又合法合群的选手。也就是说，企业要与对手既不同又相同，最大限度的独特、最低限度的合法，这需要非常艺术地保持一种微妙的平衡。

（三）原本性

战略在商业竞争中最终的目的是“赢”，是为消费者创造卓越的价值。一个企业的战略要先回答的一个根本问题应该是“我们为顾客提供什么样的价值”，而不应该主要去担心“如何打败我们的竞争对手”。战略的原本性准则要求企业的战略从“盯住对手”转向“拥抱顾客”，要求企业清楚地知道谁是他们的顾客，顾客究竟需要什么，企业如何去满足他们的需要。从顾客的实际需求出发是原本性准则的核心要义。战略灵感的源泉应该来自顾客的需要，而不是对手的作为。顾客的需要是企业的终极目标和参照系，企业应该对其核心客户有深入详细的了解，建立亲切和愉悦的习惯性的长期关系，甚至达到在审美和精神层面的交流。比如，苹果公司的忠诚客户对其产品往往具有某种不可抑制的好感。

大前研一，战略思维和全球化战略的主要倡导者之一，曾经呼吁“回归战略的根源”。他观察到当企业越来越重视对手的举动时，他们也就离如何创造消费者价值越来越远。比如，在美国市场上，大多数咖啡壶制造商都在原材料、表面设计、定时遥控、容量和时间方面大做文章，然而，几乎没有一家厂商去问“人们为什么要喝咖啡?”显然，味道是一大诱因。因此，这些厂家面临的问题实际上是“我们的咖啡壶如何才能够酿造味道好的咖啡?”而这个关键顾客需求很少被考虑到。经过走访咖啡酿造高手，才知道咖啡壶中处理水的机制是影响咖啡味道的一个重要因素。有这样理解的企业和愿意花工夫去这样理解顾客需求并千方百计满足这种需求的企业，往往能在关键层面上正本清源，出奇制胜。这就是原本性准则的力量。

(四) 创新性

创新性实际上和独特性与原本性紧密相连。随着竞争对手的模仿和替代、顾客需求的转变和发展，最终，所有的战略都将失去其独特性和原本性。创新性、创造力、可以重建或更新战略的原本性和独特性，使其在竞争中领先一步。创新，寻求新的办法满足顾客的需求，不仅是新建企业之必需，也是成熟企业不断发展所不可或缺的。创新研究的开山鼻祖熊彼特将创新定义为“创造性的破坏”，意为打破常规与均衡，开发新产品、新原材料、新市场、新组织方式等。创新性准则可以在文献中找到多种理论流派的支持。

布兰登伯格和内尔巴夫（Brandenburger 和 Nalebuff，1996）以博弈论为基础，提倡“改变游戏”。企业不应该碰见什么游戏就玩什么游戏，首要的问题永远是“我们能不能依据我们的优势和意志改变现有游戏?”显然，改变游戏需要创新性和创造力。盖·川岐曾经劝告企业“跳到下一个曲线”，而不要在现有的市场中挑战强势企业的领袖地位。最近，金和莫博妮的“蓝海战略”一说，再次倡导对创新性准则进行推崇和应用。通过对产品和服务性能进行创造性的删除、减少、新加和增多等手段的组合，企业可以在自己开创的蓝海中更加准确和适当地满足明确顾客群体的需求，避免漫无目的地在同质化竞争极为激烈的“红海”中游弋。

第二节　企业战略管理

一、企业战略的概念

企业战略是企业根据其外部环境及企业内部资源和能力状况，为求得企业生存和长期稳定发展，为不断地获得新的竞争优势，对企业的发展目标及达到目标的途径和手段的总体谋划。

根据上述定义，可以看出企业战略要素包括六个方面：

（1）企业应该认真研究企业的外部环境。20 世纪 90 年代以前的战略管理理论比较偏重于静态地分析企业外部环境及竞争优势，而之后，尤其是在进入 21 世纪以来，国际、国内环境日益动态化，即：环境变化的速度加快；技术创新日益加剧并产生新的竞争来源及新的竞争对手；市场和消费者的需求越来越复杂多变和不可预测。因此，一种新的动态竞争的战略观正在形成，它要求我们在分析企业外部环境方面具有更前瞻的眼光和更强的战略主动性，而不仅仅是适应环境。

（2）企业应该认真分析企业的内部资源及能力状况。20 世纪 90 年代以前，在分析企业内部环境时比较偏重于静态地分析企业优势和劣势，而 20 世纪 90 年代以来，尤其是在进入 21 世纪后，企业优势理论的重点开始转向以资源为基础的竞争优势观，并出现了核心竞争力等一系列新的理论与模型，强调战略形成的学习观，并认为唯一可持续的竞争优势就是具有比对手更快的学习能力。因此，核心竞争力是企业可持续竞争优势和新事业发展的源泉，企业只有形成核心能力、核心产品和市场导向的最终产品这种层次结构时，才能在全球竞争中取得持久的领先地位。

（3）为使企业生存和长期稳定地发展并不断获得新的竞争优势是制定企业战略的出发点和归属。要使企业未来生存并长期稳定地发展，就必须不断地创造新的竞争优势；只有不断地创造新的竞争优势，才有可能使企业生存并长期稳定发展，两者相辅相成，成为企业制定战略的根本出发点。

（4）企业战略应当有一个明确的战略目标。战略目标是指在一定战略时期内企业所预期达到的理想成果。战略目标的作用不仅仅在于指明企业未来的发展方向、引导企业进行正确的资源配置、协调不同部门及个人之间的活动、增强企业的凝聚力，同时战略目标也要与企业主要利益相关者的期望一致。

（5）企业战略应当指明从现状到达长期目标所选择的途径。企业为了达到长期目标，可以通过技术创新，不断地开发新产品、新技术从而不断地创造技术优势，争取竞争的胜利；企业也可以通过不断地并购，迅速达到一定的经济规模，创造成本的优势，争取竞争的胜利；企业也可以通过开拓市场，不断创造市场优势，取得竞争胜利；企业也可以通过多角化经营，在核心竞争力方面进行新的组合，在核心竞争力、核心产品及最终产品等方面不断创造新的优势，从而取得竞争胜利等。

（6）企业战略应当指明实施战略所应当选择的手段。企业为了达到长期目标，选择了正确的战略途径之后，还需要有各种战略措施来保证战略的实施，即企业组织机构、人力资源开发与管理、企业的供应、生产、营销、财务、技术等企业管理各方面的相应策略，同时与企业战略相匹配，保证企业战略目标的真正实现。

二、企业战略的特征

（一）企业战略的一般特征

1. 全局性及复杂性

（1）企业战略的全局性表现在四个方面：①企业战略要符合整个世界的政治、经济、技术的发展趋势。世界经济全球化是21世纪不可抗拒的潮流，企业战略必须要符合世界的政治、经济、技术的发展趋势，企业才可能取得竞争的胜利。②企业战略要符合所在国的政治、经济、技术的发展趋势。即企业战略必须与所在国国民经济的发展计划相一致，企业战略才有可能实现。③企业战略管理要符合企业所在行业的发展趋势。每个行业都有其自身的发展趋势，企业战略必须与企业所在行业的发展趋势相一致，企业战略才有可能实现。④企业战略管理要符合本企业的发展趋势。每个企业的昨天、今天与明天是连续变化的，企业历史是不可能割断的，因此，企业战略也必须与本企业发展趋势相一致，才有可能实现。

综上所述，企业战略要符合世界的、所在国家的、行业的及企业本身的发展趋势，没有这样的全局观念，就无法制定企业战略。

（2）企业战略的复杂性表现在两个方面：①企业战略的制定是企业高层领导人的价值观的反映，是一种高智慧、复杂脑力劳动和集体决策的结果，是一种非程序性决策。因此，完全要靠战略咨询专家及企业高层领导团队的政治敏感、远见卓识、机遇捕捉、战略技巧的有机组合才能制定出好的企业战略，因而战略制作的过程是非常复杂的。②企业战略的实施是非常复杂的。因为新战略的贯彻实施会牵扯到企业产品结构、组织机构、人事安排的调整，关系到企业内部干部和职工的切身利益、权利、地位等问题。实际上，企业战略的实施是企业内部高层领导者政治权利平衡的结果，因此，企业的董事长和经理如果没有坚定的决心，即使企业战略制定得很好，也未必能贯彻到底。

2. 未来性及风险性

所谓未来性是指制定企业战略需要对企业未来几年的外部环境变化及内部条件变化做出预测。企业战略能使未来企业更好地行动，因此预测很重要。成功的战略往往是预测准确的战略，因此企业战略具有未来性。

但是，随着科学技术及国内外经济的变化速度变快，环境的动态性增强，环境的不确定因素增多，因此企业战略的制定及实施具有一定风险性，这是人们在制定及实施战略时必须充分估计到的。

3. 系统性及层次性

企业战略通常分为三个层次，即公司战略、业务战略和职能部门战略（见图1－1）。

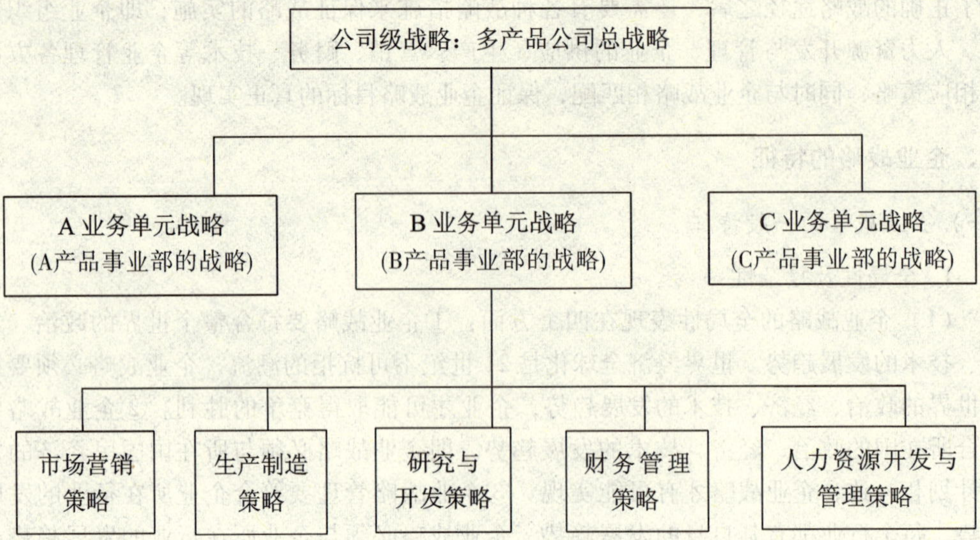

图 1－1　大型企业战略系统

公司战略，由安索夫首先提出，主要关注两个问题：第一，公司经营什么业务；第二，公司总部应如何管理多个业务单位来创造企业价值。

业务战略，也称“业务单元战略”，起源于安德鲁斯的论述，主要关注企业经营的各个业务如何获取竞争优势的问题。

职能战略，是公司战略与竞争战略在企业各职能领域的体现，是连接战略与企业职能活动的桥梁。职能决策主要包括市场营销策略、财务管理策略、人力资源开发与管理策略、研究与开发策略、生产制造策略等。在学术界，职能战略的内容通常由工商管理的各个职能学科研究；在企业界，职能战略的内容通常由战略咨询专家与企业职能部门共同参与制定，由职能部门负责实施。

应当指出，公司战略、业务单元战略与职能战略之间必须保持高度的统一和协调，即各职能部门的战略是为保证实现业务单元（事业部或子公司）战略服务的，而各业务单元（事业部或子公司）战略是为保证实现公司战略服务的。战略的三个层次之间必须要同步化、协调化，否则公司战略是实现不了的，这就是企业战略的系统性及层次性。

4. 竞争性及合作性

制定企业战略的目的在于使企业能在激烈的市场竞争中发展壮大自己的实力，并在与竞争对手争夺市场和资源的斗争中占有相对的优势。因此，竞争性是企业战略的本质特征之一。

但是企业存在的目的不是为了竞争，所以在竞争中还可能与竞争对手在某些领域进行有条件的合作（如结成战略联盟），以取得双赢或者多赢的效果，因此企业战略也具有合作性。

5. 稳定性及动态性

不能因为在企业经营中发生了一些枝节性的问题，就随便修改战略。企业战略必须在一定时期内保持相对的稳定性，才能在企业经营活动中具有指导意义。但是，如果企业外部环境或内部条件的确发生了较大的变化，企业战略也必须随之进行修改，因此战略又具有对环境动态适应的特点。因此，企业战略在执行过程中要按月、按季度、按半年、按全年随时观察企业内外环境变化，及时进行调整、修正，才能达到战略目标，因此企业战略又具有动态性。

(二) 中国企业战略的特征

中国正在不断完善社会主义市场经济，因此，中国企业战略还具备以下三个方面的特征：

(1) 动态性及短期性；

(2) 生存性及保守性；

(3) 调整性及重组性。

这就是说，在中国相当多的企业产品结构亟须调整；相当多的企业人才结构亟须调整。

同时，市场结构、财务结构、组织结构也都亟须调整。

三、企业战略目标体系

(一) 战略目标的概念、特征与作用

1. 战略目标的概念

战略目标是对企业愿景进一步的具体化和明确化，是企业在一定时期内预期达到的理想成果。战略目标是企业战略的重要组成部分，体现着企业的战略思想和使命，是制定、选择战略方案以及战略实施与控制的依据。战略目标可以是定性的，如竞争地位目标等；也可以是定量的，如企业赢利能力目标或市场份额目标等。

正确合理的战略目标，对企业的经营具有重大的引导作用，它是企业制定战略的基本依据和出发点。基于战略目标涉及时间的长短，企业的战略目标可以分为中长期和短期目标；基于其涉及的范围，战略目标又可以分为总体战略目标和经营单位战略目标。

2. 战略目标的特征

企业战略目标需要根据企业愿景选定目标参数，简要说明需要在什么时间、以怎样的代价、由哪些人员完成哪些工作并取得怎样的成果。这样才能为企业的有序经营指明方向，为业绩评估与资源配置提供标准和依据。

战略目标是企业战略意图的具体表现，因而是设定的而不是推算出来的。但是，设定并不意味着随意。为了使战略目标真正发挥应有的作用，它应具有如下特征：

(1) 可测量性。战略目标应该是具体的、可度量和可检测的。当然，也有许多目标难以量化。一般的，时间跨度越长、战略层次越高的目标，越具有模糊性，也就越难以量化。对于这样的目标，应当尽可能对要达到的程度做出准确的界定，一方面明确实现目标的时间，另一方面说明工作的特点。只有这样，战略目标才会变得具体而又有实现意义。

（2）可操作性。在制定战略目标时，必须从实际出发，在全面分析企业内、外部环境的基础上，判断企业经过努力所能达到的程度。战略目标必须是引领性和挑战性的有机结合，既不能脱离现实将目标定得过高，也不可把目标定得太低，要在可行性和挑战性之间建立平衡。过高的目标让员工觉得不切实际，难以接受，还会挫伤其积极性，使之失去信心，甚至导致企业资源的浪费；反之，过低的目标会使组织滋生惰性，使企业的优势资源失去活性。此外，若目标不具有挑战性，容易被员工忽视，非但不能起到激励、引领的作用，更严重的是可能导致市场机会尤其是重大战略机会的丧失。

（3）系统性。战略目标是企业的整体目标。企业是在开放环境下运行的组织，战略目标的制定必须建立在实事求是地对内、外部环境进行分析和预测的基础上，然后根据整体目标的要求，制定出一系列相应的分目标。这些分目标之间，以及分目标和总目标之间，应该具有内在的相关性，并形成一个完整的、相互配套的目标体系。

从时间上看，企业发展的不同阶段都会有不同的战略目标。从层次上看，企业的不同管理层、职能部门都有自己的目标。

3. 战略目标的作用

相对于核心价值观、愿景、使命和经营目标而言，战略目标起着承上启下的作用。一方面是对核心价值观、愿景和使命的具体化、细化或量化；另一方面又指导经营目标。换言之，经营目标必须服从并体现战略目标。战略目标对企业有很多益处，包括指明方向、促进协同、帮助评价、明确重点、减少不确定性、减少冲突、激励员工以及有助于资源配置和战略实施的方案设计。

（二）战略目标的内容

战略目标会因企业使命的不同而不同，决策者应从以下几个方面，考虑企业战略目标的内容。

1. 获利能力

任何企业在长期生产经营中，都追求一种满意的利润水平，企业一般都有自己明确的利润目标。企业战略的成效，首先表现为企业的赢利水平，通常以利润、资产报酬率、所有者权益报酬率、每股平均收益、销售利润率等指标来表示。

2. 市场竞争地位

大多数企业喜欢根据其销售总量或市场占有率来评价自己在增长和获利方面的能力。可以说，市场的竞争地位是衡量企业绩效好坏的重要标准。企业在竞争中相对地位的提高，是企业战略所追求的重要目标。常用指标有市场占有率、总销售收入、产品质量名次、企业形象地位等。

3. 生产能力

在市场环境相对有利的前提下，企业提高单位产出水平是提升获利能力的一种方法。为此，企业在设定生产能力目标时，需要改进投入和产出的关系，制定出每单位投入所能生产的产品或提供服务的数量；同时，企业还可以根据降低成本的要求，制定生产能力目标。提高生产效率是企业又一个重要的战略目标。常用指标有投入产出比率、年产量、单位产品成本等。

4. 财务状况

财务状况是企业经营实力和运行能力的综合表现。通常以资本总量、资本构成、新增股份、现金流量、流动资本、红利偿付、固定资产、资金周转率等指标来表示。

5. 产品结构

合理的产品结构是企业生存发展的重要基础。常用指标有新产品的销售额占企业总销售收入的比率、新开发产品数、淘汰产品数等。

6. 技术水平

在知识经济时代，知识作为重要的生产能力要素，对经济增长的贡献日益突出。企业的技术水平，关系到企业在生产中的竞争地位，进而关系到企业的战略选择。因此，许多企业把技术领先作为自己长期追求的目标。企业在战略目标中，常常规定在战略期内企业的技术水平应有哪些改善和提高。常用指标有应完成的开发与创新项目、技术集成能力、研究与开发费用占销售收入的比重、企业获得的专利数量、国产化率、关键技术对外依存度等。

7. 人力资源开发

企业发展的推动力量来自企业的人力资源，人力资源水平的高低取决于企业职工素质的高低。常用指标有战略期内培训费用的多少、培训人员的数量、技术人员比率、高水平技术人员的增加率、职工技术水平的提高率、知识管理水平、人员流动比率等。

8. 企业发展

企业在战略时期内的成长与发展，是企业战略的重要目标。常用指标有经济效益提高速度、生产规模的扩大率、生产能力的增加率、生产自动化水平的提高率、节能减排水平、在行业中的地位、管理创新能力、可持续发展能力、品牌、商誉、影响力等。

9. 职工福利

员工对企业的忠诚度与组织承诺，是企业竞争能力的重要因素。常用指标有员工薪酬在同行业中的竞争力、人均工资水平的提高率、员工健康（生理、心理）状况、员工满意度、人员流动比率等。

10. 社会责任

现代意义上的企业，必须认识到自己肩负的社会责任。社会责任要求企业承担有利于社会长远目标的义务，而不仅仅是履行法律和经济上的义务。社会责任反映企业对社会的贡献情况，常用指标有环境保护、节约能源的措施、对社会和社区的各项事业的支持等。

企业并不一定在以上所有领域、所有方面都制定目标，战略目标也并不局限于以上十个方面。企业决策者应找出对本企业发展最关键的指标。

（三）战略目标体系的构成

从纵向上看，企业战略目标一般由总体战略目标和主要的职能目标构成。企业依据其使命和愿景定位，先给出总体战略目标。为保证总战略目标的实现，必须将其层层分解，制定保证性职能战略目标，即总战略目标是主目标，职能性战略目标是保证性的分目标或子目标。战略目标体系的纵向构成如图 1－2 所示。

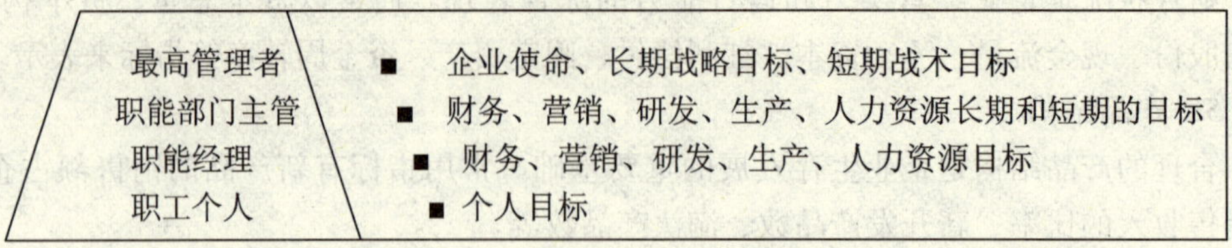

图 1－2　战略目标体系的纵向构成

从横向上看，企业的战略目标大致可分为两类：

第一类是用来满足企业生存发展所需要的项目目标，这些项目目标又可以分解成业绩目标和能力目标两类。业绩目标主要包括收益性、成长性和稳定性指标三类定量指标。能力目标主要包括企业综合能力、研发能力指标、生产制造能力指标、市场营销能力指标、人力资源开发能力指标和财务管理能力指标等一些定性和定量指标。

第二类是企业利益相关者所要求的目标。与企业具有利益关系的主要有客户、企业、职工、股东、所在社区、债权银行、供应链上的合作伙伴、行业协会及其他社会群体，具体如表 1－1 所示。

表 1－1　企业战略目标体系

分类	目标项目	目标项目构成
业绩目标	收益性	资本利润率、销售利润率、资本周转率
	成长性	销售额增长率、市场占有率、理论增长率
	稳定性	自有资本比率、附加价值增长率、盈亏平衡点
能力目标	综合能力	决策能力、集团组织能力、企业文化、品牌商标、管理创新、知识管理
	研发能力	新产品比率、技术创新能力、专利数量
	生产制造	生产能力、质量水平、合同执行率、成本降低率
	市场营销	推销能力、市场开发能力、服务水平
	人力资源	职工安定率、职务安排合理性、直接间接人员比率
	财务管理	资金筹集能力、资金运用效率
社会目标	客户	提高产品质量、降低产品价格、改善服务水平
	股东	分红率、股票价格、股票收益性
	员工	工资水平、职工福利、能力开发、士气、学习与成长
	社区	公害防治程度、利益返还率、就业机会、企业形象
环境目标	生态	节能减排、循环经济、绿色 GDP

（四）战略目标的制定过程

1．调查研究

在制定企业战略目标之前，必须进行调查研究工作。调查研究既要全面，又要突出重点。

2. 拟定目标

拟定战略目标一般需要经历两个环节：拟定目标方向和拟定目标水平。在拟定目标时，还要注意目标结构的合理性，列出诸多目标的优先顺序。同时，在满足实际需要的前提下，要尽可能减少每个方案中目标的个数。

3. 评价论证

战略目标拟定出来之后，就要组织多方面的专家和有关人员，对提出的目标方案进行评价和论证。

四、企业战略管理过程

（一）战略管理过程的主要构成部分

1. 战略分析

战略分析是对企业战略及其影响因素的系统考察、研究、考量与评估。战略分析的起点是企业使命与目标，其重点在于考察企业内部和外部影响和制约企业行为的实务和要素，其结果表现为对不同战略备选方案的提出、对比和建议。战略分析的核心是寻求企业内部运作和与外部环境的契合，从而保证企业的战略有利于实现其使命和经营目标。

2. 战略制定

战略制定的关键在于对战略分析结果的判断和具体战略决策的选择。首先，选择企业的使命定位和目标体系，要在分析的基础上判断使命与目标是否清晰明确、是否切实可行。其次，选择相应的战略来实现企业目标，要判断战略与目标是否匹配，战略与实施战略的境况是否匹配。

3. 战略实施

战略实施意味着设计和使用企业的组织体系，配置和应用企业资源与能力，通过协调的组织行动，促使整个企业向既定的战略目标迈进。战略实施或执行离不开人，需要调动企业全员的积极性，使之积极参与，并通过激励、沟通、控制等方法与手段实现企业的战略意图。

（二）三部分的潜在关系模式

1. 多向互动

战略分析、战略选择和战略实施前后呼应、循序而行。然而，由于环境的复杂性和不确定性以及管理决策者的有限理性和其他局限性，实际的战略管理过程可能并不像预期的那样按部就班、顺理成章、系统正规、合乎理想，而是在系统严谨的理性设计与灵活任意的即兴发挥之间游走和摇摆，三种构成部分同时多向互动，呈现出三者间不同的顺序、关系、组合和模式。

一些企业，尤其是新创企业，可以尽量理性分析、选择和执行其战略，从而井然有序地实现其目标与战略意图。也有些企业，则可能边分析边行动，边选择边实施，在实施的同时做出进一步的分析和评审。还有一些企业在讲行某些活动（比如执行某种在当时显得模糊不清、章法不明的战略）时，不断地在活动中进行分析和事后补充分析，追认和证实先前选择，及时在行动中调整应变、寻求意义。

2. 不同过程的战略结果：有意图谋与自然形成

战略管理的过程可以是理性设计、有意图谋，也可以是灵活多变、随机即兴的。因此，战略可以是制定出来的，也可以是自发形成的。如图 1－3 所示。第一节所陈述的明茨伯格关于“战略乃模式”的说法，就是自生战略的恰当诠释。这里，战略意指企业在一系列行为决策中自觉或不自觉地展现出的某种一致性。

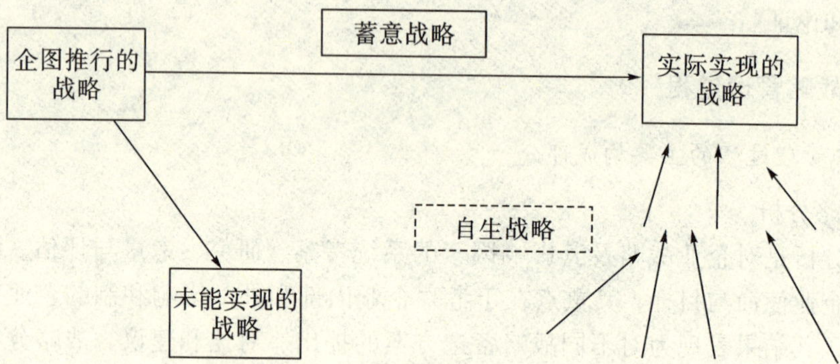

图 1－3　战略管理过程中的理性程度：自生战略与蓄意战略

五、企业战略管理科学的边界

如果把战略管理领域的知识创造与开发过程看作一个科学研究的链条，那基础学科大致相当于基础研究，战略管理相当于应用研究，战略咨询相当于开发研究，而企业正在进行的是战略的实践。具体如图 1－4 所示。

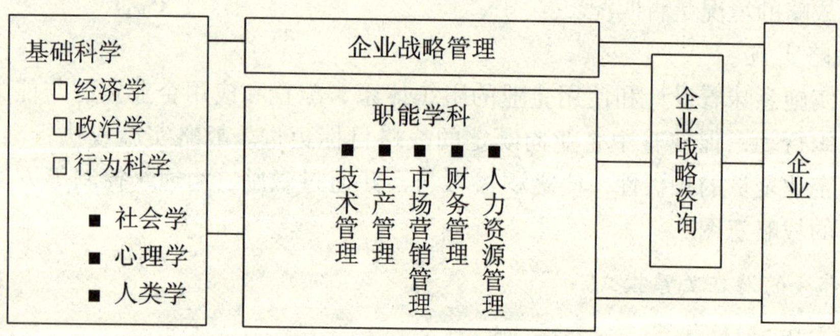

图 1－4　企业战略管理科学的边界

第三节　战略家和高层管理团队

一、战略家的素质与能力

（一）战略家的素质

企业战略实施领导者应具有以下素质：

（1）要有强烈的事业心和坚定的信心。

（2）要有领导才能，尤其是要有计划、组织、指挥、协调、控制、激励等方面的能力。

（3）要有深刻的洞察力，善于创造及发现机遇，有创造及寻找机遇的执着，而不管目前可利用的资源是否充足。

（4）对风险和不确定性的承受力。

（5）善于调动全体员工的主动性、积极性，有创新能力。

（6）超越自我的能力。

有的学者认为：与发达国家的企业家相比，中国企业家在强烈的事业心和坚定的信心、领导才能、超越自我的能力等方面没有差别；中国企业家缺乏的是创造并寻找机遇的执着、对风险和不确定性的承受能力以及创新能力。这是中国企业家值得注意的。

（二）战略家的能力

1. 信息整合能力

战略家需要对政治、经济、社会文化、技术信息，对行业发展信息的收集、加工和应用能力强。

2. 资源整合能力

战略家的有效能力表现在能对企业内外资源进行分配，以发挥资源的最大效应。

3. 感悟能力

感悟能力指战略家纵观大局的视野和把握企业总体方向的能力。它能使战略家领悟快、识大体、概念清楚、方向感强，能够在复杂和不确定的环境中迅速地抓住问题的实质和主要矛盾。

4. 领导能力

战略家对战略的推进要有先行力（计划、设计、榜样）、指导力、沟通力、激励力。

二、战略家的任务与作用

（一）战略家的任务

战略家有三项主要任务，这就是确定战略方向、联合群众、促动和激励他人。

其中，确定战略方向要注意：

（1）勾画战略方向是领导行为的核心。

（2）领导行为中战略方向的确定，并不是制定计划而是拟定愿景和战略。

（3）战略方向的拟定过程需要分析，但更需要想象。

（二）战略家的作用

1. 确立企业的未来方向

所有战略管理的逻辑，都建立在对未来环境判断的基础之上。如果对未来环境的判断发生错误，不管采取什么决策方法，都会导致战略上的差错。而且不管企业是从内部进行战略决策，还是利用外部资源进行决策，最终的判断还是落到战略领导人身上。因此，领导人应起着正确引领企业发展方向的作用。

境界决定企业的高度，从而决定了企业事业的成就。除了对环境的判断外，战略领导人对事业的追求，决定了企业战略的高度，也限定了企业成就的理论上限。

一个伟大的企业背后，一定有一个伟大的追求。为企业描绘一幅伟大而适合于企业的战略愿景，是战略领导人的首要任务。

2. 战略激励作用

除了引领企业正确的发展方向外，战略领导人还需要具备激励全体员工朝这个企业目标努力的能力。战略激励首先要求领导人有正确的领导哲学。战略激励最核心的内容是通过利益来激励员工实现企业的战略意图。

设计一个与战略相匹配的激励制度，并让员工分享企业战略成功带来的好处，是战略激励最为重要的内容。当然，所谓的利益，并非完全是经济和物质的利益，更包括精神上的感受。设立远大的目标和崇高的理想，往往能激发员工的荣誉感和自豪感，起到良好的激励作用。小松的“包围卡特彼勒”，佳能的“打败施乐”，这些战略意图为员工树立了一个值得为之奋斗的目标，起到了很好的鼓舞人斗志的作用。

以身作则，是发挥领导作用最有效的途径。面对战略实施中的种种困难，战略领导人需要在各种逆境面前保持乐观、自信和积极的态度，感染全体员工，带领企业走出困境。

3. 战略指导作用

战略领导人还需要为员工提供战略实施的指导，需要具备将企业的战略意图分解到不同职能、不同业务之间的能力，帮助员工保持自己的工作与企业战略的一致性。

4. 战略坚持与调整作用

企业战略在实施过程中，经常发生偏离。战略领导人需要保持企业战略执行过程中不偏离既定目标，以及在变化的环境中根据具体情况对企业进行灵活的调整。一个成功的战略，除了方向正确外，长期坚持不懈的努力是最为关键的。

三、作为战略管理者的企业高层管理团队

（一）企业高层管理团队的构成

1. 战略家

战略家首要任务是要把握企业的远见（Vision）。战略家要高瞻远瞩，从企业的全局和总体出发，帮助企业搞清自身定位和长期发展的方向，即做正确的事情，关注有效性（Effectiveness）问题。如前所述，战略家必须具有超凡的感悟能力，能够在错综复杂、瞬息万变的经营环境中看清潮流，为企业指明方向，昭示前景。

2. 管理者

狭义而言的管理者，或曰职业经理人，类似于管家，比较关注细节，注重效率，善于执行。管理者的最高境界是秩序（Order），或者说是有条不紊地实现目标、促成

结果（Orderly Results）。相对于战略家对有效性的关注，管理者对效率的关注意味着用正确的方法去做事情，迅速、灵活、准确、低成本，并善于变化和调整，按照战略意图把任务完成。

3. 企业家

企业家最大的特点在于创新（Innovation）。他们往往赋予激情和创新精神，不安于现状，敢于冒险，不断寻求新的技术手段和资源组合来更好地为消费者提供价值。无论是自办企业还是在大企业中革新，他们在创新旅程中锲而不舍、执着求索。他们自信心通常较强，相信自己能够有所作为，相信一定有比现行做法更好的方法。通过企业家的创新、“创造性的破坏”，旧的秩序及均衡不断被打破，新的天地得以不断被开辟。

4. 领导者

领导者，或曰领袖人物，其立身行事可以依靠人格魅力、道德禀赋、精神至上、价值优越、技艺精良，等等。领袖人物的领导力，主要体现在对别人尤其是下属行为的影响上。真正的影响，往往并不产生于领导者有意为之的故作姿态，而通常是表现在下属的自发行为和举动：主动追随靠拢，自愿献身听命。一个具有超强价值体系的组织中领军者不一定是，或者不仅仅是依靠自己的职务权威发号施令的管理者，他们往往是组织中的精神领袖或制度的化身。领导力的关键在于感染（Inspiration），这种领袖的感染通常是大家行动中重要的精神支撑。

（二）高层管理团队的角色互补

显然，上述四种角色既有所重叠，又有所冲突，更有各自非常独特鲜明的个性。比如，战略家和企业家都注重方向的把握，管理者和领导者都要通过激励下属把事情顺利办成；战略者可以大行不顾细谨，管理者通常小处入手去执行。在一个高层管理团队中，一个人可以扮演多种不同的角色，比如管理者和企业家在创业初期往往集于一身，难以分割；某个具体角色也可以有多位具有不同能力和经验的人士来承担，比如大企业中管理者们有的更具有创新的倾向，有的则更善于守成；有些团队个别角色突显，有些团队四种角色齐全。一个企业的高层管理团队是否有效，不仅在于自身的构成和动态，也在于所处的时代、环境的制约、产业的进程、企业自身的条件、下属的素质和对手的竞争。

本章小结

战略是基于竞争的一种适得其位的全局性谋划。战略是计划、计谋、模式、定位。战略有制度战略、公司战略、业务战略、职能战略，战略应遵循独特性、合法性、原本性、创新性原则。

企业战略是企业谋取竞争优势而进行的战略策划。它具有四个方面的特点。战略管理过程主要有战略分析、战略制定、战略实施等环节。企业战略管理是由多学科构成的边缘学科。

战略管理是一项复杂的系统工程，它需要有战略家素质的团队或个人进行领导，并由具有战略家能力的人进行操作。作为战略管理团队，需要有战略家、管理者、企业家、领导者等角色构成。

案例

安然破产警示：战略管理是企业管理的核心

2001年12月2日，安然（Enron）公司根据美国《破产法》第十一章规定，向纽约破产法院申请破产保护，创下美国历史上最大宗的公司破产案纪录。

安然公司的主要问题是：利用复杂的财务合伙形式，虚报近6亿美元的盈余，掩盖10亿多美元的巨额债务。该公司的29名高级主管，在股价暴跌之前已出售173万股股票，获得11亿美元的巨额利润。而该公司的2万名员工却被禁止出售大幅贬值的股票，使他们投资于该公司股票的退休储蓄金全部泡汤，损失高达数十亿美元。一年前，安然公司的股票为每股85美元，现在却不到1美元，使该公司股票的持有者损失极其惨重。

安然公司成立于1985年，总部设在美国得克萨斯州的休斯敦，曾经是世界上最大的天然气交易商和最大的电力交易商。安然公司拥有资产498亿元，雇员达2万多人，其业务遍布欧洲、亚洲和世界其他地区。除了能源外，安然公司还从事纸浆、纸张、塑料、金属交易、金融和风险管理服务。鼎盛时期，其年收入达1 000亿美元，在美国公司500强中名列第七位。公司曾被《财富》杂志评为美国最有创新精神的公司，它的股价最高达到每股90美元，市价约700亿美元。

安然公司与美国政界关系密切。从20世纪90年代初开始，该公司就开始向两党议员提供竞选资金捐助。据《纽约时报》报道，安然公司是布什总统政治生涯中最大的竞选资金捐助者，一共为布什提供了55万美元的竞选资金捐助。另据政治捐款监督机构披露，在2000年的大选中，安然公司为71位现任参议员和188位现任众议员提供过竞选资金捐助，分别向共和党和民主党人士捐助了177万美元和68.1万美元。

全球著名能源公司的破产案，引起世界广泛关注。中国石油天然气集团公司总经理马富才对记者说，安然公司破产的一个重要原因是企业战略决策出了问题，而方向性的错误是很难补救的。吸取安然的教训，中国石油将把战略管理摆上更加重要的位置，确保公司向主业突出、核心竞争力强的大型跨国企业集团的目标迈进。

马富才对记者说，安然破产给国内企业发出了警示：战略管理是企业管理的核心，战略决策上的失误是致命的。他举了一个国内的例子：东北一家企业年前上了一项聚酯工程，由于决策时没有充分预料到市场可能发生的变化，“小马拉大车”，结果背上了沉重包袱，至今未能从亏损中翻身。

资料来源：

[1] 安然破产警示：战略管理是企业管理的核心. 新华网（http//www.xinhuanet.com），2002-01-25.

[2] 冷菊芬. 美国能源业巨头——安然公司. 2002-01-25.

[3] 安然公司破产案震动美国政坛. 央视国际网络（http://www.cctv.com），2002-01-14.

>>> 专家观点链接

战略研究专家吕成立把安然战略失误概括为三个方面：

战略失误一：盲目做大，忽视主业核心竞争力的稳健提升。

安然的前身是休斯敦天然气公司，其真正从成立到辉煌时期仅有15年时间(1985—2000年)。公正地讲，其发展历程中曾经出现过许多成功的战略运作，比如当其仅仅排在美国天然气制造商第十三位的时候，它就有战略远见地建立了美国最大的天然气输送系统，并成功地利用英、美等国开放能源市场的机会，将它在天然气上积累的核心竞争力推向动力和发电领域。

直到20世纪80年代末之前，其主业还是维护和操作横跨北美的石油与天然气输送管网络，从事能源及相关产品的买卖交易。但安然新任董事长和CEO肯尼思·雷不顾自身资源和实力，力图迅速做大，主要做法是：

(1) 迅速扩张业务领域，不仅从原来的天然气、石油的开发与运输扩展到包括发电和供电的各项能源产品与服务业务，而且还经营纸浆、煤炭、化工、风力、水力气投资、木材、广告等；不仅从提供贸易服务扩展到提供有关能源输送的咨询、建筑工程等服务，而且还向客户提供金融、风险管理及在线交易服务，涉足金融证券和高科技领域。

(2) 不断增大关联企业数量，通过使用和完善金融重组技巧，建立复杂的公司体系，使其各类子公司和合伙公司数量超过3 000个。

(3) 为实现从“全美最大能源公司”变成“全球最大能源公司”的目标，大举进行国际化扩张，在英国、印度、菲律宾和其他国家纷纷投资设厂，包括建设玻利维亚到巴西的天然气输送管网络。

战略失误二：盲目创新，轻视创新风险的有效辨识和强化控制。

1996年以来，安然公司曾连续5年被《财富》杂志评选为“全美最具创新意识的企业”，同时更是以“规避金融风险”著称，但也许正是这种规避风险的“专家企业”才可能在快速创新过程中犯轻视风险控制的错误，直至破产时还难以明白过来。

“创造性”运用金融工具，使本来不流动或流动性很差的资产或能源商品“流通”起来，这是安然公司主要的创新成就之一，但以此进行关联交易、盲目举债等也蕴藏着大量风险。20世纪80年代中期，安然公司积极游说美国政府解除对能源市场的管制，增大能源交易风险，并借机凭借其能源衍生证券定价与风险管理系统，为能源及许多不相关的大宗商品（如风力、水权等）开辟期货、期权和其他复杂的衍生金融工具。安然利用这些关联企业为其提供融资、套期保值等服务，却把风险隐藏在关联企业中。

另外，安然公司以不动产（如水厂、天然气井与油矿）作抵押，通过某种信托基金或资产管理公司向外发行流通性证券或债券。但在这些复杂的合同关系中，通常包括安然必须以现金购回这些债券或证券的特定条款；且用流动性差的资产去对冲流通性好的证券危险性很大。果然，在美国加州2000年以来持续的电力供应危机及其能源市场震荡中，上述风险“触发”了安然现金流危机。

投身“新经济”的宽带网络和电子商务也是安然的创新“成果”，但缺乏对宏观环境的持续战略分析、脱离传统业务、过度承担交易风险的做法，也导致了创新的失败。1999年，安然伦敦公司迫不及待，在未报告公司高级管理层的情况下，就自行调动资源启动天然气在线交易网，并一度“勃兴”。事后安然董事会总结的成功经验是：“创新想法的可行性不应由管理层来决定”，但随着全球经济陷入衰退，网络科技泡沫迅速破灭，安然网上交易市场也迅速丧失了抗御风险的能力（包括偿债能力、履约能力），成了该公司破产前亏损最大的部门。

战略失误三：丧失诚信，忽视企业文化的管理。

20世纪90年代以来，安然公司长期固守于不切实际的增长目标，鄙视企业文化管理的合理性，放弃诚信经营、以人为本、团队合作等企业文化管理理念，造成了严重后果。

为快速实现过高的经营业绩和股价目标，安然公司也采取了公开招聘和严格的考核办法，但安然管理层对竞聘过程中出现的“派系之争”反应冷淡，严重忽视了员工的团队建设和创造良好的企业文化氛围；同时在坚持的业绩考核中片面追求“结果衡量一切”，没能把结果管理和过程管理有效结合起来。

另外，公司管理层以牺牲诚信为代价，大钻美国会计准则的漏洞做假账，虚夸收入（安然一贯把所有的交易额都归入收入，而非按照华尔街银行的规定只把交易中获得的盈利作为收入，公司宣称的2000年1 000亿美元的收入其实只有80亿美元而已），频繁利用关联交易隐瞒债务、虚报利润。尤为严重的是，许多董事会成员不顾职业道德，长期以来熟视无睹甚至有意隐瞒公司经营中出现的问题，一方面鼓吹股价还将继续上升，一方面却在秘密抛售公司股票。

对此，通用的前任总裁韦尔奇就指出，安然公司的破产与其未及时建立起健全的企业文化有着密切关系。企业决策者鄙视企业文化的继承与延续规律，正是安然战略管理中最不可能“安然”的因素。

战略研究专家吕成立认为，安然公司的破产倒闭不是偶然的，是与其长期忽视系统的战略管理有着必然联系的。安然公司的失败给我国企业的发展提供了以下三点启示：

启示一：以战略管理为主题，集中资源和精力做强主业。

战略管理是企业管理的核心，企业发展战略的着眼点是：如何确保公司的有限资源用到核心竞争力强的主业发展上，而非轻易涉足其他领域。在大多数情况下，做强主业在先，做大企业在后，并且做强主业应该贯穿于企业经营的整个过程之中，但“大而不专、专而不强”却是我国企业的通病。以安然为鉴，我国企业应切实把战略管理置于首位，高度重视专一性和多样化的平衡关系，严格贯彻指导国企改革的“有进有退、有所为有所不为”方针，加强对公司业务核心竞争力的深刻理解，从战略高度有意识地增进集团公司共享性资源和能力的充分发挥，以迅速成长为“三强一好”、具有持续盈利能力和抗御风险能力、具有国际竞争力的大企业集团。

启示二：适时创新，规范决策，切实加强风险防范。

创新意味着机遇，但也包含着风险。正确的发展战略加上有效的风险控制，才有可能使企业在复杂多变的环境中稳步而健康地发展。企业在加快变革创新的过程中，应及时跟踪、分析研究公司发展战略环境，使公司发展与宏观环境相匹配，同时要注意创新风险，提前辨识公司战略管理过程中的风险因素，以安然为鉴，尤其是加强对战略性投资的决策风险、不良资产或举债风险和过度信用风险、集团内部交易或战略协同风险（包括组织结构设计）、关键管理环节和核心业务风险等的控制，把人们创新的头脑和管理风险的能力有机结合起来，建立有预警系统的战略风险控制机制。

启示三：诚信经营，以人为本，加强企业文化建设。

企业文化建设，是企业战略管理的重要表现形式。市场经济的本质是信用和法制经济，而企业信用的建立又与员工素质及企业文化的提升密切相关。我国企业应该加强员工及企业管理者的职业道德素质建设，不断提升公司人力资源开发与管理水平，并探索培育公司的核心经营理念；为建立起丰富完善的企业文化理念奠定基础。

（资料来源：吕成立．安然破产的战略性因素分析及启示．中国营销传播网，2002-05-29.）

[案例讨论题]

1. 安然破产究竟是其战略系统的问题还是其战略管理团队的问题？
2. 战略管理与企业文化建设的内在联系是什么？
3. 为什么说战略管理是企业管理的核心？

思考题

1. 战略是什么？什么是战略管理？
2. 企业战略是什么？企业战略管理过程是什么？
3. 企业为什么需要战略管理？
4. 战略家需要的素质和能力有哪些？

第二章　企业战略管理理论的产生与发展

第一节　西方企业战略管理理论的演进

西方企业战略理论研究时间并不长，自20世纪50年代到现在仅有半个世纪。从时间跨度来看，主要经历了以下几个发展阶段：

一、早期战略管理理论（20世纪50年代—60年代）

战略管理学科领域的建立可以追溯到20世纪60年代的三本著作：钱德勒（Alfred Chandler）的《战略与结构：工业企业史的考证》（1962）；安索夫（Igor Ansoff）的《公司战略》（1965）以及安德鲁斯（Kenneth Andrews）与克里斯滕森（Roland Christensen）合著的《企业策略：课本与案例》（1965）。

（1）钱德勒的著作着眼于大企业的成长，并分析了环境、战略和组织之间的相互关系，提出了“结构追随战略”的论点。他认为，企业经营战略应当适应环境——满足市场需求，而组织结构又必须适应企业战略，随着战略的变化而变化。他用通用汽车、西尔斯、新泽西标准石油、杜邦公司成长的案例中告诉人们，这些公司的总经理在公司发展的长期决策中如何显示并提升自己在企业中的分量，然后进行投资和调整组织结构以保证企业战略奏效。钱德勒进而说明这些总经理如何运用战略管理来创造出优异的绩效。同时，他还阐明了管理变革的全过程，它不只是为了提高某一效果而进行的调整，而是涉及战略方向的转变。因此，他被公认为“环境—战略—组织”理论的第一位企业战略专家。

（2）安德鲁斯在他的教科书《企业策略：课本与案例》中认为，环境不断变化会带来机遇和威胁。一个组织既有优势又有劣势，应该适应这种变化，避开威胁，利用机遇。评估内部优势与劣势可以摸清自身的竞争力，评估外部环境的机遇和威胁可以辨别潜在的成功因素。优劣势评估构成公司战略拟定的基础，这种被称为“SWOT”的战略制定方法一直被管理咨询公司广泛采用。

（3）曾任洛克希德电气公司总经理的安索夫，打破了重在外延往日发展趋势的规划而更注重反映当前问题的公司战略。他同意公司的目标应该是经济回报的最大化，并提出了五要素选择的“战略经纬”：①产品市场范围；②增长向量，即范围变化的方向，是重在老产品市场还是新产品市场；③在产品或市场方面的竞争优势；④反映内部各种能力的内部协同力（synergy）；⑤“自制还是外购”的决策。透过这些要素可跟踪此“战略经纬”。

安索夫特别注重这些要素相辅相成形成的成功潜力。根据这些要素，他提出了一个广为人知的四战略矩阵：① 市场渗透（Market Penetration）——以现有的产品面对现有的顾客，以其目前的产品市场组合为发展焦点，力求增大产品的市场占有率。采取市场渗透的策略，借由促销或是提升服务品质等等方式来说服消费者改用不同品牌的产品，或是说服消费者改变使用习惯、增加购买量。② 市场开发（Market Development）——提供现有产品开拓新市场，企业必须在不同的市场上找到具有相同产品需求的使用者顾客，其中往往产品定位和销售方法会有所调整，但产品本身的核心技术则不必改变。③ 产品延伸（Product Development）——推出新产品给现有顾客，采取产品延伸的策略，利用现有的顾客关系来借力使力。通常是以扩大现有产品的深度和广度，推出新一代或是相关的产品给现有的顾客，提高该厂商在消费者荷包中的占有率。④ 多角化经营（Diversification）——提供新产品给新市场，此处由于企业的既有专业知识能力可能派不上用场，因此是最冒险的多角化策略。其中成功的企业多半能在销售、通路或产品技术等 know - how（指技术、技能、实际知识等）上取得某种协同效应，否则多角化的失败概率很高。

二、传统战略管理理论（20 世纪 70 年代）

20 世纪 70 年代，企业经营环境剧烈动荡，对企业的长期目标的管理成为重点，因此形成了战略管理的热潮。企业战略管理的研究视野更加开阔，方法更加多样。致力于企业战略管理研究的学者也与日俱增，各种专著、刊物如雨后春笋般出现。70 年代初，美国最大的 500 家公司中 85% 的企业建立了战略计划部门，到 70 年代末从事战略管理咨询的收入高达 3 亿多美元。这个时期，企业不仅仅重视计划制定，而且注重计划制定、实施和控制整个过程的管理。

企业战略管理的发展如此迅速，其原因归纳起来主要有以下三方面：

（1）企业环境的不稳定性使人们对于“战略规划”不再抱更多的幻想，使得一度兴盛的长期规划与战略规划受到冷落。1973 年石油禁运造成经济波动，外汇汇率随之急剧变化，通货膨胀加剧。能源危机、通货膨胀、放松管制以及许多行业所出现的全球化趋势，加上日本在与美国和欧洲的竞争中占了上风，使美国企业的管理人员发现，要想准确预测未来断无可能，而安于现状又只会加速死亡，因此企业必须寻找能更有效地适应和利用环境变化的方法。企业组织从实践中体会到，单从历史推断和仅仅依靠专业技术人员不可能带来创新，也不可能顺应变革，甚至有可能危及生存。规划过程很容易退化为设立目标的练习，而不是对竞争优势的真正正确的理解。此外，当复杂的规划过程完成后，执行规划的难度也会随之增加，而且在执行中也可能产生难以预料的不同结果。因此，对战略规划的热情减退就是必然的了。

（2）专业战略咨询公司纷纷涌现。它们以其新颖的分析工具和崭新的战略观念，为企业排忧解难。波士顿管理咨询公司是这一做法的始作俑者。在波士顿公司的带动下，其他的管理咨询公司也纷纷跟进，创造出各种相应的工具。一些企业的管理层甚至认为，所谓的战略工作，就是对细分市场进行分析，对企业活动、成本加以研究以及运用经营曲线的分析工具等。

（3）多元化经营企业变得成熟。在20世纪60年代和70年代初期，多元化经营是许多大型企业的最主要增长方式。高层管理机构把企业视为各业务单位的组合，他们的主要职责无非就是进行资源配置。然而，传统的资金预算方式与系统，在企业经理们不熟悉业务环境的情况下，不仅派不上用场，而且会招致重大问题。新的系统开始逐步崭露头角，那就是所谓的“战略管理”。

这个时代的另一个引人注目的现象是许多专业社团和专业杂志相继诞生，大学也开始开设战略学专业和课程。尽管这门学科的水平并不高，但市场对“战略”的需求却日益增加。而该时期的主要著作有：

（1）1979年，安索夫又出版了《战略管理》，系统地提出了企业战略管理模式，提出了外部环境、战略预算、战略行为等八大要素，从而成为公认的较为正式、系统地提出“战略管理”的学者。安索夫从企业战略计划在实施阶段怎样才能获得成功着手，以“环境—战略—组织”三者为支柱建立起了企业战略管理的系统理论。

（2）麦尔斯和斯隆的《组织的战略、结构与过程》是20世纪70年代另一本重要的著作。它以经验主义为基础，更加系统地对战略管理进行了研究，整本书包含了（以前的）制度学家和（后来的）行为科学家的观点。该书涉及了大量行业研究的理论与方法，并提出了企业通用的战略如何产生及这些基本战略对协同战略的各个方面有何影响。

（3）奥利佛·威廉姆森的《市场与等级》是比《竞争战略》更早的著作。该书研究的是部门化结构（M型结构）对企业的影响，认为企业边界与外购和自我配套间的选择有关，同时受相关市场与资产性质的影响。

20世纪70年代的著作所关注的主要问题是公司所处的行业环境。与20世纪60年代的著作相比，它们更多地假设企业处在竞争性的环境中，并以此为基础来考虑企业战略。但是，70年代的战略热中，企业尚未准确领会战略的深刻内涵，往往只是根据层层上报的利润、销售额等指标，进行计量分析。为了追求财务上的短期利益，片面地注重财务方面的战略改进，而不是从环境与企业的相互作用中去发掘新的战略机会。由于缺少远见卓识的气魄和运筹全局的能力，一些企业错失了许多有利的商业机遇。70年代只注重财务分析的战略方法，使企业战略走入了“盲区”，战略管理声誉日衰。

三、经典战略管理理论（20世纪80年代）

20世纪80年代，以哈佛大学商学院的迈克尔·波特为代表的竞争战略理论取得了战略管理理论的主流地位。他在产业组织理论的“结构（S）—行为（C）—绩效（P）”分析范式的基础上，提出了以产业（市场）结构分析为基础的竞争战略理论。该理论认为：企业是作为一个“黑箱”，是同质技术上的投入产出系统，企业资源可以自由流动，并且在投入与产出之间存在相对确切的技术关系。他主张从外部环境中寻找机会，认为超额利润源于产业中认识有利结构性特征的基本能力，认为决定企业盈利能力首要的和根本的因素是产业的吸引力，强调产业结构分析是建立竞争战略的基础，理解产业结构永远是战略分析的起点。波特认为，企业战略的核心是获取竞争优势，而影响竞争优势的因素有两个：一是企业所处产业的盈利能力，即产业的吸引力；二是企业在产业中的相对竞争地位。因此，竞争战略的选择应基于以下两点考虑：

（1）选择有吸引力的、高潜在利润的产业。不同产业所具有的吸引力以及带来的持续盈利机会是不同的，企业选择一个朝阳产业，要比选择夕阳产业更有利于提高自己的获利能力。

（2）在已选择的产业中确定自己的优势竞争地位。在一个产业中，不管它的吸引力以及提供的盈利机会如何，处于竞争优势地位的企业要比劣势企业具有较大的盈利可能性。而要正确选择有吸引力的产业以及给自己的竞争优势定位，必须对将要进入的一个或几个产业结构状况和竞争环境进行分析。为此波特设计了一个“五力”竞争模型，管理者可用来评估某个行业的利润潜力。这五种竞争力决定该行业的吸引力的大小，并决定该行业的类型（成长或是衰退，走向成熟还是饱和）。这五种竞争力越强，该行业盈利就越少。针对这五种竞争力量，波特提出了使企业制胜的三大战略，即通常所称的通用竞争战略，分别是成本领先战略、差异化战略和集中化战略。

成本领先战略即指企业在提供相同的产品或服务时，其成本或费用明显低于行业平均水平或主要竞争对手的竞争战略。或者说，企业在一定时期内为用户创造价值的全部活动的累计总成本低于行业平均水平或主要竞争对手的水平。成本领先战略的意义是通过成本优势使企业在相同的规模经济下，取得更大的盈利，或积累更多的发展基金，或在不利的经营环境中具有更强的生存能力。成本领先优势的另一含义是这种优势的可持续性。

差异化战略是指企业通过向用户提供与众不同的产品和服务的竞争优势。这种战略要求企业在产品设计、品牌设计、生产技术、顾客服务、销售渠道等方面增加企业产品和服务的竞争优势。这种战略要求企业的产品价格与成本的差额，不仅可以给企业带来高于同行竞争对手的利润率，同时，也避开了激烈的价格竞争。由于产品或服务的独特性，增加了对顾客的吸引力，减少了顾客对价格的敏感性。

集中化战略指企业的某一经营领域主攻某个狭窄的特殊顾客群，某一产品系列的一个细分范围或一个地区市场，在这个狭窄的领域内或是实施低成本，或是实施差异化，或是两者兼而有之的竞争战略。

概括起来，波特的竞争战略理论的基本逻辑是：

（1）产业结构是决定企业盈利能力的关键因素；

（2）企业可以通过选择和执行一种基本战略影响产业中的五种作用力量（即产业结构），以改善和加强企业的相对竞争地位，获取市场竞争优势（低成本或差异化）；

（3）价值链活动是竞争优势的来源，企业可以通过价值链活动和价值链关系（包括一条价值链内的活动之间及两条或多条价值链之间的关系）的调整来实施其基本战略。波特所提出的行业竞争结构分析理论在过去二十多年里受到企业战略管理学界的普遍认同，并且成为进行外部环境分析和激发战略选择最为重要和广泛使用的模型。

四、综合战略管理理论（20世纪90年代）

到了20世纪90年代，企业的规模日益壮大，管理层次越来越多，管理幅度越来越大，使得企业管理的有效性和效率问题变得非常重要，企业能否灵活有效地综合利用内部资源以适应外部环境的变化，成为企业成败的关键因素。企业面临的环境更加复杂多变，预测行业前景也变得更为必要，战略管理的重要性就显得十分突出了。正如著名未来学家托夫勒所说，没有战略的企业就像在险恶气候中飞行的飞机，始终在气流中颠簸，在暴风雨中穿行，最后很有可能迷失方向。这一时期最具影响的论著首推普拉哈拉德和哈默（C. K. Prahalad 和 Gary Hamel）1990 年在《哈佛商业评论》发表的《企业核心能力》。文中两人提出了基于核心竞争力获取可持续竞争优势的观点。从此，关于核心能力的研究热潮开始兴起，并且形成了战略理论中的“核心能力学派”。该理论的理论假设是：

（1）每个组织都拥有自己独特的资源和能力，这是组织利润的源泉和制定战略的基础；

（2）在同一行业中竞争的企业不一定拥有相同的战略资源和能力；

（3）资源不能在组织间自由流动，正是这种资源的差异性构成了企业竞争优势的基础。

该理论强调的是企业内部条件对于保持竞争优势以及获取超额利润的决定性作用。这表现在战略管理实践上，要求企业从自身资源和能力出发，在自己拥有一定优势的产业及其相关产业进行经营活动，从而避免受产业吸引力诱导而盲目进入不相关产业进行多元化经营。

但是，核心能力理论在弥补了注重企业外部分析的波特结构理论的缺陷的同时，本身也存在着固有的缺陷：由于过分关注企业的内部，致使企业内外部分析失衡。为了解决这一问题，1995 年，David J. Collins 和 Cynthia A. Motgomery 在《哈佛商业评论》上发表了《资源竞争：90 年代的战略》一文。该论文对企业的资源和能力的认识更深入了一层，提出了企业的资源观。他们认为，价值的评估不能局限于企业内部，而且要将企业置身于其所在的产业环境，通过与竞争对手的资源比较，从而发现企业拥有的有价值的资源。所谓的企业资源是公司在向社会提供产品或服务的过程中能够实现公司战略目标的各种要素组合。公司可以看作是各种资源的不同组合，由于每个企业的资源组合不同，因此不存在完全一模一样的公司。只有公司拥有了预期业务和战略最相匹配的资源，该资源才最具价值。公司的竞争优势取决于其拥有的有价值的资源。

另外，在 1995 年，李奥拉德 - 巴尔顿（Leonard - Barton）提出了核心竞争力四要素的结构体系，德瑞杰尔（A. Dreger）则提出了企业应当在维持当前的核心竞争力的同时，着重发展面向未来的焦点核心竞争力的观点，从而使以核心竞争力为基础的战略管理由理论框架朝着更具操作性和实用性方向发展。

该时期的主要著作涵盖了对灵活性、全球联盟与全球网络、技术、技能和学习的研究。耐尔森与温特的《经济变革的进化理论》和派尔与赛伯的《第二次工业划分》最先提出了这些观点，但这两本书的内容与企业战略并不相关。前者研究的是企业生存技巧及环境对企业的选择和改造；后者研究的是企业通过联盟来加强自身能力的问题。这两本书提出了核心竞争力、学习、变革和灵活性等名词。该时期企业战略研究的重点是如何应对环境的变化以及如何在复杂多变的环境中制定和实施企业经营战略，从而使企业在险恶的环境中不迷失方向并健康发展。特别是在出现战略脱节的情况下，战略思维和战略管理就显得尤为重要。企业必须随时注意经营环境的变化，寻找可能出现战略脱节的信号，并仔细分析可能出现的情况及问题，只有这样，企业才能赢得战略上的优势，为未来做好准备。

第二节 当代企业战略管理理论流派

一、产品—市场战略管理理论

产品—市场战略管理理论是在对企业所处的产业与市场结构的外部竞争环境分析的基础上，形成了较完整的制定战略的思路、程序、和方法。最具代表性的是 20 世纪 70 年代的安索夫企业战略论和 20 世纪 80 年代的波特竞争战略论。

（一）安索夫企业战略论

美国著名管理学家安索夫的《企业战略论》于 1956 年问世，这本著作主要论述企业制定产品—市场战略的决策过程，他把确定企业目标作为觉察到的出发点，把经营决策的结构和战略决策的模式放在首要位置，提出了企业增效、能力分析以及成长发展的方向和范围等概念。以后，安索夫陆续发表了企业战略理论方面的论文。在其 1976 年发表的《从战略计划走向战略管理》的论文中，首次提出了“战略管理”的思想，后来他又于 1979 年出版了《战略管理论》一书，从而形成了安索夫企业战略管理的理论体系。

安索夫的企业战略论的基本结构是由环境、战略、组织三支柱要素构成的。安索夫认为只有当这三支柱要素协调一致、相互适应时，战略才会成功地实现企业的经营总目标；反之，则会降低经营总目标的实现率。安索夫把上述三支柱要素都划分为五种类型，即稳定型、反应型、先导型、探索型、创造型，进一步研究其相互协调、相互适应的关系。其基本构想是：在环境因素、战略模式和组织实施三个要素一致时，企业的效益就能提高；反之，就会降低效益。

安索夫的战略决策论由于设计了既能在有限信息的环境条件下圆满地进行，又能灵活处理决策过程中发生的问题，而被人们称之为“战略计划制造工厂”的草图。

在《企业战略论》中，安索夫通过把编制企业战略程序的定型化而建立起战略决策模式。其基本思路是：确定企业目的→企业能力概况与协同作用→战略计划→评选战略。安索夫指出战略计划是根据战略计划方向及初步拟定的战略决策备选项目方案，来指导达到企业目的的一种关键性活动计划，称之为“产品—市场战略计划”。它是企业达到各种目的的手段，指出应该经营哪些项目，像军事地图一样指示前进的途径；不然，调到外界环境变化，欲寻求新的产品—市场，就会有迷路的风险。

（二）波特竞争战略论

在安索夫之后，美国另一位管理学家波特 1980 年出版的《竞争战略：产业和经营者分析技巧》及1985年出版的《竞争优势：创造并维持超级业绩》在企业战略管理实践者中颇具影响力。波特认为企业应该选择有吸引力和潜力的高利润产业，并在所选择的产业中确立自己优势的竞争地位。为此他提出了一系列新的战略管理概念和方法，其中最具影响力的是产业竞争力量分析、通用竞争战略及价值链等。

1. 产业竞争力量分析

波特认为：企业最关心的是其所在产业的竞争强度，而竞争强度又取决于五种基本竞争力量。产业中现有企业间的对抗行动所产生的竞争力量是主要的竞争力量，还有潜在的加入者和替代品生产的威胁，以及购买者、供应者讨价还价能力等竞争力量。正是这些力量的状况及综合强度影响和决定了企业在行业中最终获利的潜力。

2. 通用竞争战略

波特认为企业相对其竞争对手可以拥有两种基本的竞争优势，即低成本和产品差异化优势，这两种竞争优势如果与某一特殊的业务活动范围相结合，可以得出三种通用竞争战略。

3. 价值链

波特认为，竞争优势来源于一个企业在其产品的研发、设计、生产制造、后勤保障、营销和售后服务工作中的多项单独的活动。所有这些活动中的每一项都会对企业的成本结构状况发生促进作用，并为产品差异化创造条件。例如，成本优势就可能来自于诸如低成本的实物分销系统、高效率的装配工序、良好的销售力量这些不同的源泉；差异化优势同样也可能来自于企业经营活动中的不同因素，如优势原材料、良好的创意设计、流程的改善等。为了分析竞争优势的来源，波特提出了价值链的概念，他认为：企业的价值活动可分为基本活动和辅助活动，任何一个企业都是其产品在研发、设计、生产制造、销售、后勤方面进行的各项活动的聚合体，所有这些活动用一条价值链来表示；在任何一个企业中，基本活动都可以划分为投入物流、运营作业、产出物流、市场营销和服务五类活动；辅助活动既是对基本活动的支持，同时又相互支持。企业基础结构与某类型人特定的基本活动并没有联系，但它对整条价值链起基础支撑作用，价值活动是竞争优势的各不相同的构建单元。

二、核心竞争力战略管理理论

从20世纪90年代以来，核心竞争力已成为企业界、学术界甚至政府部门和普通百姓最热门的话题之一。

（一）核心竞争力的起源

核心竞争力的概念是1990年美国密西根大学商学院教授普拉哈拉德和伦敦商学院教授哈默尔在其合著的《公司核心竞争力》（*The Core Competence of the Corporation*）一文中首先提出来的。他们对核心竞争力的定义是：“在一个组织内部经过整合了的知识和技能，尤其是关于怎样协调多种生产技能和整合不同技术的知识和技能。”从与产品或服务的关系角度来看，核心竞争力实际上是隐含在公司核心产品或服务里面的知识和技能，或者是知识和技能的集合体。

在普拉哈拉德和哈默尔看来，核心竞争力首先应该有助于公司进入不同的市场，它应成为公司扩大经营的能力基础。其次，核心竞争力对创造公司最终产品和服务的顾客价值贡献巨大，它的贡献在于实现顾客最为关注的、核心的、根本的利益，而不仅仅是一些普通的、短期的好处。最后，公司的核心竞争力应该是难以被竞争对手所复制和模仿的。正如海尔集团总裁张瑞敏所说的那样："创新（能力）是海尔真正的核心竞争力，因为它不易或无法被竞争对手所模仿。"

（二）核心竞争力的构成

核心竞争力是对手短期内无法模仿的，企业长久拥有的，使企业稳定发展的可持性竞争优势。企业在构建核心竞争力的时候，要综合诸多方面的因素考虑，但是最后必须凝聚在一个点上。构建一个企业的核心竞争力可以从以下八个方面考虑：

（1）企业的规范化管理。

（2）资源竞争分析。

（3）竞争对手分析。

（4）市场竞争分析。

（5）无差异竞争。

（6）差异化竞争。

（7）标杆竞争。

（8）人力资源的竞争。

（三）核心竞争力的特征

（1）价值性。企业核心竞争力要通过市场检验，符合市场需求，能为顾客创造价值。它是企业核心竞争力的根本特性。

（2）领先性。与同一产业竞争对手的竞争力相比，企业的核心竞争力在独特性、不易模仿性、满足顾客需求等方面具有较大的领先优势。

（3）整合性。企业的核心竞争力是知识、技能、管理能力的有机整合，单独的任何一项都不能成为核心竞争力。

（4）延展性。企业核心竞争力使企业能够不断地开发出新产品和新服务以满足顾客需求，维护已有的核心竞争力，擅长变更和培育新的核心专长，使企业具有旺盛和持久发展的生命力。

三、其他战略管理理论

（一）"非理性"战略理论——后现代战略理论

由于核心能力理论的种种缺陷，动态能力（Dynamic Capabilities）这一崭新的概念被提了出来，其理论随之大行其道。动态能力，是指企业保持或改变其作为竞争优势基础的能力的能力。动态能力理论则秉承了熊彼特的创造性毁灭的思想，认为企业只有通过其动态能力的不断创新，才能获得持久的竞争优势。它强调开拓性创新以克服能力中的惯性和刚性是动态能力理论的灵魂和特征。所以，凡是强调学习性、自组织性、灵活性、柔性甚至非理性的企业管理理论实际上都属于动态能力理论的范畴。事实上，这些理论甚至是“反”战略的，因为凡是战略必然具有一定程度的惯性和刚性。也正是从这个意义上讲，这些理论可以称为后现代企业战略理论——因为在哲学和社会学中，“后现代”意味着对理性、计划和刚性的反叛。事实上，早在20世纪70年代，环境适应学派就开始反叛过于强调理性和计划的古典战略管理理论。环境适应学派认为，未来无法预测，现实的战略往往不是理性和计划的结果，而是不断“试错”的结果，环境不确定必然导致企业不断尝试与修改自己的对策，这些应试对策逐步积累就形成了战略。林德布罗姆的“摸着石头过河”、奎因（J. B. Quinn）的“逻辑渐进主义”以及明茨伯格和沃特斯的“应急战略”都把战略看成是意外的产物，是企业应对环境变化所采取应急对策的总结。吉尔斯（William Giles）则认为战略是一个学习的过程。当然，环境适应学派的“非理性倾向”在20世纪80年代并未得到很好的发扬。众所周知，80年代风靡一时的是另一种极端理性理论——迈克尔·波特的竞争战略理论（现代战略管理理论）。

事实上，对于“自组织”的强调成为90年代后期许多企业管理论著的主要特征。除了柯林斯的《基业长青》，比较著名的著作还有罗伯·高菲（Rob Goffee）的《公司精神》（1998），肯·巴金斯（Ken Baskin）的《公司DNA》（1998），杰弗里（Jeffrey Glodstien）的《坚实的组织：通过自发式重组迎接意外事件的挑战》，等等。这些理论彻底放弃了机械式的战略模式和组织模式，代之以更激动人心和革命性的有机模式——“自组织”模式。这些理论认为，组织的自发学习和创新，可以使企业更能够适应复杂多变的环境。

总之，在动荡的环境中，后现代企业战略理论崇尚建立创造性、开拓性学习的能力。开拓性学习能力并不是为了特定的生产目的，而是为了获得动态能力。在一个变化无常的超竞争环境中，能力持续不断地培养、开发、运用、维护和扬弃，这正是开拓性学习能力本质之所在——通过不断的创新而获得一连串短暂的竞争优势，从而在整体上体现出企业的持久竞争优势。

（二）新思维：综合战略管理理论

为了克服以往企业战略理论的缺陷和困境，近年来一些学者进行了艰辛的实践探索和理论创新。克里斯坦森（M. Christensen）和雷纳（Michael E. Raynor）在这方面取得了可喜的成就，他们2003年合著出版的《困境与出路》成为哈佛商学院2003年最佳经管书籍，是《纽约时报》2004年度畅销书之一。通过对一些优秀公司的长期观察和研究，克里斯坦森和雷纳提出了“双战略模式”来克服传统战略模式的缺陷与不足。

克里斯坦森和雷纳认为，每一家公司都应该同时进行两个战略制定过程——周详计划战略和紧急应对战略。周详计划战略的制定过程是有意识进行的分析进程。它通常是基于对企业外部环境和内部因素的严格分析得出的。在这一过程中制定的战略通常具有独立的开始和结束，是自上而下实施的战略。克里斯坦森和雷纳认为，在满足三个前提条件下，周详计划的战略是组织行动最有力的工具。这三个前提条件是：

（1）战略必须包括并正确处理成功所必需的所有重要细节，而且战略实施人员必须理解战略中各项重要的实施细节；

（2）如果企业要采取集体行动，则战略需要确保公司的所有员工对该战略的理解相同，从而保证行动的一致性；

（3）集体意志的实现必须不受无法预见的外界政治、技术或市场力量的影响。而在上述三个条件不能同时满足的情况下，紧急应对战略就会派上用场。

克里斯坦森和雷纳认为，紧急应对战略来自管理者在分析和设计周详计划战略的过程中对不可预见的问题或机遇的紧急应对。而这些不可预见的问题或机遇是公司所有员工每天做出的投资决策和工作排序的累积结果。所以，也可以说，紧急应对战略自组织内部产生。

第三节　我国企业应用战略管理的概况

一、我国企业实施战略管理应当具备的条件

我国企业要能制定好企业战略，并能真正实施，必须在企业内外环境方面满足以下五个基本条件：

（一）企业要有经营自主权

这是制定和实施企业战略管理的最基本条件，因为战略本身是一种变革的概念，它就是要在激烈变化、挑战严峻的环境中，通过一系列的革新来创造性地经营企业，以求得企业长期的生存和发展。

企业必须要有真正的自主经营权，当企业真正成为自主经营、自负盈亏、自我发展、自我约束的法人实体时，才能制定企业战略。没有经营自主权的企业，就不必制定企业战略。中国经过二十多年的经济体制改革后，我国绝大多数企业已经具有经营自主权，具备了实施企业战略管理的条件。

（二）企业要有基本正常的生产经营活动，要有一定的管理基础

如果一个企业生产经营活动已陷入停顿状态或即将破产，这种企业就不具备制定和实施企业战略的条件，只有等到该企业生产经营走上正轨，人、财、产、供、销都正常运行起来了，企业战略管理才可能被提到议事日程上来。

企业内部要具有一定的管理基础才能实施战略管理，如果一个企业内部管理混乱、账目不清，人力资源、财务、市场营销、生产等各方面管理缺少基本的统计资料，而企业管理人员也不了解企业的基本情况，这种企业也不具备制定和实施企业战略的条件。

（三）企业要有足够的信息

实施战略管理必须要有足够的信息，一般来讲，至少需要四方面信息才能制定战略：

（1）国内外宏观经济方面的信息；

（2）国内外行业发展方面的信息；

（3）国内外竞争对手方面的信息；

（4）本企业各方面的信息。

主观臆断、拍脑袋制定出来的战略是脱离实际、实施不了的。制定战略有时需要靠企业家的直觉，但是这种直觉是建立在充分掌握信息基础上产生的直觉，而不是在不掌握信息的情况下凭主观愿望的直觉。这样制定出的战略是危险的，只会给企业带来灾难，不会给企业带来发展。

（四）企业要有一定的规模，要有相对稳定的产品和服务

企业规模太小就用不着实施战略管理了。只有当企业已形成一定规模、具有相对稳定的产品和服务时，才有可能实施战略管理。

（五）企业要有一定的管理素质，要有实施战略管理的要求

我国有些企业只顾眼前利益，忽视长远利益，忽视企业技术进步，企业管理水平低，人员素质差，管理工作基础薄弱。有的企业领导者的战略思维较差，没有实施战略管理的要求，没有认识到实施战略管理的必要性和重要性。在这种情况下，硬性规定企业都要实施战略管理是不现实的，即使制定了战略也只不过是摆设，是为了让别人看的。只有不断地进行宣传和鼓励，等到企业管理者认识到战略管理的重要性，并成为企业自觉迫切的要求时，实施战略管理才有实际意义。

二、我国企业实施战略管理的动因

（一）中国企业已进入战略制胜的时代

经过二十多年的经济体制改革，中国企业的外部环境已发生了重大变化，概括起来讲，其外部环境发生了“3C”的变化。

1. 顾客（customer）在变化

如果你开服装店却一件衣服都卖不出去，这个服装店立刻就会破产。企业的顾客从过去商品和服务的被动接受者转变为有多种不同需求和偏好的顾客群体。他们不再满足于规模需求市场时厂家提供的标准化产品，随着生活水平的提高，顾客个性化的需求越来越强烈，他们需要个性化的产品和服务。消费者获取信息的渠道由于信息技术的快速发展而变得前所未有的广阔，过去那种顾客对市场知之甚少的情况已不复存在。这些变化说明消费者已不是一个整体，而是分成了许多小碎块——彼此有联系但又有自己独特需求的许多细分市场。他们有理由挑剔，因而他们有了更多的选择权，这就是主动权的转移：过去主动权在企业，现在主动权在顾客，在企业与顾客的天平上决定性的力量转到了顾客一方。过去的计划经济时代，我们的服装企业不管男士们的高矮胖瘦如何，只按国家计划生产蓝绿黑 3 种颜色、大中小 3 种型号的衬衫。现在这种方式就不行了，男士们穿着各式各样的衬衫、西装、夹克等。所以，我们要认真看清楚每一个顾客的个性化的需求，生产出适合他们需求的产品，否则我们的产品就

卖不出去。所以，外部竞争环境的变化，特别是消费者需求的变化要求我们必须满足顾客不断变化的需求和欲望，我们的产品才能卖得出去。

2. 竞争（competition）在变化

经济全球化使原来受贸易保护的国内企业受到来自国外更有活力的企业的冲击，企业之间的竞争也由过去的静态竞争转变为现在的动态竞争。现在小企业战胜大企业、年轻的企业战胜年老的企业已经是非常普遍的现象，这是动态竞争的重要特征。过去你打竞争对手一拳，等了很久他才踢你一脚，现在不一样了，你打竞争对手一拳，他立即踢你一脚，你还没有打出第二拳时，人家第二脚已经踢过来了。也就是说，竞争的频率加快了。竞争的规则也在改变。随着世界经济一体化及全球信息化的发展，企业之间竞争的规则也在不断变化，最明显的就是电子商务的出现。它的出现使得企业市场营销的某些原理受到了严峻的挑战，目前企业之间的竞争已远远超出过去的单纯靠扩大生产能力、扩大规模、降低成本来取得竞争优势，现在创新及服务的速度、产品质量、品种、售前和售中及售后服务等都已成为企业竞争实力的重要评价指标。而由于电子商务的运用，使企业的经营管理在时间、空间上发生了很大的变化，也给企业带来很大的经济效益。

3. 变化（change）的本身也在变化

变化本身的性质也在变化。这主要体现在以下三方面：

（1）变化的内容在变化。变化不仅表现在产品数量上的增长，而且表现在向品种、质量、服务、速度方向发展，表现在由面向规模市场转变到面向千千万万个有个性化需求的顾客细分市场，面向个别顾客提供产品的方式。

（2）变化的周期在缩短。21 世纪是速度的经济，表现在环境及技术进步变化的速度越来越快、产品和服务的周期大为缩短，企业要想在变化中生存，就需要有灵活的机制及快速反应的能力，这对于那种按部就班的串行式经营的企业来讲是不可想象的。

（3）变化的突然性增强了。企业在面对突然出现的新情况时，如果仍然通过那种自上而下的问题解决体制和部门的串行行为，企业就无法应对突如其来的变化。

（二）科学技术发展的需要

当前人类正在经历一场世界性的新科技革命和产业结构调整，其主要特点是：高技术及其产业对综合国力的影响越来越大，知识更新的速度越来越快，科学技术转化为现实生产力的周期越来越短，原始性创新越来越成为当代科技竞争的战略制高点，许多科技前沿正在酝酿新的重大突破，一种建立在知识基础上的新经济形态正在兴起。现举三个技术发展的案例加以说明：

（1）信息技术突飞猛进。现在一个普通美国家庭拥有的电脑运算能力相当于 20 年前全世界电脑运算能力的总和。1997 年 IBM 公司生产的“深蓝”计算机战胜国际象棋冠军卡斯帕罗夫，标志着人工智能在一些特定领域已经可以与人的智能抗衡。所以，信息技术的发展预示着 21 世纪重大的产业革命。

（2）生物技术异军突起。1996 年克隆羊“多莉”在英国诞生，宣告了生物工程时代的来临。正因为如此，克隆羊引起的轰动不亚于当年原子弹的爆炸。据报道，有人正在用大豆的基因与蜘蛛的基因相结合，种出了转基因大豆，在大豆的杆子中都是蜘蛛的丝，用这种丝纺织出来的布，据说其牢固程度可以挡住波音 737 飞机的起飞。所以，生物技术的发展也孕育着 21 世纪重大的产业革命。

（3）材料科学引人注目。据报道，用纳米技术生产的新材料，其强度有可能达到钢的 10 倍，而密度只是钢的几分之一；纳米技术应用于军事——将分子机器人植入昆虫，控制昆虫飞入敌营搜集情报；纳米技术应用于制造业，可以制造出来米粒大小能够开动的汽车，只有蜜蜂大小却能够飞行的直升机；纳米技术应用于医学，可以制造出只有几毫米的人造手，帮助医生做手术。有人预言，纳米技术会在 21 世纪引起新的产业革命。

从上述案例中可以看到，科学技术发展非常迅速，因此企业对此必须要有前瞻性及预见性。要预见到科学技术的发展对本企业的发展会带来哪些影响，必须实施战略管理，否则就会像在冷水锅里的青蛙，当锅中冷水慢慢加温时，青蛙对于温度的变化丧失警惕，最后被煮死在锅里。企业也应当避免此类情况发生。

（三）建立现代企业制度的需要

现代企业制度能够解决企业经营机制问题，形成一套市场化的用工机制和激励机制。但是，建立现代企业制度却仍然解决不了企业的经济效益问题，机制活了，当然有利于企业经济效益的提高，但机制活了并不能直接产生企业经济效益。现代企业制度解决的是企业经营机制问题，战略管理解决的是企业经济效益问题，因此，在建立现代企业制度的同时还必须要实施战略管理。

（四）企业进行资本经营的需要

现代企业的发展，尤其是大企业的发展，是产品经营与资本经营的结合，中国企业要做大、做强，企业资本经营是必经的途径。但无数企业管理实践说明，有的企业通过资本经营迅速成长起来，有的企业通过资本经营反而使自己走向衰败，其中重要的原因之一就是这些企业有没有明确的企业战略作指导。从某种程度上来讲，资本经营要比产品经营风险更大，不确定因素更多，因此，企业资本经营更需要有战略的指导。

（五）企业国际化经营的需要

当今世界全球化的步伐在加快，我国有越来越多的企业走出国门，走向世界。特别是我国加入世贸组织后，有越来越多企业开始了国际化经营的道路。为了在国际舞台上立于不败之地，企业实施战略管理就显得尤为重要，因为企业战略管理是提高企业素质、提高企业竞争力的有力武器。

三、我国企业应用战略管理的现状

我国是从 20 世纪 80 年代引入战略管理的。国内目前在企业战略管理理论上基本朝着跟踪国际研究前沿问题、与国际研究接轨的方向发展，在研究方法上已开始注重一定的规范性，在理论推导、命题建立、方法选择、数据分析以及命题验证等方面都形成了较为规范的技术路线。

战略管理是一个应用性较强的领域，其主流理论基本上发端于西方尤其是美国，而中国企业所处的环境与背景具有一定的特殊性，因此使得问题的选择与研究结果的解释方面不完全类同于西方。因为不存在所谓的普适通用理论，因此在战略实践中必须注意理论的适用性问题（钟映弘、杨建梅，2003）。展望国内战略管理研究的趋势，应是在借鉴国际上规范研究方法的基础上，突出战略管理的环境依赖与问题导向性，在测量变量尤其是控制变量选择上充分考虑到中国特定的社会、经济与文化背景，即战略研究在中国环境背景下如何较好地实现本土化。可以强调背景与问题的中国特色，但不能强调研究方法的中国特色。目前我国企业在战略管理的应用上还存在着诸多问题，主要体现在以下几方面。

（一）对战略管理的认识偏差

（1）战略管理（包括战略规划）是企业领导者使用的工具、是领导科学化的依据、是用以决策和协调的工具，而不是各职能部门的主要工具。因此，企业的发展战略制定要由领导者来指导，要反映他的意志，而不是规划研究部门的意见。不少企业的发展战略由下级部门做出方案交总经理拍板这种本末倒置做法，就违反了战略管理制定的规律。

（2）战略管理在本质上、功能上完全不同于5年计划或10年规划，即它不是按整数时间划定期限，而是按解决问题对象所需来划定时限；不是生产、销售、财务、技术等各部门工作相加的结果，而是根据环境变化指导整个企业及各部门工作的依据；不仅追求企业经营利润最大化，而且追求企业竞争安全性；它主要不是技术性产物，而是思想性产物、创新性产物。战略规划没有最好，只有更好，因此在研究制定发展战略时不应以熟悉本企业主要技术为依据，而是以包括军事思想在内的战略思想为主要依据。根据调查，相当多企业的战略管理纳入“营销管理”“人力资源管理”“品牌管理”等局部范围内，同时近一半的被访者认为战略规划与5年规划“是一回事”，还有不少被访问者认为“5年以内是5年计划，5年以外是战略规划”，这些认识偏差太远，从根本上妨碍了正确开展战略管理。

（3）战略管理不应是在企业危机、重组，或更换大股东后的工作，而是企业发展中的经常性的工作；不应是用来宣传表彰的材料，而是事关企业生存安全的绝密资源。目前中国企业管理者这方面意识非常落后，反观国际知名家电巨头都把自己打入中国的战略封藏起来，不漏半点口风。

（4）公司战略在内容上空洞无物。这主要表现在战略内容上假、大、空，官话连篇、套话不断，篇幅不小、言而无物，这是中国企业战略管理的通病。中国很多企业集团、公司，洋洋洒洒的厚厚文本中除了政治形势和政府要求外，就是新名词注释或官样战略的模板套用。这样的战略对企业根本不可能具有经济指导意义和实际价值，这种内容空洞、无的放矢的战略当然也不可能成为引导企业集团发展和整合企业活动的作用。有些企业集团的战略成为企业集团拍脑袋讲大话、吹牛皮骗上级的官样文章，个别战略甚至成为给领导歌功颂德和对企业宣传表彰的材料，这就更把公司战略的

“真经”给念歪了。

（5）战略管理是一种以思想性创新为特征的管理，是不能按教科书来实施和规范的，更不能程式化、数字化——提取和整理若干数据输入计算机，出一大堆打印件，再加上结论就完成了。对于战略管理性质与其他管理的区别缺少正确的认识，导致采用不适合的方法，是严重妨碍和局限企业进行战略管理的基本原因。由于这种错误认识，造成在实践中，或者很荒谬地把战略规划研究当作一项任务，临时抱佛脚，组织众多专家和部门负责人“集思广益”，而违反了思想性创造活动要通过少数人长时间的集中思考的规律；或者把战略规划模式化，造成众多企业的战略规划如出一辙，即使战略规划缺少了针对性，又完全违背了“你打你的，我打我的”的战略基本规则。这种战略规划毫无用处，也无密可保。战略管理要求企业要根据经营目的和经济规律、竞争目的和竞争规律来指挥和组织经营活动和竞争活动。目前，多数企业除了广告战和价格战外，别无他法，不仅完全不能适应国际上的竞争形势，更易陷于中国古代军事家吴起所告诫的“五胜者祸”的危局。

（二）战略制定随意化、片面化

（1）企业制定战略管理缺乏科学的依据和论证。在制定企业战略管理的过程中，并不从企业本身所在的外部环境和内部环境出发，盲目照搬套用，互相模仿流于形式。国内的许多企业虽然也制定了自己的战略管理，但这些所谓的战略管理并不是建立在对企业的内外部环境具体分析的基础上，也没有进行科学的论证，当看到别的企业或行业的战略管理取得成功就盲目照搬，缺乏基本的独立判断能力，导致众多企业经营战略管理大同小异，其最终结果可能是在行业中引起不必要的恶性竞争。

（2）企业制定战略管理片面追求规模效应。在制定企业战略时，往往会进入这样一个怪圈，那就是企业任务陈述与企业实际不吻合，片面追求规模生产的光环效应。在国内企业间流行一种定向思维，即认为企业的规模越大越好，随之而来的是企业疯狂兼并和购并之风席卷大江南北。通过所谓的强强联合和强弱联合，一夜之间造就了一大批“超级航母”，但这些“航母”就是昨天我们见到的“小舢船”通过强加的外力“焊接”而成的。“小舢船”之间缺乏协调，难以形成相互关联、相互配合的战略管理整体，并不能真正发挥出规模效应和协作优势，并且缺乏核心竞争力，导致预期收益不理想或者因为利益重新分配不当导致冲突、矛盾加剧，或者因为风险忽然放大、管理能力欠缺等而宣告失败。

（三）战略管理实施脱离企业实际

（1）新的战略管理与企业旧的组织结构不相匹配。战略管理的变化要求组织的结构也应该发生相应的变化，因为组织结构在很大程度上决定目标和政策是如何建立的，同时企业的组织结构也决定资源的配置方向。我国许多企业不顾企业经营领域、产品种类和市场发生的巨大变化，仍然以旧的组织结构去实施新的战略管理，这种做法往往使战略管理的实施毫无效果可言。

（2）战略管理与企业文化不相匹配。由于国内许多企业原有文化是建立在计划经济基础上的，而现代企业战略管理是市场经济的管理模式，也就是说这些企业目前还没有一个适应市场经济、适应现代企业制度的企业文化，所以这些企业在市场经济的激烈竞争中全体员工不能达成共识和步调一致，企业文化就形不成战略管理实施的统一基础。企业文化具有较大的刚性，并且具有一定的持续性。当新的战略管理要求企业文化与之相互配合时，旧的企业文化常常会对新的战略管理实施构成阻力，企业文化的变革就会非常慢。

（3）战略管理与企业人力资源脱节。国内企业在战略管理制定时，成功实施战略管理所需要的个人价值观和技能往往被忽略，在战略管理实施的过程中才会注意到需要的人才短缺。有些企业的决策者在企业经过一段高速发展期、已具有一定规模的情况下，只看到新的战略管理所能给企业带来的前途是多么远大，却忽略了自己企业是否具有合适的实施这些战略管理的人才，就匆匆将新战略管理付诸实施，结果就出现了没能将个人的能力与战略管理实施任务相匹配的现象，甚至将一些管理能力、技术能力不强的人推上了重要的工作岗位。而另外的一些企业片面追求员工的高学历，将这些人才招聘到企业后却不能充分发挥其作用，甚至还有“高才低就”的现象发生，使得员工的工作激情锐减。这两种情况所带来的后果就是战略管理实施偏离正确方向，企业不仅实现不了战略管理规划，还有可能给企业带来重大损失。

（四）战略管理控制滞后

我国企业战略管理控制存在的主要问题就是战略管理的控制和评价不能持续进行，评价显得过于迟钝。企业在制定自己战略管理的时候，不管考虑得多么周到，但由于市场瞬息万变，就必须适时客观有效地对战略管理进行控制，采取相应行动使战略管理不偏离方向。但是国内企业习惯在特定时期的期末或在问题发生后才对实施的战略管理作评价和修正，总结出若干错误却又于事无补。

此外，战略管理评价方法滞后，难与时代接轨也是一个突出问题。当今的商业竞争如此激烈，战略管理决策者不得不扩大范围并在越来越大的不确定性中进行战略管理决策，而在各种竞争场合中通常是拥有最佳信息的一方获胜。随着数字时代的到来，各种信息技术大量涌现，企业只有紧跟时代发展的步伐，才能快速获取第一手的信息，从而在激烈的市场竞争中取得主动。但是，我国许多企业的战略管理评价要么是召集几个专家进行研讨，要么是企业内部进行的零散报告，很容易流于形式。并且这种战略管理评价是静态的，完全跟不上当今信息时代企业内部和外部环境变化的速度，所以企业也无法有效及时地采取纠正的措施。

古人云：“凡事预则立，不预则废。”在国际竞争日益激烈的今天，战略缺失的企业是难以打好无准备之仗的，特别是对于组织庞大、经济关系繁杂的企业集团来说，从立足国际竞争的高度进行战略谋划更为必要。我国企业集团在战略认识、制定、实施和控制上存在许多问题，其原因主要是：

（1）领导认识错误。现在企业集团的领导多来源于任命或委派，其中“唯上”意识和平稳处事者不在少数，有的不懂得或个别不愿去研究集团置身外部环境的优劣势、机会所在与竞争能力，因此其所领导的企业集团很难拿出有思想高度和创新意识的战略。

（2）管理体制陈旧。现行管理体制多是行政性的管理，包括国内很多知名企业集团至今依然沿袭国有行政管理模式，况且绝大多数企业集团是在工厂基础上做大的，因此在管理上习惯于订计划定指标，忙碌于争投资上项目，奔波于抓生产搞营销，而普遍把战略认为是“虚”的东西。重视具体生产经营本无可厚非，但战略管理没有摆到应有地位，集团管理就没有抓住最核心的东西。

（3）管理知识老化。现在企业领导多数在传统生产经营管理上比较熟悉，对近年来国际普遍推行的创新管理缺乏必要的知识。事实上，现代复合化经营已经是生产经营、资本经营、品牌经营、人才经营四种经营方式的协调发展。因此，企业家们必须快速补充包括战略管理在内的管理新知识。

综上所述，我国企业在实施战略管理方面还存在很大的问题。这需要企业更加注意企业战略的分析、制定、实施和控制。特别是现代企业面临的是一个社会、经济和科技迅速发展的环境，我国又处于体制转轨时期，这进一步增加了环境的不确定性。因此，企业必须尽快树立战略管理观念，将战略管理作为企业经营的首要活动。在这一背景下，我国企业需要做到以下几点：

（1）要有效地分析外部环境和自身条件，及时把握机遇，迎接挑战；

（2）坚持革新与发展，建设学习型组织；

（3）发展核心能力，获取长期竞争优势。

四、我国企业战略管理学科的发展

（一）发展趋势

企业战略管理的产生和发展是企业管理发展的一个重要阶段。发达国家的企业战略管理已经发展到了非常成熟的阶段。随着科学技术、经济理论、管理理论和企业管理实践的发展和知识经济、信息经济的冲击，企业战略管理表现出一些新的发展趋势。

（1）企业战略管理中的国际化倾向。随着战后国际资本的扩张和跨国公司的膨胀，世界经济活动中国际交往日益增多，不同国家和企业之间互相渗透的现象日趋明显，越来越多的企业在积极地拓展海外业务。因此，国际化战略在企业战略管理中的地位变得越来越重要，向海外发展已经成为大中型企业战略管理中的重要内容。

（2）企业战略管理中的专业化倾向。由于战略管理在企业管理中的地位日益提高，越来越多的企业设置了从事企业战略管理的专业人员或专门化的战略规划部门，协助企业家进行战略管理。其主要工作是为企业家充当参谋，调查研究、分析趋势、制订方案，供企业家选择和决策。由于战略问题随着企业经营环境的变化而日趋复杂，这种专业人员和专业机构的智慧作用也正变得更加重要。

（3）企业战略管理中先进科技手段的广泛运用。当前，企业战略管理面临的因素越来越多，要解决的问题越来越复杂，迫使企业尽可能地采用先进的科学技术手段进行战略管理。各类数学分析模型、统计调查方法、电子通信设备、电子计算机，特别是 internet、intranet 等网络技术、电子商务技术等，被企业广泛应用于战略管理。这也给企业的组织结构带来了深刻的影响，传统的以直线式信息传递为基础的金字塔或矩阵型企业组织结构模式正在向以网络化信息传递为基础的扁平型、松散型的弹性组织结构转化。

(4) 企业战略管理中发展和赢利并重。毫无疑问，获取利润仍然是企业战略管理考虑的首要因素。但是，正是从企业战略管理的特点出发，当企业的短期目标与企业的长期发展目标相冲突时，越来越多的企业家考虑的是长期发展目标。为了实现企业的长期发展目标，许多企业家不惜牺牲眼前的利益。善于放弃、大胆取舍、牺牲局部、追求发展，这已经成为企业战略管理决策中的普遍现象。

(二) 学科特点

当前我国战略管理学科发展已具有以下四个特点：

(1) 企业战略管理实践已形成高潮。我国相当部分的大中型企业都制定了自己的发展战略，有的企业已积累了一定的战略管理实践经验。

(2) 企业战略管理咨询已形成高潮。国内外各种咨询公司如雨后春笋般在大中城市成立起来，其咨询业务十分繁忙。

(3) 企业战略管理教学培训已形成高潮。不论是工商管理硕士（MBA）教育，还是总裁班、经理班等短期培训，企业战略管理都是其中很重要的培训内容。

(4) 企业战略管理的基础理论、战略内容及战略过程的研究很弱。我国目前研究人员的主要工作是引进和介绍发达国家的战略理论，中国学者独立的研究基本上还处于经验阶段，缺乏应有的理论深度。

(三) 发展战略

根据前面的分析，我国企业战略管理学科的发展战略是：建立起一支具有国际水平同时兼备理论素养及实践背景的教学科研队伍；学习、引进国外先进的企业战略管理理论与方法，并与我国企业的战略管理实践密切结合；形成具有中国特色的企业战略管理理论体系；面向我国企业发展需要培养大批 MBA，面向我国战略管理学科发展需要培养一批研究型硕士、博士，面向我国企业实践提供高水平的企业战略管理咨询。

本章小结

企业是特定的经济组织，办企业必须讲战略。战略管理应从企业较长时期着眼，合理配置内部要素，实现与外部环境的协调，保证企业的生产和经营活动顺畅进行及其目标的如期或提前实现。就企业战略管理理论的产生与发展的主要阐述了西方企业主要战略管理理论的发展进程，并就当代企业战略管理理论流派（产品—市场战略管理理论、核心竞争力战略管理理论、综合战略管理理论等）进行了较为翔实的阐述；最后阐述了我国企业应用战略管理的概况（我国企业实施战略管理应当具备的条件、我国企业实施战略管理的动因、我国企业应用战略管理的现状），指出了企业战略管理学科的发展趋势。

案例

东风汽车公司的商用车竞争战略

东风与尼桑（NISSAN）汽车合资的东风有限公司刚刚成立一个多月，2003年7月16日，其下属的商用车公司就在武汉、天津、上海、宁波、深圳同时宣布推出天度、天豹、天龙、天狮、天虎、霸龙、金拇指等8款大马力牵引车，体现了一家大公司的实力。

东风商用车公司是由原东风公司所属载重车公司、柳汽、杭汽、新疆汽车厂和东风日产柴等14家子公司组成，有员工3.4万人，固定资产150亿元，年生产能力30万辆，产品覆盖载货车、客车、专用车、越野车、发动机、驾驶室、底盘及关键零部件，是一个不折不扣的商用车“巨无霸”。东风汽车有限责任公司副总裁、商用车公司总经理童东城接受记者采访时，对东风汽车有限公司未来商用车发展谋略作了勾画。

东风商用车将竞争对手定位为戴姆勒—克莱斯勒和沃尔沃，2006年产销量和利润率要达到世界第三位。共有三个平台：第一个是T平台，卡车系列，其中T1是总量大于18吨以上的重重型车；T2是总量7.5吨到18吨范围的中重型车；T3是7.5吨以下3吨以上的轻型车；T4是皮卡和微型车。生产基地在十堰、襄樊、柳州、杭州、深圳等地。第二个是K平台，客车系列，在杭州周围和湖北生产，其生产工艺和传统的完全不一样，骨架都是冲压件，在国内还是独一份，生产6米到12米全系列客车。第三个是Y平台，军用越野车系列，不进入合资公司。

对合资公司商用车使用东风品牌，童东城感到十分得意，他说，未来的市场竞争就是品牌的竞争，东风商用车的品牌是中国人自己的。他认为品牌下属的零部件，是人类的知识成果，应该全球共分享。现在全球零部件供应商越来越集中，比如变速箱，全球90%的商用车使用的都是采埃孚和伊顿两家的，丝毫不影响车子的品牌是雷诺的、奔驰的或者沃尔沃的。现在世界上销售利润率最好的斯堪尼亚公司已把部分总成卖掉了。达夫是世界上最好的卡车，可是它的驾驶室却是由雷诺供应的。

当问到东风商用车将来会不会与雷诺发展合作时，童东城毫不隐讳地承认，双方接触已经很久，也很深，但很难说将来结果会怎样。同时他说现在国际上大公司间交往活动很频繁，不像过去，竞争对手之间互不往来。

谈到东风商用车未来的产品定位时，他认为，过去到今年成长性最好的汽车市场是重重型车市场，商用车整体增长率20%多，东风只增长了5%多，因为重重型车市场增长率70%多，东风一个点都没有拿到，东风能甘心吗？他分析未来中国的中吨位市场最多只有12万辆容量，而单是东风就有16万辆的生产能力。他们只准备保留5万到6万辆，占50%的份额就可以了，多了是资源的浪费。对未来的东风来说，重重型、中重型，甚至轻型，哪个成长性好，就向哪里倾斜，就是东风发展的重点。哪里有市场，就到哪里去，他说，对企业而言，市场就是你死我活的战场。

资料来源：程远. 市场就是你死我活的战场. 经济日报，2003-07-23.

>>> 信息链接

东风汽车公司简介

东风汽车公司始建于 1969 年，是中国汽车行业的骨干企业。经过三十多年的建设，已陆续建成十堰（主要以中、重型商用车、零部件、汽车装备事业为主）、襄樊（以轻型商用车、乘用车为主）、武汉（以乘用车为主）、广州（以乘用车为主）等主要生产基地，公司运营中心于2003 年 9 月 28 日由十堰迁至武汉。主营业务包括全系列商用车、乘用车、汽车零部件和汽车装备。目前，整车业务产品结构基本形成商用车、乘用车各占一半的格局。截至 2004 年底，公司总资产 768.9 亿元，净资产 339 亿元，在册员工 10.6 万人。

进入新世纪，东风公司着眼参与国际竞争，按照“融入发展，合作竞争，做强做大，优先做强”的发展方略，积极推进与跨国公司的战略合作，先后扩大和提升与法国标致—雪铁龙集团的合作，与日产进行全面合资重组，与本田拓展合作领域，整合重组了悦达起亚等。

瞻望前程，东风公司已经确立了“建设一个永续发展的百年东风，一个面向世界的国际化东风，一个在开放中自主发展的东风”的发展定位。

资料来源：东风汽车公司网站（http：//www. dfmc. com. cn）.

[案例思考题]

1. 查阅中国汽车制造业的资料，比较分析东风汽车公司在我国汽车行业的竞争力。

2. 你对“市场就是你死我活的战场”这句话如何理解？举例说明战略对于企业的重要性。

3. 请发表你对东风汽车公司商用车竞争战略的看法。如果你是东风公司的 CEO，你会实施什么样的发展战略。

思考题

1. 简述安索夫的企业战略理论的类型和特点。

2. 怎样看待以迈克尔·波特为代表的竞争战略理论？

3. 企业核心竞争力的战略管理理论的主要内容包括哪些？

4. 我国企业实施战略管理的动因是什么？

第三章 战略分析的基本框架

第一节 战略分析的功能

战略分析是指对企业的战略环境进行分析、评价，并预测这些环境未来发展的趋势，以及这些趋势可能对企业造成的影响及影响的方向。一般说来，战略分析包括企业外部环境分析和企业内部环境或条件分析两部分。企业外部环境分析的目的是为了适时地寻找和发现有利于企业发展的机会，以及对企业来说所存在的威胁，做到“知彼”，以便在制定和选择战略中能够利用外部条件所提供的机会而避开对企业的威胁因素。企业内部环境分析的目的是为了发现企业所具备的优势或弱点，以便在制定和实施战略时能扬长避短，发挥优势，有效地利用企业自身的各种资源，发挥出企业的核心竞争力。

战略分析的主要功能在于信息处理与实时监控（保持知情）、认知手段与思考过程（解读定性），以及行动前提与知行纽带的作用（诉诸行动）。战略分析是战略选择与实施的前提，又贯穿于整个战略管理过程的始终。

一、作为监控与知情的战略分析

信息是决策的基础，是战略分析的素材。战略分析是一种特定的收集信息、组织信息、处理信息和应用信息的机制与模式，具有对企业经营活动进行实时监控的职能。它帮助企业监控外部环境的变化，审视其内部活动，系统地为企业的运行和发展把脉，保持对企业经营活动相关要素的全面知情。比如，以竞争对手分析为例，一个企业必须了解其主要竞争对手的目标体系、战略特色、思维模式及其竞争实力，从而以此为基础，预测其行为，影响其行为。同时，对竞争对手和整个行业面临的挑战进行不断地关注与监控，也会帮助企业更好地解读发生在对手及自己身上的各类事件的含义。

二、作为认知与思考的战略分析

战略分析是一种认知手段和思考的过程，具有概念化定性的功能。它帮助战略管理者理解企业内外环境，有助于基本判断与观点的形成。也就是说，通过战略分析，企业的战略管理者将杂乱无章的信息和素材进行过滤、整理、分类、储存，并依次对企业的内外现象与事件作出判断，形成观点。比如，本行业中某个比较有实力的竞争对手突然遭到供货商行业中主要企业的集体刁难与打压。这一现象对本企业而言，到底是一个绝好的攻城略地的机会，还是对本企业所在行业的整体威胁？很显然，对事件的不同解读与定性（机会抑或威胁）会引发截然不同的反应：是“落井下石、借刀杀人”，还是“同行合谋、共御外患”。

三、作为行动伙伴的战略分析

战略分析既是战略选择与实施的前提基础，又在选择与实施中不断出现、并行作用。也就是说，行动中的思考和与行动并行的分析会导致对企业战略的巩固与加强，也会导致对战略的微调与改变。比如，一个企业采取一贯坚持只关注顾客需求而不关注竞争对手的基本战略，并且实际上能够比对手更好地生存与发展，在执行现有战略过程中的反思与分析会进一步赋予行动以意义，从而强化企业遵循先行战略的行为。

第二节　一个基本的战略分析框架

以安德鲁斯为代表的四位教授在1965年出版《企业政策》一书中，将企业经营战略作为企业政策的核心概念，并首次正式提出一个完整的战略分析框架。安德鲁斯等教授认为，企业经营战略的选择与制定需要认真的分析和仔细的考量，应该同时顾及四个主要方面的因素：企业外部环境中的机会与威胁，企业内部的资源、能力与组织体系，管理决策者个人的价值偏好，以及企业的社会责任与社会和公众预期（详见图3－1）。前两项基本属于事实判断和技术分析层次，主要考察企业内部运作和外部竞争环境之间的连接、匹配与契合；后两项基本属于价值判断和社会伦理的范畴，主要考察决策者的偏好以及企业面临的社会预期对企业战略和影响。

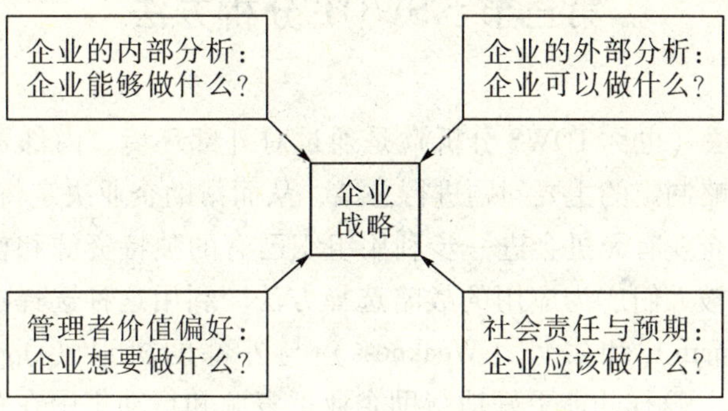

图3－1　传统的战略分析框架

资料来源：Learned，et al.，1965；Porter，1980.

一、企业的外部环境

企业的外部环境包括企业外部所有影响企业经营与绩效的因素，它们至少在短期内是给定的，不受企业的控制。环境因素既可以为企业提供机会，也可以给企业带来威胁与挑战。因此，企业环境决定了企业的行为空间，决定了它可以做什么。

二、企业的内部环境

企业的内部环境是指企业内部所拥有和掌控的各类资源以及这些资源与能力赖以

应用和施展的组织体系。某种特定的企业内部环境，相对于具体的市场机会和竞争对手而言，可能是优点和强项，也可能是劣势和弱项，影响企业在竞争中的作为。因此，企业的内部环境决定了企业能够做什么。

三、决策者的价值偏好

企业管理决策者个人的价值偏好，指的是作为战略决策者的一般管理人员的价值体系，包括道德、意识形态、是非标准和行为规范等。由于一般管理人员具有合法地参与和影响企业战略的权力，他们的价值体系和偏好在很大程度上影响企业战略的价值取向和特色。因此，管理者个人的价值偏好决定企业想要做什么。

四、企业的社会责任与预期

企业的社会责任与社会和公众预期，可以被理解为企业作为一个社会实体需要对社会做出的非经济性贡献，或者说，对自己在其中从事经营活动的社会和社区所承担的必要社会责任和必须满足的预期。因此，企业的社会责任与社会和公众预期决定了企业应该做什么。

综上论述，企业战略分析的实质在于把握好上述四个方面的因素，在可以做、能够做、想要做和应该做这四个区间寻求足够的重叠，最大限度地达成协调与契合。理想状况的战略是全力以赴去做哪些既可以做，又想做，也能够做，并应该做的事情。

第三节　SWOT 分析方法

SWOT 分析方法（也称 TOWS 分析）是通过对外部环境、内部资源战略能力以及最有可能影响到战略制定的主要问题进行总结，从而帮助企业决定将来拟采取的行动，同时还可用于评估企业有无机会进一步利用组织已有的独特资源和核心能力来实现新的发展。它是一种被人们广为应用的战略选择方法。利用这种选择方法，需要把企业内部的优势（Strength）和劣势（Weakness）与外部的机遇（Opportunity）和威胁（Threat）匹配起来，这样才能更好地帮助企业把资源和行动集中在企业优势和有机会的地方，从而实现企业整体的目的和目标。

一、SWOT 分析方法的精髓

有效战略在于实现和保持企业内部资源与能力和外部环境（机会、威胁）的有机匹配，从而充分发挥优势因素，克服劣势因素，利用机会因素，避免威胁因素，达到企业内外的动态平衡，有助于实现企业的愿景与目标。

（一）SWOT 分析方法是一种分析框架

作为一种分析框架，SWOT 分析方法只是列出了考虑问题应该重视的维度和因素，并不能精确地勾勒出外部环境与企业内部环境如何有机地匹配，更难预测不同程度的匹配与经营绩效之间的关系模式。

（二）SWOT 分析方法是一种思维方式

与其说 SWOT 分析方法是一种手段和方法，不如说它是一种思维方式，其核心在于内外的有机匹配，体现了一种注重平衡、适度与和谐的内涵与精髓。SWOT 分析方法为我们提供了一种基本的思路和宽广的视野。

（三）SWOT 分析方法是一种战略管理教学与研究的指南

战略管理的发展演进，基本上是在充实、强化和修正 SWOT 分析方法的具体项目和内容，并检验、更新和发展有关内外匹配的观点。反映在教学上，SWOT 分析作为一个指导框架和内容分类与组织的基本范式（外部环境分析和内部环境分析），广泛地影响着教科书的编排。从这种意义上讲，SWOT 分析是一种战略管理教学与研究的一个基本指南。

二、SWOT 矩阵

图 3-2 是一个 SWOT 矩阵示意图。SWOT 矩阵由 9 个格子组成，其中有 4 个因素格，分别是机会（O）、威胁（T）、优势（S）、劣势（W）；4 个战略格，以 SO、WO、ST 和 WT 为标题。战略格要在 S、W、O、T 空格填写完成之后通过匹配产生，而左上角的格子则是空格。

	优势—S ① ②（列出内部优势因素） . . . n	劣势—W ① ②（列出内部劣势因素） . . . n
机会—O ① ②（列出外部机会因素） . . . n	SO 战略 发挥内部优势，利用外部机会	WO 战略 通过发挥外部优势，克服内部劣势
威胁—T ① ②（列出外部威胁因素） . . . n	ST 战略 运用内部优势，缓解外部威胁	WT 战略 将劣势降到最小并避免威胁

图 3-2 SWOT 矩阵

SO 战略是企业通过发挥内部优势并充分利用外部机会的战略。企业将通过如下两种方式强化组织的内部优势，从而抓住外部机会：一是通过找出最佳的资源组合来获取竞争优势；二是通过提供资源来强化来扩展已有的竞争优势。

WO 战略的目标是通过有效利用外部机会来弥补内部劣势。通常会出现这样的情况，企业面临着很好的外部机会，但由于内部的一些劣势妨碍着它利用这些外部机会。这时企业会在以下两种方式中权衡：一是加强投资，将劣势转化为优势以开拓机会；二是将机会放弃给对手。

ST 战略是充分利用企业的优势来避免或减轻外部威胁的影响。这时企业应通过重新构建组织资源来获取竞争优势，将威胁转为机会，或者组织采取防守战略，目的是抓住其他组合中有前景的机会。

WT 战略是一种克服内部劣势并避免外部威胁的防御性战略。市场竞争反复无常，以至于企业注定会有一定的战略问题在这一组合中。如果企业危在旦夕，那么进取型战略是唯一的选择。如果目前战略的作用不大，那么就应该放弃这一组合而专注于其他组合中更有前途的机会。

三、建立 SWOT 矩阵的步骤

构建 SWOT 矩阵，主要包括以下八个步骤：

第一步：列出企业的关键外部机会；

第二步：列出企业的关键外部威胁；

第三步：列出企业的关键内部优势；

第四步：列出企业的关键内部劣势；

第五步：将内部优势与外部机会相匹配而得到 SO 战略，然后填入相应的矩阵方格中；

第六步：将内部劣势与外部机会相匹配而得到 WO 战略，然后填入相应的矩阵方格中；

第七步：将内部优势与外部威胁相匹配而得到 ST 战略，然后填入相应的矩阵方格中；

第八步：将内部劣势与外部威胁相匹配而得到 WT 战略，然后填入相应的矩阵方格中。

SWOT 矩阵是一种描述清晰、应用灵活、分析系统化且具有极强应用价值的非程序化分析工具。它可以在各种复杂多变的内部环境中，根据战略分析者的经验，匹配出细致且多变的战略方案。但也正因为如此，SWOT 矩阵分析很大程度上取决于战略决策者的直觉和主观判断，对决策者素质的依赖性很强，这是 SWOT 的一个主要不足之处。

在实际运用中，SWOT 矩阵还有待进一步发展。例如，无论是内部要素还是外部要素都处在不断变化之中，因此除了对目前的优势和劣势、机会和威胁进行评价外，还需要根据 SWOT 分析所选的战略实施后对企业未来的 SWOT 将产生什么影响，这种分析也应该成为 SWOT 矩阵的重要补充，以增强其动态性和发展性。

第四节 战略管理的环境分析

企业是一个复杂的生命体，任何一个企业发展都受到环境因素的制约，环境是每个企业赖以生存的土壤。在战略管理过程中，企业的环境分析是企业制定战略的重要前提，企业战略目标的确定和战略蓝图的形成，不但要求知彼，即客观分析企业的外部环境，而且要求知己，即对企业内部的资源进行系统的分析。企业实施战略管理，应该首先分析企业的外部环境，找出外部环境为企业发展所提供的机会，以及外部环境对企业发展所构成的威胁；接着分析企业的内部环境，了解企业自身所存在的优势和劣势，并以此作为战略制定的出发点。

一、企业环境的构成及特征

（一）企业环境的构成

企业的环境由外部环境和内部环境共同构成。图 3－3 是企业的环境结构图，它用三个圆圈将企业的环境分为三个部分，其中内圈代表企业的内部环境（也称微观环境）；中圈代表产业环境（也称中观环境），跟企业关系较为直接；外圈代表宏观环境，跟企业关系较为间接。图中的宏观环境和产业环境共同构成企业的外部环境。

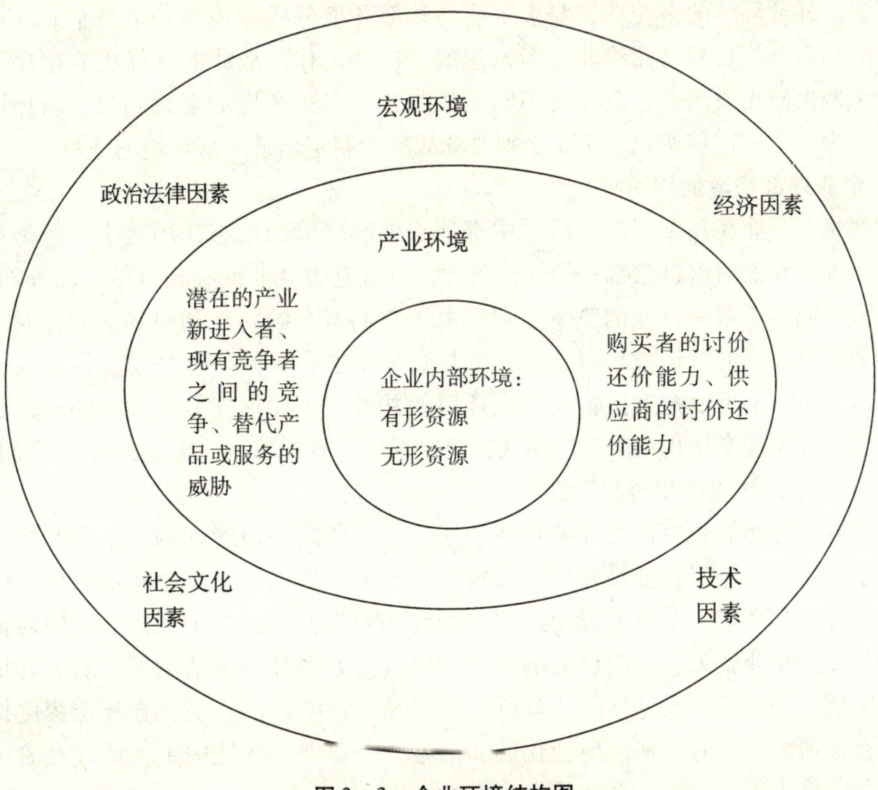

图 3－3 企业环境结构图

宏观环境主要由政治法律、经济、社会文化和技术等因素构成。

产业环境一般指由迈克尔·波特提出的五种竞争力量，即潜在的产业新进入者、替代产品或服务的威胁、购买者讨价还价的能力、供应商讨价还价的能力以及现有竞争者之间的竞争。

企业的内部环境是指企业的内部条件，包括企业的资源、能力、组织结构等因素。

（二）企业外部环境的特征

企业的外部环境作为一种现实客观力量，其自身具有以下特征：

1. 企业外部环境的复杂多样性

外部环境的复杂多样性是指环境因素数量巨大而且性质复杂。我们可以找出非常多的环境因素，但极有可能造成"只见树木，不见森林"的情况，没有对那些真正影响企业的重要环境因素形成全面认识。环境的复杂多样性不仅表现在环境因素数量的多寡上，而且还表现在环境因素种类的多寡上，即多样化方面。影响企业的外部环境因素不是同属某一类或几类，而是多种多样、千差万别。随着时代的发展，企业作为一个动态开放的系统，其外部环境因素也将随着时代的发展而发展，因而企业所面临的外部环境会变得更加复杂多样。

2. 企业外部环境的多变性

企业的外部环境总是处于不断变化的状态之中，有些变化是可预测的，是渐进式的，而有些变化是不可预测的、突发性的。没有一个企业自始至终面临着相同的外部环境因素。外部环境的多变性，要求企业的外部环境分析应该是一个与企业环境变化相适应的动态分析过程，而绝非一劳永逸的一次性工作。战略的选择也应根据外部环境的变化做出修正或调整。企业要不断分析与预测未来环境的变化趋势，当环境发生变化时，为了适应这种变化，企业必须改变战略，制定出适应新环境的战略。

3. 企业外部环境的相对唯一性

虽然每个企业在其生产经营活动中都处于外部环境的动态作用之中，但是对于每个企业来说，它面对着自己唯一的外部条件，也就是说企业面临相对单一的外部环境。即使是两个同处于某一行业的竞争企业，由于它们本身的特点和眼界不同，对环境的认识和理解是不同的。环境相对唯一性的特点，要求企业的外部环境分析必须要具体情况具体分析。不但要把握住企业所处环境的共性，也要抓住其个性。同时，要求企业的战略选择不能套用现成的战略模式，只能根据自身的特点，形成独特的战略风格。

4. 企业外部环境的相对稳定性

企业外部环境的相对稳定性是指在企业生产经营的一段时期内，企业在行业中的位置、法律条例、经济政策等外部环境具有一定的连续性，在此期间不会出现巨大变化。稳定性高的环境，企业可以用过去的经验和知识处理经营中的问题；面对稳定程度低的环境，企业就无法仅用过去的知识和经验去处理经营中的问题。随着环境稳定程度的降低，企业的可预见性随之降低，不可预见性则逐渐提高。在稳定程度低的环境里，企业所能了解的只是环境变化的弱信号，企业外部环境中更多地存在着许多不可预见的突发事件。

（三）企业内部环境的特征

人们往往注意到企业外部环境的诸多特征，而忽视了企业的内部环境，作为异质性的企业，其内部环境的主要特征如下：

1. 企业内部环境的差异性

在以迈克尔·波特为代表的产业组织理论中，企业内部被看作“黑箱”，“黑箱”观点不能解释为何企业在同一行业中，在同样的外部环境中，某些企业可以取得成功，另外一些企业却不能，也不能解释不同企业在业绩表现上的巨大差异。实际上，企业所拥有的资源状况构成了企业的内部环境，由于企业所拥有资源的种类、数量的不同造成了企业与企业是各不相同的，即使是处于同一产业中的企业，它们彼此之间也存在差异，即企业有异质性的特征。这种差异性导致了内部环境分析的必要性，要想了解一个企业，必须从内部环境分析入手，才可了解企业所拥有的优势和劣势。

2. 企业内部环境的复杂性

与外部环境一样，企业内部环境也拥有复杂性的特征。复杂性一方面来自于资源具体表现形式的多样；另一方面是由于有些资源的难以辨识、量化。这种复杂性成为企业相互模仿的壁垒，难以模仿的企业优势资源就成为企业获取持久竞争优势的源泉。因此，要想辨识企业的核心竞争能力，进而做出恰当的战略，企业内部环境分析是重要的基础。

二、企业内部环境分析

（一）企业内部环境分析的步骤

对企业内部环境进行分析，就是要确定和评价企业内部战略要素，从而找出企业的优势和劣势，为制定企业战略提供信息。而要找出企业的优势和劣势，则需要来自整个企业的管理者和员工代表的参与，需要收集和整理有关企业的企业文化、内部管理、市场营销、财务会计、生产运作、研究与开发、管理信息系统等方面的信息，并首先着重研究关键性因素，以共同确定企业最重要的优势与劣势。企业内部环境分析参与者在共同讨论企业有关内部优势与劣势的过程中，为参与者提供了更多的机会来理解他们的工作和部门在整个企业中的地位和作用，同时为参与者就各功能领域内的问题、困难和需求等提供了一个极好的沟通途径或平台，而这都会给企业带来极大的好处。

总之，进行内部环境分析需要收集、消化和评价有关企业运作的信息，大致包括以下四个步骤：

第一步：组建一个由来自不同部门的管理人员组成的专门小组来进行内部因素的分析和评价。

第二步：对企业所拥有的资源与能力的各个方面进行调查，这些方面被称为内部战略要素，如企业文化、内部管理、市场营销、财务会计、生产运作、研究与开发、管理信息系统等，从中找出影响企业战略制定的关键内部因素，并进行深入的分析。

第三步：运用内部环境分析的工具，如价值链分析方法、构建内部因素评价矩阵法、“雷达”图分析法等，分析与评价企业每一个内部战略要素，并要求参与人对所认定的因素按重要性程度进行排序，以确定哪些要素是企业的优势，哪些是企业的劣势。

第四步：将上述内部环境分析的结果以一定的形式提供给战略制定部门，以便通过战略匹配工具进行战略方案的拟订与选择。

（二）企业内部资源的构成

资源是企业生存与成长的基本条件，是构建企业竞争与发展战略的基础，更是企业为顾客提供产品和服务的源泉。分析企业的内部资源，对充分利用企业现有资源和潜能以及努力实现企业快速发展具有十分重要的意义。

一般而言，企业资源是指企业在向社会提供产品或服务的过程中所拥有的或所控制的能够实现企业战略目标的各种要素组合。这些要素的表现形式多种多样，可以从不同的角度对资源进行划分。比如，根据存在形态的不同，将企业资源分为有形资源和无形资源；根据应用上的通用性，将企业资源分为通用资源与专门资源；根据形成和获得方式、条件，将企业资源分为购置性资源和积累性资源；根据提供给消费者价值中所起的作用，将企业资源分为核心资源和支持性资源。

这些资源划分方法着眼点虽然各有不同，但都落脚于资源基础理论分析框架之内，是分别从资源的形态、获得、应用及对企业最终价值的形成等方面作了区分。目前应用较广的分类方法是第一种分类方式，即根据存在形态将企业资源分为有形资源和无形资源，如表 3 - 1 所示。企业可以在管理实践中，根据自身的具体需要选择合适的分类方式对企业资源加以分析。

表 3 - 1　企业的有形资源和无形资源

<table>
<tr><td rowspan="3">有形资源</td><td>实物资源</td><td>企业的厂房、设备、半成品、成品等</td></tr>
<tr><td>财务资源</td><td>企业的自有资金、留存利润
企业的借入资金</td></tr>
<tr><td>人力资源</td><td>员工数量、经验、能力、受教育水平、工资水平等</td></tr>
<tr><td rowspan="2">无形资源</td><td>技术资源</td><td>专利、商标、版权、商业机密、技术诀窍等</td></tr>
<tr><td>声誉资源</td><td>客户声誉、品牌、对产品质量耐久性和可靠性的理解
供应商声誉
有效率、有效益和支持性的“双赢”关系与交往方式</td></tr>
</table>

1. 有形资源

有形资源（Tangible Resources）是指可以看得见并且可以量化的资产，有形资源容易被识别和评估，许多有形资源可以在企业的各种财务报表上得以反映，具体而言，企业的有形资源包括实物资源、财务资源和人力资源三种。

（1）实物资源。实物资源是最明显的有形资源，是看得见摸得着的实体资源，包括企业的厂房、生产设备、原材料、半成品以及成品等。通过对这些实物资源的分析，我们可以了解到企业的地理环境、厂房面积、设备的先进程度等硬件水平，了解到企业原材料的获取能力、生产工艺及产品的质量保证及相应的市场地位状况。

（2）财务资源。财务资源也是一种比较容易辨别的有形资源，它同实物资源一样可以通过企业的财务报表反映出来，主要包括企业生产经营活动中所需要的资金，如自有资金、留存利润和借入资金等。通过对这些财务资源的分析，我们可以了解到企业资金的来源渠道和归还资金的形式是否合理、企业资金的分配和使用是否合理，了解资金成本水平、增值水平以及资金的利润率大小。总之，通过对财务资源的分析，我们可以了解企业的融资能力以及企业产生内部资金的能力。

（3）人力资源。人力资源在企业中是特殊性资源。就知识、技能与经验载体本身而言，人力资源是有形的，表现在组织中的人员数量、人员结构、受教育的程度、职务、职称、劳动力成本、股权、红利等是可以准确衡量的；由于知识、技能与经验难以准确度量并在资产负债表中表示出来，具有无形的特性，因此，人力资源是有形资源和无形资源的统一。通过对人力资源的分析，了解企业人员的数量是否充足、构成是否合理、员工的工作态度如何、职工的素质如何，了解企业员工的培训、晋升系统是否合理、激励水平如何等。由此，我们可以了解企业人力资源的知识结构、技能水平和决策能力的大小。

2. 无形资源

现代市场竞争中，扮演企业重要战略作用的资源往往是那些无形的、不易被觉察的资源。无形资源（Intangible Resources）是指那些根植于企业的历史中，长期积累下来的、不易被识别和量化的资产，具体而言，企业的无形资源包括技术资源和声誉资源两种。

（1）技术资源。技术资源是指企业所拥有的包括专利、商标、版权、商业机密、技术诀窍等在内的专有技术。通过对技术资源的分析，我们可以了解企业的技术能力（包括企业的技术吸收能力、研发能力、创新能力等）。随着科技的迅猛发展，技术资源对企业的影响越来越大。国外企业很重视技术资源对企业的影响，他们在企业内不但设置 CEO（首席执行官）和 CFO（首席财务官），现在还设置了 CKO（首席知识官）。但是，有时这些无形资源为企业所拥有还是为员工所拥有，其间的界限并不是清晰的，这也给企业控制和管理无形资源带来了难度。

（2）声誉资源。企业的声誉往往表现为客户声誉、品牌、对产品质量耐久性和可靠性的理解，表现为供应商的声誉及有效率、有效益和支持性的“双赢”关系与交往方式等。随着产品和技术之间的差异不断缩小，企业的声誉及企业形象在市场竞争中正起着越来越重要的作用。企业声誉及形象往往可以表现为其产品价格是否有超额部分，以及其产品所拥有的市场规模。表 3－2 为美国《商业周刊》公布的 2007 年全球最有价值品牌排行榜的部分排名。

表 3－2 2007 年世界最有价值品牌前十强

名次	品牌名称	2007 年品牌价值（亿美元）
1	可口可乐	653.24
2	微软	587.09

表 3-2（续）

名次	品牌名称	2007 年品牌价值（亿美元）
3	国际商用机器公司	570.91
4	通用电气	515.69
5	诺基亚	336.96
6	丰田汽车	320.70
7	英特尔	309.54
8	麦当劳	293.98
9	迪士尼	292.10
10	梅塞德斯—奔驰	235.68

三、企业内部环境分析方法

企业内部环境分析的目的在于掌握企业目前的状况，明确企业所具有的优势和劣势，以便确定企业的战略目标。目前而言，企业内部环境分析的方法一般可归纳成两大类：一类是进行纵向分析，即分析企业各方面（职能）的历史沿革，从而发现企业在哪些方面得到了发展和加强，以及在哪些方面有所削弱，在历史分析的基础上对企业各方面的发展趋势做出预测；另一类是将企业的情况与产业平均水平作横向比较分析，企业可以发现相对于产业平均水平的优势和劣势，这种分析对企业的经营来说更具有实际意义。本节着重介绍四种比较典型的内部环境分析方法。

（一）内部因素评价矩阵

内部因素评价矩阵（Internal Factor Evaluation Matrix，IFE 矩阵）是对内部战略管理分析的有力工具，它概括和评价了企业在管理、营销、生产作业、研究与开发等各职能领域的优势与劣势，并为确定和评价这些领域间的关系提供基础。在建立 IFE 矩阵时应注意，对矩阵中因素的透彻理解比实际数字更为重要。IFE 矩阵可以按以下五个步骤来建立：

（1）列出在内部分析过程中确定的关键因素。采用 10~20 个内部因素，包括优势和弱点两方面的。首先列出优势，然后列出弱点，要尽可能具体，并采用百分比、比率和比较数字。

（2）给每个因素以权重，其数值范围由 0.0（不重要）到 1.0（非常重要）。权重标志着各因素对于企业在产业中成败影响的相对大小。无论关键因素是内部优势还是内部弱势，对企业绩效有较大影响的因素就应当得到较高的权重。所有项目权重之和等于 1.0。

（3）为各因素进行评分。分值为 1 分代表重要弱点；2 分代表次要弱点；3 分代表次要优势；4 分代表重要优势。评分以公司为基准，而权重则以产业为基准。

（4）用每个因素的权重乘以它的评分，即得到每个因素的加权分数。

（5）将所有因素的加权分数相加，得到企业的总加权分数。

无论 IFE 矩阵包含多少因素，总加权分数的范围都是从最低的 1.0 到最高的 4.0，平均分数为 2.5 。总加权分数大大低于 2.5 的企业的内部状况处于弱势，而分数大大高于2.5的企业的内部状况则处于强势。IFE矩阵包含10～20个关键因素，因素数不影响总加权分数的范围，因为权重和永远等于1.0。

当某种因素既构成优势又构成弱点时，该因素将会在IFE矩阵中出现两次，而且被分别给予权重和评分。例如，花花公子公司（Playboy Enterprises）的标识语既帮助了该公司，又损害了该公司。标识语使《花花公子》杂志吸引了读者，但它同时又使“花花公子”有线电视频道被排除在很多地区的市场之外。

表3－3是一个IFE矩阵的例子。该公司的主要优势在于流动比率、盈利率和员工士气，正如它们所得的4分所表明的。公司的主要弱点是缺少一个战略管理系统、日益增加的研究开发支出和对经销商的激励不够有效。总加权分数2.8，表明该公司的内部总体战略地位高于平均水平。

表3－3 内部因素评价矩阵举例

关键内部因素		权重	评分	加权分数
优势	1. 流动比率增长至2.52	0.06	4	0.24
	2. 盈利率上升到6.94	0.16	4	0.64
	3. 员工士气高昂	0.18	4	0.72
	4. 拥有新的计算机信息系统	0.08	3	0.24
	5. 市场份额提高到24%	0.12	3	0.36
劣势	1. 法律诉讼尚未了结	0.05	2	0.10
	2. 工厂设备利用率已下降到74%	0.15	2	0.30
	3. 缺少一个战略管理系统	0.06	1	0.06
	4. 研究开发支出费用过多	0.08	1	0.08
	5. 对经销商的激励不够有效	0.06	1	0.06
总计		1.00		2.80

注：评分含义：1＝重要弱点；2＝次要弱点；3＝次要优势；4＝重要优势。

资料来源：［美］费雷德·R. 戴维. 战略管理［M］. 8版. 北京：经济科学出版社，2001：168.

（二）“雷达”图分析法

经营分析用的“雷达”图，是从企业的生产性、安全性、收益性、成长性和流动性五个方面，对企业的财务状况和经营状况进行直观、形象的综合分析与评价的工具。因其图形状如雷达的放射状，而且具有指引经营“航向”的作用，因而得名。“雷达”图能够清楚、直观、形象地揭示出企业的财务及经营状况的优势和劣势，这对于制定正确有效的企业战略具有十分重要的意义。

具体的“雷达”图如图3－4所示，其绘制方法是：首先，画出三个同心圆，并将其等分成五个扇形区，分别代表企业的生产性、收益性、成长性、安全性和流动性。通常，最小圆圈代表同产业平均水平的1/2或最低水平；中间圆圈代表同产业平均水平，又称标准线；最大的圆圈代表同产业先进水平或平均水平的1.5倍。其次，在五个扇形区中，从圆心开始，分别以放射线形式绘出5～6条主要经营指标线，并标明指标名称及标度，财务指标线的比例尺及同心圆的大小由该经营比率的量纲与同产业的水平来决定。最后，将企业同期的相应指标值用点标在图上，以线段依次连接相邻点，形成折线闭环，即构成雷达图。

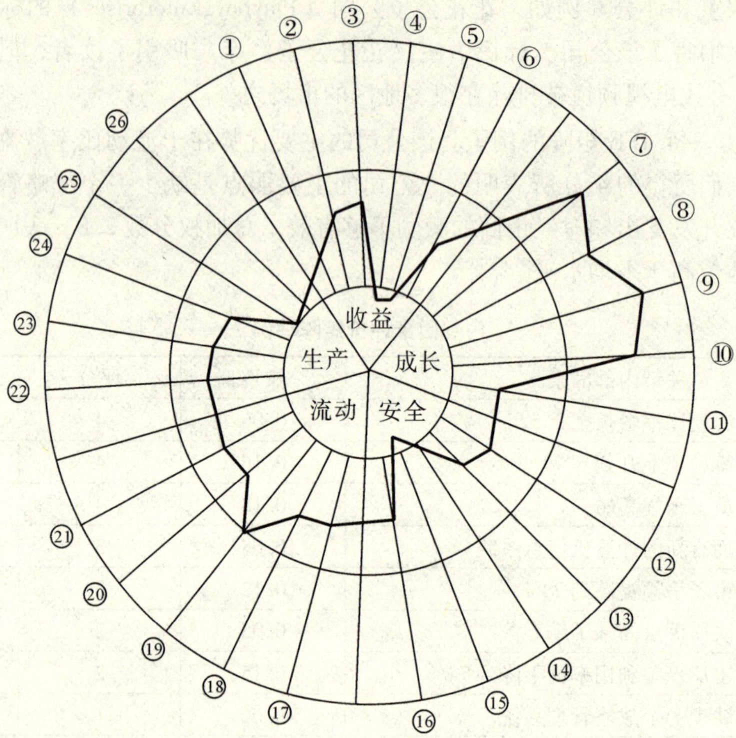

图 3-4 雷达图

注：1. 收益性：①总资本利润率；②销售利润率；③成本利润率；④产值利润率；⑤资金利润率；⑥销售费用与销售额比率。

2. 成长性：⑦销售增长率；⑧产值增长率；⑨人员增长率；⑩总资本增长率；⑪利润增长率。

3. 安全性：⑫利息负担率；⑬流动资金利用率；⑭固定资金利用率；⑮自有资金率；⑯固定资本比率。

4. 流动性：⑰固定资本周转率；⑱应收账款周转率；⑲盘存资产周转率；⑳流动资金周转率；㉑总资本周转率。

5. 生产性：㉒全员劳动生产率；㉓工资分配率；㉔劳动装备率；㉕人均利润；㉖人均销售收入。

资料来源：邓海涛．企业战略管理［M］．长沙：国防科技大学出版社，2005：71.

依据图 3-4 可以看出，当指标值处于标准线以内时，说明企业该指标低于同产业平均水平，需要加强管理，加以改进；若接近最小圆圈处或处于其内，说明该指标处于极差状态，是企业经营的危险标志，应重点分析，及时改进；若处于标准线以外，说明该指标处于理想状态，是企业的优势，应采取措施，加以巩固和发展。

（三）波士顿经验曲线（波士顿咨询集团 BCG 矩阵）

1. 简介

这种方法由美国波士顿咨询集团（Boston Consulting Group，简称 BCG）提出，所以又称为波士顿矩阵。这种方法假定企业有两种以上的经营单位组成，每个单位的产品有明显的差异，并具有不同的细分市场，当企业的各分部或分公司在不同的产业进行竞争时都应建立自己单独的战略，因此，这是适用于多样化经营企业的战略方案的评价方法。

波士顿咨询集团认为，决定整个经营组合中每一经营单位奉行什么样战略的两个基本参数是经营单位的相对竞争地位和市场增长率。经营单位的相对竞争地位用相对市场份额表示，其计算公式如下：

$$\text{产品的相对市场份额}=\frac{\text{本企业某种产品的绝对市场份额}}{\text{该项产品最大竞争对手的绝对市场份额}} \tag{3-1}$$

产品相对市场份额这个因素所反映的是经营单位在市场上的竞争地位和实力（优势或劣势），也能在一定程度上反映经营单位的盈利能力，因为高市场份额一般会带来较多的利润和现金流量。

另一个因素是经营单位业务（市场）增长率，其计算公式如下：

$$\begin{aligned}&\text{产品的业务(市场)增长率}\\&=\frac{\text{某产品本年度市场销售总量}-\text{该产品上年度市场销售总量}}{\text{该产品上年度市场销售总量}}\times 100\%\end{aligned} \tag{3-2}$$

产品的业务（市场）增长率这个因素反映的是经营单位产品处于其寿命周期的哪个阶段，以及市场中潜在的机会与威胁，它的作用是确定扩大市场和投资的机会的大小。如增长慢，则难以扩大市场；如增长快，则为迅速收回投资、支付投资收益提供了机会。

2. 示意图

BCG 矩阵的横轴表示企业在产业中的相对市场份额，这一市场份额反映企业在市场上的竞争地位。纵轴表示市场增长率，这一增长率表示每项经营业务所在市场的相对吸引力。将上述两项因素分别划分为高、低两个区域（划分高低档次的界限可根据具体情况确定，如市场增长率选为 10%，相对市场份额选为 0.05 等），这样就形成了一个四区域的矩阵。图中的每个圆圈都代表一个经营单位（或产品），而圆圈面积的大小表示该业务或产品的收益与企业全部收益的比，如图 3－5 所示。

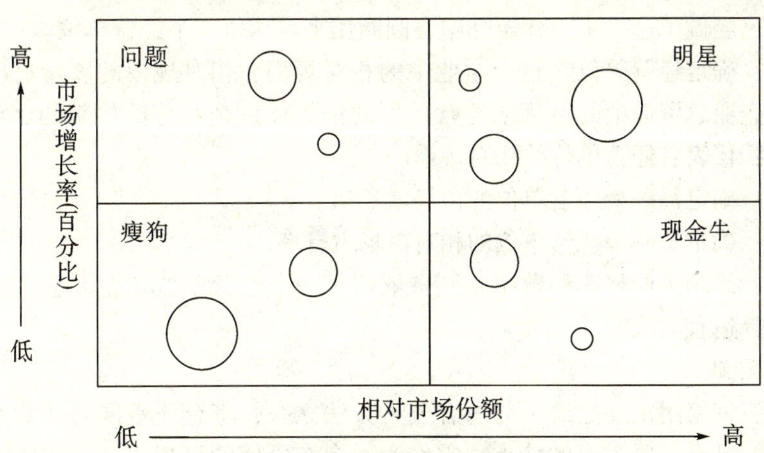

图 3－5　波士顿咨询集团矩阵

3. 分析

图 3 -5 中的四个区域代表四种类型的经营单位以及它们各自应采用的战略。

（1）明星区域的战略。明星区域中的经营单位，都是相对市场份额高、业务增长率也高的单位，表明该经营单位正处于能够长期增长和获利时期，需要获得大量投资以便保持或加强其在市场上的主导地位。因此，应采用的战略是：前向一体化、后向一体化和水平一体化、市场渗透、市场开发、产品开发合资经营战略。当它们日后的业务增长率下降时，就进入了现金牛区域。

（2）问题区域的战略。问题区域的经营单位，都是业务增长率高、相对市场份额低的单位，说明市场前景美好，有发展机会，但目前实力不强，获利甚微。应采用的战略分为两种：一是采用强化战略（市场渗透、市场开发或产品开发）来扶持，扩大其产销规模，增强其竞争能力，提高其竞争地位，使其转变为明星单位；二是企业无力对其增加投资，只好采取维持战略或放弃战略。

（3）现金牛区域的战略。处于现金牛区域的经营单位，都是相对市场份额高、业务增长率低的单位，说明他们竞争地位强，有优势，但是市场前景不妙，不应再扩大规模增加投资。一般可采用稳定型战略，维持现状，尽量保持市场份额，并将其创造的利润抽出来满足应增加投资的单位的需要。处于强势地位的经营单位采用产品开发或同心多元化战略可能有利于提高其吸引力，而转为弱势时应考虑采用收缩或剥离战略。

（4）瘦狗区域的战略。处于瘦狗区域的经营单位，其市场份额和业务增长率都低，说明它们既无发展前景，又无多大实力，再去追加投资已不合算，应采用清算、剥离战略。如果是首次沦为瘦狗的经营单位，收缩战略可能是最佳选择。

4. 建立波士顿咨询集团矩阵的步骤

在利用波士顿咨询集团矩阵进行战略方案评价时，波士顿咨询集团建议采取以下五个步骤：

第一步：将企业分成不同的经营单位。实际上，企业建立战略经营单位（SBU）组织时，就已经做了这一步。在矩阵中，圆圈用来表示每一个经营单位。

第二步：确定经营单位在整个企业中的相对规模。相对规模的度量尺度是经营单位的资产在企业总资产中的份额或经营单位的销售额占企业总销售额的比重。在矩阵中，圆圈面积代表着经营单位的相对规模。

第三步：确定每一个经营单位的市场增长率。

第四步：确定每一个经营单位的相对市场占有率。

第五步：绘制企业整体经营组合图，依据每一个经营单位在企业整个经营组合中的位置而选择适宜的战略。

5. 优点和缺点

波士顿咨询集团矩阵是最早的组合分析方法之一，将企业不同的经营业务综合在一个矩阵中，具有简单明了的特点。它作为一个有价值的思想方法，被广泛运用在产业环境与企业内部条件的综合分析、多样化的组合分析、大企业发展的理论依据等方面。

（1）波士顿咨询集团矩阵的优点主要有以下几点：①该矩阵指出了每个经营单位在竞争中的地位，使企业了解到它们的作用和任务，从而有选择地集中运用企业有限的资金。②每个经营业务单位也可以从矩阵中了解自己在总公司中的位置和可能的战略发展方向。③利用波士顿咨询集团矩阵还可以帮助企业推断竞争对手相关业务的总体安排，其前提是竞争对手也使用波士顿矩阵的分析技巧。

（2）波士顿咨询集团矩阵的缺点主要有以下几点：①在实践中，企业要确定业务的市场增长率和相对市场份额是比较困难的。②波士顿矩阵过于简单。首先，它用市场增长率和企业相对市场份额两个单一指标分别代表产业的吸引力和企业的竞争地位，并不能全面反映这两方面的状况。其次，实际上，很多业务落在了波士顿咨询集团矩阵的中间位置，很难归入明星、问题、现金牛和瘦狗四类中。③波士顿矩阵事实上暗含了一个假设：企业的市场份额与投资回报是成正比的。但是，在有些情况下，这种假设可能是不成立或不全面的。一些市场占有率小的企业如果实施创新、差异化经营市场细分等战略，仍能获得高额利润。④波士顿咨询集团矩阵没有考虑时间因素，不能表现出在一段时间内某一业务部门及其所在产业是否获得了增长，更多的是对企业在某一确定时间点的反映。

（四）企业潜力分析法

在企业进行内部分析时，需要评价企业内部潜力。由企业内部因素来评估企业潜力，可采用以下三种方法：

1. 结构平衡法

企业运营的各种因素，如人员、机构、设备、材料、销售、资金等，不会长期平衡，经常会出现内部不平衡的现象。如某企业人员相对于设备、材料、销售和资金等其他生产和流通要素较多，如果以人员作为标准进行结构平衡，则其他不足因素都有潜力可挖；如果以设备作为标准，其他因素应与设备能力保持一致，这样人员就会过剩，就需要相应地做出调整。

2. 因素介入法

结构平衡法是一种静态的挖潜方法，是将现实的因素进行平衡搭配，使企业满负荷运行。但企业环境本身就是一个递增的过程，即需要不断与外界环境进行物质或信息流的交换才能使企业继续生存下去。由于外部环境的变化，处于新环境的企业也需要相应地引进一些新的因素，这时只要从外界引入某些因素，就能激发出巨大的潜力。因素介入法就是利用外界因素的引入来估算企业潜力的动态方法。因素导入法的核心是因素的导入。因为影响企业发展的因素多种多样的，所以介入的因素也是多种多样的。常见的介入因素有八个，详述如下：

（1）观念介入。新的思想、新的观念的引入，开拓新的思维领域，使企业经营方法和管理制度发生相应的变革，从而促进企业发展。新观念的介入，常常不费企业一分一文，人还是那些人，设备、厂房也还是那样，只是转变了观念，发挥了人的积极性，就出现了奇迹，干出从前所不能做到的事。海尔兼并“休克鱼”正充分说明了这一点。海尔并购部分国有企业，没有新注入一分钱，也没有更换原来的职工，只是派了几个海尔公司的管理人员引进新的管理模式就使这些企业起死回生，这不能不说明观念介入的重要性与有效性。

（2）知识介入。现在是一个知识爆炸的时代，人的知识如果在3～5年内不进行更新就会出现几乎全部被淘汰的现象，因此知识介入是非常必要的。目前企业倡导的知识管理便是知识介入的真实写照。企业的知识介入主要是对员工进行生产技术知识或管理知识培训，这也是一种所费不多、获益甚丰的方法。

（3）人才介入，就是从外部引进新鲜血液，引进新的技术和管理人才。引进关键人才，使企业打破原有局面，实现技术和管理的飞跃，取得显著成效。

（4）技术介入，就是引进生产技术专利，或与科研院所合作共同开发某项技术。这种方法，对于需要不断研发新技术以在激烈竞争中赢得一席之地的高科技企业来说，能达到“一着棋活，全盘皆活”的效果。

（5）设备介入。设备介入是指引进先进的关键设备，或者改造原有设备等。

（6）资金介入。资金介入是指申请贷款或进行社会集资等，以解决企业资金短缺的问题。资金是整个企业运转的润滑剂，许多企业就是由于缺乏资金而导致发展停滞的，因此资金介入对企业是至关重要的。

（7）信息介入。现代社会是一个信息化的社会，信息是企业生存和发展的关键所在，所有的行动都是基于对信息的正确把握的。因此，信息的介入，尤其是市场变化情况、渠道信息的介入，常常能够促进企业流程的转变或是因素的重组而产生新的效果。

（8）制度介入。企业制度是企业运行的基础机制，企业制度关系到企业中各要素作用的充分发挥。新制度的介入常常可以排除旧制度的弊病，开创新的局面。

3．比较分析法

比较分析法就是将本企业各项影响企业生产运作、管理的因素，如企业制度、设备情况、资金情况、产品成本、产品质量、产品功能、渠道建设、售后服务等各项因素逐项进行对比，把对比的结果填入一个棋盘式的表格中，求得每个因素在评比中的总分，然后排出名次，得分最高者为第一名。

在表3－4中，首先将企业制度、设备情况等诸因素依次在竖列和横行中填上，然后将各个因素的潜力逐一比较，较大者得1，反之得0。例如第一行为“企业制度”，将它与“设备情况”的潜力对比，“企业制度”的潜力大些，所以在“设备情况”的竖列与“企业制度”横行的交叉格内写上“1”；第二行是“设备情况”，它与“企业制度”比，潜力小些，所以在“设备情况”横行与“企业制度”竖列的交叉格内写上“0”；以此类推。对各因素进行比较后，将各项因素得到的分数加起来即得各要素总分，最后按得分多少排列出名次。在表中，“企业制度”总分最高，居第一名，其次是“产品成本”。这说明，该企业的制度改进和成本降低的潜力是最大的，也是该企业潜在的优势所在。

表3－4中的比较评分结果所得出的是该企业的潜在优势，它与该企业的现实优势（渠道建设与售后服务）不同，表中所示的渠道与服务，在企业中居于领先地位，但潜

力排名处于后列，挖掘潜力不大。如果把这些潜力转化为现实的优势，就需要引入新因素。该企业的管理制度尽管目前不是现实优势，但企业管理者的文化素质和身体素质都还不错，只是思想观念跟不上，对一些先进的管理方法不熟悉，只要引入新观点，同时进行科学管理方法的培训，在这些基础上进行企业管理体制的改革，管理的潜力就会发挥出来，就能成为现实的管理优势。

从以上分析可以看出，比较分析法重点不在企业的现实优势上，相反，它认为要促进企业的发展，不能只孤立地看现实优势，还要看到尚未发掘出来的潜在优势，在保持现有优势的同时注意发掘潜在优势。

表 3－4　　企业潜力比较与评分表

	企业制度	设备情况	资金情况	产品成本	产品质量	产品功能	渠道建设	售后服务	总分	名次
企业制度		1	1	1	1	1	1	1	7	1
设备情况	0		1	1	1	0	1	1	5	3
资金情况	0	0		0	0	0	1	1	2	6
产品功能	0	0	1		0	0	1	1	3	5
产品质量	0	0	1	1		0	1	1	4	4
产品成本	0	1	1	1	1		1	1	6	2
渠道建设	0	0	0	0	0	0		1	1	7
售后服务	0	0	0	0	0	0	0		0	8

资料来源：李福海．战略管理［M］．成都：四川大学出版社，2004：98.

四、企业外部环境分析

外部环境分析的过程一般包括搜索、监视、预测和评估四个步骤，如图 3－6 所示。

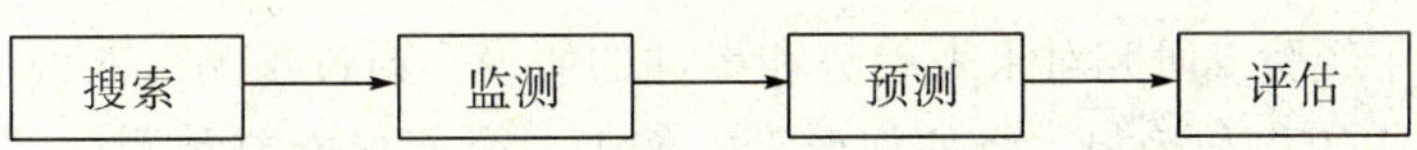

图 3－6　外部环境分析过程

（一）搜索

1. 搜索的目的

搜索是外部环境分析的基础，通过搜索，企业能够辨认外部环境潜在变化的早期信号，了解正在发生的变化。

2. 搜索的类型

（1）无目的的观察，即决策者无特定意向，也并不了解将发生什么问题，只是通过直接与企业经营的有关信息接触，了解环境的动态。

（2）条件化观察，即决策者事先注意到了有明确意义的情报或情报源，并安排企业有关部门对特定的环境范围进行扫描监视，及时捕获有关情报，进行评估和处理。

（3）非正式搜索，即决策者出于某种特定的目的进行有限的和不系统的搜索，以获取某一特定的情报。

（4）正式化搜索，即决策者按照预定计划、程序或方法，采取审慎严密的行动，以获取某一特定信息或有关某一特定问题的情报。

3. 搜索的资料来源

用来分析外部环境的资料来源有很多，包括各种印刷材料（如报纸、商业出版物、学术研究成果、研讨会纪要和公众观点等）；各种展览、展销会；与顾客、供应商、销售商、政府工作人员、消费者的调查或交谈的内容，甚至与生意有关的“传闻”。另外一个信息来源是那些与外界接触较多的本企业工作人员，如销售、采购、公共关系、人力资源等岗位的人员。在信息化的时代中，互联网是一个极其关键的来源，并且越来越重要。

4. 搜索的注意事项

在全球化、信息化的今天，企业面临的信息浩如烟海。对企业而言，既不必要也不可能搜索到完备的信息。因此，在搜索的过程中要注意提高有效性和可靠性。首先，可将总环境分解为子环境。因为环境变化也就是这些子环境中各种因素的变化，它们往往反映为先兆信号。其次，设计一组环境指标体系，以便揭示和测度各子环境要素的变化及其对企业的影响。

（二）监视

监视，即决策者或分析家们观察环境变化，观察在那些由搜索定位的领域里是否出现重要的趋势。实际上，监视是对特定环境因素的一种连续跟踪。成功监视的关键在于觉察不同事件含义的能力。特别是对于与企业有关的“重大突发事件”保持关注的同时，注意分析其是偶然事件还是必然事件？判断其对企业是长期影响还是短期影响？影响的强度是大是小？

（三）预测

预测是基于经验或研究对未来趋势和事件的假设。通过预测可能说明由于以上搜索和监视的那些变化和趋势，将如何改变？例如，企业可能要预测产品的销售规模；或者当税收政策改变后，消费者的消费模式将发生怎样的改变；或者产品价格提高后，企业的市场占有率将发生怎样的改变，利润又会变化多少？

预测技术大致可分为定量预测技术和定性预测技术两类。定量预测技术适用的基本条件是：拥有历史数据，并且关键变量之间的关系在未来将保持不变。计量经济学模型、趋势外推法是基本的定量预测技术。定性预测技术包括销售人员估计、管理人员评价、预测调查、总体概要预测、德尔菲法、头脑风暴法等。当不存在历史数据或预测变量在未来将发生显著变化时，定性预测技术更为实用。

（四）评估

外部环境分析的最终目的是要判断环境变化和趋势对企业战略影响的时间点和显

著程度，从而识别并评估企业的发展机会与威胁。因此仅有预测是不够的，还不能达成最终目的。加之，再好的预测也不会尽善尽美，有的预测甚至会谬以千里。比如，计量经济学中的线性回归所基于的假设是，未来正好与现在保持结构不变，而事实当然并非如此。如果没有评估，只有预测，企业只不过得到一些有趣的数据而已。可见，评估是非常重要的。

评估实际上就是总结以上搜索、监视、预测的成果，它既是外部环境分析的终点，也是企业制定和实施战略的非常重要的起点和依据之一。

五、企业外部环境分析方法

（一）外部因素评价矩阵

外部因素评价矩阵（External Factor Evaluation Matrix，EFE 矩阵）是现在较通行的一种企业外部环境分析方法，可以帮助企业分析和评价经济、政治、技术、市场以及竞争对手等方面的信息，从中找出影响企业的重要因素。具体而言，它采用通行的观点把外部因素分为机会与威胁两类（见表 3－5）。建立 EFE 矩阵的五个步骤如下：

（1）列出在外部分析过程中确认的外部因素。因素总数在 10～20 个。因素包括影响企业和企业所在产业的各种机会和威胁。首先列举机会，然后列举威胁。要尽量具体，可能时要采用百分比、比率和对比数字。

（2）赋予每个因素以权重。其数值由 0（不重要）到 1.00（非常重要），标志着该因素对于企业在产业中取得成功的影响的相对重要性。机会往往比威胁得到更高的权重，但当威胁因素特别严重时也可得到高权重。确定恰当权重的方法包括对成功的竞争者和不成功的竞争者进行比较，以及通过集体讨论而达成共识等。所有因素的权重总和必须等于 1。

（3）按照企业现行战略对各关键因素的有效反应程度为每个关键因素进行评分，范围为 1～4 分，“4”代表反应很好，“3”代表反应超过平均水平，“2”代表反应为平均水平，而“1”则代表反应很差。评分反映了企业战略的有效性，因此它是以公司为基准的，而“步骤 2”中的权重则是以产业为基准的。要注意非常重要的一点，威胁和机会都可以被评为 1 分，2 分，3 分或 4 分。

（4）用每个因素的权重乘以它的评分，即得到每个因素的加权分数。

（5）将所有因素的加权分数相加，可以得到企业的总加权分数。

无论 EFE 矩阵所包含的关键机会与威胁数量有多少，一个企业所能得到的总加权分数（Total Weighted Score）最高为 4.0，最低为 1.0，平均总加权分数为 2.5。总加权分数为 4.0，则说明企业在整个产业中对现有机会与威胁做出了最出色的反映。换言之，企业现行的战略能有效地利用现有机会并将外部威胁的潜在不利影响降至最小。而总加权分数为 1.0，则说明企业现行的战略不能利用外部机会或回避外部威胁。

表 3－5 是早些年一个 UST 公司 EFE 矩阵的例子，该公司是一家生产无烟烟草的公司。请注意，克林顿政府被看作是影响该产业最为重要的因素，正如其权重 0.20 所显示的。UST 公司并没有采用可以有效利用这一机会的战略，如评分 1.00 所示。总加权

分数 2.10，说明 UST 在实行利用外部机会和回避外部威胁方面低于平均水平；这里需要注意的是，透彻理解 EFE 矩阵中所采用的因素比实际的权重和评分更为重要。

表 3-5　　外部因素评价矩阵举例

关键外部因素		权重	评分	加权分数
机会	1. 全球无烟烟草市场实际上还没被开发	0.15	1	0.15
	2. 禁烟活动导致的需求增加	0.05	3	0.15
	3. 惊人的网上广告的增加	0.05	1	0.05
	4. 平克顿(Pinkerton)是折扣烟草市场的领先公司	0.15	4	0.60
	5. 更大的社会禁烟压力使吸烟者转向替代品	0.10	3	0.30
威胁	1. 不利于烟草工业的立法	0.10	2	0.20
	2. 对烟草工业的限产加剧了生产竞争	0.05	3	0.15
	3. 无烟烟草市场集中在美国东南部地区	0.05	2	0.10
	4. 粮食和药物管理局进行不利于公司的媒体宣传	0.10	2	0.20
	5. 克林顿政府政策	0.20	1	0.20
总计		1.00		2.10

资料来源：[美] 弗雷德·R. 戴维. 战略管理 [M]. 8 版. 北京：经济科学出版社，2001：130-132.

（二）竞争态势矩阵

竞争态势矩阵（Competitive Profile Matrix，CPM）是用于确认企业跟其主要竞争者战略地位关系的外部环境分析方法，通过竞争态势分析，可以确定这些主要竞争者的特定优势与劣势，得出被分析企业与竞争对手的差异。

1. 竞争态势矩阵分析步骤

应用竞争态势矩阵进行企业外部环境分析可遵循以下步骤：

（1）由企业战略决策者识别产业中的关键战略要素，一般要求 5~15 个要素。常见的关键战略要素有市场份额、产品组合度、规模经济性、价格优势、广告与促销效益、财务地位、管理水平、产品质量等。

（2）对每个要素要确定一个适用于产业中各竞争者分析的权重，以此表示该要素在产业中进行经营的相对重要性程度。权重值的确定可以考察成功竞争者与不成功竞争者的经营效果，并从中得到启发。每一要素权重值从 0（最不重要）到 1.0（最重要），各要素权重值之和应为 1。

（3）对产业中各竞争者在每个要素上所表现的相对强弱进行评价。评价时分数通常为 1 分、2 分、3 分、4 分并分别表示从弱到强（最弱、较弱、较强、最强）。评价中需注意各分值的给定应尽可能以客观的资料为依据，以便得到较准确的结论。

（4）将各要素的评价与相应的权重值相乘，得出各竞争者在相应要素上相对力量强弱的加权评价值，最后对每个竞争者在每个要素上所得的加权评价值相加，从而得出各竞争者在各要素上的评价值。这一数值的大小就显示了各竞争者在总体力量上的相对强弱情况。

表 3-6 是一个竞争态势矩阵的实例。我们可以假设三个公司中有一个公司是被分析企业，这样就可以得出被分析企业与主要竞争对手的差异。在这一实例中，广告及全球扩张是最为重要的影响因素，正如其权重 0.20 所表示的；雅芳（Avon）和欧莱雅（L'Oreal）的产品质量是上乘的，正如其评分 4 所表示的；欧莱雅的"财务状况"是好的，正如评分 3 所示；宝洁公司（Procter & Gamble）从整体上看是最弱的，其总加权分数 2.80 说明了这点。

表 3-6 竞争态势矩阵举例

关键因素	权重	雅芳		欧莱雅		宝洁	
		评分	加权分数	评分	加权分数	评分	加权分数
广告	0.20	1	0.20	4	0.80	3	0.60
产品质量	0.10	4	0.40	4	0.40	3	0.30
价格竞争力	0.10	3	0.30	3	0.30	4	0.40
管理	0.10	4	0.40	3	0.30	3	0.30
财务状况	0.15	4	0.60	3	0.45	3	0.45
用户忠诚度	0.10	4	0.40	4	0.40	2	0.20
全球扩张	0.20	4	0.80	2	0.40	2	0.40
市场份额	0.05	1	0.05	4	0.20	3	0.15
总计			3.15		3.25		2.80

注：评分含义：4 = 最强；3 = 较强；2 = 较弱；1 = 最弱。

资料来源：[美] 弗雷德·R. 戴维. 战略管理 [M]. 8 版. 北京：经济科学出版社，2001：133.

除了以上竞争态势矩阵中列举的各项关键因素之外，其他因素往往包括：产品品种的多少、销售、配送效率、专利优势、设施布局、生产能力及效率、经验、劳资关系、技术优势以及电子商务技能等。

2. 竞争态势矩阵的相关讨论

在竞争态势矩阵评价中所得的各分值，仅仅表示了各竞争者之间相对竞争力量的地位，这些数字并不具有绝对意义。即它们只是提供了一种分析的手段和一些参考的信息而已，并不能够真如这些数字的相对大小那样，精确指明各竞争者力量之间的相对强弱关系。不能仅仅因为在竞争态势矩阵中一家公司总得分为 3.2 而另一家公司总得分为 2.8，便认为第一家公司比第二家公司强 20%。数字反映了公司的相对优势，但它表面上的精确性往往给人们带来错觉。数字不是万能的，我们的目的不是得到一个神奇的数字，而是对信息进行有意义的吸收和评价，以便帮助我们进行决策。

表面上看 CPM 与 EFEM 有一定的相似之处，但它们之间的区别是需要我们注意的。区别一在于分析的因素不同：EFEM 中的因素都属于企业的外部因素，分为机会与威胁两类，CPM 中的因素属于竞争对手的内部和外部两方面的因素；区别二在于分析的对象及目的不同：EFEM 中是以分析企业自身为分析对象的，分析目的在于了解企业外部环境中存在的机会和威胁。而 CPM 中是以分析企业自身和竞争对手为分析对象的，是几个企业相关因素比较的结果，它反映了不同企业的某些因素方面的差异，这一比较分析可提供重要的内部战略信息。

（三）GE 矩阵

1. 分析原理

GE 矩阵又称通用电器公司法、麦肯锡矩阵、九盒矩阵法、行业吸引力矩阵，是美国通用电气公司（GE）于 20 世纪 70 年代新开发的投资组合分析方法，GE 矩阵是一个评价性的战略描述工具。该矩阵将每一个战略业务单位（SUBs）的经营优势情况和外部行业情况结合在一起进行分析，目的是描述不同的战略业务单位的竞争状况，并帮助指导各战略业务单位之间合理地配置资源。

GE 矩阵可以用来根据战略业务单位在市场上的竞争地位和所在市场的行业吸引力对这些战略业务单位进行评估，也可以表述一个企业的战略业务单位的组合判断其强项和弱点。在需要对行业吸引力和战略业务单位的竞争地位作广义而灵活的定义时，可以以 GE 矩阵为基础进行战略规划。按行业吸引力和业务自身实力两个维度评估现有业务，每个维度分三级，分成九格以表示两个维度上不同级别的组合。两个维度上可以根据不同情况确定评价指标。如图 3－7 所示。

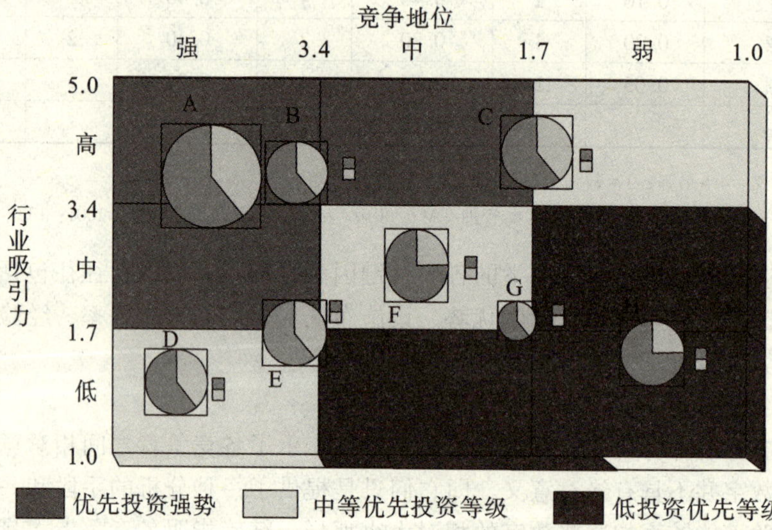

图 3－7 GE 矩阵分析图

（1）行业吸引力。根据行业的相对吸引力，在三个横行中确定行业的位置。通常将行业吸引力划分为高、中、低三个等级。在确定行业吸引力时，需要综合考虑多种因素，如市场的绝对规模、市场的未来发展潜力、竞争格局、财务因素、经济因素、技术因素、社会和政治因素。

（2）竞争地位。根据经营单位的竞争优势，在三个纵列中确定经营单位的位置。通常将经营优势划分为强、中、弱三个等级，在确定位置的过程中，需要考虑经营单位的规模、市场份额、竞争位置和比较优势等。矩阵中有三个区域标注为吸引力低、中和高，以显示全部的评价结果。

(3) 确定投资定位。如果经营单位位于矩阵的右下角，则表明其在没有吸引力的行业中，处于竞争地位较弱的位置，可以考虑加大投资。如果经营单位位于矩阵的左上角，则表明其在吸引力较高的行业中，处于竞争地位相对较强的地位，可以考虑进行业务缩减。如果经营单位处于矩阵左下到右上的中间对角线的部分，则表明其在行业吸引力和竞争地位这两者的综合方面处于中等的位置，可以考虑进行业务平稳发展。

2. 应用流程

绘制 GE 矩阵，需要找出内部（企业竞争力）和外部（行业吸引力）因素，然后对各因素加权，得出衡量内部因素的企业竞争力和外部因素的市场吸引力的标准。

(1) 定义各因素。选择要评估业务（或产品）的实力和市场吸引力所需的重要因素。在 GE 矩阵内部，分别为内部因素和外部因素。确定这些因素的方法可以采取头脑风暴法或名义小组法等，关键是不能遗漏重要因素，也不能将微不足道的因素纳入分析中。

(2) 估测内部因素和外部因素的影响。从外部因素开始，根据每一因素的吸引力大小对其评分。若一因素对所有竞争对手的影响相似，则对其影响作总体评估；若一因素对不同竞争者有不同影响，可比较它对自己业务的影响和对重要竞争对手的影响。对外部因素可以采取五级评分标准（1 = 毫无吸引力，2 = 没有吸引力，3 = 中性影响，4 = 有吸引力，5 = 极有吸引力）。然后对内部因素也使用五级评分标准进行类似的评定（1 = 极度竞争劣势，2 = 竞争劣势，3 = 同竞争对手持平，4 = 竞争优势，5 = 极度竞争优势），在这一部分，应该选择一个总体上最强的竞争对手作对比对象。

(3) 评估。对外部因素和内部因素的重要性进行估测，得出衡量实力和吸引力的简易标准。以定量方法为例：将内外部因素分列，分别对其进行加权，使所有因素的加权系数总和为 1，然后用其在第二步中的得分乘以其权重系数，再分别相加，就得到所评估的业务单位在实力和吸引力方面的得分（介于 1 和 5 之间，1 代表产业吸引力低或业务实力弱，而 5 代表产业吸引力高或业务实力强）。

(4) 标识。将业务单位标在 GE 矩阵上。矩阵坐标纵轴为行业（产业）吸引力，横轴为竞争地位或业务实力。每条轴上用两条线将数轴划分为三部分，这样坐标就成为网格图。两坐标轴刻度可以为高、中、低或 1 ~ 5。在图上标出一组业务组合中位于不同市场或产业的业务单位时，可以用圆来表示各业务单位，圆面积大小与相应单位的销售规模成正比，而阴影扇形的面积代表其市场份额。这样 GE 矩阵就可以提供更多的信息。

3. 应用的局限性

(1) 界定业务单位容易出现偏差。在界定业务单位和行业边界时，即使微小的失误，也会使业务单位在九格矩阵中定位不正确。假设在界定变量时出现偏差，那么分析结果产生错误的机会就会增加。

(2) 分析途径过于简化。矩阵提供的三个基本分析途径过于简化。有可能限制人们的思维框架。

(3) 因素分析具有含糊性。GE 矩阵的主要优势是包含众多的分析变量，这本身也是一个弱点。由于在分析时相对主观，有时使得分析小组在分析、选择、权衡和定位时难以达成一致。

第五节 企业的宏观环境分析

宏观环境主要由政治法律（Political）、经济（Economic）、社会文化（Social）和技术（Technological）等因素构成，因此宏观环境分析简称 PEST 分析。这些环境因素往往间接或直接作用于企业，同时这些环境因素又相互影响，如图 3－8 所示。

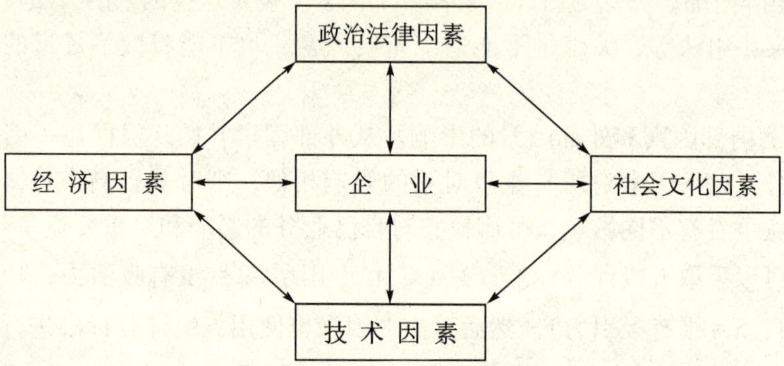

图 3－8 宏观环境分析

一、政治法律因素

政治法律因素是指一个国家或地区的政治制度、体制，政府的方针、政策以及法律法规等方面。这些因素对企业的战略制定具有重要的影响：或者起鼓励、支持的作用（这就是企业可利用的机会），或者起约束、限制的作用（这是企业应设法回避的威胁）。

加强对政治法律因素的研究，可以把握政府的政策导向，使企业经营活动能受到有关方面的保护和支持。就产业政策来说，例如国家确定的重点产业总是处于相对优先发展的地位。因此，处于重点产业的企业面临的机会就多，发展潜力就大。另外，政府的税收政策影响到企业的财务结构和投资决策，资本持有者总是愿意将资金投向那些具有较高需求且税率较低的产业部门。

二、经济因素

经济因素是宏观环境因素中最基础、最重要的因素，影响着供给和需求。经济因素是指构成企业生存和发展的社会经济状况及国家的经济政策，包括社会经济结构、经济体制、发展状况、宏观经济政策等要素。衡量这些因素的最重要经济指标有国民生产总值、经济增长率、汇率、利率和通货膨胀率等。企业从这些指标中可以分析国家经济全局发展状况，是处在高速发展还是低速发展，或者是处在停滞或倒退状态。

一般说来，在宏观经济发展良好的情况下，市场扩大，需求增加，企业发展机会就多；反之，在宏观经济低速发展、停滞或倒退的情况下，市场需求增长很少甚至不增长，这样企业发展机会就少。

三、社会文化因素

社会文化因素分析主要包括人口因素和文化因素。

（一）人口因素

人口因素指的是人口特征变化对产业的影响，主要包括人口数量、年龄结构、地理分布和教育水平等因素。其对企业战略的影响主要包括：人口数量制约着个人或家庭消费产品的市场规模；年龄结构决定以某年龄层为对象的产品的市场规模。各年龄层都使用的产品市场，对商品的选择性大，将带来产品多样化的机会；各年龄构成比例发生变化，市场规模将随之变化，对于以待定年龄层顾客为对象的企业来说将成为市场机会或威胁；人口的地理分布决定消费者的地区分布，消费者地区分布密度越大，消费者的嗜好也越多样化，对市场的商品选择性也越大，这就意味着出现多种多样的市场机会；人口的教育文化水平直接影响着企业的人力资源状况等。

目前世界人口变化出现了五个趋势：其一，世界人口迅速增长，意味着消费将继续增长，世界市场将继续扩大。其二，发达国家的出生率开始下降，对以儿童为目标市场的企业是一种不利环境，而年轻夫妇可以有更多的闲暇和收入用于旅游、在外用餐、文体活动等，为相应的企业带来市场机会。其三，许多国家包括我国人口趋于老龄化，老年人市场正在逐步扩大，老年人的消费能力也在逐渐增强。其四，许多东方国家的家庭状况正在发生变化，家庭规模向小型化方向发展，几世同堂的大家庭大大减少。其五，许多西方国家的非家庭住户在迅速增加，包括单身成年人住户、暂时同居户和集体住户。

对人口因素的分析可以使用以下一些变量：人口出生率和自然增长率、平均寿命测算、人口的年龄分布、性别结构、教育程度结构、民族结构和生活方式上的差异等。

（二）文化因素

文化因素强烈地影响着人们的购买决策和企业的经营行为。不同的国家有着不同的文化传统、社会习俗和道德观念，从而会影响人们的消费方式和购买偏好，进而影响着企业的经营方式。因此，企业必须了解社会行为准则、社会习俗、社会道德观念等文化因素对企业经营行为产生的重要影响。

四、技术因素

技术因素是指企业所处的社会环境中的技术要素及与该要素直接相关的各种社会现象的集合。技术不仅是指那些引起时代革命性变化的发明，而且还指与企业生产相关的新技术、新工艺、新材料的出现和发展趋势以及应用前景。在科学技术迅猛发展变化的今天，技术因素可能会给企业带来有利的发展机会，也有可能给某些企业带来生存的威胁。企业必须要预见这些新技术带来的变化，在战略管理上做出相应的决策，以求获得新的竞争优势。

技术因素分析主要基于以下三个方面的战略考虑：

（1）确定企业技术研发方向。在制定企业的战略时，要预测未来产业技术的发展趋势。技术研发方向正确，企业将从中获取相当可观的回报；反之，则将招致破坏性的打击。

（2）判断技术发展的进程。企业的技术研发和应用既不能落伍，也不能过于超前，因此，必须考虑技术发展的具体进程。

（3）判断相关技术变化的影响及其趋势，研究相关技术变化对某一产业的影响。

本章小结

本章主要介绍战略分析的主要功能、理论渊源和基本框架，并探讨企业的宏观环境的构成与影响。首先，战略分析的功能至少有如下三种：监控企业内外动态，保持全面知情；作为战略家的认知手段和思考过程；作为战略行动的伙伴，既是行动的诱因，又可能同时发生于行动之中。最典型的战略分析框架起源于哈佛商学院有关企业政策的教学与研究。这一基本框架包括事实判断和价值判断两个层面的分析。事实判断层面考察企业的内部禀赋（决定企业能够干什么）与外部环境（决定企业可以干什么）。价值判断层面考察企业战略决策者的价值偏好（决定企业想要干什么）以及企业的社会责任、形象与预期（决定企业应该干什么）。企业战略的挑战在于同时考量企业内外部因素、价值偏好与社会预期，在可以做、能够做、想要做和应该做这四个方面达到动态的匹配与契合。在事实判断层面，SWOT 分析着重强调企业的内部运作与外部环境要求相契合，善用企业自身长处，规避弱项，把握机会，抵消威胁，实现卓越经营绩效。随后，主要介绍企业环境的分层和特征，并着重介绍了几种企业内部、外部环境的分析方法。最后，重点分析了企业宏观环境的构成及其对企业战略的影响作用。

案例

长春电影制片厂的新生

提起长春电影制片厂，很多人脑海中一下子会想起《英雄儿女》《平原游击队》《五朵金花》《白毛女》《开国大典》等一大批脍炙人口的影片，长影也因此被形象地称为“新中国电影的摇篮”。

创造过中国电影无数辉煌的长春电影制片厂，从20世纪90年代初开始，曾一度陷入了发展低谷。这时，许多国有电影制片厂及整个中国电影市场都陷入了严重的滑坡状态。

1997年赵国光就任长影厂长时，面临着一系列的严峻问题。首先，亏损严重，缺乏资金。计划经济体制下的企业“办社会”使长影背上了沉重的包袱，长影有自己的托儿所、派出所、卫生所、车队、学校、甚至消防队，这些构成主业发展的包袱。拍电影也是赔得多赚得少，亏损总额达 3 000 万元。其次，冗员问题严重，职工 3 000 人，其中一半离退休人员。最后，制片设备老化严重，无法满足影片生产的需求。

长影改革面临与其他国企改革同样的问题，即如何筹措发展资金，如何进行人员分流。对于长影的改革，吉林省委给予了巨大的支持，1998 年省委主要领导连续 3 次到长影开座谈会，确定长影改革的基本思路：赔钱的片子不拍；处理好大奖与大众的关系，要拍票房好的片子；长影必须从事业单位走集团化、公司化、产业化的道路。省委领导还当场拍板——长影全员参加社会保险；下岗分流 1 000 人；为长影在电视台开设一个电影频道；三年内税费全免；给予长影 3 年 3 000 万元的贴息贷款。

有了政府和相关政策的支持，以赵国光为代表的长影领导阶层加快了改革的步伐。1998 年 7 月，长影彻底打破了旧有的体制，组建了长影集团有限责任公司，实现了由事业单位向企业的转变。集团在全国率先实施“出资人制度”，对旗下各部门进行多元投资主体的公司制改革，设立了 16 家下属子公司，使原来的总厂和各车间的行政隶属关系变为母子公司的出资关系。不到一年的时间，集团公司所属的 16 个子公司全部摘掉了亏损的帽子，长影集团公司由此开始实现了扭亏为盈。2003 年，长影被列为全国文化体制改革试点单位。

在长影的用工制度改革中，最关键的是人员分流问题这个“雷区”。长影采取了内部退养、艺术创作人员实行分类管理、重新定岗定员等一系列改革措施。一是对距法定退休年龄不足 5 年和工龄满 30 年的员工实行内部退养。二是对艺术创作人员实行分类管理，符合内部退养条件的按退养办理；自愿保留劳动关系的，重新签订劳动合同，享受集团公司员工的相关待遇；解除劳动合同的领取经济补偿金，并在自愿的基础上成为长影签约艺术人员。三是重新定岗定员，竞争上岗。到 2004 年末，除陆续调走人员外，长影所有人员都得到了妥善安置：1 300 名离退休人员进入社会保险，1 300 名在岗人员中，内退 580 人，解除劳动合同 418 人；在集团公司和各子公司上岗的人员 302 人，身份全部转为企业用工、聘任制。长影过去直接供养 3 000 人，现在按政策各得其所，直接在集团公司开支的仅 100 人。

为了解决发展资金不足的问题，长影决定卖掉老厂区来盘活资产，同时提出了“一厂三区”的长影新生计划。所谓“一厂三区”计划，就是通过卖掉长影老厂土地在长春郊外建造一个大型旅游娱乐项目——长影世纪城，再以此融资，回笼资金建造长影新厂和一个旅游景区，将残留的老厂建成电影艺术馆。

早在 20 世纪 90 年代末期，老长影的残破就引起很多人关注。1999 年，长春市副市长祝业精曾专门带长影的副厂长刘丽娟到长春经济开发区寻找合适的地块，并以优惠的价格支持长影建设一个东方好莱坞式的新长影。这个设想得到了吉林省的支持。长影拿出位于市区黄金地段 28 公顷土地中的 21 公顷交给长春市土地局，由土地局招标出售。长影售地所得 3 亿元，再贷款 3 亿元，用这 6 亿元在净月潭风景区换回 100 公顷土地并投资新建长影世纪城和制作基地等，而且还得到了 200 公顷的预留土地用于将来建设外景地。与横店等影视基地不同，世纪城是一个模仿好莱坞环球影城的大型电影娱乐项目。

长影要生存和发展，必须实施战略性的结构调整，培育新的经济增长点，实现产业化。厂领导在正确认识优势和劣势的基础上，经过广泛论证，提出了开发五大支柱产业的发展战略。这五大支柱产业是：影视制作产业、旅游产业、影视教育产业、电视产业、利用现有资源开发房地产业。

为了解决制片设备的老化问题，长影厂在吉林省委的大力支持和扶持下，本着世界先进、国内一流的原则，从国外引进成套的录音、剪辑、洗印、摄影和照明等设备。硬环境的改善有力地促进了软环境的发展，吸引了大量来长影投资拍片的客商。

长影还成立了以副厂长韩志君和宋江波牵头的两个影视公司，担负生产电视的任务。两个影视公司，长影都是相对控股，即最多只占40%股份。在老体制下，导演是花别人钱拍别人的片子，结果是高成本低回报，拍一部赔一部。与民营或外资合作，并采取相对控股，民营或外资充分根据市场确定投资，就能保证回报。例如电影《任长霞》，导演宋江波来自长影，演员来自全国各地，编剧来自北京，发行来自上海。该片在上海上映第一周票房就超过了美国大片。

长影还积极探索股份制合作拍片的道路，该厂不仅吸纳社会法人拍片，还要吸纳厂内自然人合作拍片。为探索这条道路，厂领导班子带头实行股份制拍片，自组剧本，自行投资，自负盈亏，拍出让观众喜闻乐见的影片。

通过改革，长影集团已经走上了一条立足电影主业、发展电影副业，最后以副业反哺主业的电影产业化之路。各子公司实行独立经营、自负盈亏，员工利益与所在公司命运紧密相连，企业的活力和员工积极性大大增强。更为重要的是，向电视领域发展的长影频道，向旅游业进军的长影世纪城，重组的长影发行院线，使长影改变了单一制片的局面，构建了以制片为龙头，向电视业、旅游业、发行放映业拓展和延伸的“大电影”产业链。

展望未来，长影集团董事长赵国光说：“改革已经基本完成，今后领导班子的主要精力要放到创作上。长影不仅要拍主旋律影片，我们也要拍能回收高票房的商业大片。同时，做好多元化产业，长影世纪城、长影频道、长影院线，要用综合业绩活跃吉林电影市场，收回资金投入电影生产。到2010年，长影应该成为中国电影重要的制片中心，重要的旅游基地，东北最大的电影产业园区。”

[案例思考题]

1. 对于中国电影市场出现的滑坡问题，你认为是由哪些原因造成？
2. 长影具有哪些优势和不足？你认为长影应该如何发挥优势、弥补不足？
3. 长影改革面临哪些机遇和威胁？它是如何抓住机遇、规避威胁的？
4. 对于长影未来的发展，你是否还有其他建议？

思考题

1. 管理者为什么必须了解企业的环境？

2. 对你自己和你的职业生涯用 SWOT 分析方法来进行分析。你的主要优势和劣势是什么？你如何利用对这些优势和劣势的认识来制定你未来的职业生涯规划？

3. 什么是企业的有形资源和无形资源？两者有何区别？

4. 描述你感兴趣的某个企业的外部环境，并找出其机遇与威胁。

5. 什么是企业的宏观环境因素？它包括哪些因素？

6. 设想你在某企业工作，举例说明宏观环境因素给你企业带来的机会和威胁？

第四章　产业结构分析与竞争对手分析

第一节　产业分类法

产业是产业经济学的研究对象，产业分类是把具有不同特点的产业按照一定标准划分成各种不同类型的企业，以便进行产业研究和管理。对产业进行产业分类，是产业理论研究的条件和任务，也是产业管理的需要。不同的产业分析目的决定不同的产业分类标准，不同的产业分类标准形成不同的产业分类方法。按照广义的产业分析，产业分类标准和方法主要有以下几种：

一、马克思的两大部类分类法

马克思的两大部类分类法这是以产品的最终用途不同作为分类标准的分类方法。马克思根据产品是作为生产资料用于生产消费，还是作为生活资料用于生活消费，把社会生产部门分为两大部类，即生产生产资料的产业部类和生产消费资料的产业部类，目的是为了分析不同物质生产部门的相互关系，揭示社会再生产的实现条件以及两大部类产业间的实物和价值构成的比例平衡关系。它不仅是研究资本主义社会再生产过程的理论基础，也是产业结构理论的基本来源之一，它对于研究资本主义再生产关系和指导社会主义经济实践具有重要的理论意义。

但不可否认，这种分类法也有其局限性，主要表现为：第一，从分类范围看，它未能将一切物质生产领域和非物质生产领域包括进去，它不仅没有包括诸如教育、科学技术、卫生、商业等非物质生产部门，而且没有包括运输、生产性服务等物质生产部门。第二，从分类界限来看，有些产品难以确定为两大部类中的生产资料或消费资料。由于使用价值的多样性和产品新的使用价值不断被发现以及技术进步基础上的产品综合利用等方面的原因，有相当一部分产品同时具有生产资料和消费资料的双重属性，它们既可以用于生产资料的生产，也可以用于消费资料的生产，或者说既可以划归第一部类也可以划归第二部类，所以两大部类分类法难以直接应用于实际工作中，否则会导致产品划分界限的困难或者出现产品划分范围上的重复问题。

二、农轻重产业分类法

农轻重产业分类法是以物质生产的不同特点为标准的分类方法，即将社会经济活动中物质生产划分成农业、轻工业和重工业三个产业大类的产业分类法。农轻重产业分类法的应用实践表明，它具有比较直观和简便易行的特点，的确可以大致显示社会再生产过程中两大部类之间的比例关系，而且对于从宏观上安排国民经济计划和进行计划调控，对于研究社会工业化实现进程具有较大的实用价值。正因为如此，农轻重产业分类法不仅为社会主义国家所采用，而且也被一些实行其他经济体制的国家和世界组织所采用。

但这种分类法本身也存在着局限性。第一，农轻重产业分类法虽然包括了国民经济活动的绝大部分物质生产部门，但没有把全部物质生产部门都包括进去，更没有把非物质生产部门包括进去。这种分类法针对主要的物质生产部门，因而存在着涵盖面不全的缺点。第二，农轻重产业分类法中农轻重三者的界限越来越模糊，确定产业划分界限日益困难。

三、霍夫曼的产业分类法

德国经济学家霍夫曼（W. G. Hoffman）在 1931 年出版了《工业化的阶段和类型》。他为了研究工业化及其发展阶段而将产业划分为三大类：一是消费资料产业，其中包括食品工业、纺织工业、皮革工业和家具工业；二是资本资料产业。资本资料就是形成固定资产的生产资料。该产业包括冶金及金属材料工业、运输机械工业、一般机械工业和化学工业；三是其他产业，其中包括橡胶、木材、造纸、印刷等工业。霍夫曼产业分类的主要目的在于区分消费资料产业和资本资料产业，研究二者比例的变化趋势。霍夫曼产业分类法是他关于工业化过程中工业结构演变规律及工业化阶段理论的基础。

四、三次产业分类法

三次产业分类法是以产业发展的层次顺序及其与自然界的关系作为标准的分类方法。即把全部的经济活动划分为第一次产业（Primary Industry）、第二次产业（Secondary Industry）和第三次产业（Tertiary Industry）。它是西方产业结构理论中关于产业分类的最重要的分类法之一。澳大利亚经济学家费歇尔是三次产业分类法的创始人，根据人类经济活动与产业发展的相互关系，费歇尔最早于 1935 年在《安全与进步冲突》一书中系统地提出了三次产业的分类方法和分类依据。费歇尔认为，与人类经济活动的发展阶段相对应，可以将人类经济活动分为三个产业，即第一次产业、第二次产业和第三次产业，同时，第一次产业和第二次产业之外的所有其他经济活动统称为第三次产业。其中，第一次产业是与人类第一个初级生产阶段相对应的农业和畜牧业，第二次产业是与工业的大规模发展阶段相对应，以对原材料进行加工并提供物质资料的制造业为主的产业，第三次产业是以非物质产品为主要特征的、包括商业在内的服务业。

这是一种有效的产业经济分析方法，克拉克以及库兹涅茨等经济学家都运用它来解释经济发展的条件和结果。但其本身也存在着较多局限性：第一，三次产业分类法试图对“全部经济活动”进行最简明的分类，并把除家庭内部活动以外的一切社会经济活动都视为能够创造国民收入的生产部门，社会再生产过程被描述的过分笼统与简单。第二，在具体划分现实的经济活动方面，三次产业分类法尚存在较多难以自圆其说的矛盾。如在划分第一次产业与第二次产业的界限时存在着矛盾：采矿业是取自于自然的产业，理应归入第一次产业，但矿业与农业、林业、畜牧业、渔业、狩猎业等产业归在一起，在逻辑上是很不协调的，因为它有更多与制造业相同的属性。

五、生产要素集约分类法

生产要素集约分类法是根据不同的产业在生产过程中对资源的需求种类和依赖程度的差异，即以生产要素集约程度的不同作为标准划分产业的一种分类方法。这里的资源是指劳动、资本、土地、知识和技术、管理、自然资源等投入生产活动的生产要素的总和。由于产品的技术、特征各不相同，各产业在生产单位产量时所需投入的各个生产要素的量有很大差别，因此，以生产要素的集约程度或密集度为标准将产业划分为劳动密集型产业、资本密集型产业、技术密集型产业、知识密集型产业。

这种分类法有利于将各个产业使用的各种生产要素的组合在产业之间进行比较；也利于判断整个国家的经济发展水平；同时还有利于研究产业之间对于生产要素依赖程度的差异，对于求得最佳宏观经济效益和制定经济发展战略具有重要的意义。生产要素集约分类法的局限性使各种产业类型的划分范围不易界定。

六、产业地位分类法

产业地位分类法是以产业在国民经济中的地位和作用的不同为标准进行产业的分类。不同的产业对国民经济发展所起的作用是不相同的，按照产业在国民经济中的地位和作用的不同，可以将产业划分为基础产业、瓶颈产业、支柱产业、主导产业、战略产业和先进产业等类型。这种划分方法又称为产业的功能分类法。

产业地位分类法的目的主要在于确定不同产业在国民经济发展中的地位和作用。其优点是有利于研究产业与经济发展的关系，有利于政府通过制定相关产业政策和进行相关产业管理，促进产业发展并带动整个国民经济发展。但是，这种分类法强调产业之间的横向地位问题，容易忽视产业之间的纵向关系和产业群的培育与形成。

七、产业发展状况分类法

这是根据产业发展的技术状况和变化趋势进行分类的方法。它具体包括三种方法：

（1）按技术先进程度进行产业分类。由于科学技术发展对产业发展和产业结构变迁起着重要的推动作用，因此，产业经济学家注意运用科技进步理论解释产业发展问题。其中首先是以产业技术含量不同为标准进行产业分类，按技术先进程度的不同将产业划分为传统产业和新兴产业（高新技术产业），这就是产业的技术分类法。

（2）按产业发展趋势进行产业分类，可以将产业划分为朝阳产业和夕阳产业两类。这种划分方法称为产业的趋势分类法，目的主要是为了把握产业发展变化的趋势，弄清产业的现状与未来之间的关系。

（3）按产品供求情况进行分类，将产业划分为长线产业和短线产业两类。

八、标准产业分类法

标准产业分类法（Standard Industrial Classification，简称 SIC）是为统一国民经济统计口径而由权威部门制定和颁布的一种产业分类方法，具有权威性、统一性、完整性与实用性等特点。

国际劳工组织（International Labor Organization，ILO）在 1952 年制定的《社会保障最低标准公约》中不仅确定了各种社会保障条款，而且提供了全部经济活动的国际产业标准分类的附录。这是最早的标准产业分类。联合国为了进一步统一世界各国的产业分类，在 1971 年颁布了《全部经济活动的国际标准产业分类索引》（Indexes to The International Standard Industrial Classification of All Economic Activities，简称 ISIC）。它将"全部经济活动"分为 10 个大项，在每个大项下面分成若干中项，每个中项下面又分成若干小项，最后将小项分解成若干细项，不仅将全部经济活动划分为大项、中项、小项、细项四级，而且各大项、中项、小项、细项都规定有统一的统计编码，便于计算机管理。其中 10 个大项的产业是：

（1）农业、狩猎业、林业和渔业；

（2）矿业和采石业；

（3）制造业；

（4）电力、煤气、供水业；

（5）建筑业；

（6）批发与零售业、餐馆与旅店业；

（7）运输业、仓储业和邮电通信业；

（8）金融业、不动产业、保险业及商业性服务业；

（9）社会团体、社会及个人的服务；

（10）不能分类的其他活动。

联合国颁布的国际标准产业分类（ISIC）的特点是：它与三次产业分类法保持着稳定的联系。国际标准产业分类中的大项产业很容易地组合成三次产业：第 1 大项为第一次产业；第 2 ~ 5 大项为第二次产业；第 6 ~ 10 大项为第三次产业。这样，国际标准产业分类法就与三次产业分类法保持一致，从而有利于对产业结构的分层次深入研究。联合国的标准产业分类法既便于调整和修订，也为各国各自制定标准产业分类以及进行各国产业结构的比较研究提供了方便。

综上所述，产业分类标准是多种多样的，而产业分类标准又是与产业分类方法紧密联系在一起的。这种关系表现为，所确定的产业分类标准不同，其形成产业分类方法也不相同，不同的产业分类方法是以不同的产业分类标准为前提条件的，因此，产业分类方法是产业分类标准的具体运用。

第二节　“结构—行为—绩效”范式

20 世纪 30 年代至 20 世纪 50 年代，以梅森和贝恩为代表的哈佛学派提出了产业组织理论的基本框架——SCP 框架，即“结构—行为—绩效（Structure - Conduct - Performance）”分析范式，这完全是建立在新古典主义基础之上的，长期以来一直是传统产业组织理论的核心。

SCP 范式认为，产业组织理论由市场结构、市场行为、市场绩效三个基础部分和政府的产业组织政策组成。市场结构决定企业在市场中的行为，而企业行为又决定市场运行的经济绩效。因此，为了获得理想的市场绩效，最重要就是通过政府的产业组织政策来调整和直接改善不合理的市场结构。

一、市场结构

市场结构是指产业内、企业间市场关系的表现形式及特征，主要包括卖方之间、买方之间、买卖双方之间、市场内已有的买卖方与正在进入或可能进入市场的买卖方之间在数量、规模、份额、利益分配等方面的关系与特征，以及由此决定的竞争的形式。换言之，特定市场中的诸市场主体，在市场交易中的地位、作用、比例关系，以及他们在市场上交换的商品的特点，即形成了具体产业的市场结构，这些市场主体之间的关系在现实市场中的综合反映集中体现为市场的竞争和垄断关系。市场结构受诸多因素影响，其中决定市场结构的三个主要因素是：市场集中度、产品差异化、市场进入与退出壁垒。下面依次分析这三个因素。

（一）市场集中度

市场集中度是指某一产业市场中卖方或买方的数量及其相对规模（即市场占有率）的分布结构，是一个反映市场垄断与集中程度的基本概念和指标。影响集中度的主要因素通常包括：

1. 规模经济水平

即某一行业的规模经济水平越高，大企业的效率越高，市场竞争力越强，其市场地位越高，它们占有的市场份额也就越高。

2. 市场容量大小

在正常情况下，某一产业或产品（服务）的市场越大，企业拓展市场的余地越大，新企业越容易进入，大企业所占市场份额也就可能越小。反之亦然。

3. 行业进入壁垒高度

某一行业的进入壁垒高，意味着该行业的保护程度高和市场竞争程度低，该行业内大企业的支配地位高、势力大，它们所占市场份额也就可能高。

4. 横向合并的自由度

一个行业的市场内部越能自由地合并，大企业通过横向合并控制的能力也越强，其所占份额也就可能越高。

5. 相关的产业政策和法律法规

政府如果实行授予少数企业特种产品或服务的专营权、保护性关税、限制外国投资等政策，就可以推动这部分企业经营规模的扩张，提高其市场集中度。相反，作为体现国家维护市场竞争政策的“反托拉斯法”在某种程度上可以成为阻止市场过度集中的一种因素。

（二）产品差异化

所谓产品差异化，是指企业向市场提供的产品或销售产品过程中的条件，与同行业的其他企业相比较，在产品质量、款式、性能、销售服务、信息提供及消费者偏好等方面存在着明显的差异，从而具有可区别性和不完全的替代性。形成产品差异化的因素主要包括：

1. 产品的物理性差异

即产品的用途本质相同，但性能、构造、外观等有所不同，直接影响产品的使用效果。

2. 买方的主观差异

由于企业的广告、宣传等促销活动而引起买方对这一产品的偏好；或买方受消费潮流的影响而对某种产品产生偏好；或者是由于买方对产品不够了解而产生的主观差异。

3. 对买方的服务差异

包括向买方提供有关信息、发送服务、技术维修服务、信用支持等。这些服务方面的差异会引起买方对商品的不同偏好。

4. 地理位置差异

因企业或销售点的位置不同而给买方带来的购买时间、方便程度、运输成本的差异，这也会造成买方在产品选择上的差异。

5. 特殊促销活动差异

如赠礼品、配附件、进行有奖销售等活动而造成买方在产品选择上的差异。

（三）市场进入和退出壁垒

市场进入壁垒是指准备进入或正在进入的新企业在与产业内已有企业的竞争过程中，遇到的障碍或不利因素。进入壁垒的高低，既反映了市场内已有企业优势的大小，也反映了新进入企业所遇障碍的大小，是影响该行业市场垄断和竞争关系的一个重要因素，同时也是对市场结构的直观反映。形成进入壁垒的因素主要有五个：

1. 规模经济

新企业在进入某一产业初期，一般难以充分享受规模的经济性，相对于产业内已有的企业，其生产成本必然较高，这就是规模经济壁垒。

2. 必要资本量

在资本密集型产业中，必要资本量积累比较明显。

3. 产品差异化

产品差异化壁垒是指买者对老企业产品的偏好程度高于新企业，以致引起新企业产品进入市场的困难。

4. 绝对费用

老企业一般都占有一些稀缺资源和生产要素。例如，在原料占有上的优势；对专利和技术的占有优势；产品销售渠道和运输条件上的优势；人才优势等。新企业要进入某产业和老企业竞争，就要获取这些资源，所需的费用就是绝对费用。绝对费用会引起新企业成本的大幅增加。

5. 政策法规

国家对新企业的行政管理以及相关的经济政策和法规，也不同程度地形成了新企业进入某些产业的障碍。

市场退出壁垒是指某个（或某些）企业停止作为卖方而从某个行业撤退的行为，包括转产和宣布破产两种方式。从理论上讲，当某个（或某些）企业长期亏损，资不抵债，不能正常生产经营时，即应该转产或破产。但在实际上，这样的企业由于受种种限制而很难从该产业中退出，这些企业在退出时面临的障碍即是市场退出壁垒。

市场退出壁垒的形成因素主要包括：

（1）资产专用性和沉没成本。由于部分设备的专用性特别强，当企业转产或破产时不得不废弃这些设备，从而造成这些设备的价值不能收回，形成沉没成本。资产专业性越强，沉没成本越大，退出壁垒越高。

（2）解雇费用。解雇工人要支付退职金、解雇工资，有时为了让工人改行，还需要培训费用和转移费用。这些费用是企业在退出某产业时要付出的代价，也就构成了企业退出壁垒。

（3）政策限制。政府为了一定的目标，往往通过制定政策和法规限制某些行业的企业从市场上退出。

二、市场行为

市场行为是指企业在市场上为实现其目标（如利润最大化或更高的市场占有率）所采取的适应市场要求不断调整的战略性行为。企业的市场行为是联结市场结构和行业绩效的中间环节，它受制于市场结构，同时又反作用于市场结构，影响和改变市场结构的特征和状况，也直接影响市场绩效。

（一）企业的定价行为

1. 进入阻止定价行为

进入阻止定价行为是指寡头垄断产业内企业采取适度降低产品价格，以阻止新企业的进入而又可使其获得垄断利润的定价行为。例如，掠夺性定价行为与限制性定价行为等。这种人为降低了的产品价格即是阻止价格，其直接目的是阻止新竞争对手的加入，但该行为的实质是牺牲部分短期利润而追求长期利润的最大化。为此，占有优势的寡头企业与其他企业协调，产业内企业往往合谋或协商，达成垄断低价，放弃一部分短期利润，有时甚至不惜以短期的亏损为代价，迫使潜在的竞争对手望而却步。可见，进入阻止定价是一种长期价格行为。这种定价行为能够得以实施并取得效果必须满足如下三个假设条件：首先，原有企业和潜在进入企业都谋求长期利润最大化；其次，原有企业认为，潜在进入企业会认定进入后原有企业将会维持产量不变，而放任价格随着新企业增加的产量而下降；再次，原有企业很容易通过串通来制定进入阻止价格。进入阻止价格究竟定位在什么水平，通常受市场进入壁垒和经济规模两个因素影响。

2. 价格协调行为

价格协调行为是指企业之间在价格决定和调整过程中相互协调而采取的共同行为。在寡头垄断市场上，企业间竞相降价的价格竞争会导致两败俱伤，因而价格协调，共谋利润极大化成为企业的主要定价行为之一。为了限制价格竞争，共同控制市场，获取垄断利润，企业常采取价格协调行为，常见以下三种类型：一是价格卡特尔，即指企业之间以限制竞争，控制市场，谋求利润最大化为目的，在价格决定和调整过程中相互协调而采取的共同定价行为，一般发生在寡头垄断市场；二是价格领导，即行业中以某个企业作为价格变动的领导者，而其他企业即“价格追随者”则根据其价格调整行为而确定自己的价格的行为方式；三是有意识的平行调整，即价格调整时没有明显的追随调价现象，而只体现为比较含蓄和默契的配合行为。例如，美国三大汽车公司的定价一般被认为是最典型的有意识的平行调整形为，从而使各公司都可获得垄断的利润。

（二）企业的非价格行为

与价格行为不同，企业的非价格行为不是通过降价或涨价或协调价格获得较高的利润，而是通过研究和开发新产品以及产品促销获得较高利润。其中广告行为就是企业在市场上经常采用的一种主要的非价格竞争方式。

对于企业非价格竞争行为的把握和研究，应当注意如下三点：

（1）即使在寡头垄断市场上，非价格竞争也同样十分激烈。在技术进步日新月异的当今社会，对企业来说，非价格竞争，特别是产品开发策略和行为，比价格策略和行为更为重要。

（2）非价格竞争一般是与价格行为相互联系的。当企业新进入一个市场时，往往是先推出质优价廉的产品，以便抢占市场。当企业一旦占领了一定的市场份额后，则往差异化和高价策略方向发展，以谋取更多利润。

（3）非价格竞争行为除了产品研究与开发及产品营销活动外，还包括排挤行为。这种行为根据其性质可以分为两类：一类是合理的排挤行为，譬如，由于竞争的优胜劣汰机制，一些企业被排挤出市场或被其他企业兼并；另一类是不合理的排挤行为，采取过度的甚至违法的“限制竞争和不公平”手段，排挤、压制和控制交易对方或竞争对手，如企业通过降价倾销手段争夺市场，将其他企业排挤出市场，扩大自己的市场占有率。

（三）企业的组织调整行为

企业的组织调整行为主要指企业的兼并行为，企业兼并是指两个及两个以上的企业在自愿基础上依据法律通过订立契约而结合成一个企业的组织调整行为。企业兼并是社会化大生产的必然要求，是市场竞争机制发挥作用的必然结果，也是进行产业结构调整的重要手段。通过企业兼并，生产要素得以向优势企业集中，社会资源配置得到优化，新兴产业中的企业通过兼并衰退行业中的企业而使自身发展壮大，衰退行业中的企业通过被兼并而退出该行业。但同时，企业兼并也存在一定的消极性，即兼并导致的市场集中如果超过一定限度，就会产生垄断势力，并由此带来垄断的低效率和社会总福利的损失。

三、市场绩效

所谓市场绩效是指在一定的市场结构下，通过一定的市场行为使某一产业在价格、产量、成本、利润、产品质量、品种及技术进步等方面达到的现实状态，它实质上反映的是市场运行的效率。

（一）资源配置效率

资源配置效率（Allocative Efficiency of Resources）是同时从消费者的效用满足程度和生产者的生产效率高低的角度来考察资源的利用状况。它包括如下三个方面的内容：

（1）有限的消费品在消费者之间进行分配，使消费者获得的效用的满足程度；

（2）有限的生产资源在生产者之间进行分配，使生产者所获得产出的大小程度；

（3）同时考虑生产者和消费者两个方面，即生产者利用有限的生产资源所得到的产出的大小程度和消费者使用这些产出所获得的效用满足程度。

现代产业组织理论认为，资源配置效率是反映市场绩效好坏的最重要指标，该指标在实际中常常是利润率标准。在完全竞争条件下，价格由自由竞争的市场决定。从长期看，它会使价格处于趋向正常利润的最低费用水平，那么，可以认为市场机制下的资源配置是合理的、正常的。然而，在寡头垄断市场的条件下，若某一产业长时期维持高利润率，则意味着该产业存在过度垄断，阻碍了资源的流入，并导致了资源分配不合理，社会资源配置和利用效率低下。

（二）产业的规模结构效率

产业的规模结构效率，也称为产业组织的技术效率。由于规模经济的存在，资源在产业间的分配状况影响着资源利用效率。产业的规模结构效率就是从产业内规模经济效益实现程度的角度来考察资源的利用状况。规模经济效益的实现程度，通常用达到或接近经济规模的企业的产量占整个产业产量的比例来表示。

产业内规模经济效益的实现情况可以分为三种情形：

（1）未达到获得规模经济效益所必需的经济规模的企业是市场的主要供给者。这表明该产业的规模结构效率不高，存在着大量低效率的小规模生产。

（2）达到和接近规模的企业是市场的主要供给者。这说明该产业充分获得了规模经济效益，产业的规模结构效率处于理想状态。

（3）市场的主要供给者是超经济规模的大企业。由于这种超经济规模的过度集中，已经不能再使企业的长期平均成本降低，只是加强了企业的垄断力量，因而并不能提高产业的规模结构效率。

（三）技术进步程度

技术进步的含义有广义和狭义之分。广义的技术进步包括除资本投入和劳动投入之外的所有促进经济增长的因素。产业组织理论中所考察的技术进步是狭义意义上的技术进步，主要包括发明、创新和扩散三个阶段。发明是指构思对人类生活或生产活动有用的新产品或新的生产方法以及解决相关的技术问题；创新是指发明第一次被应用并导致一种新产品或新的生产方法的出现；扩散是指新产品或新的生产方法被广泛采用。

技术进步渗透于产业组织的生产结构和生产行为的各个方面：产品差别与产业的技术特点密切相关，经济规模和必要资本壁垒与大容量、高效率的技术发展有关，企业集团化和系列化的发展、价格和非价格竞争的类型和程度等都与产业的技术进步类型、技术进步程度及条件存在着密切的关系。但技术进步程度最终是通过经济增长的市场绩效表现出来的。它反映的是动态经济效率，因而也是衡量市场绩效的一个重要标准。

（四）X 非效率理论

哈佛大学雷本斯坦教授于 1966 年首次提出的 X 非效率（X－inefficiency）理论，也称内部低效率理论，也是反映市场绩效优劣的一个指标。该理论认为，垄断性大企业由于外部市场竞争压力小，组织内部层次多、机构庞大，加上所有权与控制权的分离，它们往往并不追求成本最小化。这种现象统称为 X 非效率，它是 X 效率的对称。

雷本斯坦的 X 非效率理论涉及三个变量之间的关系：市场环境（ME）、企业组织（EO）和经济效率（EE），其中经济效率是市场环境和企业组织的函数，即 EE＝f(ME，EO)。在变量 ME 为给定（即没有市场竞争压力）的条件下，变量 EE（即 X 非效率的程度）就取决于变量 EO（即垄断厂商）适应环境的情况。

X 非效率理论的整个分析框架是建立在“庇护下的厂商追求利润极小化”这个前提假设之上的，并一反传统理论中的“经济人”假设，将人性的弱点假定为“惰性”以及由此形成的“习惯”，即企业行为＝f（惰性，环境）。因此，在没有压力的市场环境（ME）中，最高决策者（经理）的行为模式是“极小化”型的，他也不可能把压力从最高层逐级向下传导下去（决策层—管理层—执行层—操作层）。于是，垄断企业全体员工的这种利润极小化行为模式就“集体”地构成了企业组织（EO）的行为模式。在没有压力的市场环境（ME）中，EE 的值就不可能是 X 效率，而只能是 X 非效率。

第三节　产业结构分析

作为产业经济学最重要的组成部分，产业结构与经济发展的关系十分密切：产业结构的改善是经济发展的重要组成部分；产业结构的状况是经济发展水平的主要标志；产业结构的改进是经济协调和持续发展的必要条件；产业结构的状况是经济效益高低的决定性因素；优化的产业结构是经济发展的强大动力。

一、产业结构的内涵

产业结构是国民经济结构的重要组成部分，是指在社会再生产过程中，国民经济各产业之间的生产、技术、经济联系和数量比例关系。

要深刻理解产业结构的定义，还必须明确：

（1）产业结构是在社会再生产过程中形成的；

（2）产业结构是以国民经济为整体，将国民经济划分成若干个产业；

（3）产业之间的生产、技术、经济联系主要反映产业间相互依赖、相互制约的程度和方式；

（4）产业间的数量比例关系，它首先反映的是各类经济资源在各产业间的配置情况，例如，资金、劳动力、技术等生产要素在各产业之间的分布。其次反映的是国民经济总产出在各产业间的分布情况，例如，一定时期内的总产值、总产量和劳务、利税额在各产业间的分布。

二、产业结构的制约因素

（一）经济发展因素

产业结构是经济发展的产物，经济发展因素是制约产业结构最重要、最基本的因素，主要包括生产力发展的水平、经济发展所处的历史阶段、社会分工和专业化的程度、经济总量的规模和增长速度等。在生产力水平低下的自给自足的自然经济的发展阶段，产业结构只能以农业为主、以劳动密集型产业为主；在生产力发展水平比较高的机器大生产阶段，产业结构必然以工业为主、以资本密集型产业为主；在生产力高度发达的知识经济时代，产业结构将是以高新技术产业、知识技术密集型产业为主的高级结构。经济总量规模的大小和增长速度的快慢，对产业结构的影响也相当大。经济总量的规模越大，分工专业化的程度相对越高，产业门类可能越齐全，产业结构会越复杂；反之，则相反。经济增长速度越快，对产业结构改进的要求越高，越有利于高新技术产业的发展、短线产业的扩张；经济增长速度越慢，越有利于压缩长线产业、淘汰落后产业。

（二）需求因素

社会生产的最终目的都是要满足需求，因此，需求的状况及其变化是制约产业结构的重要因素。需求的状况及其变动与人口的数量和结构、经济发展的状况和人均收入水平的高低等许多因素紧密相关。决定和影响产业结构的状况及其变动的需求因素很多，主要是需求总量和需求结构及其变化。

从需求总量上看，总量的多少会影响产业结构规模的大小，即构成产业结构的产业数量的多少及其规模的大小。需求总量越大，要求提供的产品和劳务越多，相应的产业总体规模也会越大，产业结构规模也就越大；反之，则越小。需求结构是制约产业结构的需求因素中最直接最主要的因素。生产为了需求，需求存在多层次、不同种类的区别，需求结构决定生产结构，生产结构从某种意义上说就是产业结构，需求结构的状况及其变化，必然决定和影响产业结构的现状和变动。

需求总量和结构的现状，要求社会生产提供相应数量的各种不同类型的产品和劳务，是决定产业结构现状的重要因素；需求总量和结构的变化，都会引起相应产业的收缩或扩张，也会导致旧产业的衰落和新产业的诞生，从而造成产业结构的变动。

（三）供给因素

1. 自然条件和资源的禀赋

合理的产业结构必须发挥本国自然条件和资源禀赋的比较优势，这样才能更好地促进国民经济的高效快速发展。因此，气候、水土、森林、矿产等自然条件和资源的禀赋状况，是制约产业结构的重要因素，对形成具有比较优势的产业结构有决定性的作用。气候条件优越、水资源丰富、土地广阔肥沃的国家和地区，更适合农业的发展，农业在产业结构中可能处于重要地位；自然人文景观独特、旅游资源丰富的国家和地区，更适合发展旅游服务业；石油、煤、铁、有色金属等矿产资源丰富的国家和地区，资源开发型的产业会占相当大的比重，甚至可能形成以资源开发型产业为主导的产业结构，如石油输出国以石油开采为主导的产业结构；自然资源匮乏的国家和地区，不可能形成资源开发型产业，往往只能建立以加工制造业、知识密集型产业或服务业为主体的产业结构。

2. 劳动力资源

劳动力是最主要的生产要素，劳动力的数量、素质和价格等劳动力资源的状况及其变化，是决定和影响产业结构形成和变动的重要因素。劳动力资源丰富价廉的国家和地区，更适合发展劳动密集型产业；劳动力素质好、受教育程度高的国家和地区，发展知识技术密集型产业更为有利，而且更有助于提高产业发展的水平，实现产业结构高度化；劳动力价格昂贵的国家和地区，最好以资本和技术密集型产业为主。只有这样，才能形成合理的产业结构，充分利用劳动力资源，带来更高的经济效益。

3. 资本供应状况

资本也是重要的生产要素，是产业维持和扩张的重要条件，资本供应的情况也是制约产业结构的重要因素。资本供应的总量规模、增长速度、充足程度、价格水平（利息率等），直接影响产业的形成和发展。资本总量规模越大，越有利于发展重工业，因为重工业耗资巨大，只有达到最低资本规模，重工业才能发展；资本越是短缺，资本价格越是昂贵，越是妨碍重工业、部分高新技术产业等资本有机构成高的产业的发展；资本越是充足，资本价格越是低廉，越有条件调整不合理的产业结构，拉长短线产业，发展资本密集型产业和高新技术产业，促进产业结构的合理化和高级化。

（四）科学技术因素

科学技术是第一生产力，技术创新是经济发展的强大动力，科学技术进步是推动产业结构变化最根本、最主要的因素。科学技术创新、科学技术进步等科学技术因素对产业结构的决定和影响作用主要表现在以下几个方面。

1. 科学技术进步推动产业结构高度化

科学技术进步是产业结构高度化的决定性因素。产业结构实际上包含产业的技术基础和生产的技术结构，科学技术进步直接改变产业的技术基础和生产的技术结构，从而推进产业结构的高度化。由劳动密集型产业为主向以资本、技术密集型产业为主的演进，由第一产业为主向第二、三产业为主的演进，由农业经济社会向工业经济社会、知识经济社会的演进，都是以科学技术进步、劳动生产率提高为基础。

2. 科学技术进步影响需求结构

科学技术进步能够开发新产品，使消费品升级换代，从而改变消费需求结构；科学技术进步可以降低资源消耗，增加可替代资源，开发新资源，从而改变生产需求结构；科学技术进步还能够减少生产成本、降低产品价格、改善产品性能、提高产品质量，使产品价廉物美，从而扩大市场需求，改变需求结构。需求结构又是制约产业结构的重要的直接因素。因此，科学技术进步通过引起需求结构的变化，能够导致产业结构变动。

3. 科学技术进步影响供给因素

科学技术进步能够改善自然环境，保护自然资源，开发新的资源，形成新的比较优势，从而改进资源供给状况；科学技术进步可以降低成本，增加收入，扩大积累，从而改善资本供给状况；科学技术还能够通过教育和培训，用先进的科学知识武装劳动者，提高劳动力的素质和技术水平，从而改善劳动力的供给状况。供给因素也是制约产业结构的重要因素。所以，科学技术进步通过引起供给因素的变化，也能够促进产业结构的变动。

4. 科学技术进步改善产业结构

科学技术进步除了推动产业结构高度化之外，还能够从其他方面改善产业结构。科学技术进步可以提高社会分工和专业化的程度，形成新兴产业，从而改善产业结构；科学技术进步能够用高新技术改造和武装传统产业，提高传统产业的技术水平，增强传统产业的生命力，从而改善产业结构；科学技术还可以提高产业在国际市场上的竞争力，促进出口产业的发展，从而改善产业结构。

（五）制度因素

制度是影响经济发展的重要因素，也是制约产业结构的重要因素。这里所说的制度，主要指经济制度、经济体制、经济发展战略和包括产业政策在内的经济政策等，这些因素都会极大地影响产业结构的形成和变动。其中，有的因素对产业结构直接发生作用，比如市场机制或计划机制、重工业优先的不平衡经济发展战略或农轻重协调的平衡发展战略、出口导向战略或进口替代战略、产业结构调整的措施和产业政策等，就能够直接影响产业结构的形成和变动；有的因素对产业结构间接发生作用，比如微观企业制度、财政金融制度、收入分配政策、人力政策、技术政策等，则是通过影响其他制约产业结构的需求、供给、技术等因素的变化，间接地导致产业结构的变动。建立和健全合理的经济制度，形成有效的经济运行机制和管理体制，制定和实施正确的经济发展战略，制定和执行恰当的经济政策，是产业结构优化的必要条件。

（六）社会因素

由于产业结构涉及国民经济和社会生活的各个环节和方面，所以许多社会因素也制约着产业结构的形成和变动。这里所讲的社会因素主要是指除了自然生态和经济因素之外的政治法律、军事外交、文化传统、生活习惯、教育事业、人口状况等因素。大多数社会因素都不是直接制约产业结构，而是通过影响其他制约产业结构的因素，间接地影响产业结构的形成和演变。

政治法律涉及经济制度的建立和完善、经济体制的形成和健全、经济发展战略和产业政策的制定和实施，关系到社会稳定、投资环境，影响着制约产业结构的制度因素、投资因素、需求因素等；军事外交因素制约着经济发展战略的内容、产业结构的调整和产业政策的目标，比如为了保障国家安全、应付紧张复杂的国际形势和外交关系，都需要发展军事工业；文化传统和生活习惯影响着消费结构；教育事业的状况和发展影响着劳动力的素质，关系到知识技术密集型产业的发展和产业技术水平的提高；人口的数量规模、增长速度、性别、年龄结构和素质等状况及其变化，则决定着需求总量和结构、劳动力供给等重要因素，间接影响产业结构的状况和变动。

（七）国际因素

产业结构不仅受到各种国内因素的影响，还要受到许多国际因素的制约。影响一国产业结构状况及其变动的国际因素，主要有国际分工、世界市场、国际贸易、国际金融、国际投资、国际产业转移等。比如，国际分工能够发挥各国的比较优势，获得比较利益，合理的产业结构必须发挥本国的比较优势。在经济日益全球化的条件下，国际分工越来越发达，任何一个国家都不可能置身于国际分工之外，都必须积极参与国际分工，促进本国经济更快更好地发展；而国际金融是国际货币流通和资金融通的总称，主要包括世界范围内的货币流动、资金借贷、外汇、有价证券和黄金的买卖。国际金融为国际贸易和国际投资提供服务，会影响一个国家的资金供求和金融稳定及安全，国际金融的投机和动荡还可能造成一个国家的金融危机，从而给一个国家的经济造成损害，这些都会间接地影响产业结构。

三、产业结构的优化

产业结构的优化就是在产业结构的不断变动过程中，遵循一定的运动规律使产业结构由合理化向高度化方向演进。产业结构的优化主要包括两方面的内容，产业结构的合理化和产业结构的高度化。产业结构高度化必须以产业结构合理化为基础，产业结构合理化则必须有利于产业结构的高度化进程。产业结构高度化、合理化既是产业演进的过程，也是产业发展的目标。

（一）产业结构的合理化

产业结构合理化是指物质生产的要素配置和利用合理，各产业部门之间的比例关系适当，能为实现高质量的经济增长奠定良好的基础。它是经济持续稳定增长的必要保证。因为只有产业间保持一致协调的发展关系，产业的发展才能推动经济稳定增长，否则只能阻碍经济增长。要考察产业结构是否合理，可以通过以下指标来衡量：第一，各产业间的发展比例是否协调；第二，各种资源是否得到充分合理的利用；第三，产出是否能满足社会的有效需求。

对于产业结构合理化的测定方法有如下几种：

1. 国际比较法

以钱纳里的标准产业结构为基础，将某一国家的产业结构与相同国民生产总值下的标准产业结构加以比较，偏差较大时即认为是不合理的。这种方法只能大致判断而不能最后以此认定产业结构是否合理。

2. 影子价格分析法

当各种产品的边际产出相等时，资源得到合理配置，产品的供给与需求平衡，产业结构合理。所以用各产业部门的影子价格与其整体影子价格平均值的偏离程度来衡量产业结构是否合理，偏离度越小，则产业结构就越趋于合理。

3. 需求适应性判断法

即判断产业结构能否随着需求结构的变化而自我调节，使产业结构与需求结构相适应。其判断方法为：分别计算每一产业产品的需求收入弹性和生产收入弹性，若两者相等，则说明此产业与社会需求有充分的适应性；若每一产业的需求收入弹性和生产收入弹性都相等，则说明整个产业结构与需求结构是相适应的，因此产业结构是合理的。

4. 结构效果法

以产业结构变化引起的国民经济总产出的变化来衡量产业结构是否在向合理的方向变动，若结构变化使国民经济总产出获得相对增长，则产业结构的变动方向是正确的。

（二）产业结构的高度化

产业结构高度化指一国经济发展重点或产业结构重心由第一产业逐次向第二产业和第三产业转移的过程，标志着一国经济发展水平的高低和发展阶段与方向。产业结构高度化往往具体反映在各产业部门之间的产值、就业人员和国民收入比例变动的过程上，体现为产业结构从较低水平向较高水平状态发展的一个动态过程。首先，从三大产业发展的方向看，产业结构由第一产业占优势向第二产业、第三产业占优势的方向演进；其次，从产业的资源结构发展方向来看，产业结构的发展由劳动密集型产业占优势顺次向资本密集型、技术（知识）密集型产业发展，由低附加值产业向高附加值产业发展；再次，从产品制造的结构上来看，由加工工业中初级产品制造占优势向中间产品制造和最终产品制造占优势方向发展。

第四节 产业内部结构分析

产业内部结构分析是解释在同一产业中，企业之间在经营上的差异以及这些差异与它们的战略地位的关系。为此，按照产业内部各企业战略地位的差别，将企业划分成不同的战略集团，分析产业内部各个战略集团之间的关系，从而进一步认识产业及其竞争的状况。

一、战略集团

所谓战略集团，是指一个产业内部执行同样或类似战略并具有类似战略特征的一组企业。在一个产业中，如果所有的企业都执行着基本相同的战略，则该产业中只有一个战略集团。如果每个企业都奉行着与众不同的战略，则该产业中有多少企业便有多少战略集团。当然，在正常情况下，一个产业中仅有几个战略集团，它们采用着性质根本不同的战略。每个战略集团内的企业数目不等，但战略类同。

在同一战略集团内的企业除了广义的战略方面外，还在许多方面彼此非常相近。它们在类似战略的影响下，会对外部环境做出类似的反应，采取类似的竞争行动，占有大致相同的市场份额。战略集团作为一种分析工具，既不同于产业整体分析方法，也不同于单个企业的个别分析方法，而是介于两者之间。它是从不同企业的战略管理中找出带有共性的事物，更准确地把握产业中竞争的方向和实质，避免“以大代小”或“以小代大”所造成的缺陷。

二、战略集团间的竞争

一个产业中如果出现两个或两个以上的战略集团，则可能出现战略集团之间的竞争，也就是说会有价格、广告、服务及其他变量的竞争。战略集团之间的竞争激烈程度不仅影响着整体产业的潜在利润，而且在对付潜在的产业进入者、替代产品、供应商和销售商讨价还价能力等方面表现出很大的差异性。一般来说，下列四个因素决定着一个产业中战略集团的竞争激烈程度。

（一）战略集团间的市场相互牵连程度

所谓市场牵连程度，就是各战略集团为同一顾客进行争夺的程度，或者说是它们为争取不同细分市场中的顾客进行竞争的程度。市场上生产和销售同一产品的厂家越多，竞争就越激烈，行业利润也会随竞争而下降。即使企业不多的行业，如果各企业在规模和资源上比较均衡，也会形成不稳定的局面，因为他们都有支持竞争和进行强烈反击的资源。同样，当战略集团间的市场牵连很多时，战略集团间将导致剧烈的竞争。例如，在化肥产业中，对所有战略集团来说顾客（农民）都相同。当战略集团将目标放在差别很大的细分市场上时，它们对他人的兴趣及相互影响就会小得多。当它们的销售对象区别很大时，其竞争就像是在不同产业的集团间进行一样。

（二）战略集团数量以及它们的相对规模

一个产业中战略集团数量越多且各个战略集团的市场份额越相近时，则战略集团间的竞争越激烈。战略集团数量多就意味着集团离散，某一集团采取削价或其他战术攻击其他集团的机会多，从而激发集团间的竞争；反之，如果集团的规模极不平衡，如某一集团在产业中占有很小的份额，另一集团却有很大的份额，则战略的不同不大可能对战略集团之间的竞争方式造成很大的影响，因为小集团力量太弱，不大可能以其竞争战术来影响大集团。

（三）战略集团建立的产品差异化

如果各个战略集团各自不同的战略使顾客区分开来，并使他们各自偏爱某些商标，则战略集团间的竞争程度就大大低于集团所销售的产品被视为可替代产品时的情况。集团实现差异化战略可以有很多方式，如产品设计或品牌形象的差异化、产品技术的差异化、顾客服务的差异化、销售分配渠道的差异化等，最理想的情况是集团在几个方面都实现差异化。应当强调的是，差异化战略应该是顾客感受到的、对其有实际价值的产品或服务的独特性，而不是企业自我标榜的独特性。

为保证差异化战略的有效性，集团必须注意：

（1）充分了解自己拥有的资源和能力能否创造出独特的产品或服务；

（2）必须充分了解顾客的需求和偏好，并及时去满足它们。

特别应该注意的是，产品或服务差异化战略并不是讲集团内的企业可忽视成本因素，只不过这时的主要战略目标是追求独特性而不是低成本。

（四）各集团战略的差异

所谓战略差异，是指不同战略集团奉行的战略在关键战略方向上的离散程度，这些战略方向包括商标信誉、销售渠道、产品质量、技术领先程度、成本状况、服务质量、纵向一体化程度、价格、与母公司或东道国政府的关系等。如果其他条件相同，集团间的战略差异越大，集团间就越可能只发生小规模的摩擦。集团的外部环境分析奉行不同的战略导致他们在竞争思想上有极大的差别，并使他们难以相互理解他人的行为，从而避免茫然的竞争行动和反应。

各个集团作为市场活动的参与者，其实力和资源会有不同程度的差异，因而各自占据不同的竞争位置，主要分以下六种竞争地位类型。

1. 主宰型

这类集团控制着其他竞争者的行为，有广泛选择战略的余地。

2. 强壮型

这类集团有足够强大的实力，可以放心地采取不危及它长期地位的独立行动，而且它的长期地位也不会受到竞争者行动的影响。

3. 优势型

这类集团在特定的战略中有较多的力量可供利用，并有较多的机会改善其地位。

4. 防守型

这类集团有令人满意的经营业绩，足以继续经营，但它在主宰集团的控制下求生存，改善其地位的机会较少。

5. 虚弱型

这类集团经营业绩不能令人满意，但仍有改善的机会，如不改变就会被迫退出市场。

6. 难存活型

这类集团经营业绩很差，并且没有改善的机会。

由上述分类看出，没有哪一种战略会适合所有的集团。集团必须认清自己在本行业竞争中的真实位置，以此为基础来制定有效的竞争战略。

总之，所有上述四个因素的共同作用决定了产业中战略集团的竞争激烈程度。最不稳定，也即集团间激烈竞争的情况是，产业中存在几个势均力敌的战略集团，各自奉行着全然不同的战略并为争取同一类基本顾客竞争。反之，一般较为稳定的情况是，产业中有少数几个大的战略集团，它们各自为一定规模的顾客而进行竞争，所奉行的战略除少数几个方向外并无差异。

此外，战略集团内部的不同企业，在执行相似战略的过程中，除了合作与一致对外关系，集团内的企业也会出现不同程度的竞争，它们是一种既合作又竞争的关系。

第五节 竞争对手分析

制定战略主要是为了找到相对于竞争者来说较为独特的、差异化的客户资源，因此制定战略的一项中心任务就是了解和分析竞争对手。

竞争对手分析这一概念起源于军事战略家使用描述技术来有效管理军事情报的方法，后来被企业的管理人员所引用。分析竞争对手的目的是：了解每个竞争对手可能采取战略行动的实质和成功的希望；分析各竞争对手对其他公司在一定范围内的战略行动倾向可能做出的反应；分析各竞争对手对可能发生的产业变迁和更广泛的环境变化可能做出的反应等。

迈克尔·波特是研究竞争的重要人物。他认为，多数企业并没有对竞争对手充分进行分析，而是在不断呈送给管理人员的有关竞争者的趣闻中得出的非正式的表达、推测和直觉的基础上下结论来进行运作的。

一、认识竞争对手

企业要分析自己的竞争对手，首先要识别自己的竞争对手。从狭义上讲，公司可以把那些为同样的顾客提供相似的产品和服务的公司定义为竞争者。因此，可口可乐公司可能把百事可乐公司作为最主要的竞争者，而不是娃哈哈公司或者是统一饮料公司；一汽可能把二汽作为最主要的竞争者，而不是上海通用和长安福特汽车公司。从广义上讲，公司可能把所有生产相同产品或者相同层次产品的公司定义为竞争者。甚至在更广的意义上，竞争者可能包括生产具有相同服务功能的产品的所有公司。从这层意义上说，一汽可能认为自己不仅是在与别的汽车生产商竞争，还同生产卡车、摩托车甚至自行车的厂商展开竞争。最后，在更广泛的层面上，竞争者可能包括为相同顾客口袋里的钱而竞争的所有公司。这样，丰田公司可能认为自己与那些销售消费耐用品、新房和国外度假的公司竞争。

总的来说，根据产品替代观念，竞争者可以分为四个层次：

（一）品牌竞争者

当其他公司以相似的价格向相同的顾客提供类似的产品与服务时，公司将其视为竞争者。例如，被别克公司视为主要竞争者的是福特、丰田、本田、雷诺和其他中档价格的汽车制造商。

（二）行业竞争者

可以把制造同样或同类产品的公司都广义地视作竞争者。例如，别克公司认为自己在与所有汽车制造商竞争。

（三）形式竞争者

公司可以更广泛地把所有制造并提供相同服务的产品的公司都作为竞争者。例如，别克公司认为自己不仅与汽车制造商竞争，还与摩托车、自行车和卡车的制造商在竞争。

（四）一般竞争者

更广泛地把所有争取同一消费者钱的人都看作是竞争者。例如，别克公司认为自己在与所有的主要耐用消费品、国外度假、新房产和房屋修理的公司竞争。

公司一定要避免“竞争者近视症”。一个公司更有可能被它的潜在竞争者而不是现有的竞争者所埋葬。例如，多少年来，柯达一直在胶卷行业舒服地占据着领导地位，它把富士视为该行业中主要竞争者。但是，近年来，柯达面对的主要竞争不是来自于富士或者是其他胶卷生产商，而是来自于索尼、佳能和其他数码相机的制造商，它们的产品根本就不用胶卷。因为“近视性”地只关注胶卷行业，柯达耽误了进入数码相机市场的时间。所以，即使现在柯达在数码市场占有最大的市场份额，它的数码相机业务仍然是不赢利的。

二、竞争对手分析的内容

（一）竞争者的目标

考察竞争对手的目标是非常重要的，对其目标的了解可以预测竞争对手对其目前地位和财务状况是否满意，也有助于预测它对战略变化的反应。竞争者的目标是由多种因素确定的，其中包括规模、历史、目前的经营管理和经济状况等。因此，对竞争对手目标的把握并不容易。

分析竞争对手目标的一种可行方法是对竞争对手的目标进行假设，然后从竞争对手的角度推测其可能的行动，接下来再观察竞争对手的市场行为是否与推测相符。这可以对假设的目标是否正确进行验证。一般情况下，可首先假设竞争对手是以利润最大化为目标的，然后可以假设目标是市场份额最大化，销量最大化。有时要假设竞争者有一个组织目标而不是单一目标。应该注意的是，竞争者的目标随着管理层次不同、市场范围不同而变化，因此分析竞争者目标时必须找到相应的约束条件，而不能把一次目标分析的结果任意套用。

（二）竞争者的假设

企业有自己的假设，竞争对手同样也有他们的假设。假设是对不确定市场环境做出的主观约束。分析竞争对手的假设，从某种意义说就是力争从竞争者的角度，看竞争对手眼中的市场。

竞争对手的假设可分为两类：一是竞争对手对自己的假设；二是竞争对手对产业及其他企业的假设。竞争者的假设可以通过其市场行动来分析，例如竞争对手经常使用低价竞争的战略，这很可能是假设其他的企业不倾向于参与价格战。

竞争对手对自己的假设可能是不正确的，而这一点如果被发现，往往就意味着企业的市场机会。例如，竞争对手相信它的产品拥有市场最高的顾客忠诚度，而事实并非如此的话，企业就可利用刺激性降价抢占市场。竞争对手很可能拒绝降价，因为它相信企业的降价行动不会影响它的市场占有率。只有发现已丢失了一大片市场时，该竞争对手可能才认识到其假设是错误的。竞争对手对其他企业的假设不正确时，企业也可以对此加以利用。尤其是当竞争对手对企业的营销能力做出了低于实际情况的评价时，企业就可以利用竞争对手的疏忽取得一定的优势。

（三）竞争者的能力

竞争者的优势与劣势将决定它发起（或反击）战略行动的能力以及处理所处环境或产业中事件的能力。其中包括：

1. 产品

（1）细分市场中，用户眼中产品的地位；

（2）产品系列的宽度和深度。

2. 代理商/分销渠道

（1）渠道的覆盖面和质量；

（2）渠道关系的实力；

（3）为销售渠道服务的能力。

3. 营销与销售

（1）营销组合诸方面要素的技能水平；

（2）市场调查与新产品开发的技能；

（3）销售队伍的培训及其技能。

4. 运作

（1）生产成本情况——规模经济性、经验曲线、设备新旧情况等；

（2）设施与设备的先进性；

（3）设施与设备的灵活性；

（4）专有技术和专利或成本优势；

(5) 生产能力扩充、质量控制、设备安装等方面的技能；

(6) 工厂所在地，包括当地劳动力和运输的成本；

(7) 劳动力状况，工会情况；

(8) 原材料的来源和成本；

(9) 纵向整合程度。

5. 研究和工程能力

(1) 专利及版权；

(2) 企业内的研究与开发能力；

(3) 研究及开发人员在创造性、简化能力、素质、可靠性等方面的技能；

(4) 与外部研究和工程技术的接触。

6. 总成本

(1) 总相对成本；

(2) 与其他业务单位分组的成本或活动；

(3) 竞争对手在何处正形成规模或其他对成本状况至关重要的因素；

(4) 财务实力；

(5) 现金流；

(6) 短期和长期借贷能力；

(7) 在可预见的将来获取新增权益资本的能力。

7. 组织

(1) 组织中价值观的统一性和目标的明确性；

(2) 对组织的近期要求所带来的负担；

(3) 组织安排与战略的一致性。

8. 综合管理能力

(1) 首席执行官的领导素质和激励能力；

(2) 协调具体职能部门或职能集团间关系的能力；

(3) 管理阶层的年龄、所受培训及职能方向；

(4) 管理深度；

(5) 管理的灵活性和适应性。

9. 公司业务组合

(1) 公司在财务和其他资源方面对所有业务单位的有计划变动提供支持的能力；

(2) 公司补充或加强业务单位的能力。

10. 其他

(1) 政府部门的特惠待遇及其取得的途径；

(2) 人员流动。

分析了竞争对手的优势与劣势后，就可以把对手的能力总结为四个方面：一是其快速反应的能力；二是其适应变化的能力；三是其成长的能力；四是其持久力。

(四) 竞争者的反应模式

每个竞争者都有一定的经营理念、某些内在的文化和某些起主导作用的信念。大多数竞争者的反应类型如下：

1. 从容型竞争者

它指一个竞争者对某一特定竞争者的行动没有迅速反应或反应不强烈。对竞争者缺少反应的原因是多方面的，它们可能认为顾客是忠实于它们的，不需要对竞争者的行动做出快速的反击。

2. 选择型竞争者

竞争者可能只对某些类型的攻击做出反应。竞争者可能经常对削价做出反应，但它对广告费用的增加可能不做任何反应。壳牌和埃克森公司是选择型竞争者，它们只对削价做出反应，但对促销不做任何反应。了解主要竞争者会在哪方面做出反应，可为公司提供最为可行的攻击类型。

3. 凶狠型竞争者

凶狠型竞争者对向其所拥有的领域发动的进攻都会做出迅速而强烈的反应。例如，宝洁公司绝不会听任一种新的洗发水轻易投放市场。因为防卫者如受到攻击将抗争到底，所以，凶狠型竞争者意在向对手表明，最好不要发起进攻。

4. 随机型竞争者

它指一个竞争者并不表露可预知的反应模式。这一类的竞争者在特定的情况下可能会也可能不会做出反击，而且无论根据其经济、历史或其他方面的情况，都无法预见竞争者会做什么。许多小公司都是随机的竞争者，它们的竞争反应模式是捉摸不定的。

本章小结

产业是产业经济学的研究对象，产业分类是把具有不同特点的产业按照一定标准划分成各种不同类型的企业，以便进行产业研究和管理。按照广义的产业分析，产业分类标准和方法主要有以下八种：马克思的两大部类分类法；农轻重产业分类法；霍夫曼的产业分类法；三次产业分类法；生产要素集约分类法；产业地位分类法；产业发展状况分类法；标准产业分类法。

SCP 范式认为，产业组织理论由市场结构、市场行为、市场绩效三个基础部分和政府的产业组织政策组成。市场结构决定企业在市场中的行为，而企业行为又决定市场运行的经济绩效。因此，为了获得理想的市场绩效，最重要就是通过政府的产业组织政策来调整和直接改善不合理的市场结构。

产业结构是国民经济结构的重要组成部分，是指在社会再生产过程中，国民经济各产业之间的生产、技术、经济联系和数量比例关系。产业结构的优化就是在产业结构的不断变动过程中，遵循一定的运动规律使产业结构由合理化向高度化方向演进。产业结构的优化主要包括两方面的内容，产业结构的合理化和产业结构的高度化。产业结构高度化必须以产业结构合理化为基础，产业结构合理化则必须有利于产业结构的高度化进程。产业结构高度化、合理化既是产业演进的过程，也是产业发展的目标。

产业内部结构分析是解释在同一产业中，企业之间在经营上的差异以及这些差异与它们的战略地位的关系。为此，按照产业内各企业战略地位的差别，将企业划分成不同的战略集团，分析产业内各个战略集团之间的关系，从而进一步认识产业及其竞争的状况。

竞争对手是企业经营行为最直接的影响者和被影响者，这种直接的互动关系决定了竞争对手分析在外部环境分析中的重要性。

案例

森林里两个猎人遇到了一只老虎。其中一位马上低下头去系鞋带。另一个人就嘲笑："系鞋带干什么？你跑不过老虎的！"系鞋带的猎人说："只要我比你跑得快就行！"选择不同的竞争对手就会导致不同的行为和结果：猎人的竞争者不是老虎，而是他的同伴。如果认为自己在同老虎赛跑，那么注定要失败。商战也一样！

例如，宝钢获知一个汽车制造企业计划采购生产保险杠原材料的信息后积极准备以参与投标。在收集材料的过程中发现，作为招标者的选择可能有以下几种（见表4-1）。

表4-1

可选择的产品	利益点
1. 宝钢或国内外其他同层次的钢铁厂	加工技术与概念都很成熟，质量可靠
2. 江西新余钢铁厂等那样小型的钢铁厂	价格相比宝钢具有优势
3. 购买铝材来替代	重量轻、价格比钢材便宜
4. 购买工程塑料来替代	重量轻、价格最便宜

究竟谁对宝钢的威胁最大？谁是宝钢主要的竞争对手呢？

宝钢通过对招标者的分析（汽车的生产要求、预计的销售价格、拥有的加工技术等）和对现实（潜在）竞争对手的分析发现，如果仅仅将目光锁定在与他居于同一层次的产品上是远远不够的，未来对宝钢构成威胁的更可能来自于那些生产替代品的企业（铝材或者工程塑料）。宝钢要保持竞争优势，除了加强自己在行业内的竞争优势外，还要紧盯钢材替代型材料的发展趋势和企业动向。

[案例思考题]

运用所学知识分析宝钢的选择。

思考题

1. 产业分类法的主要方法有哪些？
2. 影响市场集中度的几种因素是什么？
3. 制约产业结构发展的原因是什么？
4. 产品差异化对战略集团的竞争激烈程度影响大吗？为什么？
5. 对竞争对手的分析在企业战略管理中占据着什么样的作用？

第五章 企业资源与能力组合

第一节 资源与能力

一、资源与能力的定义与区别

我们可以首先对资源和能力这两个概念本身进行定义和区分。广义而言，任何可以被称为企业强项或弱点的事物，任何可以作为企业选择和实施其战略的基础的东西都可以被看成是企业资源，比如企业的资产组合、属性特点、对外关系、品牌形象、员工队伍、管理人才、知识产权等。依据这种宽泛的理解，企业的能力自然也可以被看成是某种企业资源，一种能够帮助企业发现、获取、组合、应用与更新企业资源的更高层次的资源。事实上，在管理文献中，企业资源与能力通常在许多情况下并称通用。

狭义而言，资源与能力有着较大的不同。前者主要从企业所拥有的各类资产的角度来看，后者则主要从解决企业经营问题的角度来解释。一般而言，资源可以被看成是相对静止的资产、项目、属性、关系和存在；能力可以被理解为组合和应用资源的技巧和手段，在经营活动中所表现的具有行动导向的某种功能性的运作水平。比如，先进的厂房和技术设备是企业的资源，而企业员工有效率地应用设备，管理者制定、实施、协调和监控系统的管理流程，从而增进企业的灵活性，提高应变速度，并增强其生产力的综合技能，便是企业的一种能力。

二、资源与能力的企业特定性

严格说来，经济学讲的资源和管理学讲的资源是有根本区别的。大家知道，从亚当·斯密古典经济学、马克思主义政治经济学，到新古典经济学，社会的经济资源一般都被笼统地称为“生产资料”或者“生产要素”。而我们通常说的企业资源，虽然指的也是生产资料或要素，但通常具有某种企业特定性，难以轻易地与企业分离，与那些可以在公开市场上能够随便买到的资源（生产资料）在可流动性方面具有根本的差别，因而对企业的竞争优势的持久性来说具有不同的意义。根据企业资源与能力不同程度的企业特定性，由低向高，我们可以对企业的资源与能力序列作一个阶梯性的描述：可以在公开市场上获取的生产资料、具有企业特定性的企业资源、竞争力、核心竞争力、重组资源与更新核心竞争力的所谓动态能力，参见表5－1。

表 5－1　　企业特定性：企业资源与能力的阶梯形描述

资源与能力的类别	企业特定性	竞争优势可能性	案例说明（苹果公司）
基本生产资料与要素	无或非常低	无或低	资金、清洁工
企业资源	稍微较高	较低	工程师队伍
竞争力	相对更高	较高	研发实力
核心竞争力	非常高	很高	产品设计
动态能力	极高	最高	开发新的技术与市场

资料来源：根据 Teece 等人（1997）相关内容改编整理。

（一）生产资料与要素

生产资料——土地、资本、劳动力、技术等——广义而言，恰如经济学家所描述的，可以在公开市场上获取。而这种可以在公开市场上得到的资源和要素，由于谁都能够获取并且没有什么差异化特点，并不能够为企业带来独特的优势。成功的企业必定是那些由于运气或远见而拥有或形成某种独特资源和能力的少数。

（二）企业特定资源

什么是企业资源或者说有企业特定性的资源呢？简而言之，如果某种资源在企业内的价值高于其在企业外公开市场上的价值，那么这种资源通常具有企业特定性。

（三）竞争力

更高一个层次的企业资源，往往是一些企业特定资源的组合——跨越小组和部门，贯穿于企业的运作体系，这种组合使得企业可以在某方面有特色，以更好地与对手竞争。这种被称为企业的某种竞争力，或曰“组织动态定型”，凸显其常规的实力。比如，丰田公司的柔性制造系统、索尼公司的产品微型化能力、三星公司的产品设计能力等。

（四）核心竞争力

对于核心竞争力，前文已详细介绍。然而，核心竞争力的有效和强大，并不是一劳永逸的事情。环境在变，对手在变，企业自身也在变。昨日的核心竞争力很可能会成为今日的“核心包袱”或“核心僵硬性”（Leonard-Barton，1992），阻碍企业对环境变化做出准确的判断和对自身实力进行正确的估量。比如，美国柯达公司，传统化学成像技术时代的巨擘，在其核心业务（传统成像）中，无人与之匹敌。昔日的百年辉煌及其在传统业务中的利益承诺，使得它对于数码成像技术的威胁认识不足。比如，它错误地判断传统成像在中国和印度等发展中国家市场仍将占主导地位。而事实是，竞争对手在数码成像产品市场上高歌猛进，改天换地，囿于其传统核心竞争力的柯达却措手不及、疲于应付，虽然该公司在数码技术发展的早期就已经有很多发明和专利。

（五）动态能力

如何避免“核心竞争力”变成“核心包袱”呢？答案和出路可能在于所谓的“动态能力”。动态能力，意指企业整合、创建、重构企业内外资源，从而在变化多端的外部环境中不断寻求和利用机会的能力，也就是企业重新构建、调配和使用企业核心竞争力从而使企业能够与时俱进的能力。如，大家熟知的无线通信设备企业诺基亚，其母公司前身的核心业务是造纸、橡胶和电缆，卓越的动态管理能力使得诺基亚积极地拥抱了新兴朝阳产业；英特尔在自己原先的核心业务（记忆储存装置）即将四面楚歌之际，及时果敢地转入了新的业务领域（CPU），迅速更新其核心竞争力；3M 公司从第一产业采矿，到第二产业制造，再到第三产业高科技研发设计咨询服务，百年创新，屡建辉煌，堪称动态能力应用和展现的典范。

（六）企业特定性与竞争优势

新古典经济学假定资源是可以自由流动的，这是关于自由市场经济的一个根本假设。事实上，上述假设通常是不成立的。我们经常看到的实例是，资源的分布在不同企业间是不均等的，而这种不均等，或曰企业间资源分配的异质性（因企业特定资源存在的普遍性）才是常规状态，往往可以、并且实际上是长期持久地存在的。如果资源异质性可以持久存在，某些企业的竞争优势也就可能持久存在，其卓越经营绩效也就可以持久。例如，可口可乐软饮料、吉列牌剃须刀、宝洁的象牙牌肥皂等，一百年前就是第一品牌，如今仍然在市场中领先。

三、企业资源的种类和特点

企业的资源多种多样：可以是某种资产或实物，也可以是某种关系或属性；可以是一个单一的要素，也可以是一个复合的网络。同样，对资源的分类也是多种多样，并没有统一的标准。这里，我们采取一个折中的做法，介绍一些比较有代表性的资源类别。首先，我们将企业的资源粗略地划分为有形资源与无形资源。然后，我们可以更加详细地考察具体的资源类型。这里的资源泛指企业的资源与能力，其分类参见前表3－1。

（一）有形资源

我们对有形资源的考察主要是为了考察这些资源的价值和对企业竞争优势的潜在贡献。问题的关键在于如何更有效地利用这些财务与实物资源于多种经营用途，并且切实地增加这些资源的赢利能力。

（二）无形资源

企业的无形资源可以是技术方面的并且受到法律保护的资源，比如知识产权；也可以是没有法律含义的一般企业资源，比如组织资源。

知识产权，泛指企业的商标、品牌、资质与实力的鉴定和认可，特殊的经营执照与许可，企业所拥有的版权、技术专利以及技术诀窍和商业机密等。广义而言，也包括支持和创造这些知识产权的技术创新与研发能力。以技术为基础的知识产权可以帮助企业影响或制定产业标准，增强自己产品的功能和生产过程的质量，从而实现产品设计和制造本身的优势。以品牌为主导的知识产权，可以使企业在众多的竞争对手中脱颖而出，赢得顾客青睐，获得销售与价格方面的优势。参见表3－2和表5－2。

表5－2　　2006年最有价值的中国品牌

排名	品牌	行业	品牌价值（百万人民币）
1	中国移动	电讯	283 000
2	中国银行	金融	82 000
3	中国建设银行	金融	68 000
4	中国电信	电讯	32 000
5	中国人寿	金融	32 000
6	中国平安	金融	13 000
7	招商银行	金融	13 000
8	茅台	酿酒	10 500
9	交通银行	金融	7 400
10	联想	科技	6 100
11	网易	科技	4 500
12	国美	零售	3 800
13	中兴	电讯	3 400
14	五粮液	酿酒	2 700
15	中国国际航空	运输	2 600
16	张裕	酿酒	2 300
17	万科	房地产	1 600
18	格力	电子	1 500
19	中国网通	电讯	1 200
20	中海地产	房地产	1 000

资料来源：Interbrand. *Best Chinese Brand* 2006：*A Ranking by Brand Value*.

显然，知识产权的核心是知识，是增强企业经营活动有效性和效率的知识与能力。这种知识与能力，可以帮助企业了解客户、研发产品、改进过程、管理品牌。之所以被称为无形资产，一个很重要的原因是它们往往是所谓的隐形知识，隐匿于企业的运作流程中，共享于企业不同部门间的经营活动中，难以被量化、外在化、指针化。在如今所谓的知识经济时代，资源的竞争已经不再是资本、土地和一般劳动力的竞争，而是知识资本的竞争和创造知识与应用知识的能力方面的竞争。表5－3可以为我们提供一些启示。

表 5-3　　知识的价值

产品	价格（美元）	重量（磅）	价格（美元/磅）
奔腾Ⅲ芯片	851.00	0.019 84	42 893.00
一粒伟哥	8.00	0.000 68	11 766.00
一盎司黄金	301.70	0.062 5	4 827.20
爱马仕围巾	275.00	0.14	1 964.29
Palm V 掌中宝	449.00	0.26	1 726.92
《拯救大兵瑞恩》DVD 影碟	34.99	0.04	874.75
20 只香烟	4.00	0.04	100.00
畅销书:《谁动了我的奶酪?》	19.99	0.49	40.80
奔驰 E 系列 4 门轿车	78 445.00	4 134.00	18.98
畅销书:《国家的竞争优势》	40.00	2.99	13.38
雪佛莱骑士 4 门轿车	17 770.00	2 630.00	6.76
一吨热卷烟	370.00	2 000.00	0.19

①资料来源：We're worth our weight in Pentium Chips, *Fortune*, March 20, 2000：68.

②1 磅 =0.453 6 千克。

另外，一个相对稳定的管理层与员工队伍是保持长期竞争优势的一个重要前提，因为如果优质资源可以随便在企业间移动的话，任何一个组织都不可能长期地保持其竞争优势。管理者必须在自己的地盘有足够的权力和威信去影响员工与组织。同时，它们在社会网络中的地位以及在外界的声誉也在很大程度上决定他们的社会资本积累、对各种信息的掌控以及对其他资源的获取。

企业的组织资源是企业在总体水平上的资源与能力指标，是个体资源的应用与整合，主要体现在企业文化与精神风貌、企业形象与名声信誉、组织的协调能力、学习能力与应变能力。其实，有关显著竞争力或者核心竞争力的说法，指的不仅是一个企业在技术方面高人一筹，有独到之处，而且包括这些企业强大的组织能力、价值趋向、文化内涵和管理哲学与逻辑，使得企业的知识流、技术流和组织流浑然一体，促成并支撑企业在顾客、社会与公众面前的良好形象。这种形象与公众好感，不仅可以增进企业产品与服务品牌的亲和力，而且可以使企业更加从容和顺利地获取企业经营活动所必需的其他资源，比如优质的人力资源。表 5-4 和表 5-5 列举了一些这样的企业。

表 5-4　　世界上最受尊重的公司，2006

1. 通用电气	2. 丰田汽车	3. 宝洁公司	4. 联邦快运	5. 强生公司
6. 微软	7. 戴尔公司	8. 伯克希尔	9. 苹果公司	10. 沃尔

资料来源：The World's Most admired Companies, *Fortune*, March 6, 2006.

表5-5　　美国MBA毕业生最愿意为之工作的公司，2006

1. 麦肯锡	2. 谷歌	3. 高盛	4. 贝恩	5. 波士顿咨询集团
6. 花旗集团	7. 苹果公司	8. 通用电气	9. 强生公司	10. 摩根斯坦利

资料来源：Universum. *Fortune Top 100 MBA Employers 2006：Companies where MBA Candidates Say They'd Most Like to Work for*. CNN Website.

组织的协调、学习与应变能力，正是动态能力的核心基础和实质内容。动态能力是企业作为一个整体不断调整、组合和更新资源，从而应对市场变化的能力。

四、资源与能力分析的两个基本方法

组织的资源与能力毕竟要应用于具体的产品制造或服务提供过程中，才能为顾客创造价值，为企业带来竞争优势。下面，我们在上述资源分类的基础上，以价值创造和在竞争中的角色为主要线索，分别考察资源与能力分析的两个基本方法：价值链分析和相关实力分析。

（一）价值链分析

产品的制造与服务的提供通常需要一系列企业活动来完成，从原材料的获取，到半成品与成品的生产，再到销售与服务，经历多个环节。这些前后相关的价值创造环节通常被称为企业经营活动的价值链。一个价值链所能创造的总体价值取决于价值链中不同链条或阶段所分别创造的价值，有些链条附加值高，有些链条表现平平。通过价值链的分析，企业可以发现自己在不同价值创造阶段的资源与能力的实际水平，发现自己的不足和改进方向，并找出更好地利用现有资源与能力的突破口，降低成本，增进效率，或者改善产品与服务功能，提高产品质量与服务水平及其差异化的程度，从而增强自己的竞争力。迈克尔·波特总结了一个非常典型的价值链分析方法，参见图5-1。

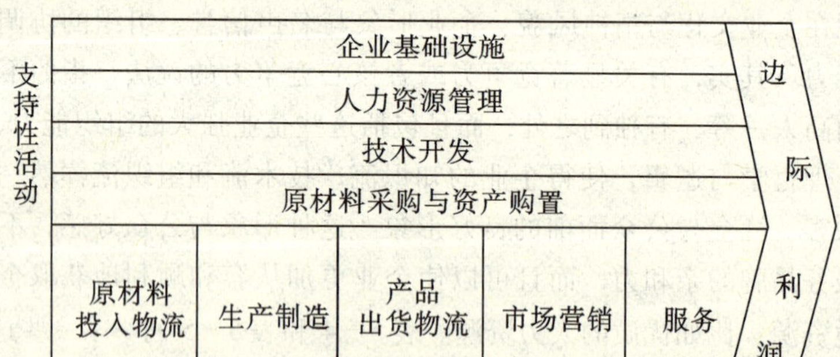

图5-1　价值链：波特的企业内部活动分析方法

资料来源：Poter. *Competitive Advantage*. New York：Free Press，1985.

波特将企业的经营活动分成基本活动和支持性活动两大类。前者与价值创造活动直接相关，后者在价值创造中主要起辅助与支持作用。

基本活动包括原材料投入物流、生产制造、产品出货物流、市场营销与服务等环节。每个环节对企业的资源与投入都有相应的特定要求。在原材料投入物流环节，配送中心的位置与容量、库存管理能力、进货质量检测与控制等至关重要。在生产制造中，厂房的设计与安排、生产线的先进性与合理设置、员工操作效率、质量控制体系等，都是影响价值创造的主要方面。在产品出货物流环节，快速高效的运输方式与精确可靠的运送能力非常关键。在市场营销环节中，畅通的分销管道、训练有素的营销队伍、灵活适用的销售手段等都是制胜的法宝。最后，售后服务与保障的质量、对顾客回馈的重视程度与反应速度、及时解决顾客难题的技术与组织能力，亦是整个价值创造过程中不可忽视的重要环节。

支持性活动包括企业的基础设施、人力资源管理、技术开发与原材料的采购和资产购置能力等。这些支持性活动为基本价值创造活动的进行提供了必要的基础与辅助。企业的基础设施主要在于保持其有效的计划与评审的能力，预见前景并随机应变的能力，协调多种经营活动和各方利益相关者的关系的能力以及维护企业文化、价值体系和制度传承的能力。人力资源管理主要在于人员的雇用、培训、激励、评审与奖励，为员工队伍创造良好的工作环境。技术开发是企业创新与正常高效率运作的基础。而采购与购置能力，包括保障企业投入与资产购置过程中的质量标准的保持、成本的控制与削减以及应对突发事件的本领等。

显然，清楚地理解价值链中基本活动和支持性活动之间的关系以及两类活动内部各个环节与领域的关系，是企业充分认识和利用自身资源与能力的一个重要手段。比如，沃尔玛的成功在于它对整个零售经营过程的价值链的各个环节了如指掌、严格控制。在基本活动中，从进货采购、仓储管理、物流配送、店铺设计、货架管理、操作流程、销售定价到售后服务，运作流畅，简单高效。在支持性活动中，其高度集中的总部管理能力与店铺经营自主权的适当平衡、在不同的国家和地区以及经营种类上发现和捕捉新增长点的能力、吸引和应用低成本劳动力的能力、卫星技术支持的管理通信系统以及全球采购的规模与议价能力，共同保证了沃尔玛的持续高速增长及其世界零售业龙头老大的地位。

（二）相关实力分析

在不同的竞争环境中，对企业的资源与能力的评估会有不同的标准和结果。对一个企业的资源与能力的评判与把握，通常情况下是要放在企业经营环境以及具体经营活动的参照系下来进行的。根据资源在经营活动中的重要性以及企业在该资源项目上的强弱程度，我们可以考察和评估企业资源与能力的价值与状态。罗伯特·格兰特（2002）为我们提供了一个相关实力分析的基本方法。

首先，我们需要根据价值链分析、关键成功因素分析和其他相关的分析方法与手段，来识别企业具体经营活动中那些最为重要、对于企业竞争优势来说不可或缺的资源与能力。其次，我们需要根据自己企业的分析以及与竞争对手的比较，找出我们在重要资源与能力方面的强项或差距。企业间的“对标”学习，其主要目的之一就是为了发现自己在资源与能力方面的真实水平。

根据资源与能力重要性和企业的强项与弱点两个维度，我们可以对企业的各种资源与能力进行评估，参见图5-2。那些既重要而又是企业强项的资源与能力可以被称为“关键强项”。比如，一个汽车公司卓越的研发能力、发动机制造能力以及销售管道管理能力。那些对企业经营与竞争非常重要但企业处于明显弱势的资源与能力项目，可以被称为“主要弱点”。比如，上述汽车公司的品牌形象欠佳，技术设备落后，员工素质低下。还有一种情形是，企业的强势凸现于并不十分重要的领域，可以被称为多余的强项。最后一种情形是，企业的弱点表现在不是特别重要的资源与能力项目，可以被称为无关紧要的弱点。而重要程度一般、企业表现也一般的方面，多半是我们上面讨论的企业特定性较低的普通资源，可以被称为无所谓区间。

显然，这些资源与能力不是一成不变的。关键强项可能在产业巨变中变成关键弱点或者多余的优势。

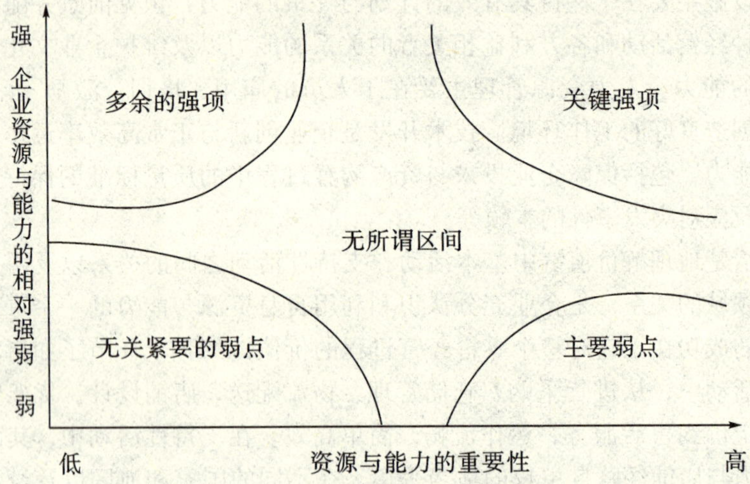

图5-2　相关实力分析方法：资源与能力的重要性与企业的强项弱点

资料来源：根据Grant（2002，第五章）相关图表与论述改编整理。

第二节　资源本位企业观

一、资源本位企业观的历史背景与定位

资源本位企业观将企业视为一个独特的资源与能力组合，把企业的资源与能力看作战略制定和实施的基础（Wernerfelt，1984；Barney，1991）。它的主要分析单元在于企业层面，注重考察企业内部的资源禀赋与运作能力的构成、组合与特点。当波特的产业分析理论风靡于世之际，资源本位企业观的兴起与壮大，为战略管理领域的研究与发展提供了必要的平衡力量，使我们再一次清醒地意识到，战略的实质和精髓在于企业外部环境与内部要素的契合。毕竟，企业独特的优质资源如果不能够构建和导致强势的外部产业定位，便不能充分地实现自己应有的价值；而强势的外部产业定位的获取及其持久占据，通常离不开企业独特资源与能力的支持。

从SWOT的总体视角来看，资源本位企业观应该是对产业分析理论的一个必要补充，甚至提供了某种理论整合的可能与契机。然而，作为对战略分析一时独领潮流现象的一种反馈，资源本位企业观很自然地要刻意突显企业层面而不是产业层面的分析焦点，强调内部资源与能力的作用而非外部产业定位的作用。其主要贡献在于为企业资源与能力的分析提供了强有力的理论基础和研究方法，尤其是在资源与能力的独特性与企业竞争优势的持久性之关系的分析方面，贡献良多、成就斐然。

下面我们简单回顾资源本位企业观的理论渊源与发展沿革，并探讨一些主要理论观点和比较有代表性的贡献。

二、资源本位企业观的理论渊源与主要流派

我们现在所谓的"资源本位企业观"，或曰"以资源为基础的企业理论""基于资源的企业战略学说"，其实涵盖了诸多研究领域不同理论流派的论断和观点，有的强调资源的获取，有的强调资源的组合与应用，还有的强调资源的流动与更新。大致说来，资源本位企业观的理论渊源与基础可以从以下几个研究领域来考察：企业政策研究传统以及关于显著竞争力的学说、彭罗思有关企业增长的理论、早期有关垄断性竞争的经济学研究、芝加哥学派产业组织经济学理论、熊彼特创新理论以及演化经济学的研究，参见表5－8。

表5－8　　资源本位企业观的理论渊源

理论渊源	基本概念	主要观点
企业政策与 显著竞争力	强项和弱点 显著竞争力	企业战略应该有效地利用企业的强项 企业的显著竞争力造就其竞争优势
彭罗思有关 企业增长理论	企业资源组合 管理资源	企业是独特的资源与能力组合体 管理资源是决定企业增长的主导力量
垄断性竞争的 经济学研究	市场不完善 资源异质性的持久	资源要素市场的竞争是可能不完善的 企业资源与能力的差别可能持久存在
芝加哥学派产业 组织经济学理论	企业效率 效率租金	企业自身的效率是企业增长壮大及其 强势市场地位的基础与利润的源泉
熊彼特创新与 演化经济学理论	不确定性下的创新 组织学习与动态定型	企业家决策与创新决定资源的未来价值 组织的实际竞争力反映于其动态定型

资料来源：根据Barney（1996），Wernerfelt（1984，1994），Rumelt（1994，1997），Teece等人（1997）相关内容改编整理。

（一）企业政策与显著竞争力学说

沃纳菲尔特（Wernerfelt）1984年在资源本位企业观的奠基之作《资源本位企业观》（*The resource based view of the firm*）中（尤其是对"资源本位企业观"名称的首次提出），强调了资源分析与产业分析至少同等重要的地位。他的主要论点和所提供的有关基于资源的分析手段与思路，强烈地反映了对哈佛商学院企业政策研究传统及其SWOT分析精髓的欣赏和遵从。资源本位企业观与企业政策研究传统所表现出的默契与

一致，并非无端巧合，而是根据设计有意为之，因为他发现对外部产业环境的选择本身并不能令人信服地解释许多令人困惑的战略问题。比如，如果大家都去选择和追求有吸引力的行业，谁能进去？为什么能进去？问题很自然地要转移到企业自身来。与企业政策研究传统相一致，恰恰是资源本位企业观具有强大生命力的一个重要原因（Wernerfelt，1984；1994）。

另外一个与企业政策研究相关的早期学说是赛尔兹尼克（Selznick）关于显著竞争力的概念与应用。显著竞争力指的是某个组织或企业所拥有的某种独特、突出和明显的竞争力。它不仅包含了一个组织的技术和竞争方面的特殊能力，而且通常具有某种制度化的色彩、价值趋向和文化意蕴，能够界定和昭示企业的形象认知和战略定位。

资源本位企业观的文献中后来所谓核心竞争力的说法，与早期的显著竞争力的概念可谓一脉相承。不同的是，核心竞争力特指的是多元化经营的企业中集体学习与智慧的结晶，尤其是指企业不同业务部门共事的那些与协调不同生产技能和整合不同技术体系与组织体系有关的独特知识与能力。

（二）企业增长理论

彭罗思（Penrose）作为一名经济学家，为企业增长理论做出了杰出的贡献。然而，其主要成就并没有受到主流经济学界的十分重视，反倒对战略管理理论的发展功勋卓著。彭罗思的理论贡献，及其作为资源本位企业观主要理论渊源的地位，得到了大家的一致公认。

在战略管理领域，资源本位企业观继承了彭罗思的衣钵，强调企业资源和能力是企业可持久竞争优势的主要来源。具体而言，某些企业资源是有价值的、稀缺的、难以被模仿的，并且流动性低、企业特定性强，不可在公开市场上买到，也没有替代可能。这样的独特资源将为企业带来可持久竞争优势和长期卓越经营绩效。根据资源本位企业观的解释，企业经营战略的首要任务在于，发现和寻求独特的资源并以之为基础构建其他企业不可能模仿和替代的战略。与产业结构分析学派对进入壁垒概念的倚重相似，资源本位企业观主要通过“资源实力壁垒”和“隔离保护机制”（那些限制和阻止对手模仿某个企业资源与能力组合的机制）来解释可持久竞争优势的来源。

（三）垄断竞争经济学理论

垄断竞争经济学的早期发展，也为资源本位企业观的形成提供了必要的理论素养与前提。比如，张伯伦、罗宾逊等通过对垄断性竞争特点的考察，在解释产品市场垄断的时候，自然地将分析的起点落在企业资源组合的不同。企业间资源分配的异质性是导致市场垄断和某些企业竞争优势的起因。企业之间资源的不同可以表现在技术诀窍、声誉与品牌、管理者合作的能力等，尤其是企业的专利与商标方面的差异。这种持久的资源差异可以导致产品与服务市场上的差异，使得某些企业的竞争优势和超额利润得以持久（Chamberlin，1933；Robinson，1933；Bamey，1996）。

受垄断竞争理论的启发，巴尼进一步将“市场不完善”的分析引入到企业间资源分配状态的考察，为资源本位企业观的形成提供了重要的理论基石。产业分析学派强调的是产品市场结构的不完善（或非完全竞争），而资源本位企业观所强调的则主要是资源和能力获取市场的非竞争性特点。这种不完全竞争导致企业间资源分配的差异性极其持久，因而导致企业间战略的差异、执行战略的能力的差异以及最终经营绩效的差异。

沿着资源市场（亦即生产要素市场）竞争不完善这条思路，在资源本位企业观的文献中，后来又产生了一个有关持久竞争优势四大基石的说法。首先，竞争伊始，企业间资源分配的不同为某些企业提供了竞争优势。其次，事后对资源竞争的限制使竞争优势得以持久。再次，资源的不完全流动性将持久竞争优势锁定在拥有独特资源的企业内部。最后，追溯到企业获取独特资源之时，对资源竞争的前向限制（当时竞争的有限性）保证了企业获取该资源的费用不会完全冲抵未来的经济收益。

（四）芝加哥学派产业组织经济学理论

产业组织经济学中的所谓芝加哥学派，与以哈佛为阵地的、强调市场强权的产业分析学派不同，它坚持认为企业之所以发展壮大，主要靠的是它们的效率（Alchain 和 Demsetz，1972；Demsetz，1973，Stigler，1968）。该学派的主要贡献在于对寡头垄断的研究与理论发展。当一个企业可以更有效率地服务整个市场时，自然垄断是完全可能的，而该企业所享有的卓越经营绩效可以被看作是对其效率的奖赏。

这种说法实际上强调的是某些企业在增长过程中的独特性使它们的效率远远高于竞争对手，因而具有竞争优势、良好的经营绩效，以及随之而来的市场地位。比如，微软的快速发迹并非来自政府支持或者依靠打压对手，而主要是靠自己快速捕捉技术潮流的眼界与超凡的营销能力。这种注重效率的说法成为资源本位企业观的又一个重要理论源头。

（五）熊彼特创新与演化经济学理论

约瑟夫·熊彼特对企业家角色的贴切描述以及对创新机制的精辟论断（Schumpeter，1934，1950），在经济学与战略管理领域至今仍然影响深远。熊彼特认为，以追逐利润为天职的企业家将不断地通过创新来打破经济发展中现有的均衡。创新是带动市场经济的引擎。由于创新性破坏的特质，熊彼特型竞争根据定义，不可能稳定，而且更难预测。然而，正是不确定性才使战略成为必需。在以不确定性、复杂性、革命性为特色的快速多变的熊彼特型竞争中，正是企业家在战略运作中的远见、判断和冒险，使一批又一批的新兴企业后来居上，推进着经济的不断发展。显然，对资源的获取和利用正是战略运作的一个核心要务。而资源的价值往往难以在获取或使用之前预知。企业家对不同资源的判断与承诺导致企业之间资源配置的不同。至于对那些独特而又有价值资源的获得，远见与运气可能都会需要。

以熊彼特理论为基础的演化经济学，注重考察企业作为一个组织不断学习和应对环境变化的过程。在这个过程中，企业对知识资本尤其是“隐性知识”的重视，以及它所拥有的“组织动态定型”，即可以预见的、规律性的，协调个体与部门活动的主导模式与组织流程及“日常实力”，在很大程度上决定企业的竞争优势与经营绩效。隐性知识通常难以被系统地编码、储存与传播，因而需要整个组织体系拥有良好的机制与能力去积累、传承和应用这种能力。企业间在这种知识与能力上的差别决定了各自的竞争优势与劣势。同样，组织动态定型说的是企业在日常运营中所能达到的并表现出的实际能力水平，而不是超常发挥时的实力。这种实际能力决定企业在竞争中的表现（Nelson 和 Winter，1982）。

第三节　资源与能力的基本分析框架

一、理论共识与基本分析框架

（一）资源本位企业观的理论共识

资源本位企业观为企业持久竞争优势的分析提供了一个重要的观察视角与理论体系。资源本位企业观的基本论点在于企业独特的资源与能力乃持久竞争优势之根本源泉。要获得持久竞争优势，企业的资源与能力必须是极具价值、特性突显、罕见稀缺、供给有限、不可流动、难以买卖、不可模仿、难以替代的，牢固地镶嵌于企业复杂的技术和组织系统中，具有较高的企业特定性。资源本位企业观的形成与发展，为理解企业资源与能力特性与持久竞争优势之间的关系做出了重要的理论贡献。

（二）一个基本分析框架

杰伊·巴尼总结的关于企业资源与能力的“价值—稀缺—模仿—替代—组织”分析框架，被一致地公认为资源本位企业观的标志性分析框架和最有代表性的理论体系，集先学之大成，为后学之典范，承前启后，广为流传，在管理学和其他相关的领域中得到日益增强的重视和广泛深入的应用、检验与发展，与产业分析中的“结构—行为—绩效”范式遥相呼应，与波特的“五力”分析框架相媲美。①

巴尼分析框架的主要构成要素在于他对资源与能力的价值性、稀缺性和难以模仿性的详细论述。参见图5-3的“价值—稀缺—模仿—替代—组织”分析框架。

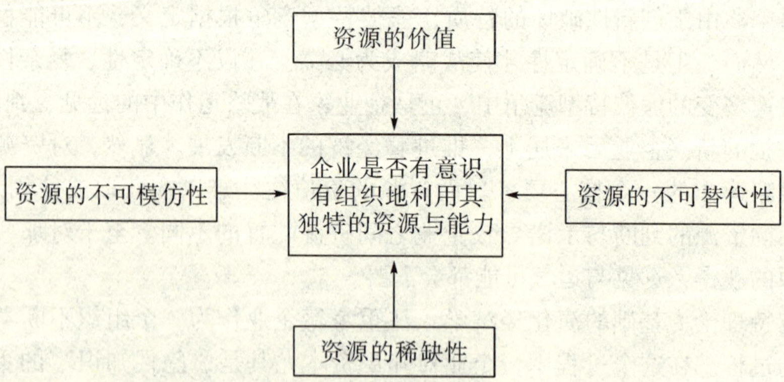

图5-3　资源本位企业观的基本分析框架：价值—稀缺—模仿—替代—组织

资料来源：根据 Barney（1991，1997）相关内容改编整理。

① 关于资源本位企业观的论述主要基于 Barney（1986，1991，1997，2002）；Barney 和 Hesterly（2005）；Rumelt（1984，1987）；Petraf（1993）；Amit 和 Sehoemaker（1993）。

（三）巴尼资源与能力分析框架的主要特点

首先，巴尼分析框架系统地给出了一套对资源与能力的评估准则，层层递进，披露资源与能力为企业带来竞争优势的可能。相对于波特“五力”分析框架之于企业外部环境机会与威胁分析的贡献，巴尼的资源分析框架使得企业关于自己强项和弱点的分析严谨而又扎实。

其次，巴尼分析框架的核心基础与前提在于企业资源的独特性（异质性）和不可流动性（企业特定性）。从这个角度来看，其分析层次在企业这一层面，分析单元在于具体某项资源或能力。

再次，巴尼分析框架的另外一个特点，类似于波特对产业的宽泛定义，是巴尼对资源的广义定义：任何可以被企业选作战略制定与实施之基础的资产、要素、关系、属性等，都可以被称为企业资源，并且他通常将资源与能力并称，不作细分。

基于其资源定义，巴尼分析框架的主要目标，不是为了指出具体的企业资源项目，而是旨在帮助企业严格审视任何可以被称为企业资源的项目的赢利潜力，详细考察其与持久竞争优势的关系。可以说，其最终标尺和准绳牢牢地锁定于企业的持久竞争优势，这是企业资源与能力分析的终极使命，也是战略管理的核心问题。

最后，这一框架不仅考察资源与能力本身的独特性与赢利潜力，而且关注企业在组织方面是否能够正确地识别和妥善地应用这些独特而有价值的企业资源与能力。

（四）巴尼资源与能力分析框架的主要论点

资源与能力是否能够为企业带来持久竞争优势取决于其特点是否能够满足一系列具体而又比较苛刻的要求。这些要求反映在下面的问题中：价值性、稀缺性、不可模仿性、不可替代性、组织性，参见表 5 - 6。对上述五大问题中不同要求的满足程度，决定资源与能力为企业提供竞争优势的潜力，参见表 5 - 7 中的主要论点总结。

表 5 - 6　　巴尼资源与能力分析框架的五个基本问题

价值性问题	这种资源与能力是否能使企业挖掘和利用外部环境中的机会并抵御和化解威胁？
稀缺性问题	这种资源与能力是否被控制于少数企业手中？
不可模仿性问题	其他企业是否可以相对容易地模仿、复制这种资源与能力？
不可替代性问题	其他企业是否可以相对容易地获取这种资源的替代性资源，从而提供同样有竞争性的产品？
组织性问题	企业是否有组织地利用了这种资源与能力的全部潜能？

资料来源：根据 Barney（1991），Barney 和 Hesterly（2005）相关内容整理。

表 5－7　　巴尼资源与能力分析框架的主要论点

有价值	稀缺	难以模仿	难以替代	有组织性	强项与弱点	竞争优势潜力
否	否	否	否	低	弱点	竞争优势
是	否	否	否	↑	强项	与对手持平
是	是	否	否	│	显著强项	短期竞争优势
是	是	是	否	↓	持久显著强项	持久竞争优势
是	是	是	是	高	绝对持久显著强项	绝对持久竞争优势

资料来源：根据 Barney（1991），Barney 和 Hesterly（2005）相关内容改编整理。

缺乏价值的资源通常被认为是企业的弱点，是企业的竞争劣势。价值较高的资源通常被认为是企业的强项，可以使企业在竞争中至少与对手保持平手、势均力敌。如果该强项资源既有较高的价值，又非常稀缺，只有少数企业掌握，这种资源往往是企业的显著竞争力，能够为企业带来竞争优势，至少是短期的竞争优势。如果该强项资源不仅价值高、稀缺性强，而且难以被对手模仿，则可能为企业带来持久竞争优势。如果该强项资源不仅价值高、稀缺性强、不可模仿性强，而且其功能难以被对手的其他资源替代，这种资源通常可以为企业带来绝对的持久竞争优势。

应该说，前两个问题主要考察的是资源与能力为企业带来竞争优势的潜力，接下来的两个问题主要考察的是竞争优势的可持久性。这前四个问题加起来只是考察了这些资源本身能够为企业带来竞争优势的潜在可能性。最后一个问题，企业是否有意识有组织地开发和利用这些独特的优质资源，最终决定持久竞争优势是否出现。拥有这些有价值、稀缺、难以模仿、难以替代的资源与能力的企业，只有具备组织有序地挖掘和利用这些资源的潜力，才能真正使自己的竞争优势得以持久，并获得优异的经营绩效。

下面，我们进一步比较详细地探讨巴尼资源与能力分析框架的五大问题。

二、巴尼资源分析框架的五大问题

（一）价值性问题

首先，价值性问题考察的是某种资源与能力是否能够帮助企业获取和利用环境中的机会，并化解或抵御各类威胁。有价值的资源通常是企业的强项，能够帮助企业更好地满足顾客的需求，在竞争中立足。如果某种资源的价值较低，尤其是关键竞争领域所需要的资源，这种资源显然是企业的弱点，在竞争中呈劣势状态。

资源的价值最终要体现在其受顾客欢迎的产品与服务上，体现在为顾客创造的价值上。因此，资源与能力的价值必须在特定的经营环境中考察才显得具体而有意义。如何发现企业资源与能力的价值并创造性地将其利用于价值最大之处，显然是对战略管理者的一个巨大挑战，或点石成金，或使千里马“骈死于槽枥之间”。从经济价值创造的角度来讲，考察资源与能力价值性的最明显的指标，在于对企业收入增加的贡献以及对企业成本降低的贡献。

（二）稀缺性问题

资源与能力的稀缺性决定其是否能够为企业带来竞争优势。这种稀缺性的资源与能力，可能为顾客提供其他对手无法提供的产品与服务，因此创造独特的顾客价值，为该企业带来竞争优势。

稀缺性是经济学的基本概念与常识。资源的稀缺往往来自供给的固定性或者说供给的无弹性。稀缺性问题说明了一个简单的基本道理：大家都有的资源不可能是竞争优势的源泉。

（三）不可模仿性

资源的不可模仿性决定了企业资源独特性与异质性的持久存在。如果这种独特的资源能够为企业带来竞争优势，那么其独特性的持久将使企业的这种竞争优势得以持久。一个企业如果依靠其某种有独特价值而又稀缺的资源获得了竞争优势，必定吸引竞争对手对其资源进行模仿与复制，尤其是在知识产权意识低下、法律保护不够健全的经济环境中。虽然模仿者可能后来居上，但在通常情况下，模仿者很难直接通过模仿本身获取比被模仿者更强的竞争优势。然而，模仿者至少可以通过模仿先进企业的资源与能力来改变自己的竞争劣势，降低被模仿者的竞争优势。

（四）不可替代性

资源与能力的不可替代性，进一步取消了竞争中其他游戏类型或游戏规则的可能性。虽然某个企业拥有某种有价值、非常稀缺、难以模仿的资源与能力，并通过其明星产品为顾客提供了卓越的价值，相对持久地为企业提供了竞争优势（相对于同种产品提供者），但是，如果其他对手可以通过替代性的资源组合，向顾客提供同种产品或者功能相似或相近的产品，那么，该企业的竞争优势虽然非常持久，但不可能是绝对的。比如，虽然吉列在传统剃须刀市场上技术精良、产品优质，但飞利浦等其他企业可以在电动剃须刀市场上通过不同的技术实力与产品价值来满足顾客的同样需求。

如果一个企业的资源与能力不仅能够为其提供持久竞争优势，而且难以被替代，则该企业所参与的游戏成了其行业中唯一的或主导的游戏，该种游戏也就只有一种规则，而该规则下取胜的资源与能力只为该企业一家拥有。因此，该企业的持久竞争优势就成了绝对的持久竞争优势，因为其他企业由于资源弱势几乎没有机会和可能去竞争。比如，De Beers 对钻石资源的控制。钻石显然属于价值较高、相对稀缺、难以模仿、不可替代的资源，而对这种资源的控制，显然为 De Beers 提供了近一个世纪的持久竞争优势。

也就是说，在既定的竞争空间内，资源的分布如此异质化，某些企业或组织独占优质资源，因而处于不败之地。

这里需要说明的是，由于资源与能力的不可替代性与不可模仿性是巴尼分析框架乃至资源本位企业观总体文献中的主要研究重点，因而在过去的二十多年间积累了丰富的理论观点、概念体系和各种解释变量。有关影响企业资源与能力的不可模仿性与不可替代性的要素与变量，我们将在第四节专门进行更为详细的讨论与总结。

（五）组织性问题

组织性问题要解决的是对企业资源的正确认识与合理使用的问题。我们经常听到的一个说法是，管理者通常不知道怎样去创建有价值的资源与能力，但他们在摧毁这些资源与能力的时候一个比一个在行。如果企业的资源与能力有价值、稀缺、难以模仿、难以替代，那么这种资源与能力只是提供了持久竞争优势的潜在可能性。如果企业的管理者不能清醒地认识这些资源的价值，或者不能将它们用于最能创造价值的经营领域和环境机会，那么持久竞争优势的实际出现和真正发挥作用就会值得怀疑。虽然优质资源本身通常能够自动发挥作用，但长期的冷落忽视，或者有意无意地摧残，都会造成资源的闲置浪费或者流失外逃，使之不能充分发挥作用，甚至成为竞争对手借以发动攻击的实力后盾。

总结而言，正如本章至此所一直强调的，资源与能力的企业特定性是持久竞争优势的必要条件，也是企业能够从竞争优势中真正获益的秘诀。

第四节　资源独特性的进一步探讨

一个企业之所以能够获得长期卓越经营绩效，往往是由于它拥有某种持久的竞争优势。而竞争优势之所以能够持久的一个最主要的原因，就是导致和保持该优势的企经营战略无法被对手轻易复制和模仿。而经营战略无法被成功模仿的关键原因通常在于所需要的企业资源和能力无法被模仿和复制，或者极其高昂的复制成本使得竞争对手不得不望而却步。因此，独特的企业资源和能力是战略制定和实施的基础、持久竞争优势的源泉和长期卓越经营绩效的保证。这便是资源本位企业观的主要论断。

总体而言，资源的独特性如果持久存在，那就意味着它不可被模仿或复制（以下统称模仿），并且通常不可被替代。如果可以被模仿，那么资源和能力的独特性就会打折扣；如果可以被替代，那么资源和能力的独特性所具有的价值就会降低。不可模仿性可以导致拥有这种独特资源和能力的企业在某些依赖这种资源和能力的游戏中胜出；不可替代性可以导致该游戏对上述独特资源和能力的排他性依赖，并可能使该游戏成为在某一个特定空间和时间组合中的唯一游戏或占主导地位的游戏。在该时空中，拥有该种独特资源的企业将享有持久竞争优势而不受任何大的威胁和挑战。

下面我们详细探讨为什么某些企业的独特资源和能力可以经时历久，或者说，为什么资源在企业间的异质化分布可以持久存在。是什么造成资源和能力的这种不可模仿和不可替代的独特性呢？原因有多种，包括自然的、技术的、经济的、法律的、社会的、文化的，等等。详见表5-8。

表5-8　　资源与能力不可模仿性与不可替代性影响因素一览

不可模仿性：	不可交易性	因果模糊性	社会复杂性
	时间压缩不经济性	资产聚集效率	资源关联性
	资源损蚀	路径依赖	其他因素
不可替代性：	自然天成	社会习俗	转换费用
	纵向兼容	先入为主	买断挑战
	维权诉讼	霸道名声	政府管制

一、资源的不可模仿性

资源的不可模仿性，如前所述，常用“资源位置壁垒”和“隔离保护机制”等术语来形容。具体而言，这些资源壁垒（或者更准确地说，保护机制）主要包括不可交易性、因果模糊性和社会复杂性以及其他一系列资源获取和使用过程的特点，如时间压缩不经济性、资产聚集效率、资源关联性和资源损蚀等，还有其他一些比较直观的因素，如路径依赖等。参见表5-11。当然，上述所有因素并非完全在同一个分析层次之上，可能互相重叠和补充，更可能共同作用。

（一）不可交易性

不可交易性，意味着某些资源和能力，由于其自身的特性或者市场不完善性等原因，不可能通过公开市场买卖而实现其在企业间的流动，这就使得某些企业希望拥有某些资源和能力的企图变得不可能。无法复制优势对手的独特资源（想买也买不到），也就无法模仿其成功战略。

另外，某些资源和能力本身不具备可交易性，必须在企业内部进行积累和培养，比如某些无形资产，不可能被“抠”出来单独在市场上买卖。即使对手要把整个企业买下，也可能得不到它要买的无形资产和独特能力。

（二）因果模糊性

因果模糊性，意味着导致竞争优势的资源和能力不能够被确定，或者获取这种资源和能力的机制不能被清楚地了解。也就是说，在某些情况下，连拥有某种独特资源的企业自身也不明白这种独特资源是怎么来的，或者自己也很难说清楚到底是什么独特资源在起作用（支撑着企业的持久竞争优势），企图模仿的对手企业就更“摸不着头脑”，无从下手。这便是因果模糊性在起作用（Lippman 和 Rumelt，1982）。

（三）社会复杂性

社会复杂性，意味着企业的独特资源，尤其是其独特能力通常不是某种可以清楚界定的设备、组件、技术或其他个体资源，而是深深地镶嵌于一个企业的组织体系与文化传统之中的某种流程、意识和运作能力。这种所谓的镶嵌性，使得该独特资源和能力的流动性大大降低甚至为零，只能存在于本企业，沉淀于本企业，发生作用于本企业，于是具有所谓的“企业特定性”。

（四）时间压缩不经济性

时间压缩不经济性，指的是某些资源和能力的获取和保持需要长时期的积累和系统的培育。短期内，即使花费若干倍的力气和钱财去购买、打造，也不可能一蹴而就，迅速达到预期的效果和作用。一个最浅显的道理是，用高压锅煮肉，再快再好，至少从心理感觉上，不如砂锅细火慢炖的效果好，急功近利往往事倍功半。比如奢侈品的品牌，往往需要几个世纪的培育和经营，“暴发户”是不可能与之匹敌的。

（五）资产聚集效率

资产聚集效率，或曰资源的关键规模效应，意味着某些企业的独特资源与能力具有足够的规模和储备，形成了良好的资源应用环境，并且可以更加容易地增加和更新其储备和规模，从先进走向卓越。比如，一个森林中起先比较高的树木，由于出类拔萃，可以更多地接近阳光而越长越高。同样，人才济济的企业，比如微软和通用电气，往往比对手更容易吸引新的人才，这就使得意欲模仿的企业处于劣势。即使它们能够在某种程度上获得少量的上述资源，但通常势单力薄、不成气候，达不到关键的集聚度或临界点，只能望洋兴叹。

（六）资源关联性

资源关联性，指的是独特资源与其他资源的关联性或互补性。企业的资源和能力往往是一个相互关联的体系，互相影响、共同作用。既互相激发，也互相制约。某种资源和能力如欲完全发挥效用，通常需要其他资源做基础，同时加以配合或者补充，从而共同发挥作用，奠定优势。

（七）资源损蚀

资源损蚀，指的是资源和能力的折旧、损耗、侵蚀和失效。尤其是有些独特资源和能力，需要连续不断地花重金和大力气维持，比如研发能力、品牌的知名度和美誉度。

（八）路径依赖

路径依赖，浅显地讲就是运气。由于历史原因、企业的独特经历和特定发展轨迹，使得企业恰好拥有某种独特的资源与能力。而后来的企业，或者没有与该企业同时行走于同一发展轨道上的企业，便不可能获取这种资源与能力，或者即使可以获取，但成本如此之高，可能已经没有任何经济意义。比如，可口可乐在第二次世界大战时被盟军总指挥艾森豪威尔将军指定为美军在世界范围内必供的饮料，这等于是美国国防部出资给可口可乐建立销售渠道。这种机缘和运气不是随便哪个企业都能享有的。再如，中国移动由于其前身的垄断地位，继承了众多的高端客户，拥有着优质号码资源以及经验相对比较丰富的管理团队和营运队伍。

（九）其他因素

当然，还有很多其他原因使模仿根本不可能发生，如无知、傲慢和懒惰等。某些企业，落后无知而又夜郎自大，根本就不知道最佳实践方法在哪里，最佳资源组合应该是什么样，拥有独特资源的对手是哪一家，从而认为自己已经很不错，不需要进一步学习和赶超，不知道学习的对象，因此根本不会想到什么模仿。另外一些企业，虽然知道自己的不足，也知道优秀对手的资源长处，但失之傲慢，碍于面子、虚荣、清高、传统和其他心理障碍，不愿意主动、虚心或认真地学习和模仿。它们我行我素，避免正视对手和承认对手的成功，或者不把它们放在眼里，因而也不会刻意去模仿。更有一些企业行为懒惰，“三天打鱼、两天晒网”，不能脚踏实地、持之以恒地去学习、模仿、创新和替代。如此，优势企业的独特资源当然就更可以长期持久地发挥其竞争优势了。

综上所述，诸多因素单独或共同导致某些独特资源的不可被买卖、模仿或复制，这使得拥有这些资源和能力的企业可以享有竞争优势，甚至持久竞争优势。

二、资源的不可替代性

在很多竞争情况下，其实存在着殊途同归的可能。也就是说，在同一个游戏中，不同的资源和能力组合可以造就不同的竞争优势，因此，企业可以用不同的强项去玩同一个游戏。如果某些强势企业的资源和能力不能够被模仿，新兴企业很可能会寻找其他资源和能力组合来“替代”现有强势企业的资源和能力，从而避开、绕过或者跨越现有强势企业所拥有的“资源位置壁垒”，成功地进入其市场，挑战其地位，或者独辟蹊径，开发全新的市场空间，使原有强势企业变得边缘化、不相关，甚至完全被淘汰。游戏创新和蓝海战略等讲的就是这个道理。

然而，拥有独特资源和能力的强势企业，为了保持其持久竞争优势及其游戏在市场上的排他性和重要性，也会千方百计地使其独特资源和能力不仅难以模仿，而且难以替代或者不可替代。这样，其善于进行的游戏便成为该市场中唯一的游戏或者主导的游戏；在该游戏中，它由于独特的资源和能力而稳居领先地位。其资源的不可替代性往往来自如下因素或者它们的组合，可以简称为替代壁垒：自然天成、社会习俗、转换费用、纵向兼容、先入为主、买断挑战、维权诉讼以及政府管制等。①

（一）自然天成

自然天成，意味着某些资源和能力是自然形成的，非常稀少或供给有限。而这些资源对于某种行业或市场属于关键要素，不可或缺。这时的游戏便主要由这种独特稀缺的资源决定。比如土地之于房地产，在可开发的土地供给有限的情况下，自己拥有土地、曾经廉价拿下的地，便是不可替代的资源。其他竞争性游戏中的资源和能力也可能是不可替代的。超级球星的得分能力、首席歌唱家的亮嗓、某种优质葡萄酒产地的独特地理环境和气候等，这些都是自然天成、难以复制的。

（二）社会习俗

社会习俗，往往使某些并非极其稀缺的资源和能力显得自然排他、不可替代。比如，由于文化传统和历史的原因，法国波尔多地区的葡萄酒自然特色出众，而被披上了一层神秘的面纱，给世人以超级品牌的好感。品酒师可以认为北加州和南澳大利亚的葡萄酒可能一样出众或者更好，但消费者仍然感觉不及波尔多，不够尊贵。尽管很多人可能认为雷克萨斯的质量远远高于奔驰，但他们真正买车的时候还是宁愿多花点钱买奔驰，这种由于社会习俗而积累的品牌资源，在一定时期内是很难被替代的，尤其是奢侈品品牌。

---

① 本节的讨论主要来自以下作者的启发：Porter（1980，1985）；Lieberman 和 Montgomery（1988）；Barney（1991）；Grant（1991）；Ghemawat（1999）。

（三）转换费用

转换费用，指的是顾客从一种价值提供系统和模式向另一种替代性的系统和模式转换时发生的费用。转换费用如果过高，就会影响顾客对替代系统和模式的选择。不同的价值提供系统及其具体的产品和服务，通常是由不同的资源和能力组合以及技术特色来支持的。当现有强势企业因为采用某种独特的资源和能力组合从而推出控制产业标准的产品和服务时，对手因无法有效率地模仿，如果想进入该市场竞争，唯一的办法就是采用某种不同的资源和技术组合，通过提供替代性的价值提供系统和模式，从侧面进攻强势企业。顾客由于长期习惯性地应用现有强势企业的系统和模式，从心理上、信息上和操作上存在多种原因，或曰转换费用，从而阻止他们轻易地向替代系统转换。这些费用不仅包括新系统本身的费用，还包括教育顾客的费用、对新系统进行学习和培训的费用，以及配套和互补产品的费用。因此，高昂的转换费用使得原有独特资源和能力以及它们所支持的主导价值提供系统非常难以被替代，从而延迟其提供的竞争优势的表现。

（四）纵向相容

纵向兼容，指的是替代技术与现有技术的兼容性。从时间序列的角度来看，如果替代技术缺乏纵向兼容性，那么它成功的可能性就非常小，在这种技术所支持的产品和系统的连续性至关重要时，成功的可能性就更小。

（五）先入为主

先入为主，指的不仅是已经拥有独特资源和能力的企业的先动优势，而且还包括这些企业有意识地圈地、渗透，从而拓展其资源的广泛适用性，抢先占有各种可能的替代性资源，或者染指可以想象到的各种替代性资源的培育和获取过程。也就是说，拥有主导游戏中独特优质资源的企业也会积极主动地涉足和掌控替代性的资源。

（六）买断挑战

买断挑战，指的是拥有现在主导游戏中独特优质资源和能力的企业，由于自己灵敏的嗅觉和对未来产业趋势的良好判断，通过强大的资金实力，在替代性资源和能力声名鹊起之前，就主动出击，或威胁，或利诱，强行或善意地买断这些替代性资源和能力，将其扼杀于摇篮之中，或束之高阁，从而剔除潜在的替代威胁。

（七）维权诉讼

维权诉讼，指的是拥有独特优质资源的企业通过司法诉讼等手段打击替代品的势力，遏制其发展空间，威胁其生存基础，挑战其存在的合法性。这种诉讼和维权措施，可以是依照真凭实据的据理力争，也可以是无中生有的蓄意炒作。其目的在于保护自己的不可替代的地位，强调自己的合法性，注重自己的质量卓越。

（八）政府管制

政府管制，也可以导致替代性的降低和消除。比如，为了保持某些行业（如军工行业等）的稳定性和连续性，或政府可能对某些现有强势企业的技术和能力情有独钟，因而可以通过法令、配额和指定标准等方法对该企业独家扶持，各种政策进行倾斜。这种政府行为使得该企业的某种技术或者其他独特资源和能力在一定时期内成为唯一的标准，不受挑战。

第五节　资源本位企业观与产业分析理论的关系

一、资源本位企业观与产业分析理论的关系

（一）两种企业观的比较

资源本位企业观与产业分析理论，分别从企业内部禀赋和外部环境两个方面来看一个企业，强调了SWOT分析中的两个重要部分，应该同时考察，可以互为补充。从外部产业定位的视角和内部资源能力的视角同时来看企业的战略，把握企业经营的实质，才能更加全面系统、详细透彻。参见图5-4中佳能的例子。

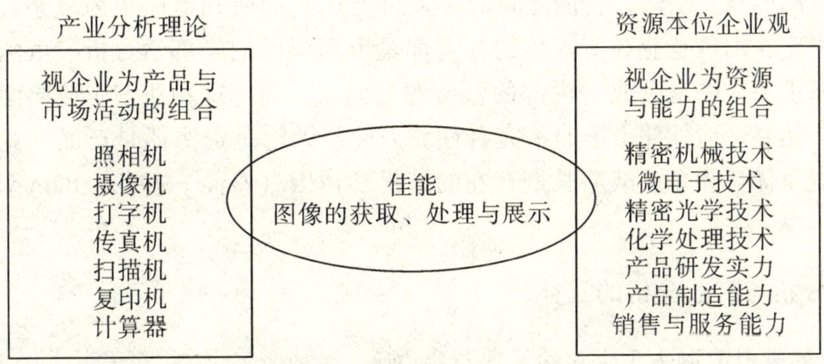

图5-4　产业分析理论与资源本位企业观对企业的不同定义

资料来源：Prahalad 和 Hamel，1990；Grant，2002.

产业分析的视角将佳能看成是一系列的产品与市场组合，而资源本位企业观则将佳能看成是一个技术与组织等方面资源和能力的结合体。在产品市场上，我们看到的是佳能产品的优质性能、可靠质量、强势地位以及高额定价。在企业内部，我们看到的是资源优异、技术领先、组织有序、能力高强。而联结两种企业定义的核心是图像的获取、处理与展示。佳能的实质是利用其先进的图像处理技术研制和销售多种不同的图像处理仪器。这是佳能绩效优良的成功之源。任何只强调一种视角的做法都会是片面和不准确的。

（二）两种企业观的理论关系

虽然资源本位企业观与产业分析理论的焦点不同、概念不同，但它们之间还是存在很大的共性的。同时，值得欣慰的是，资源本位企业观与产业分析理论的对话与融合已经蔚然成风，积累了一些值得注意的成果。

首先，两种不同的企业观，可能会应用不同的术语来描述同一个现象的两个不同侧面。产业分析理论中所谓的进入壁垒，很多是由主导企业所统占的优势资源所集体形成的。比如，现有企业的差异化优势对潜在进入者形成进入壁垒，对不同细分市场上的对手形成移动壁垒，但差异化优势的背后支持往往是强势企业难以模仿和替代的独特资源。产业并不是一个虚幻的场所，而是一个不同企业的集合体。产业的许多特性，实际上是主导企业和有代表性企业的集体特征。从这个意义上讲，进入的壁垒通常就是"资源壁垒"。另外，从产业分析角度来讲，所谓关键成功因素，其实在很大程度上也是由企业层面的指针构成的，不但代表了产业的总体特点，而且通常受制于企业的影响和操纵。比如，在日用消费品行业中经常被认为是关键成功因素的所谓品牌与管道以及管理它们的能力，显然是属于企业资源与能力的范畴。①

其次，两种企业观从理论基础与分析方法上来看，也有惊人的相似之处。比如，两者对市场不完善的共同关注。产业分析考察的是产品市场上的不完善性，因而可以通过市场强权和垄断租金等概念来解释某些企业的持久竞争优势。资源分析考察的是资源要素市场上的不完善性，因而可以通过企业资源异质性的长期存在来解释某些企业的持久竞争优势。显然，资源与能力的异质性很可能是导致产品差异性和市场强权的更为基础的要素。当然，它们之间的关系可能比我们所知道的更为复杂。但是，有一点可以肯定，两种企业观所依赖的其实都是市场层面的经济学分析。虽然资源本位企业观表面上关注的是企业"内部的"资源与能力，而对这种所谓企业层面要素特性的考察，仍然要诉诸外部市场的不完善性。因此，无论是资源还是产品，竞争的不完善性才是竞争优势和企业战略长期存在的前提和诱因（Zajac，1992；Barney 和 Zajac，1994）。

二、资源分析与产业分析的互补

（一）产业的吸引力取决于企业的资源与能力

根据产业分析学派的论断，一个企业赢利高低，主要取决于它所在产业的所谓吸引力。由此而来，战略的核心任务被认为是企业在外部竞争空间的定位，选择最具有吸引力的行业，争取在该行业建立强势位置，享有持久竞争优势。问题是：什么是有吸引力的行业呢？是不是一个行业对所有的企业都具有相同的吸引力呢？是不是某个行业的平均利润率高或者增长率高就一定具有吸引力呢？对这些问题的回答，仅靠产业分析一种理论视角的帮助显然是不够的。不同类型的产业，对于不同能力的企业来说，吸引力是不一样的（Wernerfelt 和 Montgomery，1986）。

（二）资源与能力的竞争力取决于产业的选择

正如一个产业并非对所有的企业都具有吸引力，某种特定的资源与能力也并非在所有产业环境下都有价值和独特性。一种资源在真正能够帮助企业利用环境机会并在竞争中胜出的情况下才算最大限度上实现了自己的价值。比如，一个企业的战略计划

---

① 详见 Rumelt（1984），Mahony 和 Pandian（1992），Amit 和 Sehoemaker（1993）的讨论。

体系和预测未来产业发展方向的能力，在不同的产业环境中，对企业竞争优势的影响是不一样的。

战略管理是一门情境艺术，讲究的是企业自身资源和能力与外部环境机会和要求的动态匹配与契合。没有对所有企业都具有吸引力的产业，也没有任何企业的资源与能力使之在所有产业中都能够生存并取胜。根据自己的实力去发掘机会，根据环境的约束来提高自己，方可保持战略的生命力和企业的竞争优势。

(三) 资源分析与产业分析的共同应用

显然，企业的资源分析与产业分析的共同应用，可以使其战略分析更加全面。比如，巴尼的资源分析框架可以与波特的价值链分析方法同时应用。波特的价值链分析虽然是为企业内部分析所设计，但其精神实质与产业分析极为一致。比如，价值链中的一系列活动，就是关于企业如何与供给商和购买商接轨的问题。因此，通过它们在价值链上不同环节上的表现与作为，可以使企业更加清楚明晰地考察各类资源与能力组合的特色与作用。参见图 5－5 中戴尔的例子。

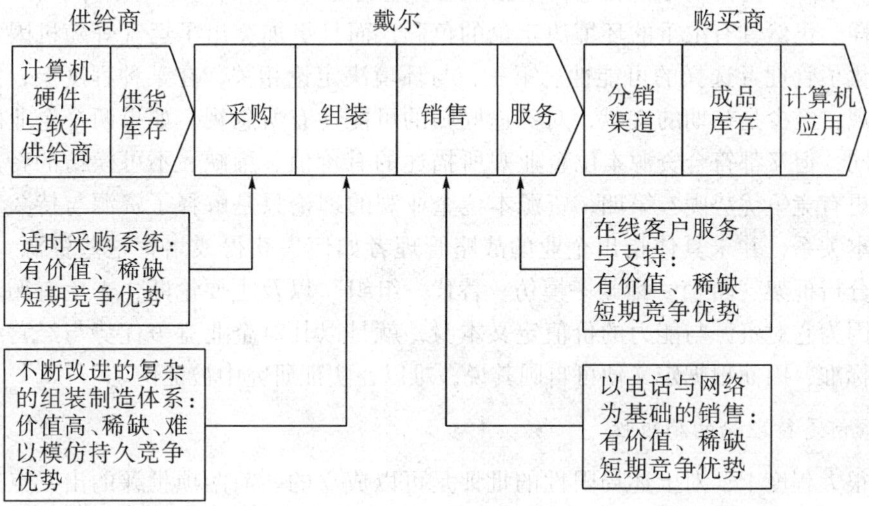

图 5－5　价值链分析与“价值—稀缺—模仿”分析的共同应用

资料来源：Barney. J. B. and Hesterly. W. 2005. Chapter 3.

在谈到戴尔的核心竞争力的时候，经常列举的是它的低成本直销模式、为顾客迅速灵活地量身定制 PC 机的能力，以及可靠的网上以及免费电话服务支持系统。戴尔的这些能力，必须应用在顾客需要这种灵活性的产业中才可能创造较高的价值。PC 机产品本身的日益商品化，意味着技术逐渐成熟稳定，产品更新换代减慢，利润空间降低。这时，戴尔的量身定制能力发挥作用的机会变得越来越小，它必须寻找新的市场去充分利用自己的能力，否则自己多年的增长速度和优良业绩就会遭受挑战。我们看到，当戴尔向打字机和平板电视等市场拓展的时候，它遗憾地发现这些产品标准化程度相对极高，而顾客对量身定制的特殊要求却非常之低。因此，能够继续大规模使用其现有核心能力的产业环境的萎缩与缺乏，是对其竞争优势可持久性的最大威胁。

三、资源本位企业观的局限性

资源本位企业观及其具体的理论观点与分析框架，为企业的内部分析做出了巨大的贡献，使得我们对企业资源与能力的了解更加广泛深入，对SWOT分析中的强势与弱点分析更加全面、详细、严谨、具体。同时，资源本位企业观的及时出现，扭转了产业分析一枝独秀的局面，使企业的总体战略分析回归平衡与合理，也为企业内部分析的进一步整合提供了有利的契机。然而，与产业分析一样，资源本位企业观也存在一些缺陷与不足，我们有必要对此略作说明。

（一）对资源本位企业观的主要批评

对资源本位企业观的局限性的批评与建议来自多个方面，有的出自其主要贡献者的自身，有的则属于持反对意见者的激烈论断（Spender，1996；Priem 和 Butler，2001；Barney，2001）。第一，如前所述，资源本位企业观并不完全是一个企业层面的理论。它的主要理论依据仍然在于市场层面的不完善性，即资源供给市场上的竞争不完善性。第二，与市场分析相连，资源本位企业观的基本论断与产业分析中的“五力”框架一样，仍然具有浓重的环境决定论的色彩，而且更加突出了运气等随机因素的作用，淡化了管理者选择的可能性。第三，与环境决定论相关，在某种程度上，资源本位企业观，至少是初期的文献，对殊途同归的可能性有所忽视。如果两个企业的资源大不相同，但又都符合资源本位企业观所描述的有价值、稀缺、不可模仿的特点，那么谁能更有竞争优势呢？第四，资源本位企业观的理论只是解释了资源与持久竞争优势的基本关系，并未具体指出企业的战略管理者如何去获得或培育这些资源。第五，其基本分析框架“价值—稀缺—模仿—替代—组织”以及主要论断，未免有循环论证之嫌，因为它对资源与能力的价值定义本身，就是以其对企业竞争优势与经营绩效的贡献为标准，因而根据定义便可自圆其说，难以在实证研究中被证伪。

（二）如何看待理论的局限性

在很大程度上，对上述局限性的批评是可以成立的。前两项批评的出发点来自于企业管理学者自身相对重视企业层面变量与要素的理论倾向和实际偏好。第三点是关于殊途同归（抑或独家游戏）可能性的质疑。应该说，近期资源本位企业观的文献对资源与能力可能具有不同程度的可替代性的阐释，在某种程度上缓解和响应了这种批评。最后两种批评，也许适用于所有管理学的理论，乃至整个社会科学的理论。比如，波特对产业“吸引力”的定义，就是其较高的利润率；而在有吸引力的产业选择有吸引力的企业定位，根据定义，自然会导致较高的利润率。再如，我们通常说的“有营养”，就是对身体有益。吃有营养的东西（适量），根据定义，自然会对身体好。保持健康的最好手段就是不生病；不生病的最好办法就是保持健康。

这种批评甚至可以说是恰恰道出了管理学乃至社会科学理论的真谛。许多理论皆是循环论证，因为社会科学研究的现象发生在一个复杂的网络空间，其间不同的实体与要素互动交融，很难说清起点终点、因果关系。理论视角或分析框架，比如资源本位企业观，只是给出了一些道理和解释，而没有给出具体的答案，并不能够告诉你具体怎么去做。深刻的道理往往难以被准确清楚地转化为具体的行为准则，从而直接指导行动与实践；而直接可行、简单有效的偏方与秘诀往往注定庸俗，缺乏普适性与思想深度。也许所有管理学的所谓理论与学说，其作用主要在于强调基础、启发思路，而不是像大家通常预期的那样直接去指导实践。

本章小结

本章主要介绍战略分析中对企业资源与能力的考察和把握，旨在增强对企业强项与战略制定的基础与实施的保障。对资源与能力的分析，使我们的视角转向企业内部，关注企业层面的变量与要素。

我们首先陈述了资源与能力的基本定义与关系，以及它们在不同程度上的企业特定性，然后分类介绍了企业的资源体系与能力组合。我们需要重点强调的是资源本位企业观的基本视角和理论成就。资源本位企业观视企业为独特的资源与能力组合，并将企业持久竞争优势的源泉归结于企业的独特资源与能力。我们回顾了资源本位企业观的理论渊源与不同学派的理论贡献，包括企业政策研究传统与显著竞争力学说、彭罗思的企业增长理论、垄断竞争经济学理论、芝加哥学派的产业组织经济学理论以及熊彼特创新和演化经济学的理论。

我们重点介绍了巴尼等学者所倡导的一个关于资源与能力的基本分析框架，将资源与能力分析的焦点放在稀缺、价值、模仿、替代与组织等维度与属性，并阐释它们与竞争优势的关系模式，以及企业可以从独特资源与能力所带来的竞争优势中获益的可能性。最后，我们进一步全面系统地探讨了造成企业资源与能力难以被模仿和替代（因而独特并有价值）的主要因素，将资源分析与产业分析进行了比较，并对资源本位企业观的缺陷与不足做出了评述。

案例

戴尔的竞争优势

戴尔电脑公司在很长时间里保持了极高的赢利能力。1998—2003 年间，戴尔公司的平均投资资本回报率（ROIC）达到惊人的 39%，这一数字远远领先于竞争对手。与此相对比，苹果公司同期的 ROIC 为 7%，Gateway 公司为 10%，惠普公司为 13%。即使在 2001—2003 年间个人电脑销售的低谷时期，戴尔公司仍然保持了很高的 ROIC，而同期它的竞争对手们却在丧失赢利能力。如何解释戴尔公司的竞争优势？

答案就在戴尔公司的商业模式之中：将产品直接销售给顾客。迈克尔·戴尔指出，由于取消了批发和零售环节，他可以保留原来必须分给这些环节的利润并且将一部分利润以低价的形式返还给顾客。一开始，戴尔通过邮件和电话进行销售，但自从 20 世纪 90 年代中期以来，绝大部分的销售都是通过网站实现的。到 2001 年，85% 的销售是通过互联网完成的。戴尔精心构造的网站允许顾客自行选择与他们所需要的性能相匹配的产品配置：芯片、存储、显示器、内置硬盘驱动器、CD 和 DVD 光驱、键盘和鼠标等，因此每一位顾客都能获得满足自己独特需要的产品和服务。正是这种定制采购的能力吸引顾客们不断为戴尔公司带来生意。高度的顾客忠诚帮助这家公司在2004年实现415亿美元的销售额。

戴尔卓越绩效的另一项主要原因是通过供应链管理使成本结构最小化，特别是削减存货成本，与此同时还能保持交货速度——三天即生产出符合顾客独特要求的电脑。戴尔共有约200家供应商，其中一半以上不在美国，戴尔利用互联网向供应商提供订单的实时信息，从而后者可以掌握以分钟计算的对其所生产的部件的需求动向，以及未来4~12周的预计订单量。戴尔的供应商运用这些信息调整自己的生产计划，生产出刚好满足戴尔需要数量的部件，再用最合理的方式运输以保证刚好赶上生产时间。这种紧密的合作还能够沿着供应链回溯，因为戴尔还将这些信息发布给供应商的最大供应商们。例如，Seletron公司为戴尔生产主板，主板上所装配的芯片来自德州仪器公司。为了协调供应链，戴尔的订货信息既发给Seletron公司也发给德州仪器公司。德州仪器公司可以据此调整生产以满足Seletron公司的需要，而这也有助于Seletron公司调整自己的生产以满足戴尔的订单。所有这些协作都减少了整个供应链上的成本。

戴尔的最终目标是将所有库存挤出供应链，只留下从供应商到戴尔的在途运输的部分，从而彻底用信息取代库存。尽管这一目标还未实现，但戴尔的库存已经做到了全行业最低。戴尔的库存只有3天，而其竞争对手如惠普和Gateway则高达20~30天。在计算机行业中，这是一项极为重要的竞争优势，因为库存部件的成本占收入的75%，而且由于产品更新速度极快，这些库存还会以每周1%的速度贬值。

总之，戴尔公司的竞争优势的基础是直销的商业模式，它取消了批发和零售环节，令公司得以降低产品的价格。再加上高度的顾客忠诚和有效的内部运营，特别是卓越的供应链管理为公司创造了产业中最低的成本结构。当2001年个人电脑需求下降时，戴尔公司能够利用成本领先的优势在进行价格竞争、扩大市场份额的同时，也通过规模效应和其他提高效率的举措保持赢利能力。2004年，戴尔公司在全球个人电脑市场上的份额由前一年的14.6%提高到16.5%，排名第二的惠普公司的市场份额为14%。

[案例思考题]

在某一特定的产业或市场中，为什么有些企业的绩效高于另一些企业？它们的（持续）竞争优势的基础是什么？

思考题

1. 简述企业资源和战略能力研究的基本思路。
2. 叙述价值链是如何构成的。
3. 阐述资源与能力分析的基本分析框架。
4. 叙述企业核心竞争能力的定义和特征。
5. 简述资源本位企业观与产业分析理论的关系。

第六章 公司战略

第一节 公司战略的任务与公司战略类型

一、公司总部与业务单元

（一）公司战略与竞争战略

一个公司的战略目标和内容可以根据对一个简单问题的回答来描述：公司怎样才能挣钱？这个问题可以进一步细分为两个问题：我们该在哪个行业或哪些行业从事经营？在每一行业内，我们怎样参与竞争？对前一个问题的回答描述了公司战略（Corporate Strategy）的基本主题，对第二个问题的回答则描述了经营战略或竞争战略（Competition Strategy）的基本主题，具体如图6－1所示。

公司战略规定了公司竞争活动的范围，即公司打算进入哪个行业或市场，经营何种业务。公司战略决策包括在多元化、垂直整合、知识和新业务等方面的投资，资源在公司不同业务部门之间的配置和资产剥离等内容。

经营战略则是有关公司如何在一个行业内或市场中进行竞争的决策。一个公司要想在本行业内兴旺发达就必须建立自己相对于其他竞争者的竞争优势，所以经营战略也可以称为竞争战略。但对于从事单一业务的公司，公司战略和经营战略之间并无区别。

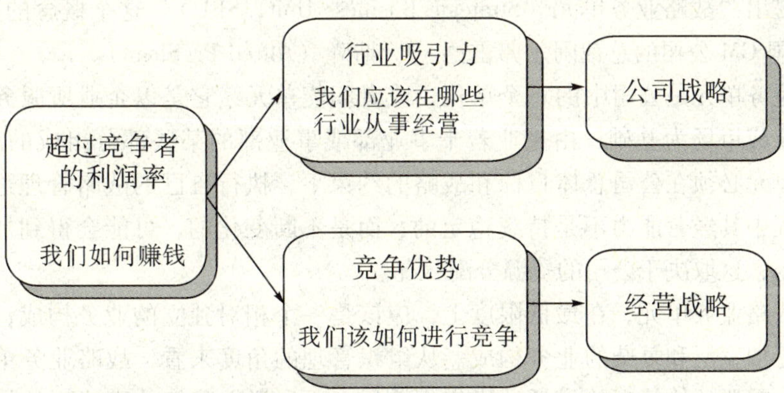

图6－1 公司战略与经营战略：超凡盈利能力的源泉

资料来源：根据 Robert M. Grant（2001）相关内容整理。

（二）业务单元与战略业务单元

如何在不同业务中进行经营（无论这些业务之间是否有替代关系），是公司战略的任务。

从组织的角度来看，所谓一项业务，通常是指能够相对独立地为顾客提供某种价值的最小经营单元。一项业务通常可以从三个方面来界定：顾客群、顾客需求以及满足手段。通过对这三个问题的回答，我们解释了一个业务的实质内涵：谁是我们的顾客？他们需要什么？我们该如何满足他们的需要？

例如，一个小公司专为电视演播室设计白炽照明系统。它的顾客群就是电视演播室；顾客需要就是照明；满足顾客需求的手段就是白炽照明。这个公司的业务范围如图6－2上面的一个立体方块，公司的每项业务就是在这三个方面的交点上。如果公司要扩大到其他象限，我们就说它扩大了业务范围。

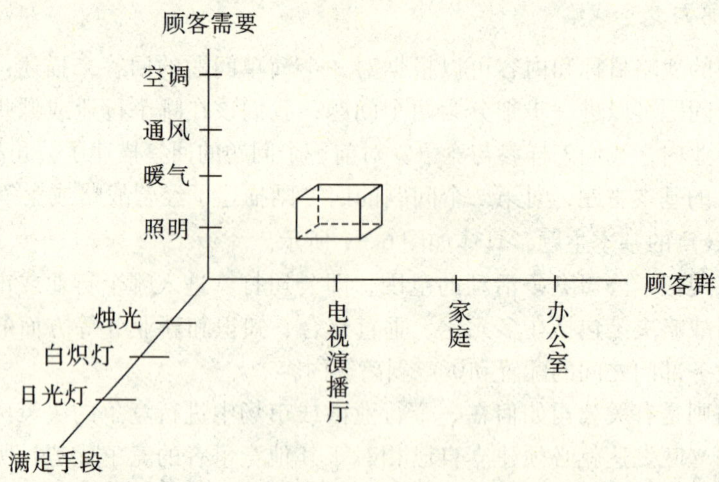

图6－2　一家小型照明公司现有业务范围的确定①

最早提出“战略业务单元（Strategic Business Unit，SBU）”这个概念的是20世纪20年代美国GM公司的总裁阿尔弗雷德·P. 斯隆（Alfred P. Sloan）。

战略业务单元是公司中的一个单位，或者职能单元，它是以企业所服务的独立的产品、行业或市场为基础，由企业若干事业部或事业部的某些部分组成的战略组织。战略业务单元必须在公司总体目标和战略的约束下，执行自己的战略管理过程。在这个执行过程中其经营能力不是持续稳定的，而是不断变化的，可能会得到加强，也可能会被削弱，这取决于公司的资源分配状况。

一个战略业务单元，在最低限度上，应该是一个相对独立的业务构成，当然也可能由定义更加宽泛和复杂的业务构成。从组织管理的角度来看，战略业务单元通常是一个企业中需要总体管理的最低一级组织单元。可以说，我们前面谈到的最小独立单

① 菲利普·科特勒. 营销管理：分析、计划、执行和控制［M］. 梅汝和，梅清豪，张桁，译. 8版. 上海：上海人民出版社，1997：102.

元应该算是一个比较有意义的战略业务单元划分标准。

二、公司战略的主要任务

公司战略的主要任务是确立公司的经营领域和业务范围，对企业资源在不同业务中进行配置和应用，管理不同业务之间的关系以及总部与战略业务单元的关系，管理公司的不同业务与外部其他实体之间的关系。

（一）经营领域选择与业务范围界定

企业的经营领域选择与业务范围的界定，主要回答的是企业的规模与范围的问题，同时也兼顾了公司管理逻辑的问题。正如儒梅尔特（Rumelt）所指出的三个问题，既是公司战略的基本问题，也是核心问题。

（二）资源配置和应用

给定企业的经营领域与业务范围，如何在不同的业务中配置和使用资源，如何使不同的业务在自身的发展中为公司总体的资源与能力组合做出自己的贡献，是公司战略的又一项重要任务。

妥善地应对这个问题，是公司战略之所以能够使公司总体大于其各个部分总和的重要秘诀。所谓核心竞争力的培育与应用，就是这样一种资源配置所追求的境界和目标。不同的业务之间也可能存在上下游关系或者互补关系，如何使这些不同业务间的资源与能力组合实现最佳接轨和匹配，也是公司战略需要考虑的重要问题之一。

（三）公司内部管理

自从 M 型组织（即多业务部门或称多事业部门的组织结构）出现以后，公司总部与战略业务单元（业务部门）两个层次的一般管理分工逐渐明确。战略业务单元具有业务经营的自主权，公司总部不参与具体业务的日常经营，而在于通过上述的经营范围界定与资源配置来把握公司的总体经营方向、管理公司的资产组合。

公司总部另外一个具体的任务就是要为公司所属的不同业务进行管理与服务。这种管理与服务，广义而言，包括对业务战略制定的指导与帮助、战略业务单元管理团队的任命与调配、对战略业务单元经营绩效的评估与考核、对公司总部与业务单元之间关系的设计与管理、对不同业务单元之间的协调以及必要的整合等。

这些管理与服务活动有助于公司总部保证其战略业务单元的经营活动与公司总体经营目标与利益保持一致。公司总部为不同的业务所提供的服务主要在于法律、融资、管理政策、人力资源以及其他控制体系方面。

（四）公司外部关系管理

管理公司与其他企业和实体的关系，也是公司总部的一项重要任务。在现代竞争环境中，企业间的关系错综复杂。企业之间的关系模式可以非常疏远肤浅，比如偶尔的零星交易或者不定期的合作举措；也可以比较固定与长期，比如战略联盟与合作网络，还可以非常紧密正规，比如合资企业，甚至兼并与收购。

这些不同的关系模式以及它们在不同企业与实体上的应用，是公司战略需要探究的内容。另外，如何把握公司在多个产品或地域市场上与同一个（组）对手的总体关系，即多点市场竞争战略，也是公司总体战略必须考虑的重要问题。

归纳而言，公司总部的主要任务如表 6－1 所示。

表 6－1　　　　公司战略：公司总部的主要任务

公司总部的主要任务	具体表现
经营领域选择与业务范围确定	数量性：公司业务数目的多少与参与程度（企业规模） 多样性：公司业务种类的多少与多元化程度（企业范围） 相关性：公司业务之间的关系模式（管理逻辑）
资源配置和应用	资源在不同业务中的配置与应用 核心竞争力的培育与应用 业务之间资源的互补与支持
公司内部管理	对业务战略制定的指导与帮助 战略业务单元管理团队的任命与调配 对战略业务单元经营绩效的评估与考核 对公司总部与业务单元之间关系的设计与管理 对不同业务单元之间的协调以及必要的整合等
公司外部关系管理	竞争与合作关系 战略联盟与合作网络 合资企业 并购与兼并 市场竞争

资料来源：根据 Chandler（1962），Ansoff（1965），Hofer 和 Schendel（1978），Rumelt（1974，2001），Bettis 和 Prahalad（1986），Grant（1988，2005），Parhalad 和 Hamel（1990）等文献资料总结而成。

三、公司战略类型

战略环境分析使企业认识自己所面临的机遇和威胁，了解自身的实力与不足以及能为何种顾客进行服务。公司的战略任务还有战略选择，战略选择的实质是企业选择恰当的战略，从而扬长避短，趋利避害和满足顾客需求。表 6－1 列举了企业可选择的各种战略类型。

表 6－1　　　　企业可选择的各种战略类型

分　类	战　略	定　义
基本战略 （generic strategy）	成本领先 （overall cost leadership）	企业强调以低单位成本价格为用户提供标准化产品，其目标是要成为其产业中的低成本生产厂商。
	特色优势 （differentiation）	企业力求就顾客广泛重视的一些方面在产业内独树一帜。它选择被产业内许多客户视为重要的一种或多种特质，并为其选择一种独特的地位以满足顾客的需求。
	目标聚集 （cost-differentiation-Focus）	企业选择产业内一种或一组细分市场，并量体裁衣使其战略为该市场服务而不是为其他细分市场服务。

表6－1(续)

分　类	战　略		定　义
成长战略Ⅰ(development strategy)：即核心能力企业内扩张	一体化战略	前向一体化(forward Integration)	企业获得分销商或零售商的所有权或加强对他们的控制
		后向一体化(backward Integration)	企业获得供应商的所有权或加强对他们的控制
		横向一体化(horizontal Integration)	企业获得与自身生产同类产品的竞争对手的所有权或加强对他们的控制
	多元化战略	同心多元化(concentric diversification)	企业增加新的，但与原有业务相关的产品或服务
		横向多元化(horizontal diversification)	企业向现有顾客提供新的，与原有业务不相关的产品或服务
		混合多元化(conglomerate diversification)	企业增加新的，与原有业务不相关的产品或服务
	加强型战略	市场渗透(market penetration)	企业通过加强市场营销，提高现有产品或服务在现有市场上的市场份额
		市场开发(market development)	企业将现有产品或服务打入新的区域市场
		产品开发(product development)	企业通过改进或改变产品或服务而提高销售
成长战略Ⅱ：即核心能力企业外扩张	战略联盟(strategic alliance)		企业与其他企业在研究开发、生产运作、市场销售等价值活动中进行合作，相互利用对方资源
	虚拟运作(virtual operation)		企业通过合同、参少数股权、优先权、信贷帮助、技术支持等方式同其他企业建立较为稳定的关系，从而将企业价值活动集中于自己的优势方面，将其非专长方面外包出去
	出售核心产品(core products saling)		企业将价值活动集中于自己少数优势方面，产出产品或服务，并将产品或服务通过市场交易出售给其他生产者做进一步的生产加工
防御战略(defensive strategy)	收缩战略(retrenchment)		通过减少成本和资产对企业进行重组，加强企业所具有的基本的和独特的竞争能力
	剥离战略(divestiture)		企业出售分部、分公司或任一部分，以使企业摆脱那些不营利、需要太多资金或与公司其他活动不相适宜的业务
	清算战略(liquidation)		企业为实现其有形资产的价值而将公司资产全部或分块出售

1．企业基本战略

企业基本战略揭示企业如何为顾客创造价值。波特认为“竞争优势归根结底产生于企业为顾客所能创造的价值：或者在提供同等效益时采取相对低的价格，或者以其不同寻常的效益用于补偿溢价而有余。”一种基本战略可以有多种实现形式，比如，多元化和一体化战略都可以是成本领先或特色优势战略。同样，一种战略形式可以为多种基本战略服务，比如，多元化战略既可以实现成本领先战略，又可以实现特色优势的战略。

2．企业核心能力与成长战略

美国学者哈梅尔（G. Hamel）和普拉哈拉得（C. K. Prahalad）认为，“核心能力是组织内的集体知识和集体学习，尤其是协调不同生产技术和整合多种多样技术流的能力”。一项能力是否成为企业的核心能力必须通过三项检验，即：①用户价值。核心能力必须能够使企业创造顾客可以识别的和看重的价值并且是顾客价值创造中处于关键地位的价值。②独特性。与竞争对手相比，核心能力必须是企业所独具的，即使不是独具的，也必须比任何竞争对手胜出一筹。③延展性。核心能力是企业向新市场延展的基础，企业可以通过核心能力的延展而创造出丰富多彩的产品。

企业成长的基础是核心能力。一种方式是核心能力通过一体化、多角化和加强型战略等战略形式在企业内扩张，另一种方式是核心能力通过出售核心产品、非核心能力的虚拟运作和战略联盟等战略形式在企业间扩张。

3．防御性战略

在企业成长的道路上，经常需要采取一些防御性战略。以退为进，以迂为直，从而使企业更加健康地成长。常采用的防御性战略有收缩、剥离和清算等方式。

第二节　经营领域与业务范围

一、公司经营领域的选择和更新

如果一个公司只有一种业务，其公司经营战略与业务竞争战略其实都是互相重叠、合二为一的。随着多种类型的业务出现，公司战略才显得必要并且与具体的竞争战略产生本质上的差异。

公司业务类型的多样性主要来自于两个方面：一个是纵向一体化，另一个是横向多元化。纵向一体化是在同一个价值链的不同阶段上经营，某生产企业分别向其原材料供应领域或产品销售领域进行扩张，例如成衣厂兼并服装厂、成衣厂兼并纺织厂，汽车制造企业开设销售分公司和维修部，整车厂兼并零部件厂等等。横向多元化指的是跨越不同业务种类的经营。

广义而言，我们可以把纵向一体化看成是企业多元化经营的一个特例，但真正意义上的多元化通常指的是横向多元化。我们可以参见图 6－3 中的例子。

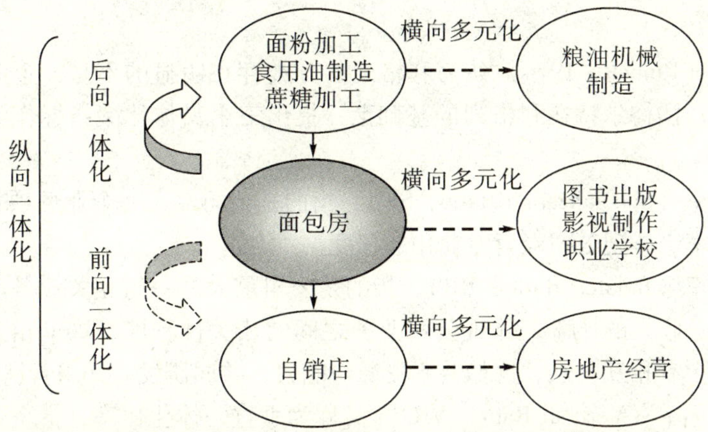

图6-3　纵向一体化与横向多元化：一个面包房的公司战略前景①

当然，上述的纵向一体化和横向多元化的方向只是潜在的可能，并不一定都符合逻辑，一个面包房究竟有多大的纵向多样性和多高的横向多元化程度，到底向哪方面发展去增加其多样性，最终取决于环境的机会、竞争的压力、资源与能力的储备，以及管理者自身偏好等多种因素的共同作用。

二、公司业务组合形态的分类体系

（一）利格列

利格列（Wrigley，1967）对《财富》杂志500家企业进行了实证研究，他特别提出专业化比例（Specialization Ratio，SR）一词，即企业中最大产品业务的年销售额占企业年销售总额的比重。根据专业化比例（SR）的情况，利格列将企业分为四类，如表6-2所示。

表6-2　利格列关于企业业务组合形态的分类

多元化类型	专业化比例（SR）	企业增长特点
单一产品型 Single Product	$0.95 \leqslant SR \leqslant 1$	企业只是通过扩大原有产品的规模来实现增长。
主导产品型 Dominant Product	$0.70 \leqslant SR \leqslant 0.95$	企业实行很小程度的多种业务组合，但仍然依赖且专注于其主导产业。
相关产品型 Related Product	$SR < 0.70$	企业增加的新的业务活动与组织原有的技术和能力有明显的关系。
不相关产品型 Unrelated Product		企业在实施多业务经营时（通常是通过收购），除了财务上以外，与企业原有的技术和能力不相关。

资料来源：Richard P. Rumelt. Strategy，Structure，and Economic Performance. Boston. Harward University，1974：29-32.

① 马浩．战略管理学精要［M］．北京：北京大学出版社，2008：135.

(二) 儒梅尔特

儒梅尔特(Rumelt, 1974)认为利格列的分类存在明显的不足，企业的各项业务之间难以区分，儒梅尔特在利格列的基础上，提出三个具体比率指标作为企业业务分类的标准：

专业化比率(Specialization Ratio, SR)，指的是公司最大一个业务项目的收入占公司总收入的比率，体现公司经营专业化的程度。

相关性比率(Related Ratio, RR)，指的是公司最大的一组相关业务项目的销售收入总和占公司总收入的比率，体现公司业务之间的相关性程度。这里相关指的是业务间在经营活动中有相互联系，比如共享资源与能力、共同研发、共用营销渠道等。

纵向一体化率(Vertical Ratio, VR)，又称为垂直一体化比率，指企业销售总收入中，制造的一体化过程中所有的副产品、中间产品和最终产品的销售收入所占的比重，体现公司纵向一体化业务的比重。

儒梅尔特根据上述三个比率将企业业务进一步细分为四类八种业务组合形态的，如表6-3所示。

而对于相关多元化的企业，儒梅尔特认为根据业务间相互关系的不同模式，还可以被进一步分为相关同心多元化和相关关联多元化，参见图6-4。

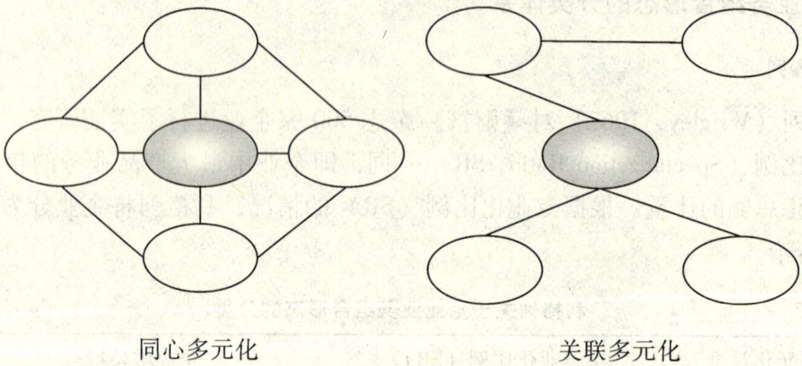

图6-4 相关多元化的不同模式：同心与关联

资料来源：根据Rumelt (1974), Montgomery (1982) 相关研究内容整理。

同心多元化意味着公司所有的或者多数业务都与某种核心的经营活动或者资源和能力相关。比如，本田公司几乎所有的业务都与小型引擎的设计、制造与应用有关。关联多元化意味着相关业务中，每个业务与公司的至少另外一个业务相关，并不一定都与某种核心的活动或者能力相关。

显然，同心多元化企业中业务之间的相关性程度要比关联多元化企业中业务的相关性程度高，而且业务之间的关系更加紧密。

表 6-3　　公司战略：业务组合形态分类

<table>
<tr><th colspan="3">类型</th><th>特征</th></tr>
<tr><td colspan="3">单一型 SR≥0.95</td><td>单一业务</td></tr>
<tr><td rowspan="4">主导型
0.70≤SR<0.95</td><td>VR<0.70</td><td>主导同心型</td><td>除具有主导型的一般特征外，企业内各个业务活动项目都与其他活动或主导活动相关联，联系呈网状；企业将其多种业务建立在与企业原有主导业务活动相关的能力、技能和资源上。</td></tr>
<tr><td>VR<0.70</td><td>主导关联型</td><td>除具有主导型的一般特征外，企业内各个业务活动与主导业务活动没有直接关系，但是各个业务活动之间多少有一点关联，联系呈线状；企业将其多种业务建立在与不同的能力、技能和资源上，或者建立在由收购而获得的能力、技能和资源上。</td></tr>
<tr><td>VR≥0.70</td><td>纵向一体化型</td><td>企业销售的各种最终产品中，没有一个销售额超过总销售额的95%。</td></tr>
<tr><td>VR<0.70</td><td>不相关主导业务型</td><td>企业主要表现为多样化活动与主导业务不相关。</td></tr>
<tr><td rowspan="2">相关型
SR<0.70
且
RR≥0.70</td><td>VR<0.70</td><td>相关同心型</td><td>除具有关联型的一般特征外，各项目均相关联，联系呈网状；企业的多种业务经营主要是将新的业务与某一特定的能力、技能或资源相联系，因此每种业务活动几乎均与所有的其他活动相关联。</td></tr>
<tr><td>VR<0.70</td><td>相关关联型</td><td>除具有关联型的一般特征外，各项目只与组内某个或某几个项目相联系，联系呈线状；企业的多种业务经营是将新的业务与企业已有的能力、技能或资源相联系，但并不总是相同的能力、技能或资源。</td></tr>
<tr><td colspan="3">无关型 SR<0.70 RR<0.70</td><td>各个项目没有联系。</td></tr>
</table>

资料来源：李敬. 多元化战略 [M]. 上海：复旦大学出版社，2002：14-16.

第三节　纵向一体化

一、纵向一体化的实质

纵向一体化问题之所以是公司战略的研究起点，这是因为纵向一体化牵涉到有关企业范围决策的许多问题的核心内容，尤其是交易费用在限定企业边界中的作用和企业间关系的类型问题。

二、纵向一体化的动机

(一) 交易费用节约动机

在关于企业的存在原因与边界确定的学说中，交易费用经济学是一个比较典型的分析视角与理论体系。所谓交易费用，指的是交易过程中的搜寻、谈判、签约以及保证合同执行等各个环节所必须支出的消耗与费用。在企业决定其纵向一体化和边界的时候，交易费用高低是一个主要的决定因素。

根据交易费用理论的解释，究竟是通过组织结构与程序在企业内部管理交易活动，还是通过外部市场买卖来进行交易，主要取决于使用两种交易方式的费用的比较。通过组织结构与程序来进行一项业务活动的费用，如果小于通过市场交易来实现的费用，那么这项活动就应该在组织内部进行。如果市场交易比组织内部经营成本更低，那么企业应该应用市场机制进行交易，而不是依靠自己内部运作。

因此，是否纵向一体化，在多大程度上纵向一体化，就是一个“做或买”的问题。如果企业自己做省钱，即使纵向一体化增加了协调与管理费用，就自己做；如果去市场上买省钱，即使存在各种交易费用，也去市场上买。

(二) 内部化控制动机①

中间市场存在交易费用还不足以说明纵向一体化的原因，因为纵向一体化虽然可以避免市场交易费用，但交易的内部化也意味着现在产生了新的费用，即行政成本(协调与管理费用)。

1. 不同生产阶段的最优经营规模的差异

联邦快递公司是卡车和行李车的一个主要购买者，但它从来没有考虑过自己生产这些车辆或购买汽车厂。这是什么原因呢？首先，车辆的购买费用是很低的，联邦快递公司可以通过现货购买，也可以通过长期合同采购，非常高效地购置车辆。其次，最优经营规模之间存在差异。虽然联邦快递公司每年购买的车辆超过了 25 000 辆，但这个数量远远低于汽车生产厂的最小经济规模的要求。

因而，当最小经济规模的数量要求很高时，纵向一体化就可能导致高成本的发生，联邦快递公司也就不会向前一体化去生产汽车了。

2. 管理战略性差异的不同业务

对联邦快递公司来说，卡车生产所需要的管理机制与快递业务所需的管理机制有很大的不同，这就是联邦快递公司自己拥有汽车厂的另一个不利之处。由于不同业务之间存在很多战略性相异点，这就使得许多公司进行了垂直分拆。

3. 不同能力的发展

如果一项能力是建立在邻近纵向相关的几项能力之上的话，那么纵向一体化就有利于不同能力的发展。

---

① ［美］罗伯特·格兰特. 公司战略管理［M］. 胡挺，张海峰，译. 3 版. 北京：光明日报出版社，2001：328 - 330.

摩托罗拉公司在无线通信设备上的成功就在很大程度上依赖于它在半导体方面的技术能力。就数字逻辑集成电路而言，设计能力和制造能力完全不相关，所以这些不同的活动就由独立的设计企业和制造企业分别进行。

4. 纵向一体化的竞争效应

独占性企业将纵向一体化作为在产业的不同阶段扩展垄断地位的一个工具加以使用。例如，标准石油公司利用自己在运输和炼制方面的强大实力，夺取了独立的石油生产商的市场份额。

5. 灵活性

纵向一体化和市场交易在不同方面都有较大的灵活性。如果所需要的灵活性是对不确定的需求迅速做出反应，那么市场交易就更有优势，而一体化就处于劣势。反之，如果需要的是整个系统的灵活性的话，纵向一体化就更有优势，它可以成为一条在各个层次同时调整的有效途径。

6. 混合风险

纵向一体化使得企业与它的内部供应者紧密联系起来了，从这个意义上讲，一体化就存着混合风险，生产的任何一个阶段出现了问题，都会危及其他阶段的生产和盈利。1997 年，通用汽车公司的一家刹车厂进行罢工，结果通用的装配厂也纷纷被迫停止生产。

三、纵向一体化的运用

（一）纵向一体化的决定因素

企业的纵向交易模式，从市场到纵向一体化及其中间的替代方式，至少可以由如下几类因素来决定：业务的不可分割程度、信息不对称、隐性知识、资产的特定性、控制防范、规模经济、核心竞争力，以及企业不同业务之间最优规模与管理逻辑的差异等，参见表 6－4。

表 6－4　纵向交易方式的决定因素

	纵向一体化	中间方式	市场机制
市场失灵非常严重	√		
业务的不可分程度	√		
信息不对称	√		
隐性知识	√		
市场失灵非常可能	√	√	
资产的特定性	√	√	
控制防范	√	√	√
规模经济	√	√	√
市场机制比较完善		√	√
核心竞争力		√	√
最优规模不同			√
管理逻辑不同			√

资料来源：根据 Collis 和 Montgomery（2005），Grant（2005），Ositer（1994）等相关内容整理。

（二）纵向一体化战略的运用

纵向一体化战略的最大优势在于通过向上游或下游业务的扩展，能够在一定程度上避免价格、供应量（或需求量）的波动以及其他因素可能造成的市场失灵，对企业成本及业务水平的影响，从而减弱经营风险。

同时，执行纵向一体化战略虽然要求企业进入不同于原有业务特点的活动，但由于新增加的业务与原有业务具有相同的周期特性，以及技术上和管理上的一致性，因此具备了统一战略规划、统一资源调配、统一管理的可能，可以使管理效益大大提高，并能保持企业组织的稳定。

四、纵向一体化评价

（一）纵向一体化的益处

纵向一体化可以保证企业对自己经营活动相关环节的控制，尽可能地按照自己的需要进行计划、安排与协调。

后向一体化保证对原材料投入的成本、质量以及其他条款的控制，消除对供应商的依赖并避免供应商的无端“劫持”。前向一体化保证企业产品与服务销售渠道的畅通，并对其售价、销售方式、售后服务以及其他销售条款保持控制。

纵向一体化可以简化购销程序，整合购销渠道，减少与多家供销企业谈判打交道的复杂程序与高昂费用。通过对原材料业务的拥有与控制，企业不仅可以避免其他竞争对手抢先控制原材料供应商所带来的威胁，而且，与自己只是作为购买商时相比，它对原材料供给业务的核心资源与工作环境予以保护的动机会大大增强。这些长期的考虑对业务的可持续发展通常是有好处的。

纵向一体化可以在整个价值链条上对资源进行最优化的配置，从而减低总成本与资源的耗费。更重要的是，它可以通过减少某些环节的不必要的支出或者减少该种原材料的使用来实现总体质量与成本的优化。如果各个阶段的业务皆由独立的企业来完成的话，每个阶段的企业都希望实现自己销售和利润的最大化，那总体的优化是不大可能的。因为在市场制度下的公平交易，没有一个至高无上的权威。而在纵向一体化的企业中，存在这种协调与管理的权威与机制。还有，如果不同阶段的业务都要分别被单独收税，纵向一体化显然也是一个应对税收的总体优化方案。

通过纵向一体化战略，企业还可以打压对手，挤垮对手，实现独家垄断的局面。洛克菲勒当年对火车货运以及石油运输管道的控制，不仅保证了自己产品的运输与传送，而且有效地控制和操纵了在油品加工业务上经营的对手的运输途径，使之难以公平地在终端市场与洛克菲勒的标准石油公司竞争，最终廉价收购对手，实现自己的垄断地位。

（二）纵向一体化的挑战

纵向一体化虽然提供了某些潜在的益处，但其实施与管理过程中将会面临诸多挑战。

由于参与价值链中多阶段的业务，企业内部的协调与管理成本就会增高。当内部协调与管理成本高于应用市场机制的费用时，纵向一体化便成了一种负担。在极端的情况下，上下游的业务在资源组合、技术手段和管理逻辑方面相去甚远，难以被同一个公司来经营管理。这时的纵向一体化就可能事与愿违、有心无力。

代理人问题与相关费用也是纵向一体化进程中的一个潜在负面因素，代理人有可能将自己的利益凌驾于授权人的根本利益之上。为降低这种可能性，授权人需要花费一定的费用与资源，比如高薪、股权、提升、荣誉等其他奖赏或激励，尽量使得代理人的行为符合授权人的利益。一个纵向一体化的企业，环节众多、关系复杂，较单一业务企业相对简单透明的经营活动，信息不对称程度更高，授权人对代理人的监管难度更大，因此，代理人问题的相关费用就会增大，从而影响企业的总体运作效率和有效性。

纵向一体化通常意味着上游（后向）的供给业务主要为，甚至只为本企业的下游（前向）业务服务。由于企业的保护与市场的隔绝，上游的业务可能缺乏竞争压力，感受不到各种不同的客户可能带来的启发与刺激，因而主动创新的动力较小。即使它根据本企业的特殊需要有所创新，其专业化的资产投入往往会降低企业经营的灵活性。一旦企业的现有业务陷入严重危机，它就很难迅速转型，因为其业务的整体包袱沉重，难以轻易摆脱。

另外，虽然企业企图实现整个价值链上的最优资源配置与活动安排，但不同阶段的业务面临的产业周期、技术进步、供需特点以及波动起伏是不一样的。这种来自不同经营环境的复杂性和不确定性，可能会导致纵向一体化企业的业务之间容量利用与发展的不均衡，造成资源与能力的浪费。有些部门可能能力过剩，但由于公司限制，不得向其他企业销售自己的产品，因而产生积压浪费。

最后，纵向一体化也可能会导致企业某些阶段业务的外部客户的减少或消失。比如，若百事公司兼并肯德基等快餐店，希望增加其饮料销售的时候，其他餐饮业的业主则会纷纷放弃百事公司的饮料，转而投向可口可乐的怀抱。

五、纵向一体化战略的替代

（一）长期合同与“准纵向一体化”

事实上，对处于价值链上、下游各方的企业而言，他们之间纵向的关系除了一体化以外，还有其他各种关系使得他们在纵向关系上仍能互相作用和协调各自的利益。

向生产性企业供应零部件和原材料的供应商通常会和与生产性企业之间建立起一种长期关系。同样，生产商、分销商和零售商之间的供货关系也是长期性的。如果买卖双方数目很少，产品或服务根据顾客要求提供，或者交易专用性投资较大，那么，长期合同就可以很好地代替纵向一体化发挥作用，使纵向关系非常紧密，我们称之为“准纵向一体化”或者“增值伙伴关系”①。

① ［美］罗伯特·格兰特．公司战略管理［M］．胡挺，张海峰，译．3版．北京：光明日报出版社，2001：331.

（二）一些新的趋势：反纵向一体化①

由于长期性的“关系型合同”既有市场交易的灵活性，又可避免现货合同所导致的许多交易费用，所以在西欧和北美的许多产业里，都出现了一股强劲的远离纵向一体化的趋势，包括大量的业务外包现象与虚拟公司的出现。这在很大程度上也是受了日本企业的启发，因为许多日本企业都与自己的供应商建立起了非常密切的合作关系，日本汽车生产商在技术、质量控制、设计、生产安排与销售安排方面建立密切的合作关系上，取得了非凡的成功。在20世纪80年代后期，丰田和尼桑公司自己直接创造了产品价值的20%到23%，而福特约为50%，通用汽车则高达70%左右。西方企业的“反纵向一体化”主要表现包括两个层次：

1. 企业重新定义与供应商的关系

生产商们不再依赖于竞争性的报价供货和书面合同，而更加注重长期合作所带来的灵活性和密切协作关系。在汽车制造业和电子产品行业，大公司纷纷减少供应商数目，并推出供应商认证项目，即由供应商自己证明能够达到生产商提出的标准。这样，双方的关系就越来越少地依赖于法律形式的合同，而更加注重信任和长期合作的互利互惠了。

2. 企业集中精力于少数纵向活动，将更多的零部件和服务外包

受压缩成本的驱动，企业对价值链的每一项活动都进行了详细考察，如果哪项活动外部供应商的效率更高，那么就将其外包。国际商用机器公司和克莱斯勒公司曾经都是高度一体化的企业，后来它们将部分零部件和服务业务进行了外包，重建了供应商关系，结果成本大幅度降低，灵活性大大提高，新产品开发周期也有了一定的缩短。

第四节　多元化战略

一、多元化战略的动因

第二次世界大战后，尤其是进入20世纪50年代后，美国企业出现多元化发展的热潮，并且越来越猛，在60年代末70年代初达到最高峰。

通过对1997年全球100家最大企业的分析发现，其中有75%实施了多元化；对我国上市公司中的105家企业的抽样分析也发现，79%的企业是多元化经营的企业②。多元化似乎是企业经营中一种很普遍的现象。

一般说来，企业实施多元化经营通常基于经济、市场、企业以及管理者四个方面的因素。我们应该注意到，虽然多元化的进程和发展可以由上述某个具体因素直接诱发，但多元化战略的背后通常会有多种因素共同作用。

---

① ［美］罗伯特·格兰特．公司战略管理［M］．胡挺，张海峰，译．3版．北京：光明日报出版社，2001：334.

② 李敬．多元化战略［M］．上海：复旦大学出版社，2002：1.

(一) 经济因素

多元化企业相当于将原来由多个在相关行业中进行专业化经营的企业组合在一个企业内进行，在这个“聚合”的企业里，管理者通过计划与管理等手段决定不同经营方向之间的资源配置，可以减少交易成本，提高资源配置的效率，从而产生范围经济和财务协同作用，并节约交易成本。经济因素是企业选择多元化战略的内部因素。

1. 范围经济

相同的技术、相同的市场和一般的管理方法都能形成范围经济，从而导致企业作出多元化选择。Nathanson Daniel 与 Cassano James 认为①，为达到范围经济而进行的多元化应该是相关多元化，企业可以通过生产和销售相似的产品达到经济性或通过向相似的市场提供不同的产品达到经济性。由于范围经济的存在，企业进入相关的行业要比其他不相关企业进入同一行业所发生的成本低。

而 C. K. Prahalad 和 Richard A. Battis 则认为②，多元化企业的范围经济主要来源于管理者的一般管理技巧在各不相关行业的分享，称为“一般管理主导逻辑（Dominant General Management Logic）”，即企业管理者通过拥有和发展适合其业务组合的一般管理逻辑或者技巧，可以在企业进入其他行业的时候，为企业创造范围经济。许多学者认为，范围经济是企业选择多元化的基本理由。

2. 财务协同作用

多元化企业的财务协同作用可以使企业获得稳定的现金流。多元化企业的一个内部优势是企业内部资本市场的建立，能够为其内部的各个分部提供资金的来源，使其能比专业化企业更多地利用净现值为正的投资机会，从而为企业创造价值，提高企业的盈利水平。同时，企业内部资本市场的建立，能有效解决企业投资不足的问题，支持企业在有利的条件下实现低成本扩张。

3. 节约交易成本

与几家独立企业相互合作的形式相比，由一个企业进行多元化经营可以有效地降低交易成本。纵向和横向多元化都涉及特殊资产的投资和交易成本的降低，当各个独立企业的自私行为损害了合作和这些投资的价值时，资产联合或选择多元化就成为解决问题的一种有效的方法。因此，节约交易成本往往是企业通过收购或兼并而实现多元化的一个原因。

(二) 市场因素

1. 市场需求饱和

当某种产品达到其社会需求的饱和度时，该产品的社会供需平衡，产量的增长达到极限。此时，如果企业在该产品领域继续投资或扩大生产量，必将导致供给过剩、

---

① Nathanson Daniel, Cassano James. What happens to profits when a company diversifies? [J]. Wharton Magazine. Summer, 1982: 19-26.

② C. K. Prahalad, Richard A. Bettis. The Dominant Logic: A New Linkage Between Diversity and Performance [J]. Strategic Management, Vol. 7, 1986: 485-501.

产品积压、价格下降、利润降低甚至亏本。因此，在这种产品已达到市场需求饱和的情况下，企业不得不转向新的产品市场领域，进行新的竞争，走上多元化的道路。

2. 行业增长潜力下降

行业像产品一样，有其生命周期。当某一行业由于政治因素、经济环境、技术革新等各方面因素的影响而导致增长潜力下降甚至走向衰退时，处于这行业中的企业就会考虑在别的行业中寻求生存的空间，于是选择了多元化。

3. 新的市场机会

由于社会的进步、经济的发展和技术的革新，一些老的行业可能逐渐衰退，一些新兴的行业可能迅速成长；另外，可能一些原来经营环境好的行业开始走下坡路，一些原来经营环境较差的行业却好起来。这些新行业的成长、新产品的推出、行业结构的变化都会导致新的市场机会的出现。

许多企业看到了新的市场机会，又估计自身有一定的能力，于是向这些新的市场领域进军，以期发挥先动优势，率先占据市场，于是走上多元化道路。

4. 经济周期

根据卡尔多的经济周期理论，在不同的经济环境下，企业的多元化经济的状态是不一样的。危机和萧条阶段的企业通常不具备多元化经营所需的内部能力和外部市场机会，经营的困境使企业难有精力开展多元化，普遍的市场不景气也使得企业不容易找到有吸引力的市场机会。而经济复苏和高涨，则会刺激企业积极开展多元化经营，已有研究证明①，经济繁荣时期也是企业多元化盛行时期。

（三）企业因素

1. 产品成本提高

当企业原有产品由于市场竞争激烈，要维持原有市场份额必须新增加投入而导致产品成本的提高达到企业无法承受或无利可图时，企业只有减少该产品的市场份额，而将部分资源转入新的市场领域，以使单位成本不再提高，从而走上多元化的道路。

2. 企业竞争优势下降

由于市场的变化和竞争的激烈，有些因素可能导致企业在市场上原有的竞争优势下降甚至逐渐丧失，比如企业原有优势资源的丧失，竞争规则的改变，新产品、新技术的出现，企业内部矛盾的影响，拥有更强大优势的企业的进入，等等。竞争优势的下降使企业难以在原行业立足，只能在别的行业中寻找新的机会，走上多元化道路。

3. 企业潜能的发挥

经营良好的企业在长期的经营活动中，不断形成积累，并形成潜在的能力。这种潜能可能是企业可以利用而未充分利用的资源、资金、设备、人员和研究开发、营销推广及企业管理的能力。当企业积累起超过目前经营活动所需的资源和能力时，就不会再满足于原来的经营规模而寻求发展。在发展战略的选择上，如果考虑到目前行业发展潜力的限制和其他行业机会的诱惑时，就可能会选择多元化发展的战略。

① Markides. Diversification, Refocusing and Economic Performance. Cambridge. Mass. MIT Press, 1995: 1.

4. 分散经营风险

由于特定的产品和行业都有其生命周期和发展的起伏变化，因此企业如果长期生产单一产品或长期在同一行业里经营，可能会面临着较大的经营风险。

因此，对于有一定的经营规模，并打算长期经营的企业，通常都考虑选择多元化战略，扩大风险损失分布，用相对降低每一风险单位的风险损失预期的办法来减少风险损失，进而争取以一种风险利益抵制另一种风险损失，从而减少由于某行业或某产品市场需求出现较大影响时对整个企业经营的冲击，提高企业抵御风险的能力。分散经营风险是企业做出多元化战略选择的又一个重要理由。

（四）管理者因素

1. 多元化有利于保住管理者的职位

Amihud Yokov 和 Baruch Lev 的研究表明[①]：在管理者主导的企业和非管理者主导的企业之间比较，管理者主导的企业具有更高的多元化程度。原因是管理者为了降低失去职位的风险，大多采用不相关多元化或者收购不相关的企业来降低整个企业的风险，以避免企业经营出现大的下滑。而通常情况下，只要企业不出现大的经营下滑，股东一般都不愿意更换高级管理层。

2. 管理者通过多元化实现自身财富的增长

企业选择多元化战略或者通过购并实现多元化，能使企业规模迅速扩大。而且，如果通过购并实现多元化所获得的销售增长比内部集中增长更容易的话，管理者一般都采用通过购并实现多元化的战略。这种销售增长可以为管理者提供更好的职业发展机会和收入。

二、通向多元化的路径

企业的多元化通常可以通过内部自身发展和并购与兼并来实现。自身发展一般需要白手起家、从头做起。并购与兼并（除非特别说明，本章中两者统一简称“兼并”），则是接管和利用企业外部现成的业务。

当然，正像企业对纵向业务的管理一样，对多元化的管理也可以通过长期合同、战略联盟与合资企业等来进行。但通常意义上的企业多元化，指的是通过对不同业务的所有权和监管而进行的多元化，包括合资企业、部分控股或者全资拥有。这里，我们把考察的焦点放在自身发展和兼并两条发展路径。

究竟是通过哪条路径实现多元化，取决于外部兼并对象的存在与否和兼并的经济性与可兼容性以及企业自身发展的可能性、速度与成本等多方面因素。

（一）企业自身内部发展

1. 企业内部发展的优势

企业自身发展的最大优势，是企业对新的多元化业务拥有完全的控制权，可以按

① Amihud Yakov, Baruch Lev. Risk Reduction as a Managerial motive for conglomerate mergers. Bell Journal of Economics. Vol. 12, Iss: 2, 1981: 605 - 617.

照自己的意愿与设想来管理与实施多元化的进程，基本不受环境和各类外部实体的制约。与此相关，内部发展也有助于新业务与现有业务之间关系的处理，有利于业务间的协调与整合，有助于避免兼并外部企业时所产生的不可避免的文化冲突和组织摩擦。内部发展的另外一个好处是按部就班、循序渐进、边走边看、灵活决断。这样的发展过程可以避免兼并时的一次性决策中可能存在的未可事先预知的风险。

同时，内部发展也给企业提供了组织方面与技术方面的学习机会，增进企业的内部知识积累，增进组织学习的经验与能力，以及企业资源与能力的拓展与更新。企业的内部发展尤其适用于对企业隐性知识在不同业务间的转移与利用。毫无疑问，依靠内部发展，不仅迫使企业去学习、改进与提高，同时为企业的内部创新提供了良好的动力。

2. 企业内部发展的缺陷

通过内部发展实现多元化，面临着一些重大挑战，有时甚至根本不可行。首先，内部发展的速度通常缓慢，可能不足以及时满足企业的多元化要求。有些时候，由于缺乏必要的技术或者组织能力，企业不可能自己培植或自创新的业务，或者内部自创业务的成本过于高昂因而不再具有经济价值。另外一个较大的风险是业务发展失败后的沉没成本。如果一个企业兼并另外一个企业而业绩低下，它还可能将其卖掉；而一个失败的内部项目通常只有自食苦果，难以转嫁包袱。

内部发展还有一个令人担忧的问题，就是进入的规模太小，没有足够的声势去造就一个能使企业立足的市场空间与活动平台，不足以支撑自己的生存，更不用说形成垄断了。另外一种可能是，后来进入的企业可以免费享有先进入企业所做的公共投入的溢出，并依靠自己的相关业务的实力，在更大的规模上介入，从而将那些自创业务的先期进入者挤垮，或者撵至市场边缘。最后，在行业发展的中后期，内部发展可能会不必要地增加整个行业的生产能力，还可能会造成业内竞争的进一步加剧。

（二）兼并

1. 兼并的优势

显然，兼并最明显的优势就是其速度，可以很快地使一个企图多元化的企业进入它所希望进入的行业。有些时候，不仅进入速度快，而且兼并的成本甚至可能低于内部发展的成本，尤其是对于机构庞大的企业在某项非常专业的业务上而言，可能比自己内部开发要合算。另外，有些时候，单靠企业自身内部发展不可能创造新的业务，或者缺乏关键资源与技术，或者缺乏必要的组织能力。兼并帮助企业获取这些关键资源与能力，使多元化成为可能。与此相关，另外一个益处是获取互补资源，实现相关多元化的协同作用与范围经济。总之，通过兼并，企业可以较为迅速地改善自己的资源与能力组合，保证核心竞争力的更新与鲜活。

兼并还可以帮助企业在多元化进程中跨越某些市场的进入壁垒。比如，某些产品市场需要经营特许和配额，而有关部门已经停止发放新的许可。这时，进入该业务的唯一手段便是兼并某个现有企业。一些市场可能直接要求进入者必须对该市场做出资金与技术的承诺，接管并拥有（或者通过合资）本地现有企业，并保证原有企业人员的就业与福利。这时虽然跨越进入壁垒可能是采取兼并路径的优势，因为它使进入成为可能，但其劣势很可能与之俱生，那就是进入后包袱沉重。然而这一点往往被急欲进入者所忽视。当然，兼并了一个企业，同时市场上也就少了一个竞争对手。这也可能是所谓进入后使得产业结构更加具有吸引力的一种好处，是兼并实施中的副产品。

2. 兼并所面临的挑战

实证研究表明，大多数兼并不成功，没有能够实现预期的效果，比如范围经济及协同效应。这其中最大的一个原因，就是新老企业间组织制度的差异与摩擦以及企业文化的冲突与抗衡。

成本过高、亏损可能性过大，是兼并的一个主要缺陷。从一个方面来说，兼并时所支付的价格通常远远高于被收购业务的未来赢利，尤其是在多方竞标的情况下。与此相关的一个缺陷是，企业在兼并了其目标对象以后，还可能要承受被兼并企业的其他资产与债务负担，通常是不良资产与债务包袱。在这种情况下，兼并者看到和重视的通常是两者业务之间的相似性和想象的协同作用，而不是可操作性与最终可赢利性。

从另一个方面来说，兼并后的协调与管理费用，往往大大抵消潜在的范围经济和协同作用，使企业的良好企图落空。这不仅包括文化和组织的冲突，也包括不同业务的技术范式、操作流程和管理逻辑的根本差异。百胜旗下的必胜客和肯德基，曾被百事总部要求共同采购某些原材料，以期降低成本。由于必胜客希望为其卫生间购置双层卫生纸，而肯德基则希望购置单层卫生纸，双方僵持不下，各行其是。可以预见，多元化业务之间在更为复杂的技术与组织领域的合作，需要高昂的协调与管理费用。

还有一项需要注意的缺陷，是被兼并企业核心资源（尤其是人力资源）的出走和丧失。某些骨干人员可能由于对兼并其企业的风格与制度不够认同，因此，选择单独或集体出走，尤其是在研发方面和销售方面，问题会显得尤为严峻和突出。在这种情况下，兼并者买到的只是一个原来企业的空壳，并没有得到核心能力与资产。

三、多元化检验

迈克尔·波特提出了一套关于多元化战略方向的三大检验问题：产业吸引力检验、进入成本检验和竞争优势检验。这三种检验不是完全独立的，通常需要综合考虑。当企业忽略了其中一个或两个检验的时候，其多元化结果往往是损失惨重。

（一）产业吸引力检验

要进入的产业是否具有吸引力？如果现在不具有吸引力，企业进入以后是否可以使之具有吸引力？

一个从根本上不具有吸引力的行业或者业务往往是多元化方向选择的第一陷阱，而急欲进入者往往对此视而不见，或者异想天开地认为，别人干不成的事情自己就能干得成。还有，企业可能无端地青睐一个现时高速增长但后继乏力或利润前景欠佳的行业，高速增长本身并不一定意味着长期吸引力。

（二）进入成本检验

企业进入一个产业所支付的成本是否足够低从而不至于冲抵所有未来的利润？

第二个检验与增值问题直接相关。决定多元化经营是否能够为企业增值的，无外乎收益与成本两个重要因素。比如，菲利浦·莫里斯公司当年兼并七喜饮料公司的时候，支付了七喜账面价值四倍的价格。因为兼并后并没有达到预期的强劲赢利来支持投资回报，七喜公司最终被剥离出去。

（三）竞争优势检验

新进入业务是否可以为现有业务带来竞争优势，或者现有业务是否能够为新进入业务带来竞争优势？

第三个检验与协同作用有关，关注的是多元化业务之间的增益的问题。一个适当的多元化方向，必须保证至少新老业务之间一方可以从对方获益，从而增强自己的竞争优势，或者同时互相获益、共增优势。在业务经营活动中实际增益，增强竞争优势，这是从实质上保证通过多元化经营来增加企业的价值创造。

四、多元化战略和公司经营绩效的关系

儒梅尔特在20世纪70年代对多元化战略的研究，不仅区分了单一业务企业、主导业务企业与多元化经营企业，而且明确地区分了相关性多元化与非相关性多元化的不同类型。自此，有关多元化企业的业务相关性的理论与实证研究就一直在不断改善和检验所谓的“相关性假说”——相关多元化企业的经营绩效通常高于非相关性多元化企业，同时也高于单一经营企业和主导业务企业。

（1）相关性多元化企业的业务之间可以共享经营活动与互补资源，从而实现范围经济。

（2）单一业务企业和主导业务企业不仅受产业波动的影响很大，而且与多元化经营相比，缺乏范围经济的优势。

（3）采取非相关多元化经营的企业，一般多元化程度较高，业务的多样性较大，业务之间的关系缺乏，甚至毫不相关。非相关多元化企业，与单一业务企业和主导业务企业相比，可能会享有内部资金市场等与多元化经营相关的优势；与相关多元化企业相比，没有协同作用和范围经济所带来的业务间的相互补充与支持。

（一）实证研究的传统与证据

儒梅尔特的战略类别与经营绩效的关系分析，应用美国《财富》500强的样本，基本印证了上述相关性假说，共享资源、能力与活动的相关性多元化企业，其经营绩效高于那些非相关多元化企业。

另外，1982年，汤姆·彼特斯和罗伯特·沃特曼也得出这样一个结论①：“我们的发现很清楚，也很简单。那些进行多元化经营的企业，只要在核心业务上的关系仍然紧密，收益率确实比其他企业高。最成功的就是围绕核心技能进行多元化的企业，……比它们差一点的企业则是进行相关多元化的企业，……最次的则是广泛开展多元化经营的企业，不管相不相关都经营，这些企业的并购活动最终都失败了。”

---

① 汤姆·彼特斯，罗伯特·沃特曼．追求卓越．纽约：哈珀与罗出版公司，1982.

根据诸多学者在20世纪近三十年的实证研究，我们粗略地勾勒出支持相关性假说的“多元化程度与经营绩效的关系曲线”，参见图6-5。

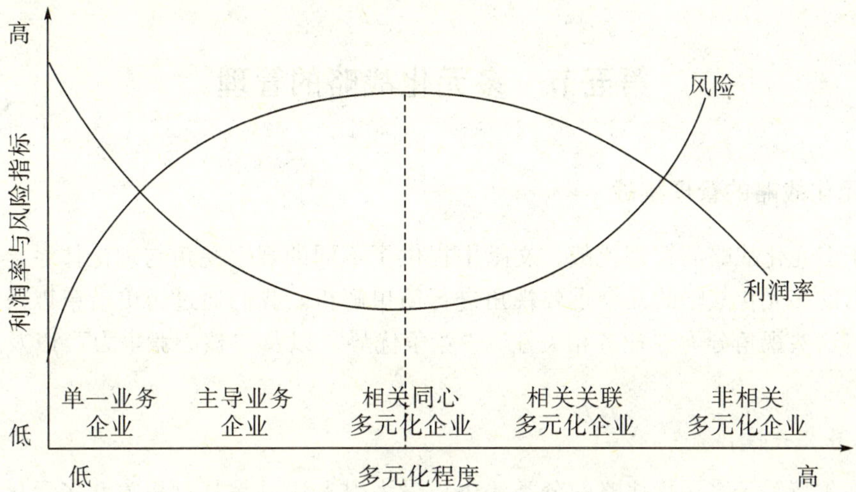

图6-5 多元化程度与经营绩效的关系曲线

资料来源：根据Rumelt（1974）；Grant，Jammines和Thomas（1988）；Palich，Cardinal，Miller（2000）等相关内容整理。

虽然相关性假说在不同的样本中得到了一定程度的支持，但是至今并没有完全确凿的证据明白无误地支持这一假说。造成这种结果的原因有多方面，包括研究方法与对相关性的表述与实际测量问题、经营绩效指标的可比性问题、研究样本选择与产业效应问题、相关性定义本身的问题、相关性战略的实施问题、多元化战略与经营绩效关系的因果方向问题，以及不同的理论思潮和外部金融市场在不同历史时期对多元化经营的不同理解、判断与反应等问题。

（二）多元化战略与经营风险的关系

分散风险通常是导致多元化经营的一个重要和直接动机。然而，经验表明，纯粹为分散风险而进行的多元化，其绩效与风险规避的结果往往不尽如人意。

现代金融学的资产组合理论中一个著名的论断是“企业多元化可以降低企业的特定风险，但不能够降低一个业务的系统风险”。

然而，实际证据并没有对多元化经营的风险分散作用提供强有力的支持。相反，战略管理文献中的研究表明，过分多元化、进入非相关领域的多元化，反倒会增加企业的经营风险。无论是系统风险还是企业特定风险，相关多元化经营的企业，由于资源共享、互为补充，于是能够享有范围经济的优势，往往占据主导市场潮流的强势地位，不是被动应对产业风险，而是主动引领潮流，给其他企业带来风险与威胁。过分多元化往往实力分散、不成气候，业务间没有互相联系与支持，无异于单一业务企业的简单聚集。各个业务虽然在名义上归某个多元化企业所有，实际上仍然类似散兵游勇、孤军奋战。这时的多元化，可能比单一业务风险相对小一些，但其分散风险的效果并不明显。因此，依据这种思路和判断，至少从分散风险的角度来看，多元化的方向不是相同的业务，也不是完全不同的业务，而应该是比较相似的业务。也就是说，不要把鸡蛋放在同一个篮子里，也不要放在太多不同的篮子里，而是要放在几个比较结实而又非常相似的篮子里。

第五节　多元化战略的管理

一、多元化战略的管理挑战

关于多元化战略的管理挑战，文献中提供了不同的观察视角与理论体系，我们不妨对现有的多元化战略的几个重要视角进行简单解析。我们通过历史沿革以及传播的顺序，将这些视角分为“业务相关性”“竞争优势”以及“核心竞争力”以及“母合优势”等。

（一）业务相关性

儒梅尔特关于多元化战略的分类法中，最为引人注目是其对相关性多元化和非相关性多元化的区分。相关性主要指的是，一个采取多元化经营战略的公司内部，不同的业务单元（或事业部）之间在操作和运行层面是否有资源和能力（如研发、制造、营销渠道等）的共享。不同的事业部之间由于资源共享而产生的协同效应与范围经济，使得这些企业能够在市场中建立强势地位，享有竞争优势，取得优异的经营绩效。相关性多元化战略对于企业总体经营绩效的正面影响在众多的实证研究中也得到了一定程度的支持。

当然，业务单元间只有潜在的资源和能力共享的可能性是不够的。范围经济的实现、协同作用的产生，并不是自动自发的，而是依赖于业务单元之间的协调和整合。这就意味着公司内组织成本的提高，甚至高到足以抵消协同作用和范围经济带来的好处。有时，在极端的情况下，这种协调由于人事或体制的原因，根本不可能实现。因此，只看业务相关性，而不看业务间的实际协调，并不能说明问题。

（二）竞争优势

波特基于产业分析的理论视角坚持认为，公司之间可能在某些行业竞争，在某些行业合作，在某些行业互相买卖产品，关系错综复杂。竞争主要发生于某个业务单元所在的具体产业、行业或市场。因此，对产业结构和竞争态势的分析应当是战略的主要基点。

战略的实质在于企业在市场中的定位，这一基本命题可以在公司战略层面（选择有吸引力的行业）和业务单元层面（选择产业内的优势位置）同对实现。不管公司总体管理能力如何，进入不具有吸引力行业的多元化注定要失败。

波特认为核心业务是企业多元化经营成效的关键，核心业务是那些处于有吸引力的行业、能够取得持久竞争优势，同其他业务具有重要内在关联，能够为多元化提供技能与活动的业务。

(三) 核心竞争力

1990 年，普拉哈拉德（Prahalad）与哈默尔（Hamel）将资源本位观点引入公司的战略分析，并认为，企业之间的竞争可分为三个层次：核心能力的竞争、最终产品的竞争、核心产品的竞争。

普拉哈拉德与哈默尔认为（如图 6－6 所示），企业好比一棵大树，最终产品是树的果实，业务单元是树枝，核心产品是树干，核心竞争力是树根。其中，核心产品是核心能力与最终产品之间的纽带，也是一种或几种核心能力的实物体现。核心产品是决定最终产品价值的部件或组件。树的生命源在树根，企业只有在核心能力领域中保持领先地位，才能有牢固的基础，维持其最终产品在市场竞争中的优势。“核心竞争力”是一个从“核心竞争力”到“核心产品”再到“终极产品”的发展延伸过程。

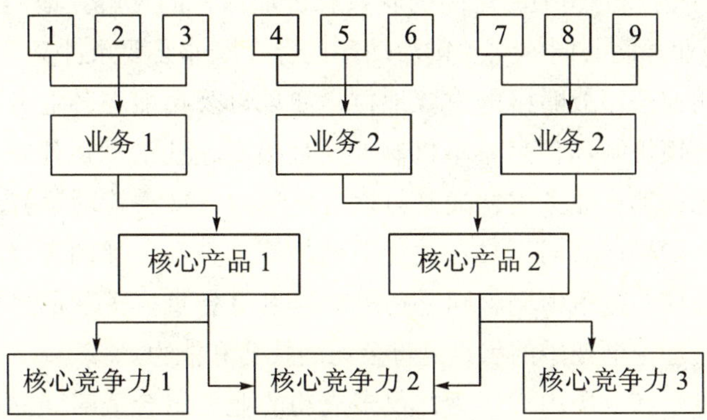

图 6－6　核心竞争力与公司竞争三层次

资料来源：根据 Prahalad 和 Hamel（1990）相关资料整理。

企业多元化战略的实质就是核心竞争力的运用。只有建立在核心竞争力之上的多元化企业战略才能取得最终成功。多元化经营要以培育核心竞争力为前提，核心竞争力的一个显著特征是具有延展性，而这种延展性恰好是多元化经营的根基。在根基不扎实的情况下，盲目进行多元化，必然导致战略上的失败。企业只有努力培育自己的核心竞争能力，才能获得创新能力来孕育具有特质的新产品，才能进入多个不同市场并取得相对竞争优势，才能实现真正意义上的有效益的多元化经营。核心竞争力的识别和运用，又要靠多元化经营来实现。

从总体来说，企业核心竞争力和多元化经营之间是一种相互促进又相互制约的关系。首先，企业的核心竞争力是企业进行多元化经营的基础，企业若拥有一个或几个核心竞争力，就等于为多元化经营准备好了一个平台；而适度的多元化经营，又促进了核心竞争力的发展和融合，提高了核心竞争力的使用效率。其次，两者又是相互制约的。在资源有限的情况下，企业必须决定当前是首先规模扩大还是内涵发展的道路。同时，多元化又是一把双刃剑，它导致高收益和高风险并存，必须谨慎操作。盲目多元化经营会导致企业陷入困境，削弱甚至丧失企业的核心竞争力；而基于核心竞争力的多元化可降低风险、提高效益、强化企业现有核心竞争力并获取新的竞争力。

(四) 母合优势

20世纪70年代，盛行的业务组合理论利用现金流特征将业务进行分类，为企业平衡业务组合和配置资源提供了一个统一的标准，但这种方法并没有解决企业如何选择新的多元化业务的问题。20世纪90年代，普拉哈拉德与哈默尔提出应以核心竞争力作为企业创造价值的基础来建立业务组合，并建立相应的组织机构和管理模式。尽管这一观念非常诱人，也提高了人们对企业组织的认识，但它无法解释像ABB、GE等公司采取高度分散化战略也能成功的原因，而且由于缺乏有效的分析工具，这一观念并不能为多元化企业在选择业务方面提供太多帮助。

古尔德（Michael Goold）、埃贝尔（Andrew Campbell）和亚历山大（Marcus Alexander）对核心竞争力和公司战略之间的联系有更加深入的见解。他们认为对业务组合战略来说[①]，各项业务间共同的“关键活动”的存在既非必要条件又非充分条件，其关键是要认清母公司在公司战略中的重要地位。如果母公司能在各业务单位之间建立起技能联合机制、连锁机制和信息共享机制，并且提高这些活动运作效率，使之成为可以共享的优势资源，那么业务组合战略与核心竞争力（或关键活动）两者之间就具备了某种逻辑联系。如果母公司不具备关键活动的管理技巧，那两者之间就没有必然联系。他们认为，使核心竞争力概念同公司战略是否具备重大关联的是相关的母合技能的存在与否。这一理论框架中的焦点是母公司的技巧和能力。

古尔德、坎贝尔和亚历山大认为，很多成功的业务组合战略建立的基础不是业务单位的核心技能和知识，而是母公司的核心技能和知识。

古尔德、埃贝尔和亚历山大认为[②]，多元化企业的成败取决于能否拥有独特的母合特征，从而对不同的业务单位产生资源共享。他们在核心能力理论基础上把公司战略归结为追求“母合优势（Parenting Advantage）”，即如果一个业务单元的特点符合一个公司总部的主导逻辑（对业务的指导、帮助和评估）就会产生“母合优势”。他们强调和关注公司总部能否为业务单元增加价值。

母合优势理论为我们在多元化战略设计中提供了这样一个思路：第一，分析某一经营业务时，首先要分析其关键成功因子，以便判断企业对该业务的影响在哪些地方是积极的，在哪些方面是消极的；第二，明确可以从哪些方面改善该项经营业务；第三，分类探讨多元化企业的特征，以便判断其特征和经营业务的关键成功因子与母合机会之间的匹配性（如图6-7所示）。

---

① 安德鲁·坎贝尔，凯瑟琳·萨默斯·卢斯．核心能力战略：以核心竞争力为基础的战略［M］．严勇，祝方，译．大连：东北财经大学出版社，1999：101-102.

② 迈克尔·古尔德，安德鲁·坎贝尔，马库斯·亚历山大．公司层面战略：多业务公司的管理与价值创造［M］．黄一义，等，译．北京：人民邮电出版社，2004：14.

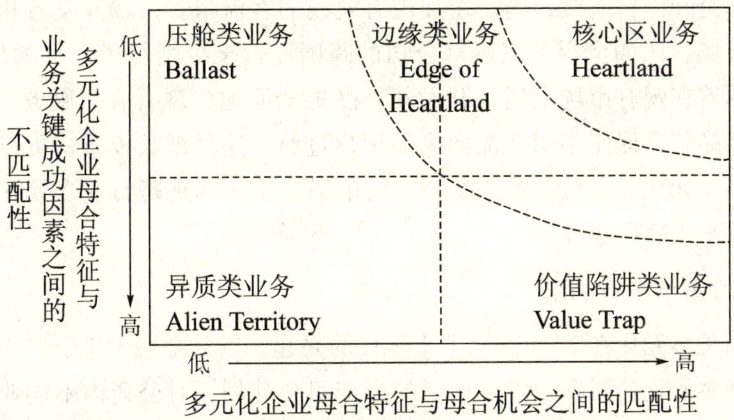

图6－7　母合匹配度与企业多元化业务组合

资料来源：迈克尔·古尔德，安德鲁·坎贝尔，马库斯·亚历山大．公司层面战略：多业务公司的管理与价值创造［M］．黄一义，等，译．北京：人民邮电出版社，2004：326.

对于多元化的管理模式，上述四种视角是比较普遍的、具有代表意义的。它们之间既有强烈的分歧和差别，也有很大程度上的相似和重叠。因此，可以说，公司必须根据自己业务的特点与多元化的程度与走势来进行管理。不拘泥于单一视角的束缚和可能产生的偏见，熟悉多种视角的特点并能够自觉地从多方面进行思考和考察，而又不在众多的说法面前无所适从，将是对公司战略制定和实施者的一个重要考验。

二、多元化战略的分析与管理方法

（一）公司业务增长途径分析

安索夫的公司增长矩阵，是较早地探讨公司增长向量的框架。该矩阵以产品与市场为两个重要维度进行组合，考察公司增长的不同方向，对多元化经营给出了清晰的定义和解读，参见图6－8。

市场 \ 产品	现有	新创
现有	市场渗透	产品开发
新创	市场开发	多元化

图6－8　安索夫的公司增长矩阵

市场渗透意味着用同样的产品在同一个市场上为现有的客户服务，精耕细作，向纵深方向发展，仍然坚持单一业务或者主导业务经营，比如通过提高自身效率和增进市场促销手段等来增加销售量。比如，美国西南航空公司，在过去很长一段时间内，其增长靠的不是开辟新航线，而是增加现有航线的客流量。市场开发意味着用现有产品打入新的市场，比如世界著名烟草公司的跨国经营至少增加了市场的地域多元性；产品开发意味着在现有市场上通过开发新产品更全面地为现有客户服务，比如，丰田引入雷克萨斯品牌，促使丰田产品向高端用户过渡。这种增长模式，可以被认为是产业内部的产品多元化。最后，新产品服务新市场，进入真正跨行业多元化的境界，比如，戴尔进军平板彩电业务。

（二）资产组合管理分析框架

随着非相关多元化在20世纪六七十年代的兴起，以及金融学中资产组合理论的发展，许多大型多元化公司开始尝试所谓的资产组合计划，对公司内不同业务的状况与特点进行盘点。一些比较著名的咨询公司也及时介入，进行总结与推广，形成了一些有关资产组合的分析方法。其中最有名的是“波士顿矩阵”和“GE－麦肯锡矩阵”分析法，详细内容见本书第三章。

然而，资产组合的分析方法与视角也存在重大的潜在缺陷。这些方法主要是针对非相关多元化企业进行的，而且主要从财务的角度来考察公司业务的定位与特点，可能会过于简单化，忽视业务间的内在关系以及战略意义。比如，一个公司的“瘦狗”在被公司剥离后，加入竞争对手的队伍，可能会反咬一口，给公司带来巨大损失。因此，并不是现金流和对业务的就事论事分析就能决定一切，战略层面的分析以及业务之间的关系通常也必须被考虑进去。

（三）以价值为基础的公司重组方法

投资组合分析工具是20世纪70年代多元化时期战略分析的主要框架，那么20世纪八九十年代的焦点是股东价值分析工具应用和公司战略决策。

在评价一个企业的业务投资组合时，应用的基本标准是，公司在有该项业务和无该项业务两种情况下，企业市场价值在哪种情况下更大（例如：把它卖给其他企业还是将它分离出去，成为一个独立的实体）。

基于价值的管理工具的应用对许多多种经营公司的高层管理团队大有帮助。正如，大部分多元化投入都会损害股东财富——为投入物所支付的额外费用大大超过了由投入物带来的增加的收入。相反，股票市场评估对资产剥离，甚至对资产剥离的预期作出积极的反应。麦肯锡公司利用股东价值分析技巧，提出了通过公司重组，增加多种经营公司的市场价值的动态模型。如图6－9所示。

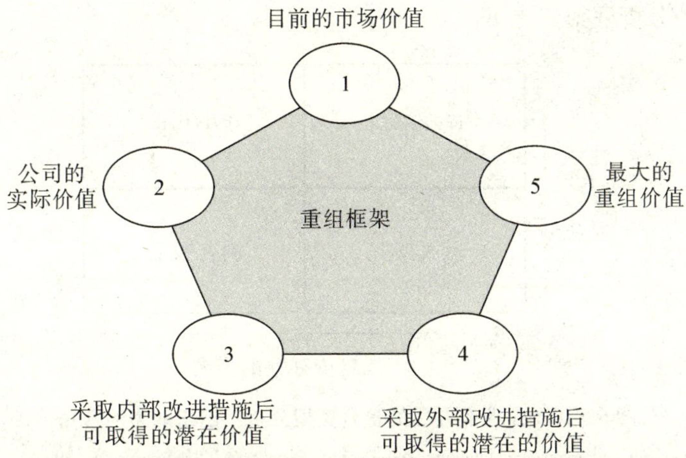

图6-9　公司重组创造价值：麦肯锡的“五角形框架”①

麦肯锡的“五角形框架”由五个阶段的程序组成，这五个阶段是：

（1）公司目前的市场价值。分析的起点是公司目前的市场价值，包括股票价值和负债。

（2）公司的实际价值。由于目前的市场价值代表着市场对公司的评价，因而可以通过改变外界对公司的看法增加企业的市场价值，而不必改变战略或运作方式。

（3）采取内部改进措施可取得的潜在价值。一个企业的总部有许多机会采取战略改进措施和经营改进措施，提高各项业务的现金流，从而提高企业的整体价值。战略改进措施包括寻找成长机会，如全球扩张、对顾客和竞争者重新定位，或战略重制。经营改进措施包括削减成本的机会和提高价格的机会。

（4）采取外部改进措施可取得的潜在价值。一旦高层管理者决定把企业各项业务的价值和企业的价值作为一个整体，那么就应该考虑业务投资组合的改变是否会影响整个公司的价值。这里的关键问题是，即使采取了战略改进措施和经营改进措施，出售单个业务的价格是否比它对企业的潜在价值更大一些。

（5）公司的最大重组价值。这是指一旦经过改变投资者的观点，采取内部改进措施，以及利用外部机会，而使得所有潜在价值都实现后一个公司的最大价值。最大重组价值与目前的市场价值之差表示一个企业利用重组机会可获得的潜在利润。

过去，这种分析方法只有杠杆经营专家和其他一些公司投机商采用。然而，面对资产日益增加的威胁，诸如此类的分析越来越被公司管理团队所采用。

（四）兼并整合分析

企业兼并后的协调与整合，在具有潜在范围经济与协同作用的前提下，是决定兼并成功与否的关键因素。哈斯普斯劳格（Haspeslagh）与杰米森（Jemison），基于不同业务对组织自主性的需求和业务之间战略相互依赖性的需求，提出了一个关于兼并后

---

① ［美］罗伯特·格兰特．公司战略管理［M］．胡挺，张海峰，译．3版．北京：光明日报出版社，2001：409.

的整合与管理的分析框架。参见图6-10。

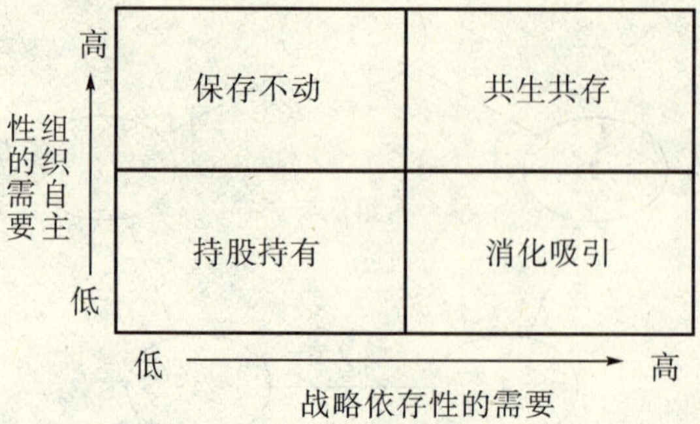

图6-10　企业兼并后的整合类型分析：组织能力的视角

资料来源：Haspeslagh and Jemison. Managing Acquisitions. New York：the free press，1991.

不同业务之间的兼并，其性质不同，兼并后给整合与管理带来的挑战也不同：

（1）如果被兼并业务的自主性运作要求很高，而与其他业务的战略依存性较低，通常适用的整合办法是保存不动：尽量保存现状，减少变动。至少表面看来，这与从兼并对象与现有业务的关系中挖掘和创造价值的理念背道而驰。然而，有些业务由于其独特性，可能很难被融入企业的整个体系。但由于其存在，可能会为整个企业起一个榜样的作用，增进其他业务的学习，并满足企业的某些特殊需要。

（2）如果被兼并的业务经营自主性要求与战略依存性要求都比较低，则企业兼并的目的主要是在财务和一般管理上有所关照，并不需要将其与其他业务整合。这时的运作理念与模式实际上是纯粹的控股公司模式。

（3）当业务之间的战略依存性较强的时候，整合的愿望也会随之增强。当兼并对象的战略依存性需求较强但组织自主性需求较低的时候，最适用的整合类型通常是消化吸收。这种整合是以大吃小，纯粹意义上的兼并或者收购。谁兼并谁，主次分明。这里，一个比较恰当的比喻可能是“移植”：缺什么，补什么。

（4）当兼并对象的战略依存性需求和组织自主性需求同时都很高的情况下，最为适用的整合类型大概应该是共生共存，即保持和利用业务的独特性，也营造和体现公司的总体性。这里，最恰当的比喻可能是“合金”：既有各个组成因素的性质，更有新的组合体的综合特性。这种高度融合又高度自主的状态是最难以拿捏的，也是大多数兼并通常失败的原因。

本章小结

本章主要探讨公司战略的主要任务以及公司总部的管理角色。公司战略的主要任务在于：选择总体经营方向和界定业务范围，合理配置资源，比如核心竞争力的培育与应用等；管理不同业务之间的关系，比如资源互补、活动共享、知识传输等；管理总部与业务单元之间的关系。公司的业务范围界定体现在数量与规模、种类与多样性、关系与管理逻辑三大方面。

本章开始我们首先介绍了业务的三维定义（顾客群体、顾客需求与满足方式）以及战略业务单元的定义。

然后我们分别探讨了企业多样性的来源、纵向一体化和横向多元化的含义与表现，以及儒梅尔特的公司战略分类法。在对纵向一体化的考察中，我们从交易费用和保持控制两个主要方面阐释了纵向一体化的实质、动机、评审与管理。

公司战略最核心的问题，其实是多元化经营的问题，其最终的挑战在于如何使公司的价值大于其单个业务价值的简单叠加。我们从环境、企业、个人三个方面详细考察了企业多元化的动因，比如分散风险、寻求新的增长，以及建立和应用市场强权。我们比较了内部发展以及并购与兼并两种实现多元化之途径的潜在优劣，比如内部发展的控制优势以及速度的限制，企业兼并的速度优势以及兼并后文化冲突与整合的困难。我们探讨了多元化进程的方向选择与检验准绳，即产业吸引力、进入成本以及竞争优势和增益的三大检验。我们回顾了不同类型的公司战略与经营绩效和经营风险的关系，初步支持了相关性多元化经营平均绩效优异的假说与观点。

最后，我们分别介绍了有关多元化战略管理的主要理论流派，即业务相关性学说、竞争优势学说、核心竞争力学说以及母合优势学说，并展示和讨论了公司增长途径分析、资产组合管理分析、企业重组再造分析以及兼并整合分析等有助于多元化管理的多种分析方法与框架。

案例

宝洁：加减的算术与艺术

2007 年，由于雷富礼（A. G. Lafley）让宝洁公司越做越大，越做越强，而被《巴伦周刊》评为“CEO 全球 30 强”。2008 年，雷富礼再次成为“2008 全球最佳 CEO”，理由变为：为创新不计情面。

发展到今日，宝洁已经拥有 300 多个品牌，畅销 130 多个国家和地区，在 80 多个国家和地区拥有 13.8 万名雇员。雷富礼希望，最终的结果不仅是现在看起来很光鲜，而且要致力于宝洁一贯倡导的“长期持续发展”。

他无情地宣布，将要出售或者分拆 Folgers 咖啡、品客（Pringles）薯片和金霸王（Duracell）电池，因为它们的销售没能达到 4% ~6% 的增长水平。此举让宝洁几乎退出了食品行业。

今年（2008 年）6 月 4 日，宝洁结束了自己的“咖啡之旅”，将 Folgers 咖啡业务以约 13 亿美元的纯股票交易并入盛美家（J. M. Smucker）。做出这个决定并不容易，经营 Folgers，宝洁用了 45 年的时间。2007 年 Folgers 销售收入达到 16 亿美元，营业利润为 3.5 亿美元，但由于年销售额增长率只有 2% ~3%，因此难逃被出让的命运。

“如果不能至少达到目标范围内销售增长的底线、不能实现一位数或更多的运营利润增长，或不能在保证资金成本的基础上完成股东总回报，就有可能被我们卖掉。”雷富礼曾表明，“宝洁退出某些业务领域，是为了致力于核心业务——家庭日化用品和美容品。”

资料来源（有删减）：朱熹妍．宝洁：加减的算术与艺术［N］．经济观察报，2008-10-20（29）．

思考题

1．企业业务的内涵是什么，如何界定企业业务的经营领域与范围？

2．企业采用纵向一体化成长战略的动机是什么？如何实现？

3．你如何评价纵向一体化战略？

4．企业多元化经营战略的动机与方式是什么？

5．企业多元化战略运用的条件是什么？

6．简述指导企业多元化战略的战略管理思想与理论。

7．简述企业多元化业务管理的方法。

第七章　业务战略

第一节　业务战略概述

业务战略又称为竞争战略，指把企业拥有的一切资产通过剥离、出售、转让、兼并、收购等方式进行有效的运营，以实现最大的资本增值。它所涉及的决策问题是在已经选定的业务范围内通过确定本业务的具体竞争方式和资源使用重点，最终谋求竞争优势，获得比竞争对手更好的业绩。

企业的每一种业务都有自己的业务战略，业务战略与企业相对于竞争对手而言在行业中所处的位置相关。那些在行业内定位准确的企业通常能更好地应付五种竞争力量。要想找准定位，企业必须决定其准备采取的行动能否以不同于竞争对手的方式开展活动或开展完全不同于竞争对手的活动。

一、业务战略的内容

（1）决定本业务对实现公司战略可做出的贡献，业务的发展方向和发展远景，本业务活动与公司内其他业务活动的关系，包括需要与公司内其他业务共享的资源种类和共享的活动。

（2）决定本业务的涵盖范围，包括本业务在业务价值链上的位置和业务活动涉及的价值链长度、业务活动所采用的技术类型和技术扩散利用的潜力、主要市场和用户群结构。

（3）业务的核心活动方面、基本竞争战略种类以及获取并控制价值的方式。

（4）业务内各项职能活动对该业务取得竞争成功的作用。

（5）业务内对资源的分配和资源平衡的方式，建立对业务内各项活动资源使用效果的控制和评价机制。

二、业务战略的制定

业务战略强调了各单位在各自产业领域中的生存、竞争与发展之道。如何整合资源、创造价值以满足顾客，是业务战略关心的重点。在进行业务战略制定时，可以分别从以下五方面来构思企业的业务战略①：

① 代宏坤. 企业业务战略制定新方法［J］. 商业时代，2007（15）.

（一）产品线的广度与特色

产品线广度与特色产品（或服务）是企业与顾客之间最直接接触的接口，是企业求生存最基本的依据，是最容易掌握与描述的企业特性。因此，产品线的广度与特色，是描述企业业务战略的首要项目。

描述产品线的广度和特色时，要注意如下问题：在产业所有可能提供的产品或服务项目中，本企业提供了哪些产业有的，本企业是否全有或只提供单一产品；如果产品线不止一种，则选择这一产品组合的理由为何，产品线或服务项目大约可以划分为几大类，它们之间如何搭配，同业间产品或服务的特色共有哪些，本企业所提供的特色又是哪些，这些特色是怎样形成的，凭什么可以创造这些特色。

（二）目标市场的细分方式与选择

目标市场是本企业所欲服务与满足的对象，也是主要的外界资源来源，因此是描述业务战略的重要构成层面。但在实务上，许多企业领导人或业务负责人对目标市场的概念并不清楚，常造成实践中缺乏重点，或因为想以同样的方式服务不同的目标市场，而降低了顾客的满意程度。

无论消费品或工业品，顾客皆可以依据各种标准划分为许多细分或类型。同一产业中的各个业者对目标市场的细分方式未必相同。而且其细分方式也代表其战略思考的方式与战略选择。例如有些企业依客户的规模划分市场；有些则是依地区；有些依消费者的所得、年龄或生活形态。不同的划分方法，在战略上甚至组织上，都代表着不同的意义。

业务战略的制定者应思考并决定他所负责的业务，现在如何界定和选择其目标市场来应对？这一细分方式有何战略上的意义？目标市场中的顾客在购买行为和需求特性方面，是否与本业务的产品线广度与特色相配合？所选定的目标市场将来成长潜力及需求特性的稳定程度如何？如果是工业品，也可以思考各个目标市场差别或客户类型对本企业的依赖程度如何？本企业对它们的依赖程度又如何？将目标市场细分以后，企业未必就只选择其中一个。

（三）垂直整合程度的决策

任何产业，由原料到最终顾客的满足，都必须经过一连串的加工作业或“价值活动”。例如，在半导体产业，有 IC 设计、光罩、芯片加工、被动元件制造、包装等阶段，厂商可以在这许多阶段中选择其中一个阶段来做；也可以从头做到尾，成为一个一贯作业的半导体业者。究竟要从事多少项或多少阶段的决定，就是垂直整合程度的决策。这些“活动”，企业可以自己做，也可以让别人来做，各有其优劣之处。

在决定垂直整合程度时，必须先了解产业上下游共有哪些流程与阶段，才能深入分析而有所取舍。有些业务（活动）的竞争优势的形成极具关键性，应尽量掌握在自己手中；有些业务（活动）与竞争优势或企业的核心能力关联不大，外界又有许多机构可以代劳，则可以考虑外包来精简组织。

（四）相对规模与规模经济

规模经济是随着经营规模的扩大而带来的效益，可能表现在产能的充分利用、采购上的谈判力、全国性广告的运用，以及人员训练与研究发展等。而这些效益的大小又随着产业特性而有所不同。即使在同一个产业，也会因为科技的进步、产业结构的演进等因素而有所变化。

要描述“相对规模与规模经济”，必须要先仔细思考并回答以上这些问题，而不只是简单地提出本企业的营业额或资本额而已。想要回答以上这些问题，需要深入的研究，也需要一些主观的判断。

在许多高科技或电子商务的产业，由于产业特性是“大者恒大”，未达一定门槛规模者很快就会被淘汰，所以快速追求规模成长是关键。在投资新业务前，需要先想清楚，这一产业的规模要求或门槛是多少，本身的资源与战略雄心是否能配合产业规模的要求。而即使是产业中的老将，当面对产业环境剧烈变化时（例如科技突破或市场开放），也应深入检讨自己在规模方面的地位与决策。

（五）竞争优势

战略制定者希望能由以上各项战略决策，创造出业务所独特拥有的竞争优势。这些竞争优势可能是营销方面的优势，例如品牌知名度和渠道的掌握，也可能是在生产和财务方面，例如生产效率和低成本的资金来源；也可以是技术的独创与领先。

但这些战略上的竞争优势，有时彼此并非互相独立，而是互相支援、互相呼应、互相配合的。有些竞争优势是从本业务的战略形态所形成的，或说是从以上五个战略形态层面延伸出来的。例如“产品品质特别好”“产品种类比别人多”“交货迅速”等优势，是与“产品线广度与特色”有关的；“掌握了最忠诚的客户”“找到了最好的经销商”是与“目标市场的细分方式与选择”有关的优势，“产销一体化”“善用外包以精简组织”是与“垂直整合程度的决策”有关的优势。

第二节 基本竞争战略

竞争战略是指在正确界定和分析竞争对手和竞争形势后，企业计划在一段较长时期内采用的主要竞争手段，也可以说竞争战略就是确立企业竞争优势的谋划。波特提出，企业有三种基本的战略选择，即成本领先战略、差异化战略、集中化战略。他指出，一个企业要获得相对竞争优势，就必须做出战略选择。企业若没有明确地选定一种战略，就会处于左右为难的两难境地。企业必须从这三种战略中选择一种，作为其主导战略。这三种战略在架构上差异很大，成功地实施它们需要不同的资源和技能，由于企业文化混乱、组织安排缺失、激励机制冲突，夹在中间的企业还可能因此而遭受更大的损失。

一、成本领先战略

成本领先战略也称低成本战略，是指企业通过有效途径降低成本，使企业的全部成本低于竞争对手的成本，甚至是同行业中最低的成本，从而获取竞争优势的一种战略。为了实现低成本，企业应发挥规模经济的作用，使生产规模扩大、产量增加，从而降低单位产品的固定成本。

成本领先可以从以下几个方面给企业带来竞争优势：

（1）获得高于产业平均水平的利润；

（2）获得较大的降价空间，从而有效地实施价格竞争，提高企业的价格竞争能力；

（3）以较低的价格销售产品，有利于扩大销售，提高市场占有率；

（4）以较低的价格限制潜在竞争者的加入。

成本领先战略的战略逻辑，一是要求企业成为产业内唯一的成本领先者，而不仅仅是若干领先企业之一；二是要求企业较竞争者有明显的成本优势，而不只是微小的领先。在实践中，有许多企业采用成本领先战略而取得了良好绩效。邯钢以严格的成本控制取胜，形成了著名的“邯钢经验”。

（一）成本领先战略对竞争威胁的抵御

波特认为，身处任何产业的企业都面临五种竞争威胁，即来自产业内的现有竞争者、替代品生产者、买方、供方和潜在进入者。竞争战略的目的是指导企业采取进攻或防守性行动，帮助企业在产业内建立进退有据的地位，成功地应对五种竞争威胁，从而为企业赢得超常的投资收益。

买方和供方都是企业的合作伙伴，买方与企业竞争的焦点是产品售价。成本领先的企业，有能力将产品的价格始终维持为产业最低，因此买方一般也不会奢求进一步降价。供方与企业竞争的焦点是原材料或零部件的供应价格。成本领先的企业，一般具有规模化的生产和较高的市场占有率，因此它可依赖采购数量优势来说服供应商放弃提价的企图。即使在供应商坚持提价时，成本领先的企业也比竞争对手更具承受能力。

替代品生产者与潜在进入者加入竞争行列的目的，是为了该产业的需求与利润。实施成本领先战略的企业，可通过不断降低产品价格来削弱顾客转向替代品的欲望，即使替代品对该产业有较大冲击时，首先受损失的也是那些成本与产品价格较高的企业。成本领先的企业，会传递给潜在进入者一个信息，即一旦其敢涉足该行业，成本领先企业有能力将产品价格降到使入侵者无利可图的水平。

产业内竞争者对企业的威胁，主要体现在顾客争夺、供应商争夺和资源争夺。产业内竞争者对顾客的争夺，主要依赖降低产品价格和提高产品质量来完成。实施成本领先战略的企业能够自如地应对其他企业的降价，不会让竞争对手获得任何价格优势。实施成本领先战略的企业，其目标市场是价格敏感性的顾客，因此质高而价格也相对较高的产品，难以对目标市场形成较大冲击。成本领先的企业，规模化的采购是其一大特征，供应商会竭尽所能地争取与维持此类顾客。因此，采购价格相近时，理智的供应商会选择成本领先的企业。而当竞争对手以提高采购价格来抢夺供应商时，成本领先的企业比竞争对手更容易消化采购品价格的上升，有能力应对竞争对手的提价。

（二）成本领先战略的实现

成本领先战略通常靠规模化经营来实现。所谓规模化，通俗的说法就是“造大船”，而“大船”必须同降低单位产品的成本联系起来才有意义。如果仅仅强调规模之大，而不注重成本之低，那么这种所谓的“规模”就同古埃及法老造金字塔、中国秦始皇筑长城无异，不具备经济学上的成本分析意义。只有类似于福特汽车在20世纪初期通过流水作业线把T型车价格降到二百多美元，以及更早一些时间的卡耐基把每吨钢材价格降到十几美元的举措，才是真正的规模化经营。国内有些人简单地把企业并购扩张理解为规模化，而不注重“航母”和“舢板”的单位成本比较，误解了规模化的真谛。

规模化的表现形式是“人有我强”，但是这个“强”首先不是追求质量高，而是价格低。所以，在激烈的市场竞争中，处于低成本地位的公司仍可获得高于本产业平均水平的收益。换句话说，当别的公司在竞争过程中已经失去利润时，这个公司仍可以获利。企业实施总成本领先战略，不是要开发性能领先的高端产品，而是要开发简易便宜的大众产品。正是这种思路，使工业化前期的企业往往选择这一战略。它们通过提高效率，降低成本，使过去只能由上流社会甚至皇宫王室享用的奢侈品，走进了寻常百姓家。至今，这种战略依然有效。

（三）成本领先战略的适用场合

成本领先可以是一种有效的战略选择，但并非在任何情况下都是适用的，在以下一些场合，成本领先战略最能发挥作用和效力。

（1）在顾客方面，对某一类商品存在巨大的共同基本需求。在这种情况下，质量可接受的标准化产品就能够满足用户需要，价格而不是特色、质量或品牌成为顾客购买的主要决定因素。像沃尔玛这样的大型连锁超市所销售的多为日常消费用品。对于食品而言，所谓民以食为天，需求是大量、持续而稳定的，并且顾客之间的差异性不大。面对这一类的需求，沃尔玛之所以能够做到年销售额超过2 000亿美元的规模，这里的逻辑是简单明了的：大量的共性需求是规模化经营的前提和基础，而规模经济所带来的低成本和低价格又正好迎合了这类需求。

（2）对于产品生产而言，如果产品差异化的途径不多，差异化的作用不大，那么该行业所生产的产品都将是标准化的。比如，农产品、建筑钢材、基本化工产品等，不同厂家所生产出来的产品的差别是很小的。在这种情况下，顾客的转换成本很低，很容易从一个厂家转向另外一个厂家购买。

二、差异化战略

所谓差异化战略或标新立异战略就是使企业提供的产品或服务标新立异，有别于竞争者而具有鲜明的个性或特色，以创造和提升企业竞争优势的战略。这种战略的核心是取得某种对顾客有价值的独特性。凡是差异化战略，都会把成本和价格放在第二位考虑，首要的是看能不能做到标新立异。这种标新立异可能是独特的设计和品牌形象，也可能是技术上的独家创新，或者是客户高度依赖的售后服务，甚至包括别具一格的产品外观等。

差异化可以通过许多方面来体现，如产品性能、质量、外观、品牌形象、技术、客户服务、经销网络等，企业只要在其中某一方面或某几个方面与竞争者有所不同，并对潜在顾客具有较大的吸引力，就能取得优势地位。

成功地实施差异化战略可带来的竞争优势有：

（1）使企业减少与竞争对手的正面冲突，取得某一领域的竞争优势；

（2）利于扩大企业和品牌的知名度，强化顾客的品牌偏好和忠诚；

（3）能有效地将顾客的注意力吸引到企业鲜明的个性和特色上，降低顾客对价格的敏感性，从而有利于企业抵御价格竞争的冲击，增加企业利润；

（4）具有特色的产品还能有效地防止替代品的威胁。

（一）差异化战略对竞争威胁的抵御

差异化战略是一种极具顾客导向的战略。它很注重研究顾客需要与满足顾客需求，其目标是比竞争对手更好地满足顾客的需求，其手段是使产品中融入顾客需要的独特个性。独特个性的融入，使实施差异化战略的产品与众不同。顾客欲获得这些独特性和满足某些特定需求，就必须消费该类差异化的产品；否则，他们的特定需求将无法得到满足。由于顾客缺乏满足同类需求的备选产品，因此其压低产品价格的能力相对有限。

企业所寻求的独特性有一部分来自其采购品的独特性。因此，实施差异化战略的企业多对供应上的依赖比较强。反之，企业停止采购对供应商也有较大威胁。因为产品的专用性使供应商很难及时找到其他买主，转换成本较高。因此，供应商与实施差异化战略的企业之间，一般会更多地选择合作与相互信赖。

差异化战略的有效实施可以形成顾客对企业产品的消费偏好，帮助企业建立良好的品牌信誉和顾客忠诚。新的进入者和替代产品生产者想要在短时间内克服这些障碍绝非易事。在与新的进入者和替代产品生产者的较量中，首先受损失的是那些产品无特色的企业。

（二）差异化的来源

1. 差异化的内在来源

差异化的内在来源包括产品质量上的识别性。产品及使用上的可靠性、安全性、功能稳定性、耐用性等都可以成为不同的消费者识别质量的标志。产品品种的可挑选性使产品具有个性和与环境的适应性，消费者可以根据时间和场地的不同选择性使产品具有个性和与环境的适应性，消费者可以根据时间和场地的不同选择不同的式样。通过产品品种的更新换代，还能使消费者在追随产品更新过程的同时，与企业建立长期的关系。

与产品使用过程捆绑在一起的服务提高了消费者对产品质量的识别程度，对使用专业要求较高的产品来说，与使用过程捆绑的服务使消费者能经济放心地使用产品。

特别是当某产品的使用，关系到使用者系统的稳定性，或是当使用者系统故障的成本特别高时，是否能提供捆绑服务和服务的满意程度将成为购买的前提条件。对于注重系统及时、平衡、经济性的用户、对市场变化较快的用户和经常性创新的用户来说，获得产品的及时性及合理的交货期，就成为重要的差异化识别标志。

2. 差异化的外部来源

差异化的外部来源表现为企业长期建立的市场形象和品牌吸引力、产品的外观特征、产品价格等。通过差异化，可以使用户在任何地点及任何时候都能获得所需要的能力（包括产品、服务及结合效果），能获得使用和维修上的便利和支持，能获得对升级产品的首先使用等。甚至能借助对产品的消费来获得相应的市场地位，获得与供应商结盟的机会和利用供应商无形资产及市场机会的地位。可见，市场形象和品牌吸引力的差异化作用最强。

总的来说，当差异化的外部来源有内在来源的支持时，差异化的可识别性和消费者认可程度较高，差异化标志维持的时间也较长，差异化战略的成功率会更高。

（三）实施差异化战略的途径

企业要突出自己产品与竞争对手之间的差异性，主要有四种基本的途径：

1. 产品差异化战略

产品差异化的主要因素有：特征、工作性能、一致性、耐用性、可靠性、易修理性、式样和设计。

2. 服务差异化战略

服务的差异化主要包括送货、安装、顾客培训、咨询服务等因素。

3. 人事差异化战略

训练有素的员工应能体现出下面的六个特征：胜任、礼貌、可信、可靠、反应敏捷、善于交流。

4. 形象差异化战略

形象差异化是指通过塑造与竞争对手不同的产品、企业或品牌形象来取得竞争优势，塑造形象的工具有名称、颜色、标识、标语、环境、活动等。企业通过强烈的品牌意识、成功的CI战略，借助媒体的宣传，使企业在消费者心目中树立起良好的形象，从而对该企业的产品产生偏好，一旦需要，就会倾向于选择该企业的产品。

（四）企业实施差异化战略的意义

企业通过差异化战略可实现以下目的：

（1）建立起顾客对企业的忠诚。

（2）形成强有力的产业进入障碍。

（3）增强企业对供应商讨价还价的能力。这主要是由于差异化战略提高了企业的边际收益。

（4）削弱购买商讨价还价的能力。企业通过差异化战略，使得购买商缺乏与之可比较的产品选择，降低了购买商对价格的敏感度，另一方面，通过产品差异化使购买商具有较高的转换成本，使其依赖于企业。

（5）由于差异化战略使企业建立起顾客的忠诚，所以这使得替代品无法在性能上与之竞争。

三、集中化战略

集中化战略也称聚焦战略，是指企业或事业部的经营活动集中于某一特定的购买者集团、产品线的某一部分或某一地域市场上的一种战略。这种战略的核心是瞄准某个特定的用户群体，某种细分的产品线或某个细分市场。具体来说，集中化战略可以分为产品线集中化战略、顾客集中化战略、地区集中化战略、低占有率集中化战略。

集中化战略是同市场细分紧密关联的，通俗的说法就是市场定位。如果把经营战略放在针对某个特定的顾客群、某个产品链的一个特定区段或某个地区市场上，专门满足特定对象或者特定细分市场的需要，就是目标集中。这一类基本战略是主攻某个特定的顾客群、某产品系列的一个细分区段或某一个地区市场。成本领先战略与差异化战略都是要在全产业范围内实现其目标，集中战略却是围绕着很好地为某一特定目标服务这一中心建立的，它所制定的每一项职能方针都要考虑这一目的。

（一）集中化战略的实施形式

集中化战略实施有两种形式：集中成本领先和集中差异化。采取集中成本领先战略的企业追求在目标市场上的差异化优势。集中战略的这两种形式都以所选择的目标市场与产业内其他细分市场的差异化为基础。集中成本领先战略在一些细分市场的行为中发掘差异，而集中差异化战略则是开发差异化细分市场上客户的特殊需求。这些差别意味着多目标竞争者不能很好地服务于这些细分市场，他们在服务于部分市场的同时也服务于其他市场。因此，采取集中战略的企业可以通过专门致力于这些细分市场而获得竞争优势。

（二）集中化战略的表现形式

集中化战略与上述两种基本战略不同，它的表现形式是顾客导向。为特定的客户提供更为有效和更为满意的服务。所以，实施集中化战略的企业，可能在整个市场上并不占优势，但却能够在某一比较狭窄的范围内，要么在为特定客户服务时实现了低成本，要么针对客户的需要实现了差异化，还有可能在这一特定客户范围内低成本和差异化兼而有之。在一定意义上，集中化战略类似于差异化，不过是调换了位置（即顾客角度而不是企业角度）的差异化而已。

（三）集中化战略的适用条件与收益

1. 适用条件

（1）具有完全不同的用户群，这些用户或有不同的需求，或以不同的方式使用产品；

（2）在相同的目标细分市场中，其他竞争对手不打算实行重点集中战略；

（3）企业的资源不允许其追求广泛的细分市场；

（4）行业中各细分部门在规模、成长率、获利能力方面存在很大差异，致使某些细分部门比其他部门更有吸引力。

2. 收益

（1）集中化战略便于集中使用整个企业的力量和资源，更好地服务于某一特定的目标；

（2）将目标集中于特定的部分市场，企业可以更好地调查、研究与产品有关的技术、市场、顾客以及竞争对手等各方面的情况，做到“知彼”；

（3）战略目标集中明确，经济效果易于评价，战略管理过程也容易控制，从而带来管理上的简便。

四、三种战略的风险

任何战略都有风险。在战略选择时，不但要看到相应的战略能带来什么效益，同时还要看到会造成什么风险。在一定意义上，对风险的认识要比对效益的掌握更重要。

（一）成本领先战略的主要风险

成本领先战略的主要风险是规模化经营会妨碍产品的及时更新换代，技术上的重大变化会把过去的投资和经验积累一笔勾销；产业的进入者和追随者易于模仿，竞争对手的学习成本较低；企业集中精力于成本，很可能忽视消费者的心理需求和市场的变化；需要同竞争对手保持足够的价格差，一旦这种价格差不能抵御竞争对手的品牌和特色影响，这一战略就会败北。当年福特公司的T型车败给通用公司的新车型，就是成本领先战略失败的典型事例。

在与竞争对手对抗的过程中，企业只能依赖两种途径来获取竞争优势，一是低成本，二是差异化。因此成本领先战略的风险也体现在两个方面，一是成本领先企业领先地位丧失，二是企业的成本优势难以弥补差异化的劣势。

1. 丧失成本领先地位

实行成本领先地位的企业面临的最大挑战是必须始终保持产业内最低的成本地位，要做到这一点，比获得成本领先地位更加困难。

（1）技术上的变化将过去的投资与学到的经验抵消

处于成本领先地位的企业，通常拥有相对先进与完善的技术体系。其竞争对手深知，基于现有的技术体系来开展竞争，难以取得突破性进展。所以，他们会千方百计地寻求以新的技术体系来取代旧的技术体系。一旦某产业的技术体系发生质变或部分质变，原有领先企业在技术领域的投资和努力将大大贬值，成本优势也将不复存在。如美国的得克萨斯仪器公司，率先开发并采用半导体技术，用晶体管代替电子管，极大地动摇了通用电器公司在电子领域的领先地位。20世纪80年代以来，产品的技术更新的周期越来越短，奉行成本领先战略的企业正面临着日益严峻的挑战。

（2）成本降低的空间日渐狭小

企业想要维持成本领先地位，必须不断降低成本以保持对竞争对手的成本优势。但随着技术与产业的成熟，企业降低成本的空间及幅度日渐狭小。随着竞争对手标杆管理的实施，企业之间在技术水平与管理水平方面的差距将逐渐缩小，企业成本优势的维持日渐困难。

2. 成本优势难以弥补差异化的劣势

在市场上，成本领先企业的优势最终表现为价格优势，而其劣势就是产品缺乏个性。当企业产品的价格优势无法弥补其差异化劣势时，企业会将市场优势拱手让与实施差异化战略的企业。导致企业差异化劣势过分突出的原因，既可能是来自企业的内部经营不善，也可能是来自外部市场环境的变化。

（1）过度关注企业内部经营效率的提高，缺乏对顾客需要的良好把握

产品立足于市场的前提是能满足某些顾客的需求。一旦产品无法满足顾客的需求，价格的高低就失去了意义。因此，企业在坚持提高企业内部的经营效率的同时，应始终贯彻顾客导向，坚持对顾客需求的研究与迎合。

（2）市场需求发生不利于低成本的企业的显著变化

在顾客需求发生很大变化的情况下，即使企业仍然能够保持产品的价格优势，由于无法满足顾客的需求，原有市场也将被实施差异化的企业所占领。如：福特公司出产的黑色T型轿车，由于成功地实施了成本领先战略，曾在美国风靡一时。但随着消费者收入与购买力的提高，许多高收入家庭开始购买第二辆、第三辆汽车，市场开始偏爱个性突出、风格新颖、质量优良的汽车，顾客愿意为此支付较高的价格。福特公司由于没有及时调整战略，很快失去了市场的主导地位。

（二）差异化战略的主要风险

差异化战略的主要风险是维持差异化特色的高成本能否被买方所接受，如果价格差距过大，客户很可能会放弃对这一品牌的忠诚度而转向采购更便宜的产品以节省费用；买主的差异化需求下降，不再愿意为保持特色支付溢出的价格；差异化形成的高额利润，会吸引投资者进入并模仿，而大量模仿的出现会导致差异缩小，利润逐渐降低。

差异化战略的风险主要有两类，一是差异化优势的丧失，二是差异化优势无法弥补成本劣势。

1. 差异化优势的丧失

差异化优势丧失的一个原因是竞争对手的仿效。对于那些具有差异化优势的企业，竞争者会想方设法地学习与模仿，以改进自己的产品或服务，达到缩小或弥补差异化优势的目的。因此，获得差异化优势的企业既不可能高枕无忧，更不可能一劳永逸，它们既要注意已有差异化优势的保护、维持与强化，又要不断寻求新的差异化优势。

差异化优势丧失的另一个原因是顾客对独特性的不认可。产品或服务的独特性只有满足顾客所重视的需求时，才能被顾客认可，从而为企业带来差异化优势。顾客对独特性不认可一方面源于主观因素，如对顾客的需求特点认识不足、产品未能达到顾客使用标准、向顾客传递的信息不充分或被扭曲等；另一方面源于客观因素，如顾客需求特点出现重大变动、成熟市场中顾客不再对一些特殊需求感兴趣等。

2. 差异化优势无法弥补成本劣势

通常情况下，顾客愿意为所获得的独特性价值支付一定的溢价。但溢价的幅度不

能过高，因为顾客的承受能力有限。当实施差异化战略的企业成本过高时，将面临两难的选择：如果大幅度提高产品价格以补偿成本，就会失去大量的顾客；如果价格不变或稍微提高以保住市场份额，就会流失大量利润甚至亏损。从长远来看，两种选择都会影响企业的正常发展，因此对实施差异化战略的企业来说，控制成本与寻求差别同样重要。

（三）集中化战略的主要风险

（1）由于企业全部力量和资源都投入一种产品或服务或一个特定的市场，当顾客偏好发生变化，技术出现创新或有新的替代品出现时，则这部分市场对产品或服务需求下降，企业就会受到很大的冲击；

（2）竞争者打入了企业选定的目标市场，并且采取了优于企业的更集中化的战略；

（3）产品销量可能变小，产品要求不断更新，造成生产费用的增加，使得采取集中化战略的企业成本优势被削弱。

总的来说，集中化战略的主要风险是细分目标的公司与大面积提供服务的公司成本差距过大，从而使集中化公司失去成本优势，或者失去特色优势；原来确定的客户对象与其他客户逐渐趋同，不再需要针对特定目标的特色服务，细分市场失去意义，外来的“大路货”消解了原来的目标定位；竞争对手对市场进行了二次细分，使相应产品和服务也随之变成了不再吸引特定客户的“大路货”。

第三节　竞争优势

竞争优势是指在特定的产品与市场领域中，企业通过其资源配置的模式与经营范围的决策，在市场上所形成的与其竞争对手不同的竞争地位。它常常表现为企业所拥有的资源、能力与竞争企业相比，在数量上或质量上形成的有利差别。竞争优势是竞争性市场中企业绩效的核心。然而很多企业在追求疯狂的增长和多元化经营的过程中，将竞争优势抛于脑后。今天，全世界的企业都面临增长的减缓和来自国内和全球的竞争，竞争优势的重要性前所未有。而竞争者们已不能在似乎不断增大的馅饼足够分享的前提下经营。本节主要基于企业资源和能力着手，探讨竞争优势是什么？竞争优势的基本类型有哪些？资源和能力如何转换为竞争优势？

一、竞争优势的形成

关于竞争优势的认识，一定要在特定的竞争环境中来考察。所谓竞争优势是指当两个企业处在同一市场中，面对类似客户群体，其中一个企业能够获取更高的利润率或能够获得潜在的更高利润率时，该企业就拥有某种竞争优势。竞争优势是一种特质。竞争力大或强的才有优势。这种优势就是独特的，否则它就不可能有更大或更强的竞争力。

一般地说，只要竞争者在某些方面具有某种特质，它就具有某种竞争优势。因此，也可以说，竞争力是一种综合能力，而竞争优势只是某些方面的独特表现。之所以称之为“独特”或“特质”就是不同于别的竞争者的东西，如企业的创新能力比其他企业强，那么它的新产品开发就会快，就会准；又如某企业的品牌有独特的魅力，能更多地吸引顾客，那么它就更容易开拓市场或扩大销售等。所以，竞争优势是某种不同于别的竞争对手的独特质量，这种质量难以观察和测量，但在竞争中是能够比较明显地表现出来的，也可以说会脱颖而出。竞争优势是在竞争中培育出来的，也是在日常工作中积累起来的，不过需要用心和智慧，而不是随意或自然就可拥有的。

（一）适应外部环境的变化形成的竞争优势

企业所处的外部环境时刻都在发生变化，这种变化并不直接对企业产生正面的或负面的影响。在动态的环境下，企业只有适应环境的变化才能生存。基于变化环境中的竞争优势的形成有赖于企业对外在环境的变化做出的敏捷反应。外部环境的变化意味着创造出新机会，识别这种机会并快速地调整企业管理的各项工作，我们往往把这种能力称为“创业者精神”，也把面对机遇敢于第一个尝试的企业称他们拥有“第一行动优势”。上海的华联超市、联华超市是上海最早成立的超市集团，他们及时把握了超级市场作为一种新型零售形式在上海的良好发展机遇，一举成为上海超市的领先者；麦德隆、易买得等作为上海第一批仓储式销售的拓荒者，同样在其领域取得了巨大的成功。

因此，一种竞争优势能否形成，企业的反应速度能否跟上变化，关键在于对外界环境变化的预测能力。产品有生命周期，行业也有生命周期，顾客的要求在不断变化，竞争的模式也在变化，所以企业的信息系统起到重要的作用。这并不单纯是指对现实市场环境的数据收集、整理和分析，更重要的是企业需要建立对环境重大因素变化的预警系统，通过对科技发展、顾客需求、供应者条件、社会形态等多项指标的监控来达到对外界的把握。英国著名的清洁公司 Body Shop，正是准确地体悟到人们对自然型清洁用品不断增长的偏爱，大胆地采用世界各地民间的天然的清洁用品配方，附以现代的营销方式，从而在强手如林的清洁行业中后来居上，取得成功。

当然，单纯的预测未来并不能直接形成竞争优势，企业必须能灵活地应用自己的资源和能力去适应形势的变化。这里的灵活性一方面指与工厂、设备有关的技术能力，另一方面同样涉及企业组织整体的灵活性，包括组织结构、决策系统、工作设计以及员工态度等。所以，快速反应的源泉来自于组织本身的软性程度。

事实上，许多成功的企业绝不是消极地等待事物的变化，或仅依靠预测来进行反应；他们更侧重于自我创新，努力创造新事物来影响外部环境，为自身的发展提供良好的机遇。例如，Sony 公司坚定不移地追求“高、精、尖”的经营理念，不断地向市场推出如 Walkman、Diskman、Watchman 等耳目一新的产品，打破市场的原有格局和态势，为自身的发展拓展新的空间。

随着竞争程度的不断提高，竞争对手的实力也变得异常强劲。人们注意到利用外界环境变化形成竞争优势的关键是反应速度，即在大家都预感某种变化将要发生的时候，最后的赢家往往是反应速度最快的企业。所以对企业资源和能力的快速重新组合，并有效地执行新的战略计划成为竞争中制胜的法宝。

（二）内部系统的创新形成的竞争优势

外部环境的变化给具有敏锐触角者以及有创业者精神的人提供了形成竞争优势的良机。同时，企业内部系统的创新，包括对内部资源的重新组合也是形成竞争优势的重要途径。

谈到企业内部系统的创新，人们马上会联想到技术创新，利用新技术开发新一代的产品，例如，英特尔不懈地对芯片开发技术进行创新，以保持其领先地位。但同时我们应该注意到，这里的内部系统的创新同样意味着企业经营管理思想和方法的创新，特别是战略竞争方法的创新。例如，瑞典背景的世界著名家具零售商 IKEA，他们并没有像其他同行业者那样只是侧重于如何改善零售服务的质量，家具款式等问题，而是在世界各地建立长期的供应商关系；设计顾客可以自己组装的实用家具；大规模地开展连锁经营；并保持自己企业的鲜明个性，从而给家具零售业带来了新鲜的空气。

事实上，企业内部系统的创新要求人们有充分的想象力、创造力，甚至还需要人们的直觉。这里最重要的是能否创新出新的市场“游戏规则”。通常情况这种新的“游戏规则”意味着创造该行业各项活动的新的结构，或者改变该行业活动的价值链。例如，过去的计算机市场为主要的几家计算机制造商所控制，如 IBM、康柏等，但英特尔公司通过行业价值链的分析，强烈地意识到 CPU 是计算机的心脏，他们成功地提高作为计算机零部件厂的知名度，提高对 CPU 技术的领先地位，进而向前延伸到主板的生产，从而使其彻底改变了其在行业中的地位，成为计算机行业的主宰力量。同样微软公司也是深深地意识到软件将在未来计算机行业中的核心地位，全力投入成为另一个巨人。这些企业的成功创新说明要达到改变行业“游戏规则”的目的，以下三方面的工作至关重要：

（1）集中投资建立自己的特殊能力；

（2）尽量避免竞争对手的主要；

（3）设立障碍保护自己的优势。

当然所有以上工作的基础依然是正确地鉴别自己的资源和能力，特别是那些可以导致竞争优势的能力，并把那些资源和能力发扬光大。正是企业不断地创新迅速地改变着各行各业的发展变化，也导致整个世界范围内的战略模式的变化。

二、竞争优势的基本类型

任何竞争优势都是相对的，仔细观察商场的竞争我们可以归总出四种竞争优势。

（一）成本和质量方面的竞争优势

企业的各项成本直接地影响到企业市场的竞争力，因为价格始终是市场竞争最有力的武器，这就是导致当前企业一定要进行规模经营的道理。除了有特别专长的中、小企业，失去了企业规模，尤其是企业的市场规模，企业就不能获得最有效的经营成本。所以在产品质量几乎相近的时候，价格战一触即发。

同时，如果价格相近，或价格对市场供求影响不大的时候，质量又成为市场成败的关键。这里的质量显然是一个综合性的概念，它包含着产品的功能、稳定性、服务以及差异化等多项内容。

当然，随着市场竞争的越发激烈，许多企业总是希望通过市场细分、再细分来避免对手之间直接的价格、质量冲突，因此价格性能比成为企业十分关注的问题。大家都希望追求低价优质的产品以参与竞争，也正因为大家都在向这一目标努力，使这一目标的达成变得异常困难。

历史经验表明，价格和质量的竞争，在市场经济条件下是最基本的竞争手段。但同时我们必须注意到顾客的偏好总是不同的。有时人们对某些因素的考虑会有完全不同的观点，如时间紧张者或许没有充裕的时间去仔细衡量性价比，方便对他们来说是最重要的；又如有些顾客会为了心理的满足而放弃性价比更高的产品。因此，企业必须能更仔细地去区别每一个细分市场，以体现不同细分市场的具体特征。

（二）时间和专有知识方面的竞争优势

哪个企业善于捕捉市场的机遇，率先进入或领先改变原有的竞争模式，哪个企业就可以形成第一行动者的时间优势。这种竞争优势包含市场的知名度、市场新规则设立的优先权，人们对新事物的偏爱以及先行动者在行动过程中得到的市场经验等。

在市场先行的过程中，这些企业可能建立起自己的某些专有知识，包括技术创新的知识和经营管理的知识，它可以表现为专利和诀窍，从而形成专有知识的竞争优势。施乐公司正是因为买断了干纸复印的专利技术，几乎统治了复印机市场达20年之久；可口可乐由于其特殊的配方，近200年来始终保持世界软饮料市场的领先地位。

但遗憾的是，无论谁拥有先行者或专有知识的优势，都没有办法杜绝别人的模仿，这里还没有计算先行者所承担的风险以及专有知识开发的成本。为了保持优势，先行者或专有知识的拥有者必须不断地先行和开发新的技术，这要求企业持续地投入。创新和模仿总是那样不断斗争着，领先者经常发现模仿的速度总是大大超过原先的估计，而进一步的创新的成本变得越来越高，前进道路困难重重，所以许多人不得不更注重差异化，试图摆脱紧紧跟随者。这并不等于说企业不可以在某一领域保持时间和技术上的优势，只是说绝不能低估别人模仿的能力，因此领先者必须及早地设置阻止跟随者进入的障碍。

（三）设置防止别人进入的障碍

考虑到价格、成本优势，以及时间和专有知识优势的长期保持所面临的诸多困难，企业如果能够设置阻碍别人进入该行业的有效障碍，在一定程度上阻碍或推迟竞争对手的进入，使该市场对于对手来讲并不具有吸引力，或者即使进入也很难与之匹敌，那么这些障碍就成了市场竞争的优势。这些可能的障碍包括：

1. 经济规模的障碍

现有行业中的企业可以通过逐年发展起来的庞大的市场规模，向社会提供极具竞争力的、性价比高的产品和服务，从而使新进入者很难在一段时间内达到这种经济规模。如没有强大的资金作为后盾，新进入者是很难突破障碍的。

2. 深层的产品差异化的障碍

现有企业通过多年的努力，建立起了产品品牌以及良好的企业形象，从而造成许多无形的、更深层次的产品差异化，给对手的进入造成巨大的障碍。因为要改变人们已经普遍接受的一些观念和习惯是一件异常困难的事情。因此，我们可以发现：成功的企业越来越注意把企业目标与社会目标相结合，树立良好的企业形象；同时，不断地增加市场竞争执行过程中的文化含量，从而加深顾客的印象。

3. 投资量的障碍

某些行业对于新进入者来讲，如果初始要求的投资量很大，无疑增加了进入的风险，也会形成进入障碍。这也形成现有企业的一种优势。

4. 转移成本的障碍

防止对手的进入，关键是如何保持自己的顾客。对顾客来讲，尽管他可能有多种选择，但每一次改变供应渠道依然涉及多种风险和成本。如果某一部件或设备的采购直接影响到客户经营的成败，则改变原先的供应商其所承担的成本是很高的。再加上顾客与原有供应商长期合作所建立的信任和友情，除非新进入者确实能够提供优质低价，对顾客确有附加价值的产品来抵消顾客的转移成本，否则这种转移成本又可以形成现有企业的竞争优势。

5. 接近销售渠道的障碍

现有企业由于进入市场早，他们与产品销售商建立起了良好的合作关系，包括良好的信誉。而许多产品的销售渠道并不具有很宽余的选择，新进入者要从中打开缺口也是十分困难。

6. 其他成本障碍

现有企业可以通过与供应商长期的合作关系来得到更便宜的供货，可以抢先在最有利的地点去设立自己的工厂和销售服务点，还可以与行业有关的其他关键公众保持良好的关系。新进入者要跨越这些障碍，得到一个好的经营环境，其成本是很难精确估量的。

7. 政府政策的障碍

现有行业的企业可以通过游说政府设置许多政策性障碍，来阻止新对手的加入。在国际市场的竞争中，这一现象表现得十分明显和普遍。

以上七个方面可能的障碍，对于先进入市场者而言，实际上提供了探索进一步确立竞争优势的可能途径。

（四）势力优势

成本与质量，时间和专有知识以及设置进入障碍给企业带来的优势，最终都会被别人慢慢地赶上。人们可以发现企业最终意义上的竞争优势是实力优势，即主要依靠企业的资金优势。因为如果企业有充分的资金优势就能够在各项资源，包括人力和技术等方面施以高强度的持续投入，从而甩开竞争对手。

某种意义上讲，实力确实是市场的主宰，因为没有实力即使有再好的想法也不能加以实施。但这并不等于说实力相对较弱的企业就没有了获胜的机会，因为：

（1）越来越细分的市场本身孕育着各种潜在的机会；

（2）实力较弱的企业可以通过战略联盟更有效地利用伙伴的资源和能力，从而提高综合实力。

以上四方面的竞争优势分析，归纳了企业市场竞争过程中最重要的，也是极富实际操作性的竞争优势。我们必须注意到竞争过程是一个动态的过程，以上四个方面的竞争优势也是市场竞争层次不断提高的过程，它们表明了市场竞争必然的内在规律。根据美国战略管理专家理查德·戴维和罗伯特·甘兹在他们的新作《超级竞争》的观点，超级市场竞争的状态可能是某个行业由几个主要企业所控制，组成全球性的战略联盟，发展和创造健康的竞争，以达到某种平衡。

三、竞争优势的保持

人们会发现，他们花了巨大的努力建立起来的竞争优势，往往在激烈的市场竞争中慢慢丧失了，从而与企业战略者们原来的期望相背离。如何保持竞争优势，实质上是保持企业长期生命力的关键。保持竞争优势的方法首先在于找到竞争优势丧失的原因，并深入分析这些原因。从大类上面讲，基本原因有两类：

（1）由于时间的推移，企业原有的竞争优势被对手模仿；

（2）企业成长之后引起的“大企业病”，丧失创业者精神。

因此，必须对症下药才能找到维持竞争优势的正确道路。

（一）防止模仿

对手要模仿成功，他必须具备以下四个前提：

（1）能准确地识别别人具有的优势；

（2）通过这种模仿，可以达到更高的利润回报从而构成其模仿的动机；

（3）能准确地判断出构成竞争优势的那些基本组成因素；

（4）可以进行有效的资源重组来形成优势。

为了保持竞争优势，防止模仿始终是企业战略的核心内容之一。其关键内容应针对模仿的四个前提：

首先，适当地隐蔽由于竞争优势所带来的超凡表现，从而避免让人过早地注意或过快地跟踪。例如，即使有新的产品创新，市场需求旺盛也不急于抬高价格，以使对手较快地发现短期利润而加以追逐；或者即使有丰富的利润也不暂时公开，这一原因导致有些公司不愿意很快走上市的道路。

其次，降低对手的模仿能力。要使得试图模仿者感到要达到形成竞争优势，赢取超额利润是一件异常困难的工作。这可以包括设置障碍或预设警告来阻止对手轻易模仿。例如领先者可以通过其原有的经济规模效益和市场控制力，一旦发现有人模仿就大幅度地降低市场价格使对手“看不见”预见的利益从而放弃计划。这需要企业有充分的能力和实力，再加上胆识，因为这涉及的成本及风险也是巨大的。

另一种降低对手模仿能力的手法是快速抢占市场。通过扩大产品线，制造差异化的产品；迅速提高生产能力，快速铺满市场渠道；以及各项专有知识、专利的迅速繁殖等手段，使原有优势的企业能占领现有的潜在的各细分市场，从而使试图模仿者的市场空间大大减小，丧失投资信心。

再次，使形成竞争优势的原因模糊化。模仿者要实施模仿计划，他必须分析优势的原因。竞争者之间表面上的差异是较易发现的，如一家超市市场的管理者，可以自由地去竞争对手的商店以发现其在定价、货物陈列、商品结构、促销活动等方面的差别。但他不容易搞清楚这些表面现象背后的，诸如商店采购系统、商店信息系统、商店人力资源管理系统以及那家超级市场的企业文化等影响因素。因此，如能将形成竞争优势更多地基于组织能力以及企业各项资源和能力相互作用的结果之上，那么这就将竞争优势形成的原因模糊化了，也使模仿者的模仿行为面对更多的不确定性，风险也随之大大增高。

最后，使模仿者的资源重组变得困难。企业要想得到新的资源无非有两种途径：第一是购买，第二是制造。因此，原有优势的企业应考虑如何使形成竞争优势的资源的流动性减小，或者使对手得到这些资源所要付出的成本巨大。例如，有些资源的地理位置决定了其不可流动性。例如，美国施乐公司曾经拥有 2 000 项有关复印机的专利，它们把专利的价格定得很高，或根本不卖，使想模仿者只能自己制造。但是基于整体组织资源而综合形成的特殊资源，模仿者必须花很长的时间才能达到。

（二）保持创业者精神

面对动态的竞争环境和行业技术的日新月异，维持竞争优势的关键在于是否能有敏锐的眼光不断地关注内、外环境的变换，以及始终保持创业者的精神。

企业战略的制定和执行要求战略制定者善于捕捉那些关键性的市场机会，并能将已有的企业核心能力以及优势在新的形势下或面对新的市场机会时不断地加以充实和提高。优势永远是暂时的，优势的保持从某种角度来讲是需要打破原有优势才能建立新的优势。所以，优势拥有者要有勇气自己打破优势，才能不断保持领先。

在此过程中创业者精神能力能否长期保持是至关重要的。只有保持创业者精神，企业才能有不懈的追求，有新的目标。这其中企业领导扮演着重要的角色，他们的目光、胆识、经验和勇气对企业全体而言无疑会产生巨大的影响，企业全体人员只有在富有理想的企业领导的带领下才能为共同的新目标而努力，从而取得胜利。

第四节　动态竞争与竞争优势

随着环境的变化和竞争各方之间内部条件的相对变化，各企业的竞争地位也会发生改变。因此，根据竞争对手战略的变化，适时改变自己的竞争战略就成为企业必须做出的选择。本节主要探讨动态环境下企业竞争优势的构建以及竞争对手的选择、预测等问题。

一、动态竞争的性质与特点

自古以来，在军事对抗中，一直强调战略的互动。但直到20世纪80年代，企业战略管理才开始重视动态竞争问题的研究。至今，动态竞争仍是国内外战略管理学界最重要、讨论最热烈的一个研究方向。20 世纪 90 年代以来，企业管理者普遍感到竞争环境越来越复杂，竞争的对抗性越来越强，竞争内容的变化越来越快，竞争优势的可保持性越来越低。竞争环境的快速变化，使企业保持竞争优势的时间大大缩短。现在企业所面临的竞争与以前相比已发生了很大的变化，其主要影响因素有：科技革命、经济全球化和竞争多样化的发展等。

1. 科技革命

新技术的出现和技术的革新，特别是通信技术、信息技术的广泛应用使企业对跨市场的经营管理更为有效，同时也使得企业对外部竞争环境的反应更敏捷，决策更迅速。新技术和新产品开发，可以降低成本，增加差异，提高进入障碍并从根本上改变竞争规则，因此各个企业都把新技术和新产品的研发作为企业竞争和发展的根本手段和核心竞争力。随着科学技术水平的不断提高和企业投入的迅速增加，新技术和新产品开发的速度不断提高，大大地增加了企业之间竞争的互动和竞争优势变化的速度。

2. 经济全球化

经济的全球化使得各国各地区经济日益融合，促进了生产要素，特别是资本要素在全球范围内的全面、自由流动。因此，各国各地区经济的发展与外部世界经济的变动相互影响、相互制约，贸易与投资日益一体化。以我国企业为例，在外国企业和资本以直接或者间接方式进入中国市场之时，中国企业在国际市场的开拓和对外投资的能力也在不断加强，我国企业不断走向国际市场。全球经济和市场的一体化程度不断提高，企业的竞争环境呈现出越来越明显的动态特点。

由于有网络技术和信息技术的支持，各国为了更好地发展本国经济，纷纷打开国门，走向世界，随着各国之间签订的双边自由贸易合约的增多，跨国经济的发展也越来越快，各国市场之间的联系也越来越紧密。这使得企业的市场不仅要受到国内竞争的压力，而且还要受到国际市场的压力。

3. 竞争多样化的发展

现在企业竞争再也不像原来，仅仅只是单个企业与企业之间的单一形式的竞争，而是形成了一些战略联盟或者是战略集团，并且企业之间的兼并重组也十分常见。目前，国内的许多企业在竞争实力和经营规模上与国外著名的大公司仍有着巨大的差距。为了能在短时期内提升国内企业的竞争能力，许多企业便谋求与国内大公司或国外的一些公司进行合并整合，迅速扩大其规模。

另外战略联盟或战略集团在与竞争对手竞争时，不仅要考虑来自市场方面的外部竞争，而且还必须考虑来自战略联盟或战略集团内部人员的竞争压力，因此相对而言，竞争变得更为复杂。

电子信息技术和通信、交通行业的高速发展，使各个国家和各个竞争对手之间竞争互动的速度大大提高，同时，也拉近了世界各个国家之间的距离，增加了各个国家之间的交往和了解，从而使世界变成一个地球村。而且，这些行业的发展也为国际大企业实施国际化战略和开拓全球市场提供了有力的手段，它们通过各种媒体影响和改变各个国家消费者的生活方式和消费爱好，使世界各个国家出现了需求趋同化。新的电子信息技术的广泛应用，使全球化企业可以在全球范围内有效地管理自己的企业，协调它们的战略行动和经营行为，及时对各种竞争和需要做出快速的反应，使企业之间的信息沟通、合作和对竞争的反应以更快的速度和更低的成本进行。

二、动态竞争的概念与特点

（一）动态竞争的概念

迈克尔·希特（Michael A. Hitt）充分分析了企业所面临的竞争环境的特点，提出了动态竞争的概念，并用动态竞争来描述在新环境下企业的竞争行为。他指出，动态竞争就是企业为应对竞争环境和追求市场优势而做出的竞争行为，它表示企业的战略和战略实施在本质上是动态的。

动态竞争是由行业的行动和其竞争对手的反应行动引起的，即一个企业的竞争行为会引起其竞争对手的反应行为。同样的，竞争对手的反应会引起先动企业的一系列反应，企业之间的这种竞争是一个动态的过程，也就是企业双方进行动态博弈的过程。竞争对手之间你来我往，相互反应的过程，也被称为竞争互动。

（二）动态竞争的特点

动态竞争有几个显著的特点：相互依赖性、对抗性和动态性。其中，对抗性体现了竞争企业之间的互动关系和博弈过程，动态性则体现了竞争随时间和环境的变化而变化的过程。

1. 相互依赖性

竞争的相互依赖性是指公司战略执行的好坏不可以同竞争对手的行为或反应脱离开。否则，公司就不可能存在战略性优势或获得超额回报。例如，柯达和富士各自为了建立竞争性优势，卷入了一连串的竞争及反应。富士在美国市场和柯达竞争显然影响了后者的经营业绩。这两个对手之间竞争持续存在。富士在1999年十分成功，即使在畅销期间，其胶卷还是不停地降价。柯达也在降价，但是它总是比富士贵10%～25%。柯达失去了6%的市场份额，而富士的份额却增加了6%。柯达在胶卷市场表现的不尽如人意以及它开发新品的能力不足，导致了1993年上台的CEO费希尔的辞职。由此可见，由于影响到企业的竞争优势及经营回报，竞争对抗应该备受重视。

2. 对抗性

对抗性是指企业针对其竞争对手的市场行为，采取针锋相对的战略，目的是为了节制竞争对手的发展，体现的是竞争之间的不相容性，而非人们常说的“双赢”。对抗性是由不对称竞争引起的，不过归结到底是由于企业在资源、能力和核心竞争力以及企业所面临的机会、威胁和所处的环境等方面的差异所引起的。企业的战略设计，特别是企业业务层的战略设计，应该充分利用竞争者之间的这种不对称关系。随着市场的完善和行业的发展，企业对抗会日趋激烈。企业对抗的强度，不仅受到竞争者数量的影响，还受市场结构和竞争者所采用的战略影响。

3. 动态性

动态性强调了企业之间的竞争是一个动态的、变化的过程，这与竞争环境的多变和难以预测是相适应的，它包含有三层意思：

（1）时间概念上的动态性。在动态竞争中，先动企业根据市场环境选择了某一种竞争行为，从而引发了其竞争对手的后续反应行为。反过来，竞争对手的反应行为又会引发先动者的反应行为，这个过程一直会持续，直到企业间的动态竞争结束。

（2）空间概念上的动态性。如果企业与竞争对手在某一局部市场展开了竞争，这种竞争态势会自然地蔓延到企业的其他区域市场；另外，若是区域在某一区域市场是那个遭遇了竞争对手的竞争，那么，企业可能选择其他的区域市场与竞争对手展开竞争。这些都体现了竞争在空间上的动态性。

（3）竞争形式上的动态性。在动态竞争中，后动者总是可以根据先动者的竞争行为，结合市场竞争环境，修正其对先动企业竞争行为的预测，然后再选择更有针对性的、对自己更有利的竞争形式，从这个意义上讲，企业和竞争对手的竞争形式都会随着对手的竞争市场行为的改变而改变。

三、动态竞争产生的根源

企业之间之所以会存在动态竞争，是因为企业面临着来自市场压力或者是它们发现了提升自己市场地位的机会。但追根溯源，市场同一性和资源相似性是动态竞争产生的两个根本性原因。

（一）市场同一性

市场同一性体现了两个企业市场相似的程度。其实，许多企业都是在相同的多个市场上进行着竞争，例如：航空公司、水泥生产企业、化工厂等，而且有很多的啤酒企业就是在相同的区域市场上竞争，抢夺对方的市场。市场的同一性为多点竞争提供了机会。这里，多点竞争是指企业在几种产品或几个市场上同时与竞争对手展开竞争（Gimeno 和 Woo，1999）。有研究表明，市场同一性和跨市场竞争都是偶然出现的。但在跨市场竞争出现后，他便成了企业的一种竞争战略选择（Korn 和 Baum，1999）。这种有意识的跨市场竞争可以促进企业减少生产线和避免进入某些特定市场，从而减少竞争的对抗程度（Javachandran，Gimeno 和 Varadarajan，1999）。

研究表明，在跨市场竞争中，企业的竞争行为大致有三种：第一，冲击。它是指直接进攻某一特定市场，迫使竞争对手撤退。第二，佯攻。企业刻意地进攻一个对其自身不重要但对于竞争对手却很重要的市场，其目的是为了使竞争对手将更多的资源转移到那块市场上去，以减少竞争对手在其他市场上的威胁。第三，“弃车保帅”。企业经过精心设计，主动放弃其市场中无足轻重的一块市场，以转移竞争对手的注意力，从而使企业在其他重点市场上更具有竞争力（McGrath，Chen 和 MacMillan，1998）。

（二）资源相似性

资源相似性体现的是两个企业资源一致的程度（Grimm 和 Smith）。它对企业的竞争动机有着重要影响。事实上，企业之间的资源越不平衡，它们对彼此竞争行为的反应就会越迟钝，市场竞争的对抗性就越小。由于企业资源的社会复杂性和因果模糊性，所以竞争企业的战略资源是很难界定的，而且即使是对企业自身的资源（包括企业的能力和核心竞争力）也很难进行准确的识别。这些使得竞争企业对竞争行为的反应迟钝。例如可口可乐和百事可乐公司，它们就使瓶装饮料行业中的其他规模较小且资源不丰富的小企业难以与之形成有效的竞争。

由于行业中的激烈竞争，许多公司都没有足够的资源参与其中，这种情况迫使许多公司之间相互形成联盟，参与市场竞争。因而战略联盟形成的一个重要原因就是联盟成员可以相互分享其资源。

四、动态环境与持续竞争优势的构建

竞争优势可持续的关键在于是否存在隔离机制，以及对竞争优势来源进行模仿的成本高低。一些国家的市场已经完全开放，国外竞争者已进入了大部分主要市场，竞争十分激烈，产品遭到模仿的可能性在增加。然而，还有一些市场虽然存在较强的竞争，模仿的可能性也在增加，但它们尚处于阻碍竞争的保护状态，这种市场被看成是长周期市场或保护市场；另一类市场的产品被模仿的速度适中，被看成是标准周期市场，有时也称寡头垄断市场；最后一类市场，市场环境时时变化，企业竞争十分激烈，这种市场称为短周期市场。在不同的周期市场上，模仿成本不同，竞争优势可持续的时间也不同。

（一）长周期市场

长周期市场是指资源处于严格保护状态，竞争的压力并不会过多地影响到战略竞争优势。在经济学上，把这种状态称为垄断。如果企业的产品设计很出色且有许多独一无二的性能，它就可以称霸市场。IBM 公司生产的大型机就属于这种情况。即使在一些技术发展得非常快的行业，这个道理也是成立的。从微软的例子中就可以看出，它所生产的复杂软件系统难以被模仿，决定了它在市场中的统治地位。当然，IBM 和微软所处的环境也时时刻刻在变化。微软就遇到太阳微系统的强力挑战，司法部还指责它的反竞争行为。相应的，其他企业就受到了反垄断的保护。

在美国，尽管政府采取政策限制垄断，但在一些地区却有一些复杂而微妙的变化。早期的沃尔玛就是个例子。该公司在美国西南一些州的农村地区建立了垄断地位。在此过程中，沃尔玛建立起了高效的物流配送体系，并获得了超额回报。同样，企业可以通过卓越的产品设计长期控制市场，IBM 和微软就是例证。这些企业的主要优势来源于特殊的核心竞争力，因为它们的资源及能力难以被模仿。由于长周期市场是个受保护的市场，从长期考虑，厂商可以最大幅度地涨价。相对而言，在标准周期市场上，价格变动则很小，接近于零。

（二）标准周期市场

标准周期市场是指企业的资源地位只受到适当的保护，而激烈的竞争将对企业的核心竞争力的来源产生影响，但企业仍可通过不断改善它的能力来保持其竞争优势。标准周期市场和产业组织经济学关系密切。波特关于竞争战略的“五力”模型就是产业组织经济学的典型研究手段。有些企业的战略及组织结构是针对大容量的主流市场的，它们关心的是协调及市场控制，比如汽车和家电企业。即使一些公司能让产品在全世界畅销数十年，它们也会遇到很强劲的竞争压力。像可口可乐这样的公司，通过不停地追加资本投资以及认真的学习，是有可能在全世界长时期处于领先地位的。但是，当前在许多市场上可口可乐感受到了非常强劲的竞争压力，尤其是百事，它采取战略性竞争行为比可口可乐更迅速。相比较而言，在受保护的市场中，公司在创新上只肯花很少的钱。尽管由于竞争激烈，竞争对手要进入标准周期市场难度很大，但如果一个经营比较成功的公司的战略被其他公司所模仿，它就会感受到更大的竞争压力。

（三）短周期市场

短周期市场是指可持续竞争优势几乎不能获得的市场，公司试图扰乱市场来获得暂时的竞争优势。在长周期市场甚至是标准周期市场上，力图保持可持续竞争优势都是可能的。但是，要想在短周期市场中保持持久性竞争优势几乎是不可能的。在短周期市场中，竞争优势可能让公司产生惰性。企业一有惰性就会暴露在其他竞争者之前。尽管通用汽车拥有规模经济，其中包括巨额的广告预算、高效的物流体系、攻无不克的研发及其他的大量资源，但是在欧洲和日本竞争对手的攻势下，它还是丧失了许多优势。

短周期市场变化最多、经营最难，每隔一段时间市场平均价格就要下调，有些公司可以通过一系列小的创新抓住先机。这些年，IT 行业是个典型的短周期市场，行业变化迅速。IT 行业的竞争性行为及竞争性反应所采取的战略包括四个步骤：

（1）识别一个可以打破现有格局的机会；

（2）建立暂时的竞争优势，这种短期竞争优势可能会因对手的强有力的反应而荡然无存；

（3）通过有效的竞争性行为在竞争中把握先机；

（4）通过不断地推出新产品，进入新市场以保持公司的活力。

企业要在短周期市场上立于不败之地就必须保持战略灵活性，必须通过更快地提供新产品，开拓更宽的产品线，进行产品升级来回应技术的变化和市场的机会。

本章小结

本章介绍了业务战略的概念和内容，在此基础上提出了业务战略的制定方法。并从产品线的广度与特色，目标市场的细分方式与选择，垂直整合程度的决策，相对规模与规模经济和竞争优势这五方面来构思企业的业务战略。

基于波特的竞争战略思想，我们分别探讨了成本领先战略、差异化战略、集中化战略三种战略的特点、实现路径以及风险等问题。

竞争优势是指在特定的产品与市场领域中，企业通过其资源配置的模式与经营范围的决策，在市场上所形成的与其竞争对手不同的竞争地位。从企业资源和能力着手，我们探讨了竞争优势的形成、基本类型和竞争优势的保持问题。

竞争环境的快速变化，使企业保持竞争优势的时间大大缩短。最后主要探讨动态环境下企业竞争优势的构建以及竞争对手的选择、预测等问题。

案例

格兰仕的成本领先战略

提起微波炉人们自然会想到“格兰仕”；反之，一提到“格兰仕”，人们也会立即想到微波炉。“格兰仕”在中国人的脑海中，早已成为了微波炉的代名词。“格兰仕”在中国微波炉市场上的垄断集中度之高，令所有的经济、管理理论工作者和企业管理者们咋舌。从1998年开始，其国内市场占有率已超过60%。进入2000年，格兰仕更是声称要将其市场份额提高到70%以上。在中国国内所有产品市场上，“格兰仕”是唯一一个纯粹靠市场力量、靠竞争手段而在一种产品市场上成为垄断寡头的非国有企业。在当今中国所有家电产品（电视、冰箱、空调、VCD机、家用电脑等）市场群雄并起、混战逐鹿的情况下，为什么微波炉市场会出现如此局面？“格兰仕”凭借什么几近“一统天下”，成为市场的垄断寡头者？除了时机，外部环境因素之外，最关键的应属“格兰仕”低成本竞争战略的成功实施。

一、成长历程

广东格兰仕企业（集团）公司的前身是成立于1979年、位于广东顺德的“桂州羽绒制品厂”，原来主要从事羽绒、棉毛及其制品的生产加工，1991年产值为1.35亿元，利税762.13万元。1992年企业提出调整产业、产品结构：改变企业以纺织工业为主体的经营格局，将企业转变为以家电产品为龙头的“多元一体化复合型企业”，并更名为“广东格兰仕企业（集团）公司”经过反复研究、比较分析，他们决定集中力量投资生产微波炉。

而当时微波炉在国内尚属高档家电产品，普通人家极为鲜见，市场上的产品基本上全部是从国外进口的。1992年10月，企业投资300万美元从日本引进“松下”具有20世纪90年代国际水平的微波炉生产流水线及生产技术，1993年开始试生产，当年生产10 000台并投放市场，价格为3 000元/台左右。1994年“格兰仕”将价格降到2 500元/台左右，当年产销量为25万台，市场占有率达25%，销售收入4.5亿元，利税3 304万元。1995年又将价格降到2 000元/台左右，销量突破40万台。1996年“格兰仕”在全国率先将部分型号微波价格降价至1 000元以下，全年产销量突破70万台，市场占有率接近40%。1997年又将部分产品价格再降40%，市场占有率达到47.1%。1998年和1999年两次变相降价——即增加微波炉产品的附加值，提高赠品数量，实施“买一赠多”（根据产品型号不同分别附赠七、九、十一件相关产品）的价格策略，当年市场占有率大幅度提高到61%和67.1%，产销量分别达到350万台和600万台，1999年销售收入为29亿元。进入2000年，格兰仕更是宣布再次将市场最畅销的产品品种——750瓦“五朵金花”降价40%，使部分品种微波炉价格降至创纪录的300~400元/台，其目标产销量为1 200万台，占全球产量的三分之一，国内市场占有率提高到70%以上，销售收达到45亿元。

俞尧昌认为格兰仕能有今天的成就，全靠老梁总（梁庆德）的“道行”深。一开始，格兰仕没有微波炉的变压器生产线，日本的变压器卖20美元，美国的卖30美元，格兰仕和美国公司谈，让美国公司出技术和设备，格兰仕以每个变压器8美元的价格向美国供货，日本人感受到压力，格兰仕又如法炮制和日本人谈，拿来了日本的全套生产线，虽然格兰仕产品价格低，但是对不变资本的利用率远远高过国外生产厂。比如说，国外工人一天工作8小时，一周干5天，一年还有好几个假期。而格兰仕是一天二十四小时三班倒，两天就能干完国外的厂一周的活儿，剩下多余的生产力全是为自己干。

到1995年，格兰仕微波炉销售量已经达到25万台，市场占有率25.1%。格兰仕上升得如此迅速，主要原因在于它的主要竞争对手蚬华本身的衰落，从而让格兰仕有机可乘。蚬华一直是中国市场的第一，但被美国惠而浦收购以后，就江河日下，主要原因在于收购后的整顿工作进展迟缓、矛盾重重。一项市场推进方案，必须先传到香港分部，再传到美国惠而浦总部去审批，一拖就是两三个月。对手的失误就是自己的机会，格兰仕主动出击，把蚬华扫落在地。俞尧昌从蚬华的衰落中得到了启示，“惠而浦吃掉了蚬华，惠而浦本身是一个知名的国际品牌，蚬华又一直是微波炉行业的老大，为什么强强联合反而不行了呢，我问了很多问题，后来总结出一条就是经营水平问题，品牌必须是靠经营水平支撑的，经营水平不行，再好的品牌都是空中楼阁。”

1998年，格兰仕微波炉产销量达450万台，成为全球最大规模制造商。这一次，得益于格兰仕抓住了一个千载难逢的机会，1997年金融风暴后，欧盟对韩国生产的微波炉进行反倾销，格兰仕微波炉一下子进去，抢了20%的市场份额。从这件事中，格兰仕又总结出了教训：必须控制品牌的输入。现在格兰仕微波炉外销打自己品牌的不到40%，格兰仕空调打自己品牌的比例更少，不到5%。赵为民认为，“外销必须要严控品牌占用，提高产品占有，让渡品牌占有，这是因为外销的产品都是国内便宜国外贵，格兰仕微波炉在全球市场的占有率已经高达40%~50%，在一个小国家甚至达到78%，一旦竞争对手告你反倾销，你就完了，如果我们与国外厂家合作，打他们的牌子，他们肯定不会告我们反倾销了。”

二、竞争优势

纵观“格兰仕”的成长过程可以发现，它在微波炉市场获得成功，实际竞争优势的法宝就是实施总成本领先的竞争战略，为实施总成本领先的竞争战略，“格兰仕”一直拼命扩大生产规模，以摊薄各种成本，追求规模经济，并在企业整个经营价值链中，采取各种策略来降低微波炉的单位成本，从而树立其在行业、市场中的“成本—价格”优势，通过不断降价来排挤竞争对手，抢占市场份额，使企业的市场销售量、市场占有率不断提高。下面，我们从几个方面来看一下“格兰仕”是如何实施其成本领先战略的。

在营销宣传上，他们一直避免采用高投入的广告形式（如：电视形象广告等），而是采用投入少、实效大的广告形式，如：承包专栏广告等，并以“制造新闻”的方式使各种媒体主动争相报道企业，客观上为企业做免费宣传。这避免了家电行业中常见的不惜一切投入巨量资金大做广告宣传的高额成本行为，自然降低了成本费用。

在生产运作领域，首先，“格兰仕”不断扩大生产规模，追求生产的“规模经济效应”，以摊薄各种成本（如：研发费用、管理费用）。比如“格兰仕”2000年在研发方面的投入为2亿元，分摊到1 200万台产品上，每台只分摊到不足20元，而对于那些产量在100万台以下的企业来讲，2亿元研发费用分摊派下来就是每台200元以上。这样一来，对于那些规模小的竞争企业来讲，将面临或者忍受高成本劣势，或者选择技术落后的劣势的两难选择，从而在竞争中不可避免地处于劣势。同时，在原材料采购供应环节，格兰仕依靠其在行业内近乎垄断的规模优势，在与供应商的关系中，始终掌握着讨价还价的主动权，使其得以不断压低采购价格。这些都使产品的生产成本得以降低。

最后，由于具有了成本优势，格兰仕产品定价上，运用“量—本—利”分析技术确定其产品价格及历次降价幅度。据称，格兰仕的做法是：竞争对手做60万台的量保本时，格兰仕就做100万的量保本；竞争对手做100万的量保本时，格兰仕就做150万的量保本。如1997年当格兰仕的产销量目标是250万台时，它们保本点定为200万台，并以此来制定价格，而此时其竞争对手的产量均为150万台以下。1998年，当其目标产销量为400万台时，便将其保本点定在300万台，并制定相应的价格水平。而此时，产量超过200万台的竞争对手只有一到两家外国企业。格兰仕就是大规模产销实现低成本优势，再转化为市场上的低价格优势，以此来排挤竞争对手，一步一步走向微波炉市场成功垄断者的。

思考题

1. 业务战略的制定方法是什么？
2. 三种基本战略分别有何特点？
3. 企业获取竞争优势的途径有几种？

第八章　企业战略管理工具

“没有战略的企业就像一艘没有舵的船一样随波逐流，又像个流浪汉一样无家可归。”

所谓战略管理，是指对企业战略进行制定、实施和评价，以便组织通过跨功能决策而达到其目标的一种艺术与科学。由于战略制定、战略实施和战略评价要求不断地对内部条件和外部环境的各种变化进行趋势分析和预测，形成一个动态和连续的战略管理过程，因此，可使企业更主动地对未来做出反应。

本章介绍了战略制定过程三个阶段中的一些管理工具。其中，在信息输入阶段有EFE矩阵、IFE矩阵；在匹配阶段有SWOT矩阵、BCG矩阵和SPACE矩阵；在决策阶段有QSPM分析、KT决策法。

另外，在企业的战略环境、战略分析中包括有企业外部环境分析和企业内部条件分析两部分。本章也列举了这两部分的战略管理工具，包括企业外部环境分析中的管理工具：一般环境的PEST分析，行业环境的波特模型、基本竞争战略和三角模型。企业内部条件分析中的管理工具：价值链分析、企业核心能力识别工具、企业核心能力的培育方法、国际化进入战略模型等15种工具。

第一节　企业外部环境分析工具

一、PEST分析

【来源背景】

从广义上来说，我们把外部环境定义为企业范围之外，而有能力影响企业的一切因素。企业的外部环境是一种不断变化的环境，例如消费者品位的改变、政府变更、新法律的颁布、市场结构变化、新技术革命带来的生产过程的变化等，不胜枚举。企业应付和处理这些环境变化的能力是企业成功的关键所在，是企业能否生存的根本问题。

其中，政治（Political）、经济（Economic）、社会和文化（Social and cultural）与技术（Technological）是关键的因素。我们根据上述四个单词的英文字头，称之为PEST分析法（如图8-1）。

【内容】

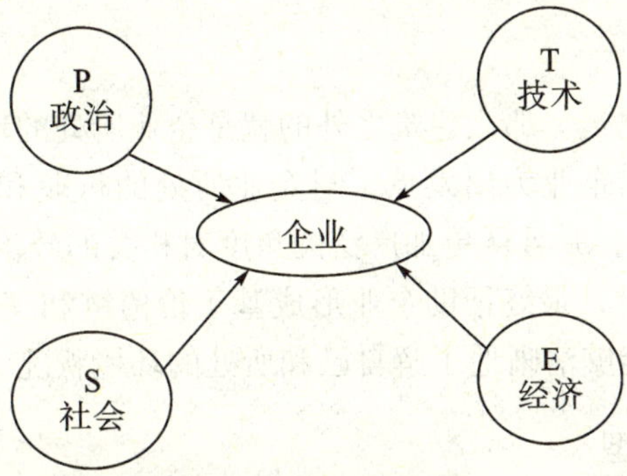

图 8-1 PEST 分析

1. 政治和法律影响因素

各种法律和政府因素可能会制约企业的行动，并可能会影响企业的合同和威胁程度。地方和外国政府是企业的主要监管者、补贴者、雇主和客户。有些企业，例如你所在的单位，可能在很大程度上依赖政府的合同和补贴，这就意味着，对这些企业来说，政治环境分析可能是企业外部审查最重要的环节。

2. 经济影响

企业能否盈利在很大程度上受所在国家经济状况和经济实力的影响。总体宏观经济环境决定了企业发展的机会程度。经济不景气会影响你所在企业产品或服务的需求，而优越的经济条件会给企业提供扩展的机会。在分析你所在企业的外部环境过程中，需要评价一些经济指标，其中包括利率、汇率、经济增长速度和通货膨胀水平。

3. 社会和文化影响

社会、文化、人口和地理位置因素左右着人们的生活、工作和消费的方式，对几乎所有的企业产生直接的影响。新的趋势形成了不同类别的消费群体，从而导致各种各样的产品、服务以及企业战略的需求。在这方面有一个很好的例子，消费者的环保意识日益增长，为此一些企业在生产过程中避免使用氯氟碳气体和采用可循环再造的包装材料。对20世纪90年代以后几十年以及未来必须要进行预测，以确定企业的主要机会和威胁（例如消费者的教育程度提高了，更多妇女参与工作和人口老化问题）。例如，随着55岁以上的人增多带来的老龄化问题，意味着对那些从事经融服务、旅游和保健行业的企业带来机会，因为类似的服务与老人有更密切的关系。

4. 技术影响

技术影响显而易见，且通常未可预料。近年来技术革新变化和新发现（如生产操作机器人化、激光技术、太空通讯、计算机工程等）给企业带来了机会和威胁，对此，企业主管人员必须清楚并分析其影响。有些发明可能会导致新行业的诞生，同时又会使某些行业不复存在。因而，技术影响可能是创造性，也可能是破坏性的。由于技术变革速度加快，产品的平均寿命周期也在缩短，企业必须要预见到这些新技术带来的变化。这些变化不仅会影响到制造部门，而且还会波及其他职能部门，例如，人事管理（招聘和培训人员专门操作新技术和如何处理冗员）和财务管理（如何为新设备融资）。

【总结与分析】

如果说企业是一座建筑，那么建筑之外的就是企业所处的环境。

战略环境的分析是以企业为出发点，对企业所处的行业和相关行业中的利益相关者进行分析（波特模型），并且从更加广泛的角度对相关的政治、经济、社会和技术因素进行分析（PEST 分析），最终帮助企业形成基于价值链和“生态环”的整体外部环境的分析结果，使企业能够清晰地了解自己和所处的环境状况。

二、行业环境的波特模型

【来源背景】

波特模型是战略模型或框架的名称。该模型是有美国哈佛商学院著名的战略管理学家迈克尔·波特（Michael Porter）创造的，他在《竞争战略》这本书里描述了这个模型。波特模型说明了 5 种行业力量是如何影响一个行业的，波特模型是一个普遍应用的模型，可用来对公司的竞争环境进行集中分析。

迈克尔·波特教授认为：企业最关心的是其所在行业的竞争强度，而竞争强度又取决于 5 种基本的竞争力量，包括：行业中现有企业间的竞争力量、潜在的加入者、替代品的威胁、买方的砍价能力和卖方的砍价能力。正是这 5 种力量的状况及综合强度影响并决定了企业在行业中最终获利的潜力。

【内容】

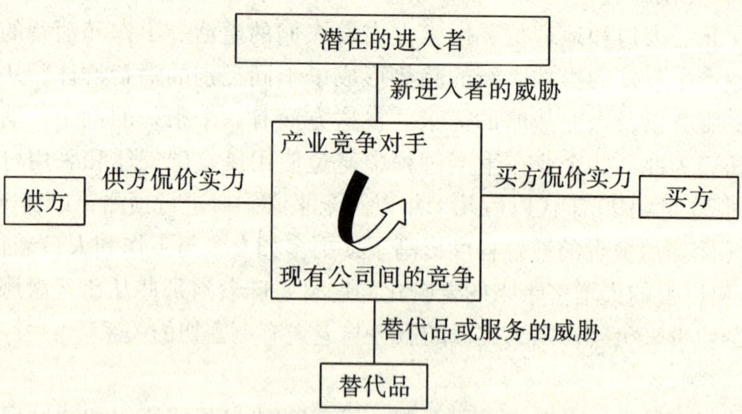

图 8-2　波特模型

5 种竞争作用力——现有竞争对手的竞争、进入威胁、替代威胁、买方砍价能力和供方砍价能力——反映出的事实是：一个产业的竞争大大超越了现有参与者的范围。顾客、供应商、替代品、潜在的进入者均为该产业的竞争对手，并且依具体情况或多或少地显露其重要性。这种广义的竞争可称为“拓展竞争”。

这5种作用力共同决定产业竞争的强度以及产业利润率，最强的一种或几种作用力占据着统治地位并且从战略形成的观点来看起着关键性作用。例如，假设一个公司不受潜在的进入者威胁并处于很强的市场地位，如果它面临一个先进的，低成本的替代品，该公司仍将只能获得低收益。即便没有替代品出现也不存在进入者威胁，现有竞争者们的激烈竞争也将限制潜在收益。竞争强度的一个极端情况就是经济学家们所谓的完全竞争产业。对于这种产业，众多的公司生产的产品十分相似，出入产业是自由的，现有的竞争者对供方及买方均无砍价能力，竞争不受任何钳制。

【总结与分析】

现有竞争对手的竞争——现有竞争对手以人们熟悉的方式争夺地位，战术应用通常是价格竞争、广告战、产品引进、增加顾客服务及保修业务。发生这种争夺或者因为一个或几个竞争者感到有压力，或者遗忘他们看到了改善自身处境的机会。在大多数产业中，一个企业的竞争行动对其竞争对手会产生显著影响，因而，可能激起竞争对手们对该行动进行报复或设法对付。

进入威胁——加入一个产业的新对手 引进新的业务能力，带有获取市场份额的欲望，同时也常常带来可观的资源。结果，价格可能被压低或导致该行业的成本上升，利润率下降。有一些公司从其他市场通过兼并扩张进入某产业，他们通常用自己的资源对该产业造成冲击。

替代产品压力——从广义上看，一个产品的所有公司都与生产替代品的产业竞争。替代品设置了产业中公司可谋取利润的定价上限，从而限制了一个产业的潜在收益。替代品所提供的价格—性能选择机会越有吸引力，该产业的利润“上盖”就压得越紧。

买方砍价实力——买方的产业竞争手段是压低价格、要求较高的产品质量或索取更多的服务项目，并且从竞争者彼此对立的状态中获利，所有这些都是以产业利润作为代价的。产业的主要买方集团每一位成员的上述能力的强弱取决于众多市场情况的特性，同时取决于这种购买对于买主整个业务的相对重要性。

供方砍价实力——供应商们可能通过提价或降低所销售产品或服务的质量的威胁来向某个产业中的企业施加压力。供方压力可以迫使一个产业因无法使价格跟上成本的增长而失去利润。例如，化工公司通过提价导致喷雾剂罐装公司的利润受到伤害这是因为罐装公司面临买方自己解决制罐的问题二形成的强大竞争压力，使其提价自由受限。

【实例】

作为一家地理位置相当偏僻的公司，东阿阿胶公司在过去的几年中一直在飞速地增长。下面以东阿阿胶公司来说明“波特模型”的5种产业竞争力量在研究企业基本面中的作用。

（1）公司在产业中的地位也就是公司与现有竞争对手的竞争，东阿阿胶公司在阿胶产业内的优势显然是有目共睹的。在阿胶市场上，东阿阿胶公司的市场占有率约为70%，尤其是，东阿地区的优秀的天然水质非常适宜于阿胶产品的炮制，具上千年的阿胶制作历史使这一地区的阿胶产品已经形成了源远流长的声誉。东阿阿胶几乎就是优质阿胶的代名词。因此，在与现有竞争对手的竞争中，东阿阿胶公司显然已经取得明显的竞争优势。

（2）考虑到有很多行业是因为存在新的进入者而使得整个行业竞争格局发生急剧的变化——华润携巨资介入啤酒行业就是一个典型——潜在进入者的威胁对企业竞争优势的形成也有重要影响。潜在进入者的威胁在相当程度上是取决于行业的进入壁垒，阿胶产业的进入壁垒初看并不高，其实行业外的企业真正要介入并不容易。其一是东阿阿胶的制作工艺是经历了上千年的发展而日趋成熟的。其二是东阿阿胶公司已经在市场上树立起了领先的品牌优势，对于保健品而言，消费者的信赖对品牌的发展几乎具有决定性的意义。但是，在保健品领域真正建立起品牌并不容易。消费者可能有跟着广告走的倾向，但是这并不意味着广告投入可以建立起消费者的信任感。任何希望新进入阿胶产业的企业都必须考虑自己在与东阿阿胶公司进行品牌竞争时有几分胜算把握。

（3）从替代产品的威胁来看，有可能替代阿胶的产品不外乎是三种，其一是化学合成类补血药物，其二是生物医药类补血药物，其三是其他中药类补血药物。但是，化学合成类补血药物的长期效果尚待市场检验，而生物医药类补血药物受技术条件的制约，短期内不可能对东阿阿胶公司的产品造成很大的影响。尤其是，在安全性问题上，化学合成类补血产品以及生物类补血产品很难与历史悠久的阿胶产品相比。天然药物得到全世界的空前重视也说明了医学界对于药物安全性的高度重视。从各种中药类补血药物的疗效上看，阿胶的独特疗效已经历史考验，为其他中药类产品替代的可能性几乎不存在。

（4）东阿阿胶公司在与供应商的讨价还价过程中处于非常有利的地位，驴皮是生产阿胶最重要的原材料，而东阿阿胶公司垄断了国内大部分优质驴皮的采购，其完善的采购渠道即可以确保在采购环节上东阿阿胶公司与竞争者相比处于有利地位，同时，由于驴皮的供给方相对分散而需求却相对集中于东阿阿胶公司等数家厂商，东阿阿胶公司可以通过供应商之间的竞争提高自身控制成本的能力。

（5）从东阿阿胶公司与消费者的砍价能力来看，由于缺乏强有力的竞争对手，东阿阿胶公司可以凭借自己在阿胶产业中的垄断地位主导阿胶的产品价格，而且，随着人类保健意识的增强和对天然药物需求的增加，阿胶客户生态链将更加稳固，这一趋势将使得东阿阿胶公司在面向消费者的竞争中处于主动地位。

基于波特五要素模型的分析表明：无论是从现有的产业地位还是从进入威胁、替代威胁、买方砍价能力、供方砍价能力等角度，东阿阿胶都已经建立起明显的竞争优势，形成了自己良好的企业核心能力。

三、基本竞争战略

【来源背景】

在市场竞争中获得成功的重要保证是企业竞争优势。企业的优势在市场竞争中集中体现在两个方面：其一是成本优势，即在生产同一档次的经营活动中能体现出成本领先的优势；其二是产品优势，即在不断提高生产同一档次产品的经营活动中能体现出产品差异的优势。

20世纪80年代初期，美国哈佛商学院著名的战略管理学家迈克尔·波特根据企业的两个基本优势，提出企业可以采用三种基本竞争战略（如图8-3所示）。基本竞争战略为指导企业竞争行为提供了基本方法，指明了获得优势的具体途径，具有良好的操作性。

【内容】

	成本优势	产品优势
整个行业	成本领先竞争战略	产品差异竞争战略
特定细分市场	目标集中竞争战略	

图8-3　三种基本竞争战略

1. 成本领先战略

企业成本领先战略的核心内容是在较长时间内保持企业产品的成本处于同行业中的领先地位，并以此获得比竞争对手更高的市场占有率，同时使企业的赢利处于同行业平均水平之上。实施该战略要求企业积极地建立起有效的规模生产设施，全力降低生产成本和管理费用，以及最大限度地减少研发、服务、广告等方面的费用。总之，贯穿这个战略的主题是使成本低于竞争对手。

2. 差异化战略

企业产品差异战略的核心内容是在较长时间内，企业提供与众不同的产品和服务，满足顾客的特殊需求，形成高于竞争对手的优势。这一竞争战略要求积极提供独特的产品特性、技术特长、品牌形象以及优质服务来强化产品的特点，增加产品额外的价值。

差异化的集中体现是品牌。品牌由产品一系列无形的属性组成，包括产品额外的价值。包装、价格、历史、名声以及广告的方式。近年来，社会消费趋向个性化和精神化，对商品的品牌意识更加强烈，品牌竞争成了市场竞争的焦点。

产品差异化有三个层次：

（1）产品的功能。

差异化的核心层次是产品的功能。顾客购买产品，首先是对该产品功能的需求，如产品的使用功能、功率、速度、效率、质量与可靠性、适用性等。如果产品的功能有较大的优势，竞争对手就难以与之抗衡。

（2）产品的形体。

产品的形体即外观质量，主要表现在产品的外形设计、款式、色彩等方面。顾客接触产品，是从其外观质量再到内在质量的。形体方面有特色的消费类产品，往往能刺激顾客的消费欲望，使其对产品的良好评价产生先发效应。

（3）产品服务。

产品服务包括送货上门、安装、调试、保证维修和其他一些促销手段。这个层次的差异化是企业产品的延伸。企业向顾客提供产品必须通过这一层次的活动，才能使产品发挥其功能，受到消费者欢迎。

3．目标集中战略

企业的目标集中战略的核心内容是经营的目标集中在一个特定的细分市场上，为特定的购买者提供特定的产品和服务。由于企业的规模较小，资源有限，一旦确定了特定的目标市场后，仍通过成本领先战略或差异化战略，形成具有企业特色的目标集中战略。这一战略的前提是公司能够以更高的效率、更好的效果为某一狭窄的战略对象群服务，从而超过在更广阔范围内的竞争对手。

【总结与分析】

按照迈克尔·波特的观点，企业要在竞争取胜，总是要选择一种竞争战略，进行重点突破，并取得竞争优势。如果企业不采取任何竞争战略或同时采取两种以上的战略，会使企业处于“夹在中间”的状态，利润率低下，最终导致企业竞争失败。

企业进行竞争战略选择的依据有：

1．企业自身实力

若企业规模较小而且生产、营销等方面的能力较弱，则采用目标集中战略。若企业生产能力较弱，则采用成本领先竞争战略。若企业生产能力较强，而营销能力较弱，则采用差异化竞争战略。企业生产能力和营销能力都较强，则可以在生产上采用成本领先战略，而在营销上采用差异化竞争战略。

2．产品的不同时期

若企业生产的产品处于投入期和成长期，为了抢占市场和防止竞争对手的进入，则企业宜采用成本领先战略，以刺激市场需求。若企业生产的产品处于成熟期和衰退期，顾客的需求呈现多样化和复杂化，则企业宜采用差异化竞争战略。

3．产品的不同类型

若企业的产品属工业品，在质量等级相等的条件下，市场价格是企业竞争的重要因素，则企业宜采用成本领先竞争战略。若企业的产品属消费品，根据市场顾客消费群体的细分，企业宜采用差异化战略。若对消费品进一步细分，则又可分为日常消费品和耐用消费品两类，企业可以根据这两类的不同特点分别采用成本领先和差异化领先战略。

【实例】

运用目标集中的竞争战略，ILLINOIS TOOL WORKS 公司主攻扣件这一特殊市场，在这个市场中，公司可以为买主的特殊需求设计产品，虽然有许多客户对这些服务并无兴趣，但也确有一些客户对此感兴趣；FORK HOWARD PAPER 公司的主攻战场是工业纸张这一狭窄范围，避开了广告战以及对新产品引入十分敏感的消费品领域；POR-

TER PAINT 公司主攻的是职业油漆工市场而不是那些“自己动手用户”市场，其战略是围绕着为职业油漆工服务而建立的，采用的手段是提供免费配制服务以及对一加仑以上的需要量快速送货到工地等措施，同时在工厂仓库设计了免费咖啡间，为职业油漆工提供休息场所。

采用目标集中战略取得低成本优势的一个典型实例，是 MARTIN - BROWER——美国第三大食品分销公司。该公司削减了其客户，只剩下八家主要的快餐连锁店。该公司的整个战略基于满足这些客户的特殊需要，只保留这些客户所需的狭窄的产品系列，订单的接收过程与这些客户的购买周期衔接，根据客户的地理位置设置自己的仓库，并且严格记录交易数据并使之计算机化。尽管 MARTIN - BROWER 在对整个市场的服务活动中不能算作一家低成本的批发公司，但它在其特殊的细分市场中取得了低成本优势。MARTIN - BROWER 公司得到的报偿是迅速的发展以及高于平均水平的利润率。

四、三角模型

【来源背景】

迈克尔·波特的企业竞争理论在国内学界和企业界影响深远。但是，随着技术的变革和各行业竞争情况的变化，特别是企业经营环境的不确定性增加，波特竞争战略表现出一定的不足。在逻辑上，当我们在一个更加宽阔的视野内考察时，可以发现，波特理论的中心是“产品”——顾客是因为低价格，或是某种独特之处，才选择这种产品的。

在实践上，如果你仔细观察当今成功企业的战略，就能够发现有些是波特理论所不能解释的。波特的理论分析是基于已经比较成熟的行业进行的，而在技术、产品，客户、企业竞争关系变化越来越快的经济环境中，出现了很多新的竞争现象。很多人对波特的理论进行了补充，其中麻省理工学院的阿诺德·哈克斯的“竞争战略的三角模型”颇具价值。

【内容】

阿诺德·哈克斯和他的团队调查了上百家的公司，提出了竞争战略的三角模型，代表企业战略选择的三个方向：最佳产品、客户解决方案和系统锁定（如图 8 - 4 所示）。

1. 最佳产品

最佳产品战略的思路还是基于传统的低成本和产品差异化的策略。企业通过简化生产过程、扩大销售量来获得成本领先地位，或者是通过技术创新、品牌或特殊服务来强化产品的某一方面的特性，以此来增加客户价值。

2. 客户解决方案

客户解决方案战略的出发点是，通过一系列产品和服务的组合，最大限度地满足客户的需求。这种战略的重点是锁定目标顾客，提供最完善的服务；实施手段是学习和定制化。学习具有双重效应：企业通过学习可以更好地增强顾客的满意度；客户不

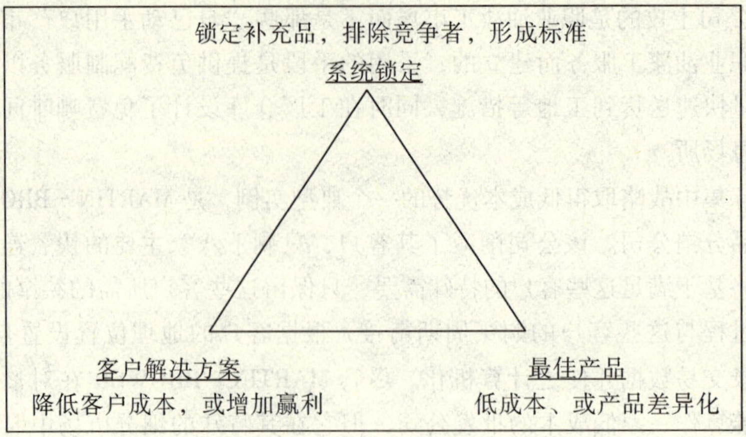

图 8－4　三角模型

断地学习增加了转换成本，提高了忠诚度。实施这种战略往往意味着和供应商、竞争对手和客户的合作和联盟，大家一起来为客户提供最好的方案。

3．系统锁定

系统锁定战略的视角突破了产品和客户的范围，考虑了整个系统创造价值的所有要素。尤其要强调的是，这些要素中除了竞争对手、供应商、客户、替代品之外，还要包括生产补充品的企业。典型的例子有：手机厂家和电信运营商，计算机硬件和软件，HiFi 音响设备和 CD 唱片等等。实施系统锁定战略的要义在于，如何联合补充品厂商一道锁定客户，并把竞争对手挡在门外，最终达到控制行业标准的最高境界。

【总结与分析】

我们并不能对这几种策略简单地下结论，这三种战略哪个好，哪个不好。每种策略的执行者都是既有赢家，又有失败者。尤其是系统锁定战略，最后的成功者可能就只有一个。所以说，战略的选择最终还是要视具体环境而定的。

【实例】

1．最佳产品定位

西南航空公司是一个依靠最佳产品战略取得巨大成功的企业。它不断地降低成本，有时甚至是取消一些服务项目，通过一系列删繁就简的措施，达到了低成本的战略目标。比如，它的航班不提供饮料、食品、顾客订票和留座等服务；班机全部采用波音737，而不是各种各样的客机，这就大大降低了维护和培训的费用。西南航空公司也采取了差异化的战略，如强调城市之间的往返航班，而不是一般航空公司采用复杂的调度和转机系统。

在追求最佳产品战略定位的过程之中，新进入的企业往往具有后发优势，因为它们可以对行业的模式重新定义，而老企业现有的运作系统、流程往往增加了革新的成本。许多后起的企业，像努克、西南航空、戴尔等，往往可以更清晰地定义细分市场。

它们不但渗透进入一个成熟的行业，还取得了成本上的领导地位。所有这些企业都有一个模式：相对于现有企业，它们提供的产品和服务的范围更狭窄，它们去掉产品的部分特点，在价值链上，去掉一些环节，外包一些环节，在余下的环节实施低成本或产品差异的策略。

2. 客户解决方案定位

客户解决方案定位反映了战略定位的重心从产品向客户转移，它强调给客户带来的价值，以及客户的学习效应。

全球五百强企业之一的电子数据系统公司（Electronic Data Systems，EDS）是实行客户解决方案战略的很好的例子。它的定位就是，为客户提供最好的服务，满足客户所有的信息管理方面的需求，为每一位顾客提供价位合理的量身定做的解决方案。作为客户解决方案的供应商，EDS 的绩效评价指标是：多大程度上提升了客户的能力，帮助客户节省了多少经费？为了实现这些目标，EDS 把它的服务扩展到那些原来由客户自己来完成的活动，通过对 IT 技术的专注和运作经验的积累，它们能不断地降低成本、提高服务质量。

3. 系统锁定定位

处于系统锁定战略定位的公司建立了行业的标准，它们是生产厂商大规模投资的受益者。微软和英特尔是最典型的例子。80% 到 90% 的 PC 软件商都是基于微软的操作系统（比如 Windows98）和英特尔的芯片（比如奔腾），它们之间的联盟被称为 Win－Tel。作为一个客户，如果你想使用大部分的应用软件，你就得购买微软的产品。作为一家应用软件厂商，如果你想让 90% 的顾客能够使用你的软件，就得把你的软件设计和微软的操作系统相匹配。

微软和英特尔的成功不是因为最好的产品质量和产品的差异化，也不是因为提供客户解决方案，而是因为它们的系统锁定的地位。很早以前，苹果电脑就以良好的操作系统而著称，摩托罗拉生产的芯片速度也相当快。然而，微软和英特尔还是牢牢地控制了整个行业。

第二节 企业内部条件分析工具

一、价值链分析

【来源背景】

第一个提出企业价值链思想的是美国学者米切尔·波特（Michael Porter）。它描述了顾客价值是如何通过一系列可以生成最终产品或服务的活动而形成的。企业创造的价值产生于一系列的活动之中（如设计、采购、生产、销售和服务等等），这些活动的有机联系就形成了企业的价值链。

价值链（Value Chain）分析是进行内部分析的一个非常有效的分析工具，它可以非常有效地揭示出企业的竞争优势和弱势。价值链分析将企业在向顾客提供产品过程中的一系列活动分为在战略上相互联系的活动，从而有效地了解企业成本发生变化和引起这些变化的相关原因。

【内容】

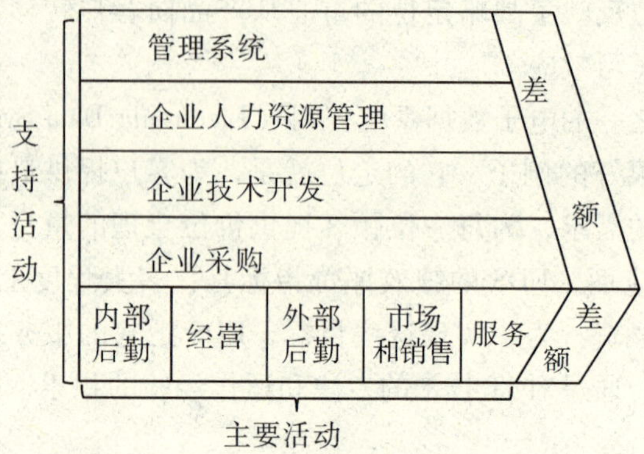

图 8-5　价值链分析

价值链分析是以主要活动和次要活动的形式，将一个企业分解成若干个基本的活动，从而有效地将产品传递到顾客手中以获取利润。

其中主要活动包括如下几个方面：内部后勤包括接受、储存、处理和分配加工产品的材料，从而将之纳入加工的系统之中的活动；经营包括转换、生产、装配和包装等一系列的相关活动；外部后勤包括储存、运输产品等相关活动；市场和销售包括产品、服务、推广和确保实用性等相关活动；服务指诸如产品维修、技术指导等方面的顾客服务活动。其中内部后勤和运营属于生产范畴的相互关联活动，而外部后勤、市场经营和销售及售后服务属于市场范畴的相互关联活动。

支持活动是为主要活动提供服务的活动，是企业活动中除去主要活动以外的次要活动。支持活动有时能够成为企业竞争优势的主要来源。在支持活动中，采购是指为主要活动订购进行加工的原材料；技术开发指为导入和输出过程提供更先进的技术支持；人力资源管理指招聘、培训、激励和奖励，从而为主要活动提供支持；管理系统包括计划、控制以保证主要活动的有效进行。

在企业中，主要活动与支持活动关系密切，如内部后勤和经营等上游价值活动和企业的基本设施等支持活动密切相关。

【总结与分析】

价值链分析可以识别企业产品或服务发展的通路，是如何从原材料获取，进而加工，然后储存再经过销售而到顾客手中的。价值链分析可以用来识别哪一个阶段是最有价值阶段，从而加以发挥以获取竞争优势。价值链分析最重要的一点就是如何将各个活动有效地联系在一起，以更大程度地争取竞争优势。

【实例】

英国 Kwik Save 超级市场是英国最大的四个超级市场之一。其竞争战略就是依靠低成本运营来提供低价格的产品，因此，其所有运营系统的设计也是以此目标为基础的。请看下面的价值链分析图（图 8 -6）：

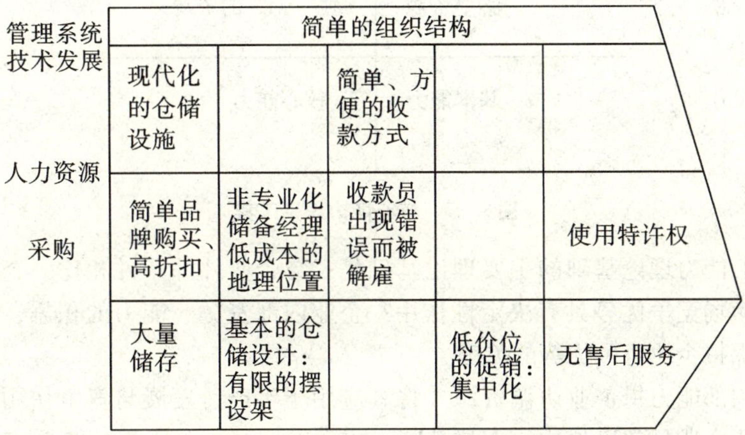

图 8 -6　Kwik Save 的价值链分析

其总部的组织结构非常简单，只有为数不多的员工。现代化的仓储设施用于储备为数不多的有限品牌的产品。由于只订购有限品牌的产品，企业能够进行超大量的购买而从厂家获得很可观的折扣。其仓储的设计非常简单而实用并可以进行大量仓储。由于采取低价格策略，产品的定价过程非常简单，因此，大大地节省了时间和成本。Kwik Save 要求每一位收款员能够熟练地记住产品的价格以提高收款效率。如果收款员不能准确回忆出产品的价格就有被解雇的危险。仓储经理被要求保持一种简单的非技术性的运营办法来处理其品牌产品。全部的市场推广都采取了低价格和给予大折扣的方式。为了控制成本，Kwik Save 没有设立售后服务这一项，这反而使顾客更加认定其产品品质的可靠性。

二、企业核心能力识别工具

【来源背景】

产品优势、市场优势与企业核心能力（Core Competence）构筑了企业战略优势的支柱。随着市场经济的发展，特别是在信息时代和知识时代的商业背景下，企业核心能力已经成为企业竞争的决定性力量。

美国战略学家汉尔得与哈默认为："企业是一个知识的集体，企业通过积累过程获得新知识，并使之融入企业的正式和非正式的行为规范中，从而成为左右企业未来积累的主导力量及核心能力。"核心能力并不是企业内部人、财、物的简单叠加，而是能够使企业在市场中保持和获得竞争优势的，别人不易模仿的企业自身能力。企业间的竞争最终将体现在核心能力上。

【内容】

	与竞争对手相似的或比较容易的被模仿的	比竞争对手好或不容易被模仿的
资源	必要资源	独一无二的资源
能力	基本能力	核心能力

图 8－7　核心能力识别工具

企业核心能力理论基础的主要理论基础是：与企业外部条件相比，企业内部条件对于企业的市场竞争优势具有决定性作用：企业内部资源、能力的积累，是企业获得超额收益和保持企业竞争优势的关键。

企业的内部能力指企业协调资源并将其应用于生产、发展与竞争作用的能力。这些能力存在于企业日常工作中。在这些能力中，有些能力是一般能力，有的能力是核心能力。

核心能力识别工具，这是可以帮助我们认识到企业自身所蕴含的核心能力，方法很简单，企业的内部资源中，“与竞争对手相似的或比较容易模仿的”就属于一般的必要资源；“比竞争对手好的或不容易被模仿的”就属于企业独一无二的资源。在企业的能力中与“竞争对手相似的或容易被模仿的”就是一般的基本能力，而“比竞争对手好的或不容易被模仿的”能力就是企业的核心能力了。

企业在识别核心能力时，需要区别资源和能力这两个概念。如果企业具有非常独特的价值资源，但是企业却没有将这一资源有效发挥，那么，企业所拥有的这一资源就无法为企业创造出竞争优势。另外，一个企业只要拥有了竞争者所不具有的竞争能力，那么，该企业并不一定要具有独特而有价值的资源就能建立起独特的竞争能力。

【总结与分析】

除了上述方法之外，还有进一步识别核心能力的方法，那就是进行比较分析。下面推荐三种比较方法：

1．历史性对比（Historial）

通过将企业的资源和表现与企业过去的经历进行对比来看企业是否发生变化。这种对比的目的就是看一下企业的表现是否比过去有所提高。

2．同行业标准对比（Industry Normals）

将自己企业的资源和能力与同行业中的其他企业进行对比，来看自己的企业与行业内的企业的差别。

3. 最优对比（Benchmarking）

将自己的企业与行业中最好的企业进行对比，从而发现自己的企业与行业中最好的企业之间的差距。

【实例】

所有的小商店都需要一些基本的能力，如采购、储存和展示等。而超级市场通过它们在广告、低成本的进货、超级市场内部的高效管理等核心能力来寻找为顾客提供低价位的战略，这给超级市场提供了超越小商店的竞争优势。这种竞争优势的基础——超级市场的核心能力是小商店无法模仿的，因为小商店在这方面的资源劣势使它们无法进行模仿。因此，小商店只有通过提供更方便的服务，如：个人推销、送货上门、24 小时服务作为其核心能力来参与同超级市场的竞争。小商店在服务方面所提供的方便是超级市场所无法模仿的，因为这种模仿意味着成本大规模的提高。因此，超级市场也好，小商店也好，它们之间的竞争都是充分展现自己独一无二的核心能力来实现的。

三、企业核心能力的培育方法

【来源背景】

今天，培育并提升企业核心能力，逐渐为国内外许多著名企业所重视。培育核心能力是一个过程，能够把企业的许多创新构成一个新的有机整体。如今核心能力受到企业重视，是因为企业核心能力已经成为企业竞争的基本战略。往常企业总是讲市场战略、产品战略、技术战略等，这些职能战略是企业外在和显性化的战略，在迈向知识经济的新时代，任何企业单是依靠某一项或某几项职能，最多只能获取暂时的优势。

唯有培育核心能力才是使企业立于不败之地的根本战略。例如，精确的数据存储和分析是菲利浦公司在光学器材生产方面的核心能力；结构紧凑和方便操作是索尼公司在微型工艺机生产上的特殊控制力；微软公司的成功在于不断开发更新更强操作平台的能力；英特尔不断推出新的 CPU 的能力绝非其他公司可以比拟。因此，具有活的动态性质的核心能力是企业追求长期战略目标，是企业持续竞争优势的源泉。

【内容】

培育企业核心能力的方法有：

1. 演化法

这种方法是企业高层管理者选定一个目标，由全体员工在各自的工作岗位上一起努力，设法在合理期限内完成目标的核心能力。

演化法几乎等同于进行一次大规模的变革，其影响将遍及整个企业。演化法可能设计、整合好几十个行动方案，如果整合成功，势必改革效果惊人，否则徒劳无功。

2. 孕育法

孕育法指企业成立一个专门小组，针对企业选定的目标全力开发，负责在 2～3 年内培育一种核心能力。培育法的优点在于企业提供特别设计的环境，工作小组可以专心和安心地进行研究开发。一旦工作小组有了不错的成绩，经营者就可以考虑将这一成果转移到企业的其他部门去。

3. 并购法

这是通过并购达到预先确定的目标，然后获得其核心能力的方法。

许多企业不愿花很长的时间投入可观的资源，等待演化法与孕育法开花结果，而纷纷采取更为方便的方法——并购。事实上，最近几年来，和其他两种方法相比，通过并购建立核心能力更容易招致失败。为了提高成功率，经营者必须了解，它们想要寻求的能力种类如何影响并购策略，同时要留意将来会影响结果的结构性因素。

【总结与分析】

是否能找到合适的具有特定能力的企业，当然是并购策略的决定性因素，而究竟是该选择演化法或孕育法，更是一个难题，但经营者必须从这两种策略中选一个，不能同时采用。选择演化法的企业，也许难以建立卓越的能力，但由于组织成员曾经全体奋斗过，所以能力一旦成功塑造，所有人都将继续全力以赴。反观孕育法，建立核心能力的成功率也许高得多，但将此技能移至组织其他成员共同参与可能比较困难。

企业过去的历史与能力的本质，将影响经营者的取舍决策，例如，过去推动重大改革方案获得成功的企业，可能会倾向于采用演化法。反之，过去曾经采用孕育法来建立过所谓秘密设计小组的企业，则倾向于采用孕育法来建立核心能力。前线执行能力的执行比较适合用演化法，因此其成功的关键在于大多数前线员工是否全力投入，反之，洞察预见能力的建立可能比较适合使用孕育法，可以利用孕育小组人数少和不受正式程序限制的优点。

【实例】

美国的布朗路特工程顾问公司采用孕育法建立了新的核心能力，在市场上大有收获。

该公司创造了一个能够让新能力孕育、茁壮成长的环境，不仅全身心呵护这块园地，而且提供一些必要的资源。然而这并不是四周围筑防火墙式的封闭环境，而是包盖着一层只进不出的单向薄膜。具体地说，只要工作小组的负责人看中，经营者允许孕育小组以各种手段从现有部门寻找所需要的人。

与演化法一样，采用孕育法的企业也依赖企业外部人士。布朗路特工程顾问公司为针对组织既有的惰性引进外部管理顾问。在核心能力培养上，布朗路特公司针对特定的新事业机会，去建立具体的核心能力。“孕育者”是公司内注重经营绩效的部门主管，而不是一些专家或精神领袖。该公司还采用了简单易懂的绩效考核办法，向外界做标杆对比，以评估自己的能力优势，同时强调核心能力在面对新环境的挑战时所做的贡献。

终于，在后勤支援与紧急应变管理方面，布朗路特公司成为全球的领导者。

第三节　战略信息输入工具

一、EFE 矩阵

【来源背景】

EFE 矩阵——外部因素评价矩阵，将影响企业发展的关键外部因素信息输入战略分析评价体系，可帮助企业综合评价经济、社会、文化、人口、环境、政治、法律、技术及竞争等方面的信息。

EFE 矩阵对关键外部因素进行分析评价，是通过对企业的外部环境给企业带来的机会和威胁进行打分的方法来进行的。

【内容】

按照以下步骤建立 EFE 矩阵：

（1）列出在外部分析过程中确认的外部因素。因素总数在 10 ~ 20 个之间。因素包括影响企业和其所在产业的各种机会与威胁。首先列举机会，然后列举威胁。要尽量具体，可以采用百分比、比率和对比数字。

（2）赋予每个因素以权重，其数值由 0.0（不重要）到 1.0（非常重要）。权重标志着该因素对于企业在产业中取得成功的影响的相对大小性。机会往往比威胁得到更高的权重，但当威胁因素特别严重时也可得到高权重。确定恰当权重的方法包括对成功的竞争者和不成功的竞争者进行比较，以及通过集体讨论而达成共识。所有因素的权重总和必须等于 1。

（3）按照企业现行战略对各关键因素的有效反应程度为各关键因素进行评分，范围为 1 ~ 4 分，“4”分代表反应很好，“3”代表反应超过平均水平，“2”代表反应为平均水平，而“1”则代表反应很差。评分反映了企业战略的有效性，因此，它是以公司为基准的，而步骤 2 中的权重则是以产业为基准的。

（4）用每个因素的权重乘以它的评分，即得到每个因素的加权分数。

（5）将所有因素的加权分数相加，以得到企业的总加权分数。无论 EFE 矩阵包含多少因素，总加权分数的范围都是从最低的 1.0 到最高的 4.0，平均分为 2.5。如果总加权分数为 4.0，则反映企业有效利用了产业中的机会，并将外部威胁的潜在不利影响降至最小；如果总加权分数为 1.0，则说明没能利用外部资源或回避风险。

【总结与分析】

一个企业所能得到的总加权分，最高为 4.0，最低为 1.0，平均总加权分数为 2.5。需要注意的是，透彻理解 EFE 矩阵中所采用的因素，比实际的权重和评分更加重要。

【实例】

CCSN 是国内首家为商业企业的供应链优化管理提供电子商务解决方案的第三方电

子数据交换平台，是基于 INTERNET 技术、EDI 数据交换和 CA 安全认证技术为核心的功能强大的应用平台，致力于帮助国内外零售商、分销商、生产商实现供应链再造和生产业务流程的优化，从而提高生产效率，降低购销成本，增加企业的市场竞争力。

就市场状况来看，国外商业巨头大肆入侵国内，商业企业特别是大型超市高层管理者对供应链电子化管理的需求更加迫切，再就是大型超市内部自动化管理，MIS/ERP 系统本身较为健全，与其对应的供应商企业内部的计算机联网也日益普及，对 CCSN 来说是个绝佳的市场机会。国内许多网络公司仍未走出 WEB 的怪圈，CCSN 的产品和技术充分考虑到我国商业企业的现状，处于绝对领先的优势。

表 8－1 是 CCSN 外部因素评价（EFE）矩阵：

表 8－1　　CCSN 外部因素评价（EFE）矩阵

关键外部因素	权重	评分	加权分数
机会			
1. 政府大力推进企业信息化改造	0.05	2	0.10
2. 中国加入 WTO 后，零售业面临全球竞争	0.10	3	0.30
3. 零售超市的信息化水平提高，POS 机和 MIS 系统被广泛运用	0.05	3	0.15
4. 企业高层管理者对商业自动化意识的增强，以及对信息化管理的迫切需求	0.10	4	0.40
5. 供应链管理成为新闻媒体报道的热点	0.05	1	0.05
6. 以往的竞争对手纷纷出局	0.05	2	0.10
7. CCSN 电子数据交换技术逐渐被市场认可	0.15	4	0.60
8. 京城一家零售超市已在 CCSN 数据交换平台上试行，另外两家较大型的零售超市与 CCSN 有实质性合作意向	0.15	4	0.60
9. 零售超市这个业态的市场增长速度极快	0.10	3	0.30
威胁			
1. 国际竞争对手的涌现	0.05	2	0.10
2. 以往国内竞争对手的倒闭，对市场和客户造成一种打击，并增加了客户对电子化服务公司的不信任感	0.08	2	0.16
3. 国内商业企业规模相对较小，资金实力较弱	0.03	3	0.09
4. 国内商业企业将 CCSN 交换技术等同于.COM（商业性质的国际通用域名），或与以往国内竞争对手类似，由此产生怀疑	0.04	3	0.12
总计	1.00	3.07	

结论：平均总加权分数为 2.5，CCSN 总加权分数为 3.07，高于平均水平，说明 CCSN 在利用外部机会和规避外部威胁或风险方面有较强的控制能力。

二、IFE 矩阵

【来源背景】

IFE 矩阵——内部因素评价矩阵，将企业关键的内部因素信息输入战略分析评价体系，以确定企业的优势和弱点。内部分析需要收集和吸收有关企业的管理、营销、财务会计、生产作业、研究和开发及计算机信息系统等运行方面的信息。

对企业内部因素的评价，可以通过内部因素评价矩阵来进行。

【内容】

可以按照以下步骤建立 IFE 矩阵：

（1）列出在内部分析过程中确定的关键因素。采用 10～20 个内部因素，包括优势和弱点两方面。首先列出优势，然后列出弱点。要尽可能具体，可以采用百分比、比率和比较数字。

（2）给每个因素以权重，其数值范围由 0.0（不重要）到 1.0（非常重要）。权重标志着各因素对于企业在产业中成败影响的相对大小。无论关键因素是内部优势还是弱点，对企业绩效有较大影响的因素就应当得到较高的权重。所有权重之和等于 1.0。

（3）为各因素进行评分。1 分代表重要弱点；2 分代表次要弱点；3 分代表次要优势；4 分代表重要优势。评分以公司为基准，而权重则以产业为基准。

（4）用每个因素的权重乘以它的评分，即得到每个因素的加权分数。

（5）将所有因素的加权分数相加，得到企业的总加权分数。

【总结与分析】

无论 IFE 矩阵包含多少因素，总加权分数的范围都是从最低的 1.0 到最高的 4.0，平均分为 2.5。总加权分数大大低于 2.5 的企业的内部状况处于弱势，而分数大大高于 2.5 的企业的内部状况则处于强势。同外部因素评价矩阵一样，IFE 矩阵应包含 10～20 个关键因素。因素数不影响总加权分数的范围，因为权重总和永远等于 l。

【实例】

CCSN 是由原国家国内贸易部商业网点开发中心发起，由中商科联网络信息技术有限公司管理，于 2000 年 4 月正式成立的。CCSN 是国内第一家专门为商业流通领域的企业提供全方位供应链管理（SCM）的第三方电子数据交换（EDI）接入运营服务商。从其背景来讲，CCSN 获得了来自政府和联合国工业发展组织（UNIDO）的大力支持。从其技术来讲，CCSN 的核心技术是电子数据交换技术（EDI），这一技术是引进国外成熟的先进技术，并结合国内商业领域信息化现状和商业企业需求，自主开发，得到联合国工业发展组织（UNIDO）专家的一致好评，并在国家科技部软科学专题备案。从赢利模式来看，CCSN 的赢利模式源自电信收费模式，即 CCSN 建立第三方电子数据交换平台，通过为商业企业客户（初期主要为零售超市及其供应商）提供运营服务，收取稳定而持久的平台月租费（类似于电话月租费）和信息服务费（类似于话费）。从 CCSN 项目的市场前景来看，电子数据交换（EDI）就像是庞大的信息工程的基石，是不可逾越的，通过电子数据交换才能实现真正意义上的供应链优化管理。而国内商业企业面临着国外强敌的竞争压力，企业管理者信息意识逐渐加强，无疑给 CCSN 带来了有利机会。就 CCSN 项目本身而言，市场潜力巨大，前景广阔。从市场和客户的反馈来看，经过一年半的市场培育和铺垫，北京几家大型超市对 CCSN 技术和服务产品有了深入的了解，已开始有意向做进一步的尝试和合作。

表 8 -2 是 CCSN 内部因素评价（IFE）矩阵：

表 8 -2　　CCSN 内部因素评价（IFE）矩阵

关键内部因素	权重	评分	加权分数
内部优势			
1. 背景优势：得到中国政府部门的大力支持，以及联合国工业发展组织的直接参与	0.05	3	0.15
2. 项目优势：列入国家科技部的国家软科学研究专题，是国家经贸委商业自动化推广应用项目	0.05	3	0.15
3. 技术优势：与其他的竞争者在技术上有显著的差异性	0.20	4	0.80
4. 人才优势：拥有国际商业流通领域标准 EDI 单证应用的专家，参加过重大科技攻关项目金关工程的专家，拥有丰富的商业和实战经验和商场管理经验的专家	0.10	4	0.40
5. 信息采集、管理和分析的优势，通过数据库管理，强化信息系统的控制能力	0.05	3	0.15
内部劣势			
1. 资金短缺，财务压力大	0.20	1	0.20
2. 企业文化欠缺，员工士气低落	0.10	1	0.10
3. 产品开发周期过长	0.10	1	0.10
4. 市场开发迟缓，市场份额低	0.15	1	0.15
总计	1.00		2.20

结论：CCSN 的主要优势集中在技术和人才方面，而主要弱势集中在资金、企业文化、市场开发能力和产品开发周期上。总加权分数为 2.20，表明 CCSN 的总体内部优势明显低于平均水平，劣势显著。

第四节　战略匹配工具

一、SWOT 矩阵

具体内容请参见第三章第三节。

二、BCG 矩阵

【来源背景】

制作公司层战略最流行的方法之一是 BGG 矩阵——也叫公司业务组合矩阵。该方法是由波士顿咨询集团（Boston Consulting Group，BCG）于 20 世纪 70 年代初期开发的。矩阵是一种有用的理论，它提供了一种框架，帮助人们理解性质各异的业务。BCG 矩阵是一种有用的理论，它提供了一种框架，帮助人们理解性质各异的业务，以及确定战略资源分配的优先次序。

【内容】

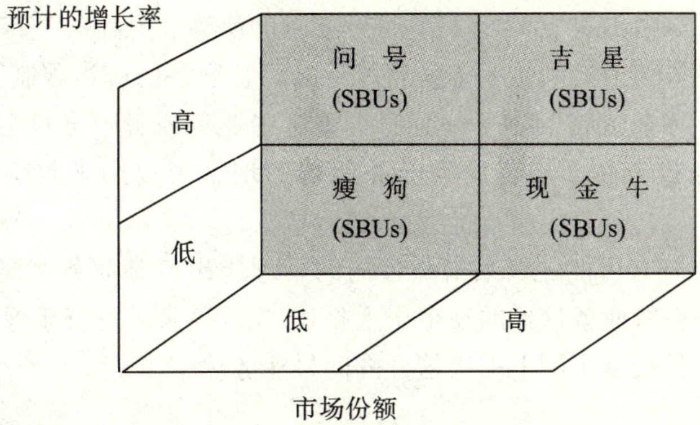

图 8-8　BCG 矩阵

该法将组织的每一个战略事业单位（SBUs）标在一种二维的矩阵图上（如图8-8），从而显示出哪个 SBUs 提供高额的潜在收益，以及哪个 SBUs 是组织资源的漏斗。其中，横轴代表市场份额，纵轴表示预计的市场增长。说得更明确一些，高市场份额意味着该项业务是所在行业的领导者，高市场增长定义为销售额至少达到 10% 的年增长率（扣除通货膨胀因素），BCG 矩阵区分出 4 种业务组合。

1. 现金牛（低增长，高市场份额）

这是属于低速成长、高占有率的产品。由于竞争已经趋于稳定，因此，它可以产生大量的现金，以供厂商发展新产品，可说是厂商的“金库”，但其未来的增长前景是有限的。

2. 吉星（高增长，高市场份额）

这是属于高速成长、高占有率的产品。由于成长快速，通常厂商不但不能从中获取大量的现金，反而还需要投入资金，以扩大市场，强化流通与推广，使自己能够更上一层楼，并在未来获取更多、更长远的利益。

3. 问号（高增长，低市场份额）

这是属于高速成长、低占有率的产品。处在这个领域中的是一些投机性产品，带有较大的风险。管理当局应该仔细考虑，是否要花费更多的资金来提高市场占有率，以开创更美好的明天，或是缩小经营规模，甚至完全退出市场。

4. 瘦狗（低增长、低市场份额）

这个领域中的产品既不能产生大量现金，也不需要投入大量现金，这些产品没有希望改进厂商的绩效。

【总结与分析】

对于每一类业务组合，管理部门应当采取什么策略？

研究表明，牺牲短期利润以获取市场份额的组织，将产生最高的长期利润。因此，管理部门应当从现金牛身上挤出尽可能多的“奶”来，把现金牛业务的新投资限制在最为必要的水平上，而利用现金牛产生的大量现金投资于吉星业务，对吉星业务的大量投资将获得高额红利。当然，当吉星业务的市场饱和及增长率下降时，它们最终会成长为现金牛。最难做出决定的是关于问号业务的决策，其中一些应当出售，另一些有可能转成吉星业务。但是问号业务是有风险的，管理部门应当限制问号业务的数量。对于瘦狗业务，不存在战略问题——应当出售这些业务或者瞅准机会清理变现，很少有值得保留或追加投资的。出售瘦狗业务所得的现金可以用来收购或资助某些问号业务。

例如：BCG 矩阵有可能建议某出版公司的管理层出售其商务书籍业务，因为它是一只瘦狗，从大学教材业务这样的现金牛上挤出“奶”来，投资于像《体育周刊》这样的吉星业务，或是投资于网上书店这样的问号业务。

三、SPACE 矩阵

【来源背景】

战略地位和行动评估矩阵——SPACE 矩阵的用途在于确定企业的战略地位和它每一项业务的战略地位。在这一矩阵分析中加入了大量的要素，目的在于使制定企业战略决策的人从多方面确定企业的具体战略，并选择最为合适的行动方案。这种方法帮助企业确定它所处的行业的吸引力和企业在市场上的竞争能力。

【内容】

如图 8-9，SPACE 矩阵的四象限图表明进取、保守、防御和竞争四种战略中哪一种最合适于特定企业。SPACE 矩阵的轴线代表了两个内在因素（财务优势 FS 和竞争优势 CA）及两个外部因素（环境稳定性 ES 和产业优势 IS）。这四个因素对于确定企业的总体战略地位是最为重要的。

在这一矩阵中，财务实力和竞争优势是企业战略地位的两个主要确定因素，而行业实力和环境稳定性因素代表了整个行业的战略地位。这四个因素按 +6 至 -6 的刻度标在矩阵上。这些要素按下列四个方面评估：

1. 环境稳定要素（ES）

- 技术变化
- 通货膨胀率
- 需求变化
- 竞争产品的价格范围
- 打进市场的障碍
- 竞争压力
- 需求的价格弹性

2. 行业实力要素（IS）

- 发展潜力
- 利润潜力

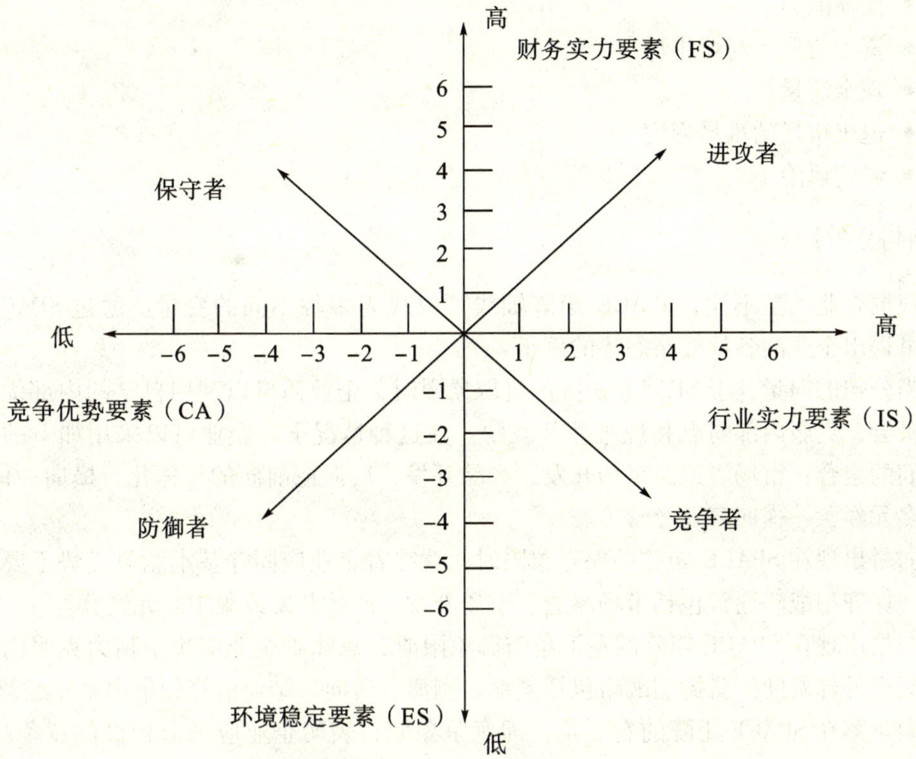

图 8－9 SPACE 矩阵

- 财务稳定性
- 技术
- 资源利用率
- 资本密集性
- 打进市场难易程度
- 生产率和生产能力的利用程度

3. 竞争优势要素（CA）

- 市场份额
- 产品质量
- 产品生命周期
- 产品更换周期
- 顾客对产品的忠心程度
- 竞争对手的生产能力利用程度
- 技术
- 纵向联合

4. 财务实力要素（FS）

- 投资报酬
- 财务杠杆

- 偿债能力
- 资本需要量与可供性
- 现金流量
- 退出市场的难易程度
- 经营风险

【总结与分析】

根据企业类型不同，SPACE 矩阵轴线可以代表多种不同的变量。通过 SPACE 分析，可得出企业的各种战略态势的例子。

当公司的向量处于 SPACE 矩阵的进取象限时，企业便可以利用自己的内部优势和外部机会，克服内部弱点和规避外部威胁。在这种情况下，企业可以采用如下的战略及它们的组合：市场渗透、市场开发、产品开发、后向或前向的一体化、横向一体化、集中多元经营、横向多元经营等。

向量出现在 SPACE 矩阵的保守象限时，意味着企业应固守基本竞争优势不要过分冒险。保守型战略通常包括市场渗透、市场开发、产品开发或集中多元经营。

向量出现在 SPACE 矩阵的左下角防御象限时，意味着企业应集中精力克服内部弱点并规避外部威胁。防御型战略包括紧缩、剥离、转向、结业清算和集中多元经营。

向量落在 SPACE 矩阵的右下角，即竞争象限，表明企业应采取积极的竞争战略，如后向、前向及横向一体化、市场渗透、市场开发、产品开发及组建合资企业等。

第五节　战略决策工具

一、QSPM 分析

【来源背景】

战略决策是针对企业的战略问题所进行的涉及企业未来生存和发展的决策，战略分析和直觉判断是战略分析的基础。

定量战略计划矩阵（quantitative strategy planning matrix，简称 QSPM），是在战略匹配阶段提供的备选战略方案的基础上，为企业提供一种帮助进行决策的技术。

【内容】

QSPM 顶部一行包括了从 SWOT 矩阵、SPACE 矩阵、BCG 矩阵中得出的备选战略，作为企业的可行战略。企业高层管理人员应用良好的直觉判断能力，对众多的备选战略进行筛选，然后决定进入 QSPM 的战略。

然后，按照内部和外部关键因素中的机会、威胁、优势、弱点，分别按一定的权重予以打分，最后得出各个备选战略的吸引力总分，为决策提出量化的参考值。

在 QSPM 中，决策的要素是：关键因素、备选战略、权重、吸引力评分、吸引力总分和吸引力总分之和。

【总结与分析】

运用 QSPM 的优点是可以相继地或同时地考察一组战略。同时，在这个矩阵中，可以把决策过程中有关的各种因素结合在一起考虑，使决策者的思路更加清晰。

QSPM 的局限性表现在它离不开决策者的直觉判断和经验性假设。而这些主观思维方面的产物的准确性会有很大差异，从而必然会对决策的质量产生影响。为了提高战略决策的准确性，企业决策层、管理层和员工都应参与决策的讨论，并相互保持良好的沟通。QSPM 的质量也取决于信息输入阶段、匹配阶段所进行的各项工作的质量。

【实例】

还是以 CCSN 为例：

从上表分析来看，CCSN 应重点开发国有超市，其次是民营超市，外资零售超市由于其在本土就有强大的信息支持机构，加之他们对产品、技术、服务等方面的要求苛刻，按 CCSN 现有的人力、物力和财力是难以满足他们的需求的，故应暂时放弃这一市场，重点从国有和民营超市入手，他们才是 CCSN 有价值的客户。

表 8－3

关键因素	权重	备选战略					
		开发北京市场		开发外地市场		两个市场同步开发	
		AS	TAS	AS	TAS	AS	TAS
机会							
1. 商业自动化被列入“十五”纲要中	0.05	—	—	—	—	—	—
2. 北京的信息化发展很快	0.05	4	0.20	2	0.10	3	0.30
3. 北京汇集了众多大型零售超市	0.10	4	0.40	1	0.10	2	0.20
4. 国内零售企业面临强大的竞争压力	0.10	4	0.40	2	0.20	3	0.30
5. 商业企业信息化水平日益提高，POS/MS 系统被普遍使用	0.10	4	0.40	2	0.20	3	0.30
6. 商业企业管理者的信息化意识逐渐增强，有信息化改造的需求	0.2	4	0.80	2	0.40	3	0.60
7. 原有竞争对手倒闭退出市场	0.15	4	0.60	1	0.15	2	0.30
8. 零售超市业增长迅猛	0.10	3	0.30	1	0.10	2	0.20
威胁							
1. 国际和国内竞争对手的出现	0.10	3	0.30	1	0.10	2	0.20
2. 原有竞争对手的倒闭，可能对市场产生负面影响，使人们对高科技企业和产品不信任	0.05	3	0.15	1	0.05	2	0.10

表8-3(续)

关键因素	权重	备选战略					
		开发北京市场		开发外地市场		两个市场同步开发	
		AS	TAS	AS	TAS	AS	TAS
优势							
1. CCSN 在北京地区的市场认知度提高	0.10	4	0.40	1	0.10	2	0.20
2. 北京地区三家零售超市已与 CCSN 进行项目的前期合作	0.15	4	0.60	2	0.30	3	0.45
3. CCSN 项目在 UNIDO 专家的评审中获得好评，同时在国家科技部软科学专题备案	0.05	—	—	—	—	—	—
4. CCSN 产品的价格相较于竞争对手有显著的优势	0.15	2	0.30	4	0.60	3	0.45
5. 复杂的商业动作，将对竞争对手产生一定的进入壁垒	0.10	—	—	—	—	—	—
6. 使用 CCSN 服务产品的转手	0.10	4	0.40	2	0.50	3	0.30
劣势							
1. 现金流量短缺	0.15	3	0.45	2	0.30	1	0.15
2. 市场开发缓慢，市场份额低	0.10	2	0.20	3	0.30	4	0.40
3. 产品开发周期长	0.05	—	—	—	—	—	—
4. 管理成本高	0.05	4	0.20	2	0.10	1	0.05
总计	1.00		6.10		3.30		4.50

二、KT 决策法

【来源背景】

KT 决策法是由美国学者兼企业家特利高发明的，KT 取自他名字的英文字母。KT 法的基本含义是“合理的思考程序”，是问题思考决策法，适用于企业决策。

KT 决策法提出以后受到了企业界的重视，对非营利部门具有同样的意义。因此，企业界纷纷运用 KT 法来解决问题和提高决策效率。美国销售额前 500 位的大企业中已有 350 多家导入了 KT 法，日本国内利润前 100 位的企业中的 40% 也已经导入，另外，KT 决策法在欧洲各国的普及率也很高。

【内容】

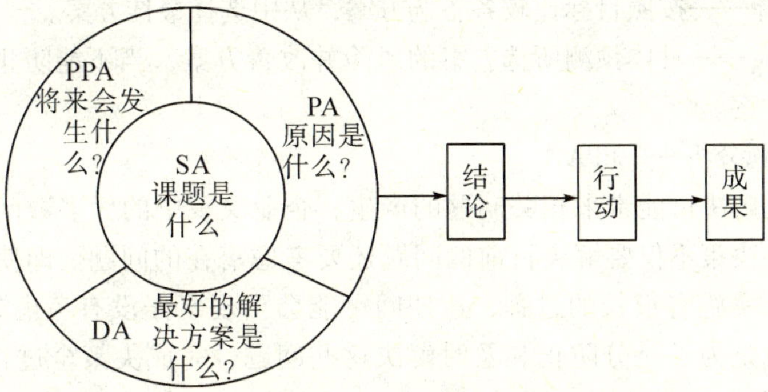

图 8－10　KT 决策法

利用 KT 法进行决策是按照“合理的思考程序”的四个步骤来实施的，下面按这四个步骤来分别阐述 KT 法的实施过程和方法：

1．状况分析——SA

状况分析是掌握课题并将课题明确化。课题是决策的第一要素，没有课题也就不需要决策。很多决策问题并不是十分明确的，人们对其理解也不是相同的，实际上很多企业在决策之前就搞错了课题，出现这一现象的主要原因是没有掌握足够的和准确的信息。

SA 主要回答这几个问题：

- 为了什么而提出课题，明确课题解决的目的。
- 不盲目地倾向某种思想，考虑应当掌握哪些事实，并分清暧昧和清楚的事实。
- 在掌握事实的前提下决定课题，而不是相反。
- 对设定的课题决定优先顺序，以便很快开始行动。

2．问题分析——PA

分析问题是为了掌握原因，一般而言，有三种情况需要掌握原因：一是出现问题时；二是想采取对策时；三是为防止未来出现风险时。PA 的关键是要将结果性的现象与原因性的现象分开，不要混同。PA 的实施程序如下：

- 差异的限定化——为什么和要探求什么原因？事物的结果与基准比较有什么差异？
- 差异现象的细分化——按照什么、何时、何地、何种程度将发生的结果细分化。
- 掌握原因的事实——对发生的和未发生的情况进行比较，探索两者的不同及原因。
- 实证——理论的和实验的立证，确认原因。

3．决定分析——DA

决策分析是根据课题以及探明的原因制定更适当的方案，方案是解决课题的途径，因此，好的方案应当带来好的效果，换言之，方案的业绩怎样是决策分析的着眼点。为了探求好的方案，必须在决策分析中体现创新精神，并尽可能穷尽可行方案。DA 的实施程序如下：

- 设定目的——明确为什么而选择方案。

• 设定目标——目标是目的要达到的具体水平，设定具体的完成标准。

• 创造方案——根据目的、目标要求创造方案，并经常地返回目标去考虑。

• 比较选择——按照目标比较各备选方案，从中选择最佳方案。

• 预防风险——具体预测所选方案的风险并改善方案，当不能防止重大风险时应重新回到创造方案。

4. 潜在问题分析——PPA

很多问题的解决可能带来相关问题的产生，企业决策中的大多数问题之间是有相关关系的，好的决策不仅要解决目前的问题还要考虑潜在的问题。即使目前的方案是最好的，但由于实施有很长的过程，这期间可能会出现事先没有考虑到的因素变化，潜在问题分析就是为了充分防止和及时解决这些问题，完成决策全过程的管理。PPA的实施程序如下：

• 达成目标的明确化——想要达成什么？明确风险分析的目的。

• 掌握风险——掌握阻碍目标完成的因素，特别应注意环境和周边的变化。

• 准备预防对策——追究使风险发生的原因，为防止风险而准备，将风险预防与机会利用结合起来考虑。

• 准备紧急应对对策——考虑并准备当风险发生后不打算放弃目标的措施。

【总结与分析】

（1）KT 法只是一种决策工具，要将它与组织的其他机能有机结合起来才能产生效果。

（2）KT 法作为一种思考程序，重在不断应用，必须将 KT 法植根于企业组织中，使管理者熟悉并掌握。要做到这一点，有必要进行专门的 KT 法培训和研修，培训各级管理者和员工。

（3）要正确看待 KT 法的效果，KT 法不会产生奇迹，但它能促进管理意识的革新，提高组织活力。KT 法所引进的“合理的思考程序”将成为看不见的企业知识资源，将成为企业的共同语言和共同方法，对管理效率的提高有积极作用。

（4）应当考虑如何将 KT 法制度化的问题。

（5）KT 法是针对管理人员而制定的思考程序，目的是促进管理层实现意识革新，但是，怎样才能达到具体的革新目标，应当结合企业的特点探索不同的手段。对 KT 法的灵活运用很大程度上决定着最终的实施结果。

第六节　国际化进入战略模型

【来源背景】

目前，国际环境有 4 个特点，即全球信息化、全球经济一体化、国际上企业联合与兼并。知识经济在世界范围内日渐崛起。全球经济一体化促进了跨国企业的发展，世界各个国家、企业、管理者之间的距离越来越短，并互相依赖相互制约。由于竞争的需要，国际上的大企业相互联合、兼并已成为一个必然的趋势。

企业进入国外市场并参与国际竞争时，常常会运用如下几项通用的基本战略：国际化战略，多国本土化战略、全球化战略和跨国经营战略（如图8－11）。

【内容】

成本压力	东道主国的地区回应压力：高	东道主国的地区回应压力：低
高	全球组织规模（global organization model）：将全球视为单一的市场，公司总部统一经营	跨国组织模式（transnational organization model）：专业化工厂符合本地化的要求，通过复杂的协调机制进行全球一体化
低	国际组织模式（international organization model）：利用现有能力向国际市场拓展	多国组织模式（multinational organization model）：设在多个国家的子公司作为独立的业务单位来运营

图8－11 国际化战略进入模型

根据成本压力的高低和东道主国的地区回应压力的高低，利用“国际化战略进入模型”可以把国际化战略进入方式分为四种：国际化战略、多国本土化战略、全球化战略和跨国经营战略。

1．国际化战略

国际化战略，是指转移价值和产品到国外市场以创造价值。这种做法的基础在于国外市场中，当地的竞争者并不具有这样的技能和产品。大部分的跨国企业都努力转移在自己国家所生产出来的差异化产品到新的海外市场中去创造价值，并倾向于将产品开发功能集中在自己的国家。大部分的国际化企业只有在有限的范围内对所提供的产品及行销策略进行当地顾客化，公司总部仍保持着对行销和产品策略的紧密控制权。

例如，宝洁公司就在其所有美国以外的主要市场中设有生产设备，包括英、德、日等国，然而，这些设备只制造在美国的母公司所发展出来的差异化的产品，而且常以美国母公司所发出的行销信息来进行行销。在历史上，宝洁公司对市场当地回应程度相当有限，这是导致宝洁发生问题的原因之一。

2．多国本土化战略

和跨国企业不同的是，多国企业将技能和产品转移到境外市场的时候，积极将他们所提供的产品和行销策略顾客化。他们更加关注顾客的需求，以使得自己的产品更加符合不同国家的不同状况。同时，他们也倾向于在每一个与他们做生意的重要国家的市场中建立整套的价值创造活动，包括生产、行销及研发。

多国战略的显著优点就是能够根据不同地区的顾客来进行顾客化生产，以最大限度地满足顾客。该战略的缺点也很明显，企业很难将自身的特异能力转移到国外去，成本较高。

3. 全球化战略

使用全球化战略的企业往往更倾向于对成本的把握，这是全球化战略的宗旨是努力做到在所有国家之间的竞争保持策略上的一致性决定的。追求全球化战略的企业，其生产、行销和研发等活动都集中于一些较有利的地区。全球化企业比较倾向于不将他们所提供的产品和行销策略顾客化。这是因为顾客化会因少量的生产营运和功能的重复而提高成本。

4. 跨国经营战略

追求跨国经营战略的企业总是试图同时达到低成本和差异化优势，同时做到这两点，似乎是一个矛盾而又具有挑战性的事情。该战略的另一个缺点就是常常因为组织的问题而执行困难。但是，也有企业在这方面做得很成功。

例如，欧洲的 IKEA 公司为了降低成本方面的压力，投资了一些规模较大的零件组件工厂，并将这些工厂设在比较有利的位置以满足规模生产的目的。同时 IKEA 公司还在许多主要的全球市场中设立零件集中化制造与组装工厂，并在这些地方投入自己的工作人员，依照不同地区需要，随时改进自己的产品，以尽可能地使自己的产品差异化来降低不同地区的顾客回应压力。

【总结与分析】

（1）如果一家企业的核心能力能够使自己在国外市场上形成竞争优势，而且在国外的市场上降低成本的压力较小，那么国际化战略的效果就非常明显。

（2）多国本土战略对于追求多国竞争占统治地位的行业是合适的。由于不同国家在政治、经济、文化和竞争等方面的环境各不相同甚至存在巨大差异，多国本土化战略能够提供不同方式的战略，以适应不同国家的市场环境，必要时还可以进行行为上的调整。因此，多国战略更注重战略与东道主国环境的匹配。

（3）对于一个全球化、竞争性的行业来说，全球化的战略是一个比较理想的选择。全球化战略能够加强其在不同国家间的统一性与协调性，也可以建立起自身资源的战略优势以获得低成本的效果，因此，一旦国家间的差异小到可以实施一个全球化的时候，企业就应当毫不犹豫地实施该战略。

（4）跨国经营战略的实施充满了艰辛。企业通常是在当地巨大的回应压力和成本压力的情况下才会小心翼翼地使用该战略。但是，如果得到了当地回应，则必然面临成本方面的提高，这两者难以兼顾。

第九章 战略的实施

第一节 战略实施的基本模式

一、战略实施内涵

(一) 战略实施的定义

战略实施是指企业全体员工根据企业制定的战略，利用企业一切可利用的资源，自觉而努力去实现企业目标的过程。

(二) 战略实施与战略制定的区别和联系

战略制定和战略实施有很大不同：战略制定是行动之前对企业发展方向和发展策略的选择，而战略实施是如何将选定的战略实现的行为过程。战略制定更加注重分析和选择，而战略实施更考验领导和领导能力，企业的协调能力和企业整体的执行力。

但是，并不是选择了正确的战略，就会朝着期望的战略目标前行。没有良好的战略，企业执行能力再好，也只能南辕北辙，可同时好的战略不能得到良好的实施，企业也会面临失败，图 9－1 说明了战略制定与战略实施之间的关系。只有战略制定适合于企业的内外部环境，同时具有有效的战略实施作保证，企业才可能获得成功。如果企业制定了正确的战略，然而企业的战略实施不能有效地执行这个正确的战略，企业会陷入无尽的麻烦之中：企业各级管理者会处于无休止的部门冲突、人员矛盾、战略理解等各方面的问题之中难以自拔，因为他们不能有效地理解战略，并在战略的统一指挥和领导之下去实施各个部门的工作、相互协调配合，这样企业的人力、物力和财力都在无止境的内耗中浪费了。然而如果企业有极强的战略贯彻和执行能力，可是企业制定的战略本身不正确或者不完善，带给企业同样的是无尽的资源消耗和不好的结局。一旦企业面临这种状况，唯一的办法就是修正不完善的战略或者放弃错误的战略，让企业及时避免陷入无尽的麻烦之中。当然，如果一个企业的战略不正确，同时企业也没有很好的战略实施能力，毋庸置疑，等待企业的将是失败的命运。

		战略制定	
		合适	不合适
战略实施	有效	成功	挽救或及时放弃
	无效	麻烦	失败

图 9－1　战略制定与战略实施的关系

二、战略实施中应注意问题

企业在经营战略的实施过程中，常常会遇到公司在进行战略制定和选择中是正确的，但在战略实施中却经常出现严重的偏差和失误的问题，具体表现如下：

（1）战略实施的时间总是超过原来的计划；

（2）各种活动之间的协调不力；

（3）企业内外的日常事务总是分散战略管理者的注意力，干扰战略的实施；

（4）职工和管理者的能力不足；

（5）超出管理者控制之外的各种环境因素发生不利变化；

（6）职能部门领导的领导方式不当；

（7）低层人员的培训和管理不当；

（8）关键活动和任务的缺乏明确的说明。

为了有效地解决企业战略执行中的这些问题，使企业的战略能得到良好的执行，防止出现偏差。企业应该主要从以下几个方面的解决战略实施中的问题：

1. 制定严格的绩效考评制度和监督机制

许多企业虽然有量化而且是可操作、可实现的年度计划指标，也有先进的内部员工管理信息化系统，但计划出台后还是流于形式，同时员工工作的主动性差，责任心不强，遇事相互推诿，大量工作不能按计划落实和完成，许多工作被搁浅或被延误，这实际是管理的漏洞。一个企业没有制度是可怕的，有了制度但没有强有力而公平的执行，没有很好的监督机制，即使有正确的战略，也不可能很好地实施而达到企业的目标。

2. 职工和管理者的能力与战略的要求相匹配

正确的战略还需要有能力的战略实施者来加以贯彻和实施，不论是战略的领导者、各级管理者和员工，他们都在战略实施中扮演着重要的角色。然而在很多企业执行战略的过程中，战略执行人员的能力常常不能很好地理解和执行战略，他们的能力与战略的要求不相匹配，最后导致战略执行中发生偏差。

3. 组织结构与企业战略的匹配

钱德勒曾经提出战略决定结构，结构跟随战略，但是在战略的实施中，许多企业的组织结构常常不能实现与企业的战略目标和策略匹配，差异化战略的企业常常由于组织机构过于庞大，信息沟通困难，决策缓慢，不能很好地适应市场的变化，导致产品难以与对手区别开来，使战略在实施中出现变形，难以有效贯彻实施。

4. 在实施的过程应根据企业的各种环境的变化而做出适当调整

企业根据内外部环境制定了正确的战略，然而环境是不断发展变化的，因而企业在执行战略的过程中还应不断关注环境的变换，做到战略在执行中仍然能够随着环境而变化，提高战略实施的适应性。

三、战略实施的基本原则

从前面应注意的问题可以发现，企业在经营战略的实施过程中，常常会遇到各种各样的问题，因此，在战略实施中需要遵守一些基本原则，作为企业实施经营战略的基本依据。

1. 适度合理性的原则

在企业经营战略的制定过程中，由于受到信息、决策时限以及认识能力等因素的限制，战略分析的过程可能不是很完善，对未来的预测也不可能很准确，所以制定的企业经营战略不一定是最优的。而且在战略实施的过程中由于企业外部环境及内部条件的变化较大，情况比较复杂，因此只要在主要的战略目标上基本达到了战略预定的目标，就应当认为这一战略的制定及实施是成功的。在客观生活中不可能完全按照原先制定的战略计划行事，因此战略的实施过程不是一个简单机械的执行过程，而是需要执行人员大胆创造，大量革新的过程，战略实施过程也是对战略的创造过程。在战略实施中，战略的某些内容或特征有可能改变，但只要不妨碍总体目标及战略的实现，就是合理的。

2. 统一领导、统一指挥的原则

企业的高层领导人员对企业经营战略的了解应当是最深刻的，他们通常会较多参与企业战略的制定过程。一般来讲，他们要比企业中下层管理人员以及一般员工掌握的信息要多，对企业战略的各个方面的要求以及相互联系的关系了解得更全面，对战略意图体会最深，因此战略的实施应当在高层领导人员的统一领导，统一指挥下进行。只有这样，其资源的分配、组织机构的调整、企业文化的建设、信息的沟通及控制、激励制度的建立等各方面才能相互协调、平衡，才能使企业为实现战略目标而卓有成效地运行。

同时，统一指挥的原则可以使企业的每个部门只接受一个上级的命令，在战略实施发生问题时，能在小范围、低层次解决问题，不必放到更大范围，更高层次去解决，这样做所付出的代价最小。

3. 权变原则

环境的变化是影响企业战略制定和实施的重要因素。在战略实施中，如果企业内外环境发生重大的变化，以至原定的战略不可行，显然这时需要把原定的战略进行重大的调整，这就是战略实施的权变问题。其关键就是在于如何掌握环境变化的程度，如果当环境发生并不重要的变化时就修改了原定的战略，这样容易造成人心浮动，带来消极后果，最终只会导致一事无成。但如果环境确实已经发生了很大的变化，仍然坚持实施既定的战略，将最终导致企业破产。因此关键在于如何衡量企业环境的变化。

权变的观念应当贯穿于战略实施的全过程。从战略的制定到战略的实施，企业应该不断关注环境的变化，及时检测企业关键因素的变化，并对它做出灵敏度分析。一旦这些控制变量的变化超过一定的范围时，原定的战略就应当调整，并准备相应的替代方案，即企业应该对可能发生的变化及其可能对企业造成的后果以及应变的替代方案等，都要有足够的了解和充分的准备，以便企业能够及时地适应变化。

四、战略实施的基本模式

战略实施并不是一成不变的统一方式，不同的企业实施战略的方式可能不一样，但是战略实施通常可以归纳为下面五种模式，见表9-1。

表9-1　　战略实施的基本模式

模型	主要解决的问题	总经理的角色
指挥型	应如何制定和贯彻最佳战略？	理性行为者
变革型	战略已考虑成熟，现在该如何创造性实施？	设计者
合作型	如何能使高层管理人员从一开始就对战略承担自己的责任？	协调者
文化型	如何使整个企业都保证战略的实施？	指导者
增长型	如何激励管理人员去执行完善的战略？	评判者

（一）指挥型

指挥型模式的特点是企业总经理要考虑如何制定和贯彻一个最佳战略的问题。在实践中，战略计划部门向总经理提交企业经营战略的报告，总经理进行决策，确定了战略之后，向高层管理人员宣布企业战略，然后要求下层管理人员执行。这种模式的运用需要具备下列必要条件：

（1）总经理要有较高的权威，靠其权威通过发布各种指令来推动战略实施。

（2）该模式只能在战略比较容易实施的条件下运用。这就要求战略制定者与战略执行者的目标比较一致，战略对企业现行运作系统不会构成威胁。在这里，企业组织结构一般都是高度集权制的体制，企业环境稳定，能够集中大量的信息，多种经营程度较低，企业处于强有力的竞争地位，资源较为宽松。

（3）该模式要求企业能够准确而有效地收集信息并能及时汇总到总经理的手中，因此，它对信息条件要求较高。这种模式不适应高速变化的环境。

（4）该模式要有较为客观的规划人员。因为在权力分散的企业中，各事业部常常因为强调自身的利益而影响了企业总体战略的合理性。因此，企业需要配备一定数量的有全局的眼光的规划人员来协调各事业部的计划，使其更加符合企业的总体要求。

这一模式具有较为正式的集中指导的倾向，战略实施靠的是最佳战略和权威的日常指导。该模式中战略较易实施，企业已掌握了准确的信息并做了大量分析，有较客观的高素质规划人员的情况下，能使战略得到较好贯彻。该模式的缺点是把决策者与执行者分开，容易产生执行者缺乏动力和创新精神的问题。

（二）变革型

变革型模式的特点是企业经理主要考虑的是如何实施企业战略。在战略实施中，总经理通常会根据实际情况对企业进行一系列的变革，如建立新的组织机构，新的信息系统，变更人事，甚至是兼并或合并经营范围，采用激励手段和控制系统以促进战略的实施，以进一步增强战略成功的机会。

变革型模式是从指挥型转变来的。它十分重视运用组织结构、激励手段和控制系统来促进战略实施。在原有的分析工具的基础上增加了三种组织行为科学的方法：

（1）利用组织机构和参谋人员明确地传递企业优先考虑的事物信息，把注意力集中在所需要的领域。

（2）建立规划系统、效益评价以及激励等手段，以便支持实施战略的行政管理系统。

（3）运用文化调节的方法促进整个系统发生变化，提高员工工作的积极性。

该模式的缺点是，如过分强调组织体系和结构，有可能失去战略的灵活性。因此该模式较适合环境确定性较大的企业。

（三）合作型

合作型模式的特点是注重发挥集体的智慧，企业总经理要和企业其他高层管理人员一起对企业战略问题进行充分的讨论，形成较为一致的意见，制定出战略，再进一步落实和贯彻战略，使高层管理者都能够在战略制定及实施的过程中做出各自的贡献。

合作型的模式克服了指挥型模式即变革模式存在的两大局限性，使总经理接近一线管理人员，获得比较准确的信息。同时，由于战略的制定是建立在集体考虑的基础上的，从而提高了战略实施成功的可能性。

该模式的缺点是由于战略是不同观点、不同目的的参与者相互协商折中的产物，有可能会使战略的经济合理性有所降低，同时仍然存在着谋略者与执行者的区别，仍未能充分调动全体管理人员的智慧和积极性。这种模式比较适合复杂而又缺少稳定性环境的企业。

（四）文化型

文化型模式的特点是考虑的是如何动员全体员工都参与战略实施活动，即企业总经理运用企业文化的手段，不断向企业全体成员灌输战略思想，建立共同的价值观和行为准则，使所有成员在共同的文化基础上参与战略的实施活动。

由于这种模式打破了战略制定者与执行者的界限，力图使每一个员工都参与制定实施企业战略，把合作型的参与成分扩大到了企业的较低层次，使整个企业人员都支持企业的目标和战略。在这模式中总经理起到指导者的作用，通过灌输一种适当的企业文化，使战略得以实施。

这种模式的局限性在于：企业的职工必须有较高的素质；企业采用这一模式要耗费较多的人力和时间；强烈的企业文化可能会掩盖企业中的某些问题。

（五）增长型

增长型模式的特点是企业经理要考虑如何激励下层管理人员制定、实施战略的积极性及主动性，从而为企业效益的增长而奋斗。即高层战略管理者要认真对待下层管理人员提出的一切有利企业发展的方案，只要方案基本可行，符合企业战略发展方向，在与管理人员探讨了解决方案中的具体问题的措施以后，应及时批准这些方案，以鼓励员工的首创精神。

在这一模式中，企业的战略是从基层单位自下而上地产生。它的关键是激励下层管理人员创造性地制定与实施完善的战略，使企业的能量得以发挥，并使企业实力得到增长。因此采用这一模式对总经理的要求很高，他要能正确评判下层的各种建议，淘汰不适当的方案。

上述五种战略实施模式在制定和实施战略上的侧重点不同，指挥型和合作型更侧重于战略的制定，而把战略实施作为事后行为；而文化型及增长型则更多地考虑战略实施问题。实际上，在企业中上述五种模式往往是交叉或交错使用的。

第二节　战略实施的领导者

一、企业战略实施中领导者的管理任务

（一）战略领导者

战略领导者是指具有战略管理思想，善于战略思维，具有战略能力，掌握战略实施艺术，从事研究和制定战略决策，指导企业开拓未来的企业高层决策群体。

（二）战略领导者应该具备的素质

1. 道德与社会责任感

一个企业战略管理者的道德与社会责任感是指他们对社会道德和社会责任的重视程度。因为企业的任何一个战略决策都会不可避免的牵涉到他人或社会集团的利益，因此企业领导者的道德和社会责任感对这些战略决策的后果会产生十分重要的影响。企业的战略会影响以下团体的利益：政府、消费者、投资者、供应商、内部员工和社区居民，但企业战略常常不能同时满足各个团体的利益，企业领导人对各个集团利益的重视程度也不同，这就决定了不同的领导人对不同的战略会持不同的看法。此时，总的原则是，企业领导人应该综合平衡各方面的利益。

2. 长远的眼光

战略领导者不仅要着眼于企业的“今天”，更应该将目光紧紧盯着明天，按企业未来的发展要求来做出战略决策。领导者这种远见卓识取决于领导者广博的知识和丰富的经验，来自于对未来经济发展的正确判断，取自于企业全体员工的智慧。当领导者对未来有了科学的判断之后，还应该迅速转化到行动中去，即采取“领先一步”的做法来及早获取竞争优势。同时，作为一个领导者，应该时刻关注竞争格局，经常分析

竞争对手的状况，逐项将自己与竞争对手比较，只有了解了对手，才能谈得上“扬长避短”。许多企业的产品之所以能够胜人一筹，原因就在于能在研究别人的产品时突破一点，结果大获全胜。人们经常说的“知己知彼，百战百胜”“手上拿一个，眼睛盯一个，脑中想一个”，讲的就是这个道理。

3. 随机应变的能力

它可以定义为接受、适应和利用变化的能力。在现在和未来的世界中，恐怕唯一不变的东西就是变化。因此，战略领导者必须能够迅速理解并接受变化，愿意主动积极地根据这些变化来调整自己的思想和企业战略，以及善于利用变化来调整自己的思想和企业战略，善于利用变化来转化不利因素为有利因素，以达到发展企业的目的，最终获得成功。

4. 开拓进取的品格

一个企业要想发展壮大，战略领导者一定要拿出“敢”字当头的精神，敢于在市场上，敢于在未知领域中，敢于在与竞争对手的较量中，保持一种积极开拓、顽强不服输的气概。

5. 丰富的想象力

想象是从已知世界向未知世界的拓展，是对现有事物的梦想之后的创造。具有丰富想象力的领导者可以帮助企业创造和利用更多的机会，可以协助企业进行自我改进和自我完善，并能帮助企业适应千变万化的环境。

（三）战略领导者的任务

战略领导者在战略实施中经常扮演不同的角色，可能是企业家、激励者、监控人、文化倡导者、危机处理者等，不同的角色说明战略领导者需要处理不同的职责和任务。综合战略实施领导者的任务，可以概括为以下几个方面：

1. 胸怀全局，掌握环境变化趋势

作为一个领导者，最重要就是要掌握整个环境的发展趋势，根据环境的发展变化，进行相应的定位和思维，为企业战略决策的准确性、适应性打下坚实的基础。战略领导者必须要胸怀全局，以全局为重点，而不是以局部利益为重点。

2. 高瞻远瞩，指引战略方向

一个领导者之所以让人坚定地跟随，主要是他们认为这个领导者的目标方向是对的，如果员工认为领导者的方向错误，就不会死心塌地地追随，而是去参加别的团体。所以领导者必须为企业员工制定正确的战略发展方向。

3. 制定组织结构，内部分工

指定方向之后，需要把内部打造好。怎么分工，事业部怎么划分，片区怎么安排，总部怎么运作做这些都是战略实施领导者的工作。明确的部门设置和职能分工，可以减少企业内耗，有效地实施战略领导者的战略意图。

4. 制定权责体系，分派人员

“权”代表权利，“责”代表责任，领导人要为工作找人，要找对人，将最合适的人才安排在最合适的工作岗位上，让企业职责清晰，人尽其才，战略实施才能具有坚实的基础，才能实现企业每个岗位的产出最大化。

5. 建立共识，平衡各方利益

作为战略领导人，必须平衡战略伙伴等各方的利益。如政府的利益、股东的利益、员工的利益、银行的利益、竞争者、供应商、客户的利益，如果各方的利益没有办法平衡，就难以建立共识，战略执行中的问题就会很难处理，战略的实施也难以推进。

6. 居安思危，发动企业变革

一个企业家最可贵的精神就是敢于否定自己，敢于否定过去，或者敢于破坏现状，所以否定自己，否定过去和破坏现状，就是革新的本钱。没有办法做出变革，整个企业将会陷入瘫痪的状态。所以企业的战略实施领导者，面对成绩永远如履薄冰，面对未来永远战战兢兢，其实这就是强调企业的危机感。

7. 注重形象，争取外部资源

随着信息手段越来越先进，如果领导者的形象不好，别人会很容易知道，企业也很难争取外界的资源。所以，当到了一定阶段，领导必须在道德、人格方面有一定公众的认可，那样比较容易争取外部的资源。

8. 身先士卒，建立团队精神

战略领导者要以身作则，建立一个有共同目标的团队。这是去建立组织的执行文化，不管是企业、政府还是军队，都需要组织的领导者在必要的时候身先士卒，全身心投入到组织的日常运营中。领导不仅仅是一个只注重高瞻远瞩的角色，卓越的战略家也需要切身融入企业的日常运作，建立企业的执行文化，成为企业的先行者和领路人。

二、企业战略实施者与企业战略类型的关系

在企业战略管理中，正确的战略思考逻辑能形成正确的企业战略。但是，良好的战略如果没有相应的战略领导来实施，战略很可能偏离其原有的方向。然而，战略实施的领导的风格也是各异的，如何实现领导风格与战略类型的匹配也是战略实施的重要内容。关于战略实施领导者的分类众多，本书将战略实施领导者分为开拓型、守成型、变革型和善后型来讨论与战略实施领导者与企业战略的关系。

（一）开拓型领导与企业战略

开拓型的领导是创新者。他们能开拓和领导新的企业机构诞生，在企业的初创和发展阶段，常常扮演重要角色；他们往往首创前所未有的产品或服务，这些产品或服务或者是全新的，或者就是还未充分开发的。

这些具有开拓创新气质的战略实施领导者通常关注企业的发展和创新，喜欢变化，具有战略领导的魄力，他们的特质与差异化战略的创新精神和企业发展战略的思路相一致，因此，他们适合采用发展战略的企业，带领企业不断扩张。同时经营层的差异化战略由于创新是第一位的，这类领导也是合适的人选。

（二）守成型领导与企业战略

守成型领导者与官僚主义或墨守成规完全是两码事。他们是有条不紊的耕耘者，

他们使公司从初创步向成年。其领导作风的特点是稳定，并且对企业的发展方向有清楚的认识，按照企业既定的方向坚定地贯彻实施企业战略，这类领导对于企业的内部运作，制度的执行具有很强的管理能力。守成型领导通常会建立一整套的制度，用来评估、监控企业总的成本状况，接受了解到的现实情况，并采取措施使企业的生产成本具有竞争力。保持有力的相对总成本地位，以确保持续的、长期的成本上的优势。

从守成型领导的特质可以发现他们是低成本战略最好的执行者，低成本战略需要一套完整的成本控制体系和执行控制体系，守成型战略实施领导者在这方面是最好的执行者。

(三) 变革型领导与企业战略

变革型领导往往能从崩溃的边缘把企业挽救回来。改革型领导者通常有很好的选择能力，能将注意力聚焦在该“舍弃什么”“补充什么”上，他们能够抓住企业的主要症状并迅速做出诊断。他们不断探究下列问题的答案：企业提供的产品与服务状况与市场状况是否健全？竞争地位是否正在恶化？本企业产品的竞争力如何？怎样才能使产品长期生存下去。接着，他们往往会分析成败的原因，进一步决定是应该收回资金还是放弃一些业务，或是进行组织结构的重组等等。

变革型的领导特质与企业的收缩防守战略相一致。实施收缩防守战略的企业通常处于不利的行业竞争格局，企业必须变革，可能是转向、放弃或者清算，这都需要战略实施领导者们看清现状，并去实施这些改变，而应对这种局势正是变革型战略实施者所擅长的。

(四) 善后型领导与企业战略

当企业的发展已经面临气数将尽、无力回天的时候，企业面临的是具体实施企业的关闭、合并或清算，同时顾及所有受影响各方利益，这时善后型领导者就是重要的决策者。他们能够反复深入地与各方利益相关者进行沟通，直言有关事项，承担起领导者的个人责任，带领员工渡过转折。

此外，善后型领导者的作用还包括：安抚遗留下来的人员；保护最优秀的员工，把他们安排到其他工厂或行业中去；在不引起人员恐慌、不造成其他宝贵资产损害的情况下收拾残局。对于实施清算战略的企业来说，善后型领导者是最好的选择。

第三节 战略实施的组织结构

企业组织结构是影响企业战略实施的重要因素。钱德勒曾经提出战略决定结构，结构跟随战略的基本原则，一个好的企业战略需要通过与其相适应的组织结构去完成，才能够起作用。有效组织结构对战略实施的作用表现在：

(1) 有效的组织结构规定了各层次管理者使用企业资源的权利。

(2) 有效的组织结构规定了企业内部各单位、各岗位之间的分工合作。

(3) 有效的组织结构规定了企业内部各单位、各成员之间的联系和沟通渠道。

同样，实践证明一个不适宜的组织结构必将对企业战略产生巨大的损害作用，它会使良好的战略设计变得无济于事。因此，企业组织结构是随着战略而定的，它必须按照战略目标的变化而及时调整。在战略运作中，采取何种组织结构，主要取决于企业决策者和执行者对组织战略结构含义的理解，取决于企业自身的条件和战略类型，也取决于对组织适应战略的发展标准的认识和关键性任务的选择。

一、组织结构与战略的匹配

不同战略需要有不同的组织结构与其相匹配，由于战略的分类具有多种类型和不同的层次，因此本节从战略的总体层和业务层出发，介绍几种与典型的战略类型相匹配的组织结构。

（一）低成本战略的组织结构

低成本战略的核心是要在行业竞争者中追求产品的单位成本最低。实现这种战略的途径主要是利用学习效应和规模效应，通过获取高的市场占有率获得规模经济优势，从而赢得竞争的胜利。

实施低成本战略的企业要想通过规模经济和学习效应降低产品的成本，专业化的分工、程式化的工作流程和工作内容，集中化的协调管理是必不可少的条件。这种专业化、程式化和集中化的特点通常需要职能制的组织结构与企业战略相匹配。各职能部门具有专业化的分工，如生产部门通过流水线等工作流程简化每个工作环节的复杂性，降低工作难度，提高学习效应。直线职能是低成本战略的一种常用组织结构方式，这种方式通常采用集权的方式来实现各种生产流程和事务的集中统一协调。低成本战略的组织结构见图9－2。

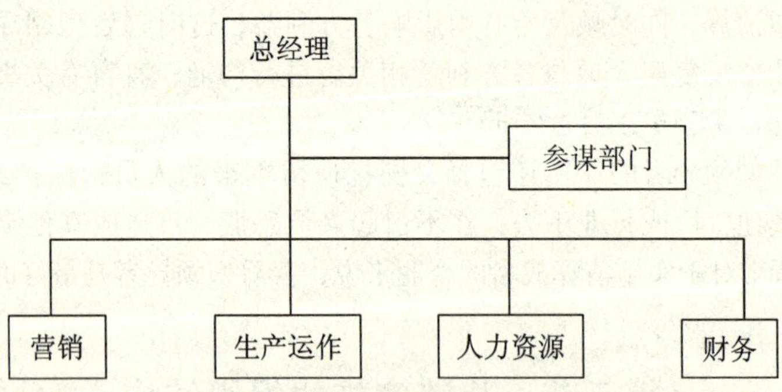

图9－2　低成本战略的组织结构

低成本战略组织结构的特点是：组织的重点放在生产职能上，非常重视生产工艺和设备的开发研究，对产品开发不太看重；每个岗位职责都有严格要求，由直线职能部门集中统一管理和协调，参谋部门有对直线职能部门建议的权利。

（二）差异化战略的组织结构

差异化战略的核心是自己的产品（服务、品牌、形象）与众不同。因此要求企业对市场需求高度敏感，及时发现机会，开发新产品，同时通过广告等形式建立独特形象来赢得顾客的认同，再以高于其他竞争对手的产品价格赢得企业的利润。

要实现差异化战略，企业必须强调创新，尤其是产品的创新。同时由于产品的市场价格高于竞争对手，强大的营销能力也是实现战略的关键。因此，营销能力和产品的研发、创新能力是差异化战略的中心。差异化战略要求与其相匹配的组织结构应该是灵活和有机的，产品营销与研发之间的信息交流应该是及时而充分的，这样才能保证企业产品能不断适应市场的变化。与低成本的程式化结构不同，差异化战略的组织结构中的很多规章制度没有硬性规定，以企业的灵活性和创新性而变，其结构见图9-3。

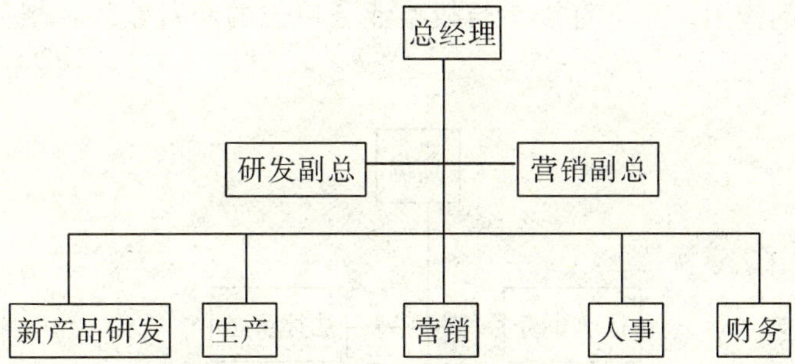

图9-3　差异化战略的组织结构

差异化战略组织结构的特点：

（1）营销是产生新产品创意的主要部门；

（2）强调产品开发；

（3）分权，但在研发和营销部门之间集权以保持联系；

（4）较少程式化，鼓励创新和快速反应；

（5）机构是有机的，岗位职责不很严格；

（6）与低成本战略在权利分配和职责方面有较大差别。

（三）集中化战略的组织结构

集中化战略的特点主要是综合前两种战略的特点，集中力量在特定市场实行低成本或差异化战略，分别叫作成本集中战略或差异集中战略。这种战略要求企业的组织结构灵活多样，依企业的规模和市场范围而定。小企业机构宜简单，应考虑简单的直线结构，大企业宜采用集权型的职能制。

成本集中战略企业的组织结构特点包括：必须严格控制生产的成本，需要有高程式化的成本控制规范；所有设计成本的审批权力都应该高度集中，实行集权管理。

差异集中战略企业的组织结构特点是：重视研发和市场营销，小批量、灵活性的生产和市场营销是企业战略实施的关键，因此低程式化和低集权化是该组织结构的重要特征。

（四）相关多样化战略的组织结构

相关多样化战略是企业总体战略的一种常见类型。企业总体战略主要是指企业逐渐由单一业务或主导型业务逐渐走向多样化经营，根据多样化的程度不同可以分为低等程度多元化、相关多元化和不相关多元化。相对于单一业务企业来说，多元化企业主要表现为业务单位较多，相互之间可能相关也可能独立，差异较大，业务非常复杂，管理难度较大，针对这种战略通常采用高度授权的事业部制战略。本节主要介绍相关多元化和不相关多元化的组织结构。

相关多样化战略的特点主要是各战略业务单元之间在产品、技术和分销渠道等业务之间相关性较强或连接紧密。这种战略的事业部结构通常分为三部分：总部、战略业务单位和分部。战略业务单位将具有相关性的分部连接在一起，与总部进行沟通，每个战略业务单位是独立的利润中心，独立核算自负盈亏。总部的各职能单位对战略业务单位只起顾问作用，并不直接参与战略业务单位的经营管理。相关多元化的组织结构见图9-4。

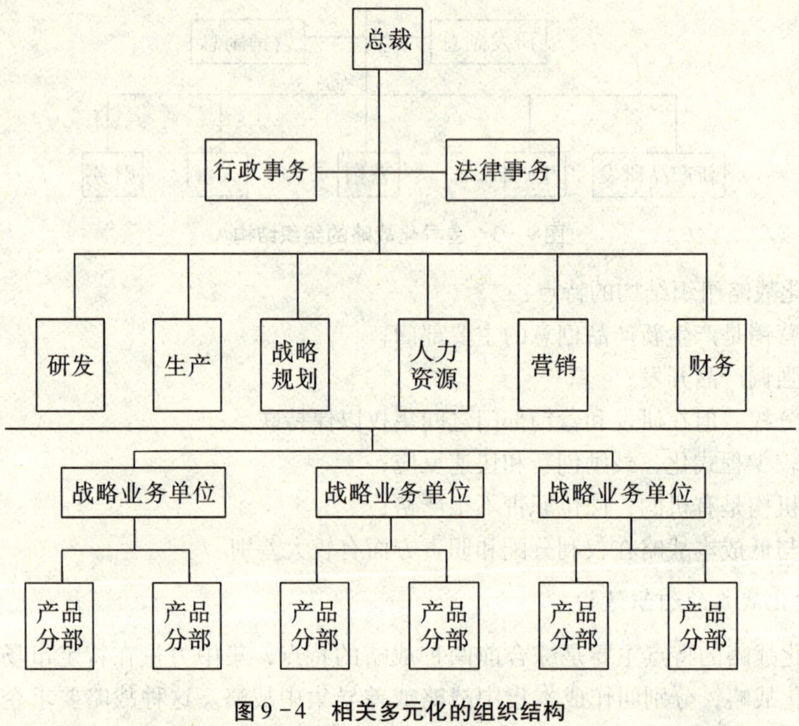

图9-4　相关多元化的组织结构

这种结构有一个问题需要注意：由于总部与各分部之间是由战略业务单元进行连接，因而总部全面、准确而及时地掌握业务变化信息的能力会有所削弱，因此，企业需要制定恰当的信息沟通制度，以便及时了解业务部门的变化，保证战略的正确实施。

（五）不相关多元化战略的组织结构

不相关多元化战略的各业务之间没有关联性，因而企业更加强调各业务之间的竞争，通过竞争优胜劣汰。因此，不相关多元化更适合采用竞争型的组织结构，见图9-5。

不相关多元化战略的组织结构中，总部保持中立性，除了对业务部门进行必要的经营审计和对主要管理者建立规范严密的考核管理制度外，对其经营管理采取不干预政策，总部考核的主要目标是业务部门的投资报酬率。

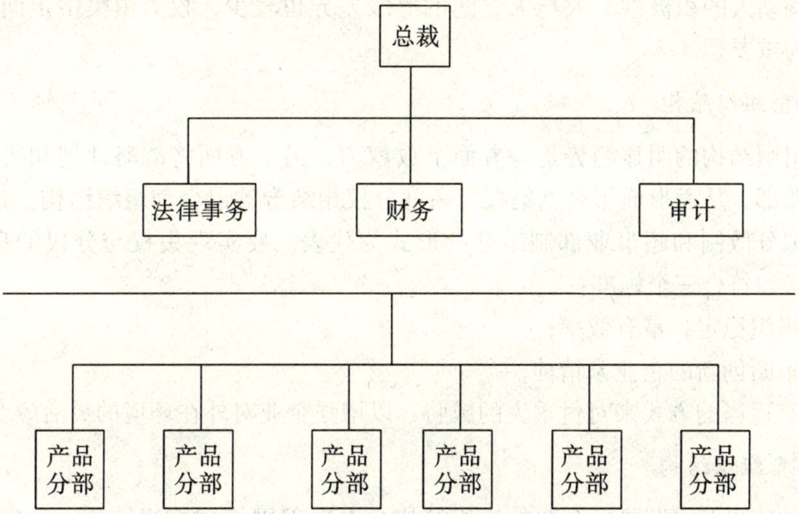

图9－5　不相关多元化的组织结构

不相关多元化战略组织结构的主要特征如下：

（1）公司总部的结构较简单；

（2）财务和审计是总部的主要职能；

（3）战略控制由分部执行，但资金由总部控制，各分部的财务评价是相互独立的；

（4）各分部之间为获得总部的资源而相互竞争；

（5）法律事务主要在公司并购和变卖资产等活动中扮演重要职能。

二、企业组织结构的战略创新

经济的发展，技术的更新，社会环境的变化，组织内外部环境在不断发生着的变化，这要求企业组织结构在适应战略实施的前提下，也必须进行创新。组织结构创新的形式主要有以下几种。

（一）组织柔性化

组织柔性化的特点是具有垂直的等级体系、敞开的信息系统以及市场机制取代行政机制的组织。其核心内容是通过电脑化信息系统技术，在企业内外建立广泛的联系，同时应用市场机制来糅合一些主要职能，以求实现更为广泛的战略目标。

组织柔性化还要求组织结构小型化、简单化。主要表现为：

（1）如果组织结构过于复杂庞大，则不符合人的本性。组织的小型化，更能使人感到工作与本人关系的密切，使个人的作用与贡献发挥得更完备。

（2）组织小型化，便于领导下放权力，且不容易引起混乱局面，既有利于调动下属的积极性又便于控制。

组织柔性化可以使组织成员的活动方式由刻板正规化向灵活多变转变。在过去的组织中，人与人之间等级分明，人的活动受到严格的控制；而在新组织中，组织成员的任务不作严格的规定与说明，工作程序不作明文规定，而是通过开放机制及社会心理机制来调动人的积极性。人与人之间的等级差异也较少，权力由集中走向分散，沟通显得更为重要。

(二) 混合型组织结构

现代组织结构的明显趋势是一方面下放权力，另一方面将战略计划和决策机制集中于公司总部，从而形成了高度集权与高度分权相结合的混合型组织结构。这种结构，常常以模拟分散制和超事业部制结合的形式为代表。要实现集权与分权的良好结合，组织结构必须符合三个标准：

(1) 组织稳定，富有效率；

(2) 不断创新的企业家精神；

(3) 有适当的方式来对付重大的威胁，以增强企业对外在环境的灵活应变性。

(三) 网络型组织结构

随着科学技术的发展，企业的组织结构也在向着网络型组织转化，它包括两层组织：管理控制中心和柔性的立体网络。管理控制中心集中了战略管理、人力资源管理和财务管理等功能；柔性的立体网络，以合同管理为基础，根据需要组成业务班子，合同是机构联系的纽带。

网络型组织具有以下特点：

(1) 整个组织分为技术与非技术两大部门。技术部门有研发、生产、营销、高技术等；而非技术部门包括战略、人力资源和财务等方面。

(2) 网络中技术、资金、信息三流程分离。

(3) 网络中的控制是间接的控制，且保持单向的责权利，一个中心只有一个经理。通过合同管理，避免了多头领导。

(4) 具有更大的灵活性，结点是根据市场、项目的要求而结成，具有动态的特征，使高效率得以保证。

(5) 有利于经营、协调和合作，便于调动每一位管理者的积极性，而且有高附加值的保证。

第四节 战略实施的评估与控制

企业战略的实施结果并不一定与预定的战略目标相一致，产生这种偏差的原因很多，主要有三个方面：

(1) 制定企业战略的内外环境发生了新的变化。如果在外部环境中出现了新的机会或意想不到的情况，企业内部资源条件发生了意想不到的变化，从而使原定企业战略与新的环境条件不相配合。

(2) 企业战略本身有重大的缺陷或者比较笼统，在实施过程中难以贯彻，企业需要修正、补充和完善。

（3）在战略实施的过程中，受企业内部某些主客观因素变化的影响，偏离了战略计划的预期目标。

因此，企业需要建立战略控制系统对战略的实施情况进行评估和控制，其主要内容包括：经常检查企业战略的根据或基础是否发生改变，是否需要进行战略修正；经常比较战略实施的预期和实际进度或结果；及时采取纠正行动或应急措施。

一、战略实施评估与战略控制

战略实施评估和战略实施控制是两个既有联系又有区别的概念：评估是前提，只有通过评估才能实现控制；评价是手段而不是目的，发现问题实现控制和改进才是目的。战略控制着重于战略实施的过程，战略评价着重于战略实施的结果，是对战略实施过程结果进行评价。

战略控制主要是指在企业经营战略的实施过程中，检查企业为达到目标所进行的各项活动的进展情况，评价实施企业战略后的企业绩效，把它与既定的战略目标与绩效标准相比较，发现战略差距，分析产生偏差的原因，纠正偏差，使企业战略的实施更好地与企业当前所处的内外环境和企业目标协调一致，最终使企业战略得以实现。

（一）战略实施评估

对企业战略实施的评估需要从两个方面进行分析，首先企业战略的基础是否发生了变化，是否需要在实施中进行战略修订，其次战略实施是否达到了计划的标准。

评估的步骤主要包括：

1. 审查企业战略的根据

战略的制定是在分析企业内外部环境的基础上完成的，外部环境给企业带来的是机会或者威胁，而内部环境则可以衡量企业的优势和劣势，这些都是战略是否正确和适用的基础。一旦这些环境发生变化，战略的正确性就成为战略执行中最大的问题，因此，战略评估一个重要的内容就是重新审视战略的基础是否发生改变。其内容主要包括：

（1）企业内部的长处是否仍然是长处？

（2）企业是否有了新的内部长处？如果有，那么是哪一些？

（3）企业内部的弱点是否仍然是弱点？

（4）企业是否有了新的弱点？如果有，那么是哪一些？

（5）企业的外部机会是否仍然是机会？

（6）企业是否面临新的机会？如果有，那么是什么？

（7）企业的外部威胁是否仍然是威胁？

（8）企业的外部威胁是否增加了，如果是，它们是什么？

2. 建立战略实施评价表

针对企业战略基础的评价，可以制定如表 9－2 的战略实施评价表，除非企业的内外部环境因素没有任何变化，战略实施进展满意，否则企业都应采取相应的纠正行动。

表 9－2　　战略实施评价表

企业的内部战略因素是否有重大变化	企业的外部战略因素是否有重大变化	企业在实现既定目标方面的进展是否令人满意	结　果
否	否	否	采取纠正行动
有	有	是	采取纠正行动
有	有	否	采取纠正行动
有	否	是	采取纠正行动
有	否	否	采取纠正行动
否	有	是	采取纠正行动
否	有	是	采取纠正行动
否	否	是	继续原来的行动

3. 评价战略实施的表现

（1）建立评价标准

定性评价标准通常包括下列内容：战略内部各部分内容是否具有统一性；战略与环境能否保持平衡性、适应性；战略执行中是否注重评估其风险性；战略在时间上能否保持相对稳定性；战略与资源条件能否保持匹配性；战略的可行性和可操作性如何。

定量评价标准主要有：产品质量、新产品开发数量、市场占有率、产量产值、实现利润、成本费用、主营业务收入、经济效益、劳动生产率、投资报酬率、资金利润率、销售利润率等。

（2）评估实际业绩

在战略标准确定以后我们就可以利用这些标准评价当前企业战略实施的情况，是否存在偏差，偏差的大小等，企业可以对当前的状况有清楚的认识，便于及时采取控制和纠正措施。

（二）战略控制

1. 战略控制的基本任务

战略控制的任务主要是确保战略本身的适用性、可行性和可接受性，防止战略实施中出现短期行为，同时防止企业的战略目标被下属因为各种原因改变，影响企业的战略发展方向。

2. 战略控制的特点

战略控制的主要特点是：战略控制面向整个企业系统；高层管理者是战略控制的主体，管理者在战略控制中起着重要的指导和推动作用。

战略控制具有开放性，战略控制以企业的总体目标为依据，具有不确定、不具体的特点，但是同时战略控制还要保持战略的相对稳定性，同时注意战略的灵活性和适应性。

特别值得注意的是战略控制主要解决企业的效能问题而不是效率问题，控制是为了实现战略目标，有一个良好的结果。当然，没有好的过程控制也不会有好的战略结果。

3. 战略控制的原则

（1）确保目标原则。战略控制以企业战略目标为指导，控制的目标就是为实现战略目标而调整。

（2）适度控制原则。控制事实上是对战略实施过程的一种干预，这种干预过多同样也有一定的副作用，如影响员工的工作激情和战略实施工作的顺利进行。因此控制应该注意“度”的控制，控制过少，容易出现偏差；控制过多，企业束缚过多，影响企业的运作。

（3）优先控制原则。战略控制中对一些影响战略实施的关键因素需要进行优先的关注和控制，防止发生重大事故对企业战略的实施产生重大影响。

（4）例外控制原则。管理之中常常发生难以预料的事件，因为不是所有的因素都是可控的，因此在战略控制中对例外事件应该根据发生的例外事件及时采取相应的措施进行控制和修正。

（5）激励性原则。控制是为了取得好的战略实施绩效，因此控制应该和企业绩效的提升和员工个人绩效的提升关联起来，提高员工对战略控制效果的认识，使员工认识到战略控制的作用，加深对战略控制的理解和支持。

（6）信息反馈原则。战略实施部门和员工作为战略实施的参与部门，通常都对企业目标实施的发展过程非常关心，因此，为了提高各部门对战略实施的积极性，战略控制部门应积极地将战略控制的结果反馈各相关部门。

4. 战略控制的主要内容

对企业经营战略的实施进行控制的主要内容有：

（1）设定绩效标准。根据企业战略日标，结合企业内部人力、物力、财力及信息等具体条件，确定企业绩效标准，作为战略控制的参照系。

（2）绩效监控与偏差评估。通过一定的测量方式、手段和方法，监测企业的实际绩效，并将企业的实际绩效与标准绩效对比，进行偏差分析与评估。

（3）设计并采取纠正偏差的措施，以顺应变化着的条件，保证企业战略的圆满实施。

（4）监控外部环境的关键因素。外部环境的关键因素是企业战略赖以存在的基础，这些外部环境的关键因素的变化意味着战略前提条件的变动，必须给予充分的注意。

二、战略控制方法的分类

由于分类方式和角度的不同，战略控制方法分类的方式多种多样。本书主要从控制的时间和控制的内容进行分类。

（一）按控制的时间来分类

按控制的时间来分类，企业的战略控制可以分为如下三类：

1. 事前控制

战略在实施之前，必须制定正确而有效的战略计划，这些战略计划涉及企业的发展以及重大的经营活动，因此这些计划必须通过企业领导人的批准同意才能开始实施，所批准的内容往往也就成为考核经营活动绩效的控制标准。这种标准多用于战略实施中重大问题的控制，如任命重要的人员、重大合同的签订、购置重要设备等。由于事前控制是在战略行动成果尚未实现之前，通过预测发现战略行动的结果可能会偏离既定的标准。因此，管理者必须对有可能影响战略实施的因素进行分析与研究。

2. 事后控制

事后控制方式发生在企业的经营活动之后，是把战略活动的结果与控制标准相比较，发现是否出现了偏差。这种控制方式工作的重点是要明确战略控制的程序和标准，在战略计划部分实施之后，将实施结果与原计划标准相比较，由企业职能部门及各事业部定期将战略实施结果向高层领导汇报，由领导者决定是否有必要采取纠正措施。

事后控制的方法的具体操作主要有联系行为和目标导向等形式。

3. 随时控制

随时控制即过程控制，企业高层领导者要控制企业战略实施中的关键性的过程或全过程，随时采取控制措施，纠正实施中产生的偏差，引导企业沿着战略的方向进行经营，这种控制方式主要是对关键性的战略措施进行随时控制。

（二）按控制的内容来分类

按控制的内容分，企业的战略控制可以分为如下五种：

1. 财务控制

财务控制方式覆盖面广，是用途极广的、非常重要的控制方式，包括预算控制和比率控制。

2. 生产控制

生产控制即对企业产品品种、数量、质量、成本、交货期及服务等方面的控制，可以分为产前控制、过程控制及产后控制等。

3. 销售规模控制

销售规模太小会影响经济效益，太大会占用较多的资金，同时也影响经济效益，为此要对销售规模进行控制。

4. 质量控制

质量控制包括对企业工作质量和产品质量的控制。工作质量不仅包括生产工作的质量，也包括领导工作、设计工作、信息工作等一系列非生产工作的质量，因此，质量控制的范围包括生产过程和非生产过程的一切控制过程。

质量控制是动态的，着眼于事前和未来的质量控制，其难点在于全员质量意识的形成。

5. 成本控制

通过成本控制使各项费用降低到最低水平，达到提高经济效益的目的。成本控制不仅包括对生产、销售、设计、储备等有形费用的控制，而且还包括对会议、领导、时间等无形费用的控制。在成本控制中，需要建立各种费用的开支范围、开支标准并严格执行，要事先进行成本预算等工作。

成本控制的难点在于企业中大多数部门和单位是非独立核算的，因此缺乏成本意识。

三、战略管理绩效评价——平衡计分卡

（一）平衡计分卡的概念

平衡计分卡是由哈佛商学院教授罗伯特·卡普兰（Robert Kaplan）和复兴方案公司总裁戴维·诺顿（David Norton）在对美国12家优秀企业进行为期一年研究后创建的一套企业业绩评价体系，后来在实践中扩展为一种战略管理工具。

1992年，卡普兰和诺顿在《哈佛商业评论》上发表了关于平衡计分卡的第一篇文章《平衡计分卡：业绩衡量与驱动的新方法》。从此以后，人们不再从一家企业的财务指标来衡量它的业绩的好坏，而是从包括财务、客户、内部业务流程以及学习与发展四个方面来考察企业。1996年，关于平衡计分卡的第一本专著《平衡计分卡：化战略为行动》出版，标志着这一理论的成熟，将平衡计分卡由一个业绩衡量工具转变为战略实施工具。

平衡计分卡以公司战略为导向，寻找能够驱动战略成功的关键成功因素（CSF），并建立与关键成功因素具有密切联系的关键绩效指标体系（KPI），通过对关键绩效指标的跟踪监测，衡量战略实施过程的状态并采取必要的修正，以实现战略的成功实施及绩效的持续增长。图9-6是平衡计分卡框架图。

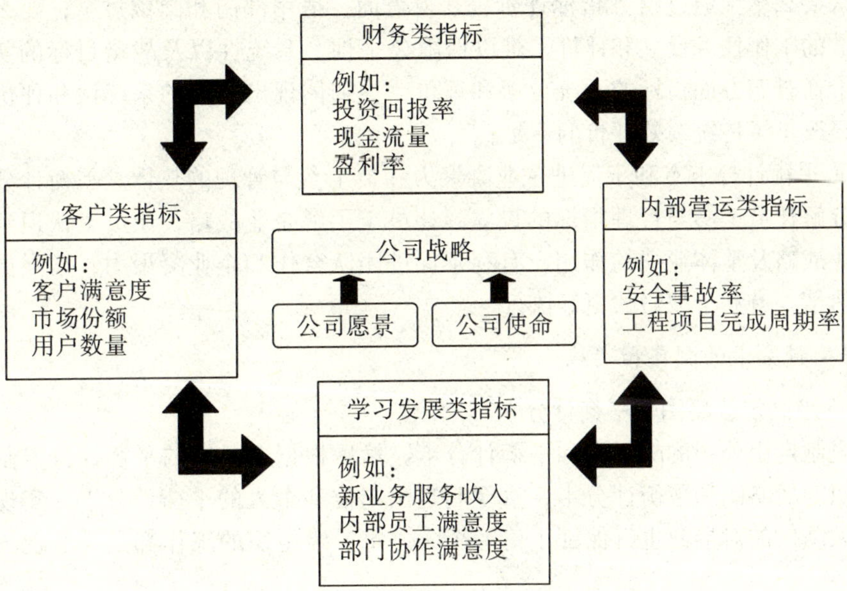

图9-6 平衡计分卡框架图

（二）平衡积分卡的内容

按照平衡计分卡的逻辑，其描述战略、实施战略的顺序应该依次为：战略图、平衡计分卡、战略中心型组织。

战略图用来描述公司的战略。它将战略分成四个角度：财务、客户、内部业务流程以及学习和成长，并体现着四个角度战略要素之间的逻辑关系，是战略成功的关键成功因素（CSF）。学习和成长是为了不断改善内部的业务流程，改善内部的业务流程是为了满足客户的目标，满足客户的目标是为了更好地实现公司的财务目标。

平衡计分卡用来分解和衡量公司的战略，将公司的战略转化成具体的衡量指标（KPI），战略实施中为这些相应的指标设定目标值，设定相应的责任人，配置相应的资源，并制定相应的行动计划作为完成目标的支持。

战略中心型组织是为了管理战略和平衡计分卡。保证平衡计分卡用于企业的日常管理流程，实现战略的评估和绩效的考核。在一个战略中心型的组织里，企业利用平衡计分卡作为基础的工具，设计相应的模板，定期对平衡计分卡的完成情况进行跟踪回顾，对战略的完成情况进行评估，并且将评估的结果与浮动薪酬挂钩。

（三）平衡计分卡的作用

（1）平衡计分卡为战略绩效管理和企业战略管理提供强有力的支持。平衡计分卡分析设立四方面的关键成功因素，通过建立各级业务单元乃至各岗位的关键绩效指标，与企业战略目标紧密相连，形成有机统一的企业战略保障体系和绩效评价体系，可以促进各岗位工作的有序和效率，明显节约企业管理者的时间，提高企业管理的整体效率和业绩。

（2）平衡计分卡改进了传统绩效评价的不足，能提高企业激励作用。传统的绩效评价方法要么单独通过财务指标评价，其覆盖面、适用部门和岗位过窄；要么是定性的、分散的工作任务设立和评价，难以保障公平性、系统性以及战略目标的实现。平衡计分卡通过四方面指标的系统分解和评价，更加体现出管理的系统性和评价的公平性，明显改进了传统绩效评价的不足。

（3）平衡计分卡有利于促进企业凝聚力和员工参与管理的热情。平衡计分卡通过指标的分解让员工参与管理指标的设立，让员工了解企业战略，让员工认识到自身工作对企业战略及整体业绩的作用，有利于促进团队合作和企业凝聚力，增强员工参与管理的热情，有利于战略的更好执行。

（四）平衡计分卡的制定和实施

1. 逐级制定战略图与平衡计分卡

首先制定出公司的战略图和平衡计分卡，然后根据上一级的平衡计分卡制定出下一级组织的战略图和平衡计分卡，直至制定出岗位和个人的平衡计分卡。实现组织绩效和个人绩效的对接，也就保证了每一个人、每一级组织的工作都是为实现公司战略目标服务。

2. 实施中培育战略中心型组织

战略中心型组织是开普兰提出的一个概念。不难理解，就是以战略为中心的组织。通过制定公司的平衡计分卡，将公司的使命愿景战略转化成具体的经营行为，然后层层分解，将公司的战略落实到每一级组织，每一位员工；通过平衡计分卡的实施实现组织的变革，实现横向的协同，包括与外部供应商和经销商的协同；实现纵向的一致，聚焦组织资源；通过平衡计分卡的层层分解，使战略成为每一个人的工作，并且与浮动薪酬挂钩，使每一个人享有与战略相关的激励；通过平衡计分卡的制定，配置相应的资源，实现战略与预算的对接；通过设计跟踪回顾系统和相应的会议制度，使公司的管理会议围绕着企业的战略进行，使管理层有更多的时间来讨论战略，并且对战略进行实时的调整；公司要将平衡计分卡的实施作为一个变革项目来进行，公司高管层要对这个变革项目提供鼎力的支持以保证项目的成功，从而增强企业的领导力和执行力。

3. 在实施中注意四方面的相互保障促进

“学习及创新”是长期、基础和过程型关键成功因素，其保障促进“内部运营”；“内部运营”是改进企业业绩的重点，相对为半基础、间接和过程型关键成功因素，其保障促进“满足客户需求”；“满足客户需求”是速效、直接和过程型关键成功因素，其保障促进“财务绩效”；“财务绩效”是企业结果型关键成功因素，是企业经营管理最直观最重要的绩效指标。

本章小结

本章的内容主要是：针对战略实施具备的资源和配套措施，如何对战略实施的过程和结果进行控制。本章第一节介绍了战略实施的基本概念和模式；第二节主要探讨了战略实施与领导者之间的关系；第三节主要分析战略与企业的组织结构之间的关系，组织结构怎样反映并实施战略；第四节从对战略实施的过程和结果分析评价的角度，指出了应对战略实施的过程进行控制，以防止战略实施出现偏差。

案例

美国西南航空成功实施低成本战略

面对一个发育较为成熟、但普遍保持较高利润的市场，你会选择什么样的方式进入？也许，降低成本、采取低价竞争是你的第一反应。但是如果这个行业固定成本达到60%左右，你选择的细分市场平均成本又高于行业平均成本，你又如何用低价取胜？

美国西南航空公司（简称西南航）就是这样一家在固定成本极高的行业中成功实施低成本竞争策略的优秀公司。它从20世纪70年代在大航空公司夹缝中谋求生存的小航空公司一跃发展成为美国的第四大航空公司，持续三十余年保持远高于行业平均水平的高利润和远低于行业平均值的低成本。更值得敬佩的是，无论在机票价格战或经济衰退的年份，还是在遇到石油危机、海湾战争、“9·11”事件抑或其他意想不到的灾难之时，其优秀的表现都一如既往。

一、不一样的定位成就不一样的业绩

20世纪70年代，美国的航空业已经比较成熟，利润较高的长途航线基本被瓜分完毕，新进入者很难找到立足的缝隙，短途航线则因单位成本高、利润薄而无人去做。在这种情况下，成立不久的西南航审时度势，选择了把汽车作为竞争对手的短途运输市场，这一别出心裁的想法实现了与现有航空大佬们的差异化竞争，从而开辟了一个新的巨大的市场。“我们的对手是公路交通，我们要与行驶在公路上的福特车、克莱斯勒车、丰田车、尼桑车展开价格战。我们要把高速公路上的客流搬到天上来。”西南航战略实施的“操刀者”赫伯·凯莱赫这样解释道。

事实上，为了避免和实力强大的老牌航空公司形成正面冲突，西南航刻意回避大机场，不飞远程，而且采取稳扎稳打的策略。开始时只运营其总部所在地得州州内的3条航线，选择在各城市的次要机场之间提供廉价的点对点空运服务。

航空公司原有的高额固定成本行业特性和“与汽车竞争”的低价竞争定位无疑促使西南航致力于对成本的控制。面对这一巨大的挑战，西南航取得了非凡的成绩。统计数据表明，西南航每座位英里（1英里=1.609 344千米，下同）的运营成本比联合航空公司低32%，比美国航空公司低39%；美国航空业每英里的航运成本平均为15美分，而西南航的航运成本不到10美分；在洛杉矶到旧金山航线上其他航空公司的票价为186美元，西南航的票价却仅为59美元。

这样的成绩使西南航成为战略大师迈克尔·波特演讲稿上的常用案例，其低成本之路也成为众多航空公司和其他商业公司效仿的模板。然而，步其后尘的有成功者，也有失败者。对于失败者而言，有一个很重要的原因，那就是没有注意到西南航成功的成本控制是一项复杂的系统工程，而且需要持之以恒，绝非一招一式、一劳永逸的“克隆”就能取得的。

二、运营细节构筑成本控制系统工程

对于航空公司来说，短途航线意味着更多的成本。因为“飞机只有在天上飞的时候才能挣钱”，与长途飞行相比，短途飞行意味着在地面上花费的时间更多，飞机生产效率和劳动力生产效率无疑会随之降低。这一点类似固定成本原理——在固定成本一样的条件下，小批量生产的单位成本要比大批量的高。所以说，选择短途支线运营的西南航必须在运营的各个细节中，围绕低成本这一战略定位，想方设法化解所有比传统航空公司更大的成本压力。

细节之一，关于飞机。西南航只拥有一种机型——波音737，公司的客机一律不搞豪华铺张的内装修，机舱内既没有电视也没有耳机。单一机型的做法能最大限度地提高飞机的利用率，因为每个飞行员都可以机动地驾驶所有飞机。此外，这样做也简化了管理，降低了培训、维修、保养的成本。同时，西南航将飞机大修、保养等非主业业务外包，保持地勤人员少而精。比如，西南航的飞机降落以后，一般只有4个地勤人员提供飞机检修、加油、物资补给和清洁等工作，人手不够时驾驶员也会帮助地勤工作。

细节之二，关于转场。在坚持只提供中等城市间的点对点航线的同时，西南航尽可能选用起降费、停机费较低廉的非枢纽机场。这样做不仅直接降低某些费用，而且也保证了飞机快速离港和飞机上限量供应等低成本措施的可行性。为了减少飞机在机场的停留时间，增加在空中飞行的时间也就是挣钱的时间，西南航做出了一系列规定以保证飞机的高离港率：没有托运行李的服务；机舱内没有指定的座位，先到先坐，促使旅客尽快登机；建立自动验票系统，加快验票速度；时间紧张时，驾驶员帮助地勤，乘务员帮助检票；不提供集中的订票服务；等等。这些特色使得西南航70%的飞机滞留机场的时间只有15分钟，而其他航空公司的客机需要一两个小时。对于短途航运而言，这节约下的一两个小时就意味着多飞了一个来回。

细节之三，关于客户服务。选择低价格服务的顾客一般比较节俭，所以西南航意识到，自己的客户乘坐飞机最重要的需求就是能实惠地从某地快速抵达另一地。于是，公司在保证旅客最主要满意度的基础上，尽一切可能地将服务项目化繁为简，降低服务成本。比如，飞机上不提供正餐服务，只提供花生与饮料。一般航空公司的空姐都是询问“您需要来点儿什么，果汁、茶、咖啡还是矿泉水”，而西南航的空姐则是问“您渴吗?”只有当乘客回答“渴”时才会提供普通的水。

资料来源：中国税网（htpp：//www. ctaxnews. com. cn/）。

思考题

1. 企业战略制定与实施有什么关系?
2. 企业战略与组织结构有什么关系?
3. 企业战略控制应从那些方面入手?
4. 企业领导者在战略实施中扮演怎样的角色?
5. 战略实施有模式有哪些?

第十章 企业战略管理实践案例精选

第一节 企业战略管理实践典范

一、通用电气：战略计划的制定与演变

通用电气公司是美国最大的电器公司。该公司拥有职工近40万人，制造、销售和维修的产品约13万种，其中包括飞机引擎、核子反应堆、医疗器械、塑料和家用电器等，业务范围遍及144个国家和地区。1978年，公司的销售额达200亿美元，利润超过10亿美元，其中40%来自国际市场。

（一）战略计划的由来

由于通用电气公司的规模越来越大，产品的种类越来越多样化，公司在经营管理上面临着以下几个关键问题：第一，是冒一定的风险使利润迅速增长，还是使利润持续不断地低速增长？第二，是建立一个分权式的组织机构以保持组织上的灵活性，还是建立一个集权式的组织机构以加强对整个公司的控制？第三，如何对付环境、技术和国际等方面的新挑战？经过研究，公司选择了利润高速增长的经营战略，这意味着即使在经济下降时期，也要使利润持续不断地增长。为了做到这一点，该公司在业务上保持了多种经营方式，以抵消经济危机对某些业务的影响。为此又需要一个分权的组织机构，以促使下属各单位不断地改进经营管理以使利润增长。但是，怎样管理这样一个机构，并对付来自环境、政治、经济、技术和国际上的各种挑战呢？通用电气公司的答案是制定战略性计划。

在20世纪60年代，通用电气公司有一个高度分权的利润中心结构。这种结构共分四层，最下层是事业部，共有175个，每个事业部都有一个利润中心。这些事业部由45个部管辖，45个部又由10个大组管辖，这10个大组形成最高管理层，它们向公司最高办公室报告工作。最下层的部门的销售额，一般不超过5 000万~6 000万美元，如果超过这个限度，这个事业部就分为两个事业部。当时，通用电气公司占统治地位的管理哲学是控制幅度，这个幅度要“小到一个人足以管理的程度”。这套高度分权的利润中心结构，在当时曾大大促进了公司的发展。

随后通用电气公司又碰到了一个新问题，即公司的销售额大幅度增长了，但每股的红利并没有随之增长，与此同时，公司的投资报酬率也下降了。出现这种情况的原因是：①由于事业部数目的猛增，事业部之间在使用各种资源时发生了重复。②在20世纪60年代的繁荣时期，公司没有对各下属企业的前途进行充分的比较就投资，而实

际上并非所有下属企业都需要投资：有些企业可能在将来被淘汰，因此，不需要大量投资，而另一些企业因为很有发展前途，则应为其今后的发展进行大量投资。

鉴于上述情况，通用电气公司开始革故鼎新。从20世纪70年代初期公司开始制定战略性计划，并建立了一套制定战略性计划的机构、程序和原则。

（二）制定战略计划的机构、程序和原则

从组织机构上来说，通用电气公司在传统的事业部和大组的机构上，又建立了一种制定计划的机构——战略（计划）经营单位。这些经营单位的规模不一，大组、部门都可成为战略经营单位。通用在全公司共建立了43个战略（计划）经营单位。从定义上来说，一个战略计划经营单位，必须有一致的业务，相同的竞争对象，有市场重点以及所有的主要业务职能（制造、设计、财务和经销），所有这些都由战略（计划）经营单位的经理负责。在建立了战略计划经营单位之后，通用电气公司就形成了双重机构和双重任务，即新建的战略（计划）经营单位是计划机构，其职责是制定战略，原有的组织机构的任务是执行战略。

建立了制定战略的机构之后，下一步就是采用一种制定计划的程序。制定战略计划的程序，主要是靠一步一步地进行全面的分析。通用公司认为，经过这种分析，就会出现非常有效的战略。

制定战略计划过程中的各个分析步骤，也使通用电气公司找到了发展业务和进行多样化生产的机会。通用电气公司下属的战略计划经营单位兼并了考克斯广播公司，这使得通用电气公司在广播和可视电话方面有了新的市场。公司之所以如此快地完成这次兼并，是由于通过战略性的分析，预计到在这方面有发展机会。

在采用了制定战略计划的程序之后，还需要规定一些共同遵守的原则，以保证计划的制定。这些原则可以从以下几个方面加以说明：

（1）所有管理人员都要参与战略计划的制定和学习。通用电气公司的320名高级管理人员，要集中4天时间研究和制定战略计划；428名未来的计划人员，要集中用2周时间全部完成战略计划的制定工作；全公司1万名各级经理人员，要接受一天的了解战略计划的视听训练。公司认为，这样做的时间代价虽大，但却是成功的关键。

（2）制定计划时间表，以便对各种战略计划进行检查，并通过预算针对不同的发展机会分配公司的资源。对战略计划的审查是为了使其付诸实施，通过预算针对不同的发展机会分配资源，是为了从物质上保证战略性计划的实施。

（3）用投资矩阵图（又称业务屏幕）来声明投资的轻重缓急。每年通用电气公司都用上述矩阵图安排自己的投资。战略计划经营单位用顶上的横轴估价工业的吸引力，用边上的纵轴来估价自己的企业在该行业中的竞争。对投资增长类的企业在投资时予以优先照顾；对选择增长类的企业（即还有一定发展前途的企业）在投资时排在第二位；对选择盈利类则要求它们在投资同利润之间保持平衡；对业务萎缩类的企业，则逐渐撤回投资。

（4）对战略计划经营单位的经理人员实行奖励制度。把奖励与战略性的任务联系起来，有助于克服那种不顾企业本身的实际潜力而使业务盲目扩大的倾向。

（三）20世纪90年代的战略管理

1. 建立大部

20世纪90年代，为了应付迅速变化的外界环境和日益扩大的规模，公司建立了一个新的管理层——大部。这个管理层介于公司执行办公室和每个单独的战略计划经营单位之间。全公司共分6个大部，即：消费品和服务大部、工业产品和零件大部、动力系统大部、国际部、技术系统材料大部和犹他国际公司。其中规模最小的犹他国际公司，年销售额约为10亿美元，其他大部有些年销售额超过40亿美元。大部的经理人员对下属各战略计划经营单位的经营好坏负有责任。大部经理人员负有审查下属各战略计划经营单位的战略的责任，并负责制定大部战略。大部的战略不仅包括向各战略业务单位分配资源，而且还要在各战略计划经营单位所主管的业务范围之外制定业务发展计划。

为了处理更加复杂的情况，公司将原来在一个管理层制定战略性计划的做法，扩大到若干管理层制定战略性计划，甚至在不同的业务之间制定战略性计划。现在公司除有40~50个战略（计划）经营单位的计划之外，还有6个大部的战略性计划和1个全公司的战略性计划。这些上层的计划不是下层计划简单的综合，每个管理层的计划都有不同的范畴。

2. 制定资源计划

处理复杂业务的第二个办法，是在多种业务之间制定战略性计划，其形式之一是制定资源计划。即在公司和大部一级，对各种不同业务部门的职能——财务、人事、技术、生产和销售等进行观察，以求找出节省资源的方法。

3. 国际协调

在各种业务之间统一计划的第三种形式是进行国际协调。通用电气公司将世界范围的计划协调起来，并采用一种正式的程序去进行协调。

通用电气公司认为，从70年代的分权管理发展到80年代的战略性计划的制定，又发展到90年代的战略性经营管理，由于这种管理制度的演变，适应了公司规模和经营多样化的发展，因而给公司带来了巨大利益。

（四）思考与评点

美国通用电气公司作为一家全球性的大公司，在其战略管理方面有许多可借鉴的地方。

（1）制定战略计划：通用电气公司制定战略计划是根据公司面临环境的变化和自身不断发展的需要。这一点可从其选择利润高速增长战略和分权组织结构表现出来。

（2）制定战略计划的机构、程序和原则：有了战略计划，并不等于一切都成功。其实施机构和实施程序、原则也是非常重要的，而这一过程也是一个不断实践，不断改进的过程。

（3）变化的战略管理：通过比较分析通用电气公司在70、80、90年代的不同的战略管理，我们可看出，战略管理的制定并不是一成不变的，而是不同的形势下，需要重新制定发展战略，以适应不断变化的市场和激烈的竞争。

二、FCC发展模式及其对重庆摩配行业的启示：标杆分析

重庆摩配行业在经历了一段黄金时期之后逐渐走向衰退，这里有市场结构发生变化的原因。但是与此同时，日本的FCC公司却仍然保持着强劲的发展势头，这让我们不得不思考其中的原因。

（一）FCC公司概况

日本FCC株式会社创立于1939年，是生产摩托车离合器和汽车离合器的一家专业公司，拥有世界级专业水平的开发技术和生产技术。目前全世界有23个生产和销售机构，资产总额接近10亿美元。其经营理念是：用世界领先的离合器技术为全球服务；基本策略是：在有需求的地方生产，根据需求量生产。

1. 全球体系的建立

从20世纪90年代开始，FCC加快了其全球扩张的速度，特别在东南亚，是FCC公司扩张的重点（如表10-1）。

表10-1 FCC全球扩张步伐

年份	地点	持有股份	主要产品	投资额
1994	中国成都	100%	摩托车离合器	US $ 8 000 000
1995	中国上海	90%	汽车，摩托车离合器	US $ 9 800 000
	英国	90%	汽车，摩托车离合器	
1997	印度	50%	汽车，摩托车离合器	
1998	巴西	100%	摩托车离合器	
2000	美国			
2001	印度尼西亚	100%	汽车，摩托车离合器	
2002	美国			
2003	美国			
2005	中国台湾	70%	摩托车离合器（增加投资）	NT $ 195 000 000
	越南	70%	汽车，摩托车离合器	US $ 10 000 000
2006	中国广东	100%	汽车离合器	US $ 4 000 000

2. 客户集中化

FCC公司生产的摩托车离合器、汽车离合器及其他产品多与本田公司产品配套（图10-1）。国内摩托车离合器主要配套于五羊—本田（WY125，WH125，SCR100），天津本田（TH90，AME100），新大洲本田的产品，包括100cc~250cc的摩托车和踏板车的配套离合器。

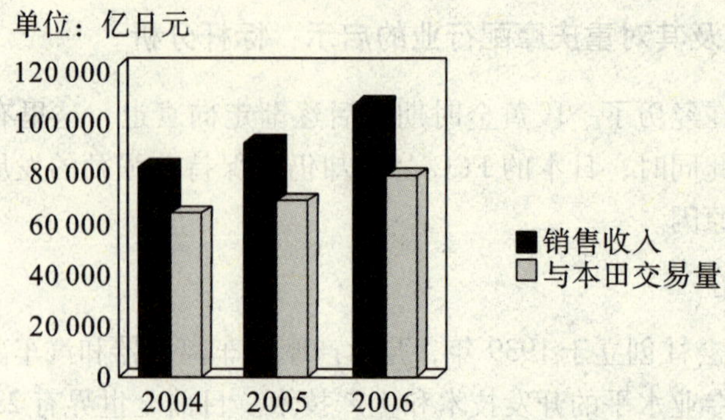

图 10－1　FCC 公司销售收入和与本田的交易量

本田公司持有 FCC 公司 20.66% 的股份，是 FCC 公司最大的股东，也是公司最大的客户。FCC 与本田的交易量占到 FCC 公司年度纯销售收入的 73% 以上。

表 10－2　FCC 的扩张紧跟本田

地点	本田进入时间	FCC 进入时间
美国	1959	1988
泰国	1964	1989
英国	1965	1995
中国台湾	1969	1992
菲律宾	1973	1993
印度尼西亚	1974	2001
巴西	1977	1998
中国	1982	1994
印度	1984	1997
越南	1997	2005

通过与本田公司在资本、技术、产品和人力资源等方面的全方位合作，使得 FCC 获得了稳定的发展。

3. 成功之道

（1）高质量。以生产流程标准化、生产技术标准化、生产环境标准化（温度和湿度）等保障产品的高质量。

（2）低成本。以技术研发、全球化生产（当地生产战略）、生产规模等措施保证低成本。

（3）各种零部件以及某些生产设备的自制。加强自制体系的建设，以取得低成本和高质量。

（4）亚洲特别是中国是最主要的市场。亚洲市场的增长速度远大于其他地区的增长（图 10－2），是 FCC 增长的主要贡献区域，也是其亚洲扩张战略的结果（图 10－3）。

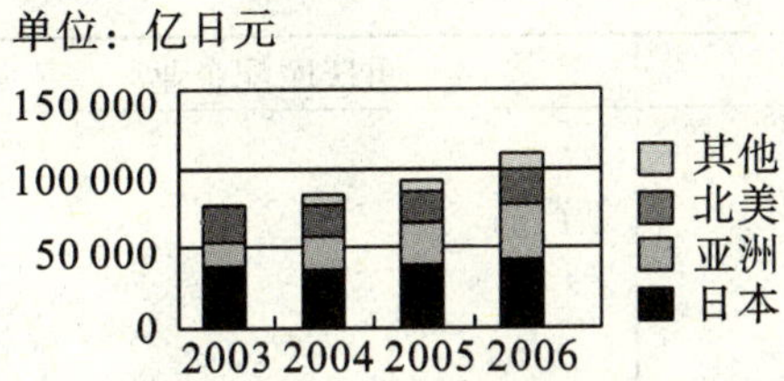

图 10－2 FCC 的区域销售收入

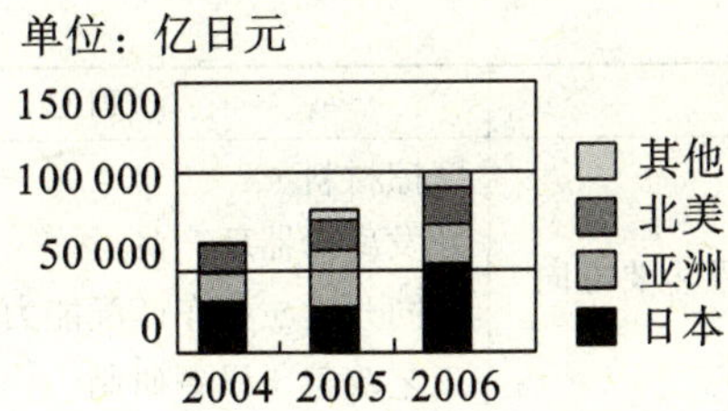

图 10－3 FCC 的区域投资

（二）标杆分析

我们尝试用麦肯锡 7S 战略评估模型分析标杆企业 FCC（如表 10－3 所示），并与重庆摩配企业进行对比，以此发现重庆摩配企业的问题。

表 10－3 麦肯锡 7S 战略评估模型

	FCC	重庆摩配企业
战略	离合器全球化制造	中国市场为主，国外市场为辅
结构	本田公司持有 FCC 公司 20.66% 的股份，是 FCC 公司最大的股东，治理结构完善	个人股东为主，治理结构较完善
员工	业内公认职业经理人队伍	员工素质较高，但团队效率较差
技能	很强的计划能力 质量管理、基础管理能力很强 有品牌优势	客户关系有一定优势，具有一定国际市场经验 质量控制能力较差 基础管理能力较差 没有品牌优势
系统	强调规范化、数字化、成本管理	职能强化、流程弱化
风格	客户导向型	任务型
共享价值观	用世界领先的离合器技术为全球服务	企业文化不明显

此外，FCC 与重庆摩配企业相比还具备以下一些特点（如表 10－4）。

表 10－4 FCC 与重庆摩配企业对比表

	FCC	重庆摩配企业
产品线	摩托车离合器为主、汽车离合器及其他产品为辅	摩托车离合器
质量体系	生产流程标准化 生产技术标准化 生产环境标准化（温度，湿度）	标准化程度差
成本控制	技术研发 全球化生产（当地生产战略） 生产规模 生产设备自制	技术研发几乎没有 区域生产 没有达到经济规模 设备外购

表 10 - 4（续）

	FCC	重庆摩配企业
研发主要方向	摩擦材料 开发离合器新产品 协同开发 + 整车匹配能力 工艺改善 + 设备研制	新产品
研发费用	每年增加约 10%，累计投入 1 070 万美元	很少
客户	本田是公司最大的客户。2006 年 FCC 与本田的交易量占到 FCC 公司年度纯销售收入的 73% 以上	客户分散化 优质客户少

（三）对重庆摩配企业的建议

通过以上分析，我们认为 FCC 的经验主要表现为以下几个方面：

（1）依靠自己的研发和生产体系取得竞争优势；

（2）与本田的战略联盟关系仍是其快速发展的主要力量；

（3）积极开拓新的销售网络取得了很好的业绩。

FCC 的发展模式对重庆摩配企业有很大的借鉴意义，为此我们提出以下建议：

第一，客户集中化。FCC 的一个重要特点就是客户对象非常集中，本田作为其战略客户与 FCC 形成了良好的共生、共赢关系。重庆摩配企业无不是客户分散化的经营模式。这样表面看起来可以得到一个比较高的总市场份额，但是由于摩托车行业产品的多样化和个性化特点，使得摩配企业的产品状态非常多，单品种产品都很难达到规模经济，这不利于企业生产稳定和质量保证，另外也使得企业不能对重点客户进行重点服务，优质客户逐渐流失。所以，重庆摩配企业首要的任务就是对众多客户进行重点管理，可以考虑运用“20/80”原则进行分类，即占企业销售收入 80% 的客户为重点客户。另外，远期还应该重点考虑与某些具有优势的企业（如 YAMAHA，铃木等）建立战略合作伙伴关系。

第二，产品集中化。在客户集中化的基础之上，减少产品状态，形成单品种的规模经济。

第三，优化区域市场结构。当前全球摩托车行业的发展主要在亚洲特别是中国和东南亚地区，FCC 近年来的发展重心主要就在亚洲。欧美市场虽然成长性不好，但由于其需求都是高端产品，利润率较高，且具有消费示范作用，所以长期来看，要树立良好的品牌形象，获得稳定的利润，欧美市场也是很重要的。重庆摩配企业在中国市场上有着独特的优势，应牢牢把握这一优势，以中国市场为基础，通过加强基础管理提高产品质量，降低成本，提高利润水平；东南亚市场为发展重点，积极开拓，以优势产品抢占市场，获取较高市场份额和利润；远期与国际大客户结成战略联盟开拓欧美市场。

第四，与客户进行协同开发。摩托车行业的产品开发变化很大，只有与客户进行协同开发才能保证与客户产品的更好匹配。

第五，加强基础管理。重庆的摩配企业基本上都是民营企业，在基础管理上还十分欠缺，这导致产品质量和成本控制都比较差，使得企业缺乏竞争力。通过加强标准化等基础管理，优化企业管理流程以提高产品质量，降低成本。

第六，加强研发力度。重庆摩配企业在新产品开发上普遍存在着盲目开发的现象，对开发成本不能进行很好的经济分析，导致研发工作浪费与低效率并存。

第七，关键零部件自制。重庆摩配企业很少有零件自制，这使得企业对供应商依赖性很大，加上由于企业产品状态过多，导致采购工作难度很大。所以，有必要对一些关键零部件进行自制，缓解采购的压力，使生产更顺畅。

第八，提高计划水平。重庆摩配企业目前在采购上的问题主要就是计划水平太低，企业的生产计划不准确，经常调整，使得采购难度加大，甚至经常出现停工待料的情况。

三、国美、苏宁的崛起与衰退：商业模式

在中国家电连锁业，有一个类似阿喀琉斯的“英雄神话”——高擎规模化发展、资本化运作的并购，近几年斥资百亿连下永乐、大中等一干区域家电连锁，尽显连战连捷、所向披靡的“霸主”风范，号称已经占据了除南京以外几乎所有重点城市绝对优势的领导地位，形成了多品牌自竞争的格局，这就是始终号称位列家电连锁第一的国美电器。

风光背后，必有隐忧！一直呈粗放式经营、轻资产重资本运作的国美电器，在数据说话的资本市场却远没口头上来得那么轻松！在其2008年度一季度报表中，国美电器仅实现营业收入121.76亿元（人民币，下同），比上年同期增长20.7%；而一直被国美号称已“边缘化”的对手——苏宁电器在之前一个月发布的季报却显示实现营业收入126.38亿元，比去年同期增长41.95%，从而在营业收入规模和增长速度两个指标上全面超越国美，颠覆了家电连锁行业的排位。虽然这还不能说明全年最终的排名座次，但2008年的首份季报已经彻底暴露了“家电巨人”的外强中干，而细读季报，也不难找出国美的“阿喀琉斯之踵”，甚至，还不止一个。

（一）1+1<2，彰显并购战的疲软综合征

国美之霸气，“规模最大”乃其第一竞争“利器”，而当在规模上丧失领先地位时，国美的“核心竞争力”毫无疑问将大打折扣。

早在国美永乐合并的2006年，双方发布的年报显示，当年国美电器实现营业收入247.29亿元，税前利润10.68亿元，而苏宁电器实现营业收入249.27亿元，税前利润11.22亿元。由此，苏宁电器超越国美电器成为国内销售规模最大的上市家电连锁企业。不过由于所得税税负不同，苏宁电器2006年净利润为7.2亿元，低于国美电器的8.19亿元，其中苏宁电器所得税为3.66亿元，国美电器所得税为1.256亿元。苏宁电器不仅在营业收入、税前利润上超过了国美电器，而且在毛利率水平上也略胜一筹。2006年，国美电器毛利率为9.54%，苏宁电器则达到了10.42%。

当时，国美对外解释的理由为“尚未计入并购永乐后的销售额和利润”。换言之，

如果不并购永乐，国美将在2007年度伊始就已经丢掉了家电连锁第一的宝座。据国美年报显示，仅2007年净关闭门店数量就达到43家，其中国美21家、永乐22家，由此可见，合并初期业界质疑的门店重合带来的整合压力全面凸显，并购诸多后遗症开始显现。“1+1<2”已经成为无法遮掩的事实。而与此同时，苏宁电器在原先永乐的大本营上海，取得了全国最快速的增长，目前仅3C+旗舰店数量就达到了10家，销售总额和盈利能力甚至已经超过了苏宁的大本营——南京。

永乐之后，国美并购战车不断启动，大中、黑天鹅、北人、蜂星等一干区域家电连锁又悉数落于国美囊中，而最近国美又假手龙脊岛拍下了三联的控股权，国美以这种吸食“兴奋剂”的方式不断地加重家电连锁霸主的砝码，外表依然风光，而其中甘苦自知。因为苏宁依靠自营开店紧紧跟随，并未如想象中那样被抛开“安全的距离”。

（二）单店效益低下，造血能力不足

根据苏宁和国美季报显示，苏宁一季度财报公布门店数量为662家，平均单店产出为1 909万元；国美一季度财报公布门店746家，国美多于苏宁84家，但总营收低于苏宁，平均单店产出为1 632万元，比苏宁低近15%。

2008年3月，苏宁电器新开连锁店32家，在全国155个地级以上城市拥有连锁店。根据一季度财务报表显示，苏宁一季度可比店面销售增长12%，国美可比店面同比增长3.17%，远远低于苏宁的销售增长。另外，根据2007年两家的财务报表显示，国美单店增长0.76%，而苏宁增长16.5%；国美2007年坪效为1.72万元，苏宁为1.9万元，国美占据了数量优势，却输了份额和内在竞争力。

持有国美股份的美林证券在国美发布一季度报表后就曾发布评测报告认为，虽然国美2008年第一季度毛利率上升2.08个百分点，达到15.36%，但不断增加的销售成本、综合开销及行政费用依然令人感到担忧。

众所周知，计算连锁企业经营质量的核心指标就是单店产出或坪效产出，同样的单店，家电连锁和供应商投入一致的情况下，高产出的绩优店无疑扮演着血液流通的角色，对投资者和供应商的回报率更高。国美的并购策略和粗放式经营使其在这一指标上明显落后，高度重复的并购店面彼此蚕食，造成不必要的消耗，势必将严重影响国美的造血能力，使之呈现明显的“内虚”症状，同时对于供应商的选择站队产生更深远的影响。

（三）供应链日益绷紧下的“达摩克利斯”之剑

国美的季报也并非如想象中那么不堪，至少其季报显示的综合毛利润达到18.70亿元，比上年同期增长39.55%；营运利润达到约5.32亿元，比上年同期增长61.21%；公司权益所有者所占净利润达到5.13亿元，比上年同期增长203.09%。利润的增加和国美营业收入的不利局面形成了鲜明的对比。

根据零售业的特性，家电连锁的利润一方面来自市场销售的主营业务收入，另一方面来自业务外收入即供应商费用。国美营收低迷而利润大幅增长无外乎两大原因：要么是已经利用自认为的垄断优势提高了终端零售市场价格，夺利于消费者，这就使国美宣称的“已为中国消费者节省100亿元”成为笑谈；要么是利用品牌的优势向供应商重复收费，强势议价，获取高额业务外收入。经笔者研究，主要原因还是来自于后者。

根据一季度财报显示，苏宁营业费率为9.26%，国美为10.99%，国美营运成本整体上高于苏宁，说明国美成本控制上不如苏宁，但国美在利润上却大于苏宁。在双方销售产品价格基本相同，销售额苏宁占据优势的情况下，说明国美营业外收入远远大于苏宁，营业外收入主要来源向工厂收取的费用，这部分利润非常惊人，基本没有成本。

早在国美并购永乐的2006年，国美来自供应商的收入就从2005年的4.93亿元大幅增加到9.29亿元，增幅高达89%；而付款时间则从2005年的112天，进一步延长到2006年的135天，已经长达四个半月。这些成为国美坚持的规模化效应的终极体现，但可惜并非体现在营运的控制和为消费者服务能力的提升上，而是集中归结到了供应商原本不堪重负的费用负担上。

根据2008年一季度财报显示，国美其他业务收入为7.26亿元，同比增长71.93%，而其他业务收入销售占比竟然高达5.96%。家电连锁的营业外收入，基本来自工厂交纳的各种费用，苏宁在对工厂收取的各种费用上一直保持比较低的水平，并且呈现下降趋势。2007年，苏宁其他业务利润率仅为3.76%，国美则一直居高不下，并且大幅度增加，盘剥供应商利润，这也是国美一直跟工厂关系紧张的最直接原因。当国美逐步丧失实质营收的规模优势，同时在供应商博弈过程中丧失强势地位之时，国美利润来源的主体将有可能迅速萎缩乃至崩塌。

进到国美、苏宁，空旷的店面、凋零的人气、千篇一律的布局，充分体现着“电器成为米铺”的经营理念。疯狂的门店扩张背后，是经营模式的单一：假日促销，外借银行，下压厂家。

四、小天鹅+GE：战略合作

不断曝出的战略合作败局几乎让人们丧失了信心。然而，无锡小天鹅与美国GE的合作却在2007年9月得以升级，其背后有哪些鲜为人知的体验？有过与十多家外资企业合作经历的小天鹅，能给我们哪些启发？

1999年的冬天，昆明一家酒店里，一场商业论坛正在举行。按照会议日程，时任小天鹅集团副总裁的徐源是当天第二位发言嘉宾，排在他前边的是美国通用电气（GE）中国投资部总裁陈家树。不巧的是，当天堵车，陈家树迟了一点，偶然成了徐源的听众。会后，陈家树对徐源说：“徐先生，您的企业理念不错，看来我们能探讨做点生意了。”两年后的2001年，GE拿来了他们制定的节能型滚筒洗衣机美国国家技能标准，双方一拍即合，共同研发，真正意义上的合作由此开始。

2005年底，两者合作成立的无锡小天鹅通用电器公司正式投产。小天鹅持股100%，以贴牌形式与GE并肩战斗。

到了2007年9月30日，小天鹅将这一合作组建的公司30%股权转让给GE（中国），双方的合作进一步升级。在新的合资公司，有了股权保证的GE也将有更多的支持和投入，而小天鹅则将获得合资公司70%的收益。

长达8年之久的接触，步步升级的合作，两个战略合作伙伴用实际行动勾画出了怎样的合作轨迹?

（一）“抢”到的机遇

小天鹅与GE的合作尽管带有偶然色彩，却并非是简单的“撞大运”。事实上，前期的铺垫长达两年之久。在那次商业论坛半年之后的2000年5月，GE总部派出8位工程师来访。他们既参观了工厂，又详细地和小天鹅的高层们交流了一些管理问题，诸如：小天鹅洗衣机产量从3万台，到10万台，再到100万台，其中遇到过哪些质量问题？又是如何改进的？第一步改进到什么程度？之后又是如何继续改进的？他们甚至看了小天鹅的质量改进记录。但一直到握手说“再见”时，订单的事对方却只字未提，这让小天鹅颇感失望。又过了半年，GE终于发出合作信号：请小天鹅空运一台洗衣机样品到美国，并主动承担运费。小天鹅为此付出的成本总共不过400多美元，但却为之后的合作真正奠定了基础。

2001年，双方的合作正式开始了。第一步，GE的十多位专家以及小天鹅的工程师共同组成了一个十几人的小组，从产品定型开始，进行大容量滚筒洗衣机的研发。

2003年，十几人的小组变成了一个独立的部门，开始进行产品试制和小批量生产。在这一过程中，GE的审慎和专业精神给徐源留下了深刻的印象。“美国人和我们的思维方式不一样，他们首先考虑的是风险。”徐源回忆说。当小天鹅把开发设计的理念和流程做好之后，GE马上从德国和意大利等国找来专利专家进行鉴定：类似的东西世界上有没有？这是否会侵犯别人的专利？为此他们不惜花费大量时间。为了符合美国消费者的消费习惯，GE又把各国专家做出的方案拿到美国进行检验和调研，最后才选定了产品型号。而这当中，已经充分考虑到各类消费者的情况，并落实到了诸如玻璃门的设计这样的细节——因为美国不少年轻女性有留指甲的习惯，不能让她弄坏了指甲。

接下来，确定加工中的参数。每调整一个零件，就牵一发而动全身，一个个试验搞下来太慢。而GE有现成的六西格玛，于是小天鹅的管理人员，甚至包括配套工厂的人员都参加了相应培训。“如果不是美国人坚持，我们可能做不到。”徐源深有感触地说，“这些系统问题一解决，我们很快在几万个数据中找到了最佳参数。而如果没有工具，靠我们一个个做实验，恐怕一辈子也做不出来。”

经过几年的努力，产品终于出炉，并通过了GE的标准检测。当小天鹅咬牙报了价格，GE却一分钱都没还。“双方都应该有合理的利润，我们不愿意因为价格而损失了产品质量。”GE如是说。2005年底，小天鹅通用电器公司正式成立，工厂投产，为GE贴牌生产滚筒洗衣机。双方的合作初见成效。

（二）不仅要“药”，更要“处方”

2005年2月，美国规格最高的家电展——拉斯维加斯国际家电展开幕，世界一流家电商云集。作为展览会唯一的洗涤类新产品，小天鹅与GE联合设计开发的10公斤大容量滚筒洗衣机在最显著的位置展出，吸引了众多订货商的眼球，并获得了几万台的订单。一炮打响！半年后，依靠GE针对消费者的持续沟通和推广，订单量上升到20多万台。

滚筒洗衣机产品甚至转变了美国人的消费观念——以往，美国人习惯于使用搅拌型洗衣机。但美国政府提倡节能，GE 本身没有洗衣机工厂，但作为美国的支柱企业，GE 认为自己有责任开发出节能的产品，这也正是它与小天鹅携手的初衷。在美国，这款产品的广告非常清楚：“买这款洗衣机，等于 12 年不要钱”——因为 12 年节约下来的能源正好是洗衣机的价钱。而且每销售一台洗衣机，美国能源部便奖励 100 美元，厂家则把这种奖励转移给了消费者。这正是一种促销的好办法。

尽管此时小天鹅与 GE 的战略合作还停留在 OEM 阶段，但小天鹅却收获颇丰。无论从研发还是生产，双方都实现了真正的合作，而非单纯的接订单，这为小天鹅日后实力的壮大也奠定了良好的基础。而把握质量、注重细节、运用工具等观念的学习也让小天鹅打开了思路。

GE 创造市场的做法更让小天鹅大受启发。而且，GE 是先让消费者接受产品，然后果断投入进行批量生产。而当时的中国厂商还习惯于先将产品小批量推向市场，观看消费者的反响后再大批量生产。后一种做法往往使仿制品很快跟上，大大地损失了利润。

（三）莫种下毁灭的种子

2006 年，小天鹅通用电器公司为 GE 生产滚筒洗衣机 25 万台。GE 董事长杰夫·伊梅尔特对此次合作也公开赞赏：“双方都很成功。我们都能实现各自的目标，创造双赢的局面。”

但更多的合作都没能如此顺利。“惯例”是“合厂容易合心难”。历经小天鹅与中外企业间战略合作谈判，并参与多家合资、合作公司管理的徐源，更是深有感触：“可以说很多失败的合作是在开始就埋下了毁灭的种子，只要有适宜的条件种子就会发芽。”

如何才能避免埋下毁灭的种子？如何才能达成合作的双赢？小天鹅的经验是：

第一，合作和技术引进不仅要引进“硬件”，也要引进“软件”。

第二，不同国家、不同企业间的文化不同，思维方式也不同。但只有合作双方都有一个长远的打算，才会有合作的基础，诚心诚意把合作企业搞好，才能有双方梦寐以求的利润，而不应一开始就只想着利润。

第三，引进国外先进技术，从而得到市场和利润，几乎是所有中国企业开展战略合作的初衷，但一开始不能步子过大。引进太超前会带来很多问题，不仅影响到合作企业的利润，甚至会影响到合作双方的信心，乃至造成误解。

第四，在合作中，必须正视双方的差异，利用有效沟通手段，建立好的机制来保证双方的沟通和合作。

在中国公司，人们习惯于上级命令，下级服从，即使上级没有道理。而外资企业则不同，上下级之间，以及决策过程中的矛盾会借助于独立董事和第三方中介进行调查，然后决定谁是谁非。为了从机制上解决类似问题，小天鹅通用电气公司成立了两个委员会：一是决策委员会，企业的投资项目等在委员会讨论，若经否定就不再拿到董事会上讨论；二是薪酬委员会，决定高管的工资等。

中国企业往往因为缺资金、缺技术而饥不择食，匆匆忙忙选择了合作伙伴。更有些企业认为外方不了解中国的法律，也不了解国情，自己可以换汤不换药。但实际上，跨国公司进入中国，往往都对政治、经济、法律及人文环境有过深入的调研，对战略合作也有自己的考虑。

资料来源：改编自刘宏军．小天鹅 + GE 升级版的幕后［J］．中外管理，2007（11）．

第二节　工业企业战略规划

一、金鼎公司企业发展面临的问题

金鼎街是一条布满了大公司和大部委的街道，按理说，应是一条日夜通明的星光大道。可是每当夜幕降临，华灯初上之时，伴随着上班一族的匆匆离去，这条街也逐渐空落下来。等到夜幕深垂的午夜时分，街道两旁一改白天的喧闹繁华，俨然变成了一座毫无生气的死城。

金鼎街上有一家日本料理餐厅，取名为“津津”，不禁让人联想起“津津乐道”之美意，只是“津津”是如何“料理”顾客的呢？这里不但饭菜的味道差强人意，而且价钱更是贵得离谱。可就是这样一家餐厅却日日爆满，一个“饭点”翻几次台、换几拨客人是太平常的事情了。为什么？因为整条街只有这么一家“看上去很美”的餐厅，顾客没有选择。

我们要谈的就是管理这条街的房地产商金鼎公司。这是一个典型的国有企业，企业老总曾是政府工作人员，80 年代下海经商，背靠强大的政府资源开发了几块黄金宝地，其中，最重要的就是掌握了垄断性资源——金鼎街。在这条街上，他们连续开发了好几座写字楼，虽然有些是典型的“处女作”——不但楼的外观土气，而且内部格局也并不科学，可是照样租售火暴。

二十多年来，伴随着中国房地产业的迅速崛起，金鼎公司也于20 世纪90 年代末发展成为当地金融密集区首屈一指的房地产开发商。在房地产业内群雄纷纷涉足网络、高科技、文化、金融等行业，走上多元化经营道路时，金鼎公司也坐不住了，跟风似的创办了自己的生物、微电子企业等，总之，是听说什么赚钱就做什么。

结果几年下来，钱是砸进去不少，却始终没有预期的财源滚滚，这些产业反倒都成了“鸡肋”——留着是累赘，扔了又可惜。另外，他们“发家”的主业房地产也逐渐显出后劲不足、“老本”不够的问题。金鼎街还是那条金鼎街，只是历史机遇过去了，单纯靠资源、凭关系发展的时代过去了。

此时，金鼎公司面临着一系列的问题：

（1）我们的核心优势在哪里？

（2）形成什么样的核心竞争力才能使其房地产业务持续并快速增长？

（3）房地产主业是否应该向其他城区或城市扩张？

（4）如何通过房地产核心业务树立起公司品牌，并将品牌效应向其他业务延伸？

（5）金鼎公司目前的文化、金融、商业等众多多元化业务中并未发展建设成为另一可能的长期核心业务，是否应该选择一个“黑马”品种集中打造？

(6) 金鼎公司目前的几十个分公司应该如何整合，如何做加减法？

(7) 对于需要剥离的业务应该采取什么样的方案才能保证战略的有序推进？

(8) 公司集团层面和各分公司层面应该建立什么样的管理体系才能够更好地适应企业战略发展的需要？

二、澄清战略

通过对战略目标、职能战略、组织结构等多方面进行内部访谈的结果进行整理和归纳，金鼎公司的成功因素可归结为“天时、地利、人和”三大要素。

1. 天时

正逢房地产业走出低谷，写字楼及住宅市场需求旺盛，金鼎公司抓住了市重点工程开发的契机。其控股子公司成功上市融资，进一步促进了集团公司的迅速发展。

2. 地利

金鼎公司属于当地政府的骨干企业，能以较低成本获取土地，加之良好的政府关系和社会资源使它在土地开发上运作顺利，真是“不愁吃”“不愁穿”，完全没有生存竞争压力。

3. 人和

人和是最关键的。金鼎公司管理团队风气正，凝聚力强，在发展过程中又培养了一批业务素质过硬的年轻队伍。员工有强烈的归属感和自豪感，公司上下一派务实敬业的工作作风。

总之，金鼎公司利用自己的区位优势，抓住了历史机遇，扩大了规模，锻炼了队伍，已具备较强的区域开发能力，并积累了一定的品牌效应。但是，其成功经验，“天时、地利、人和”在新环境下并不具备较高的继承性。

发展至今天，金鼎公司面临着新的转型挑战，见图 10－4。

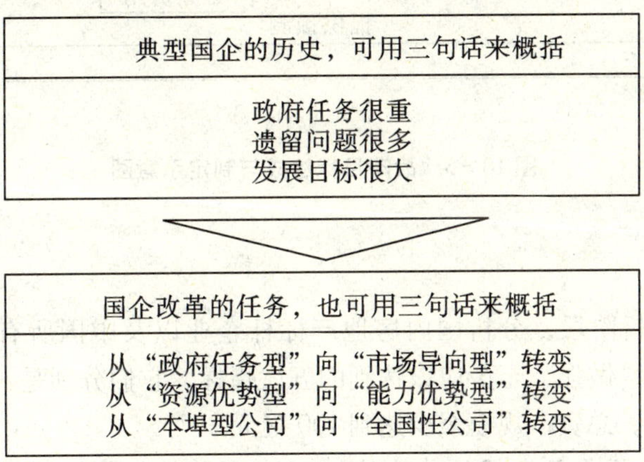

图 10－4　金鼎公司面临的战略转型问题

在这样一个转型的特殊历史时期，不能否认的是：金鼎公司对自己下一步如何发展作了非常慎重的考虑，也提出了非常明确的战略目标，概括而言，就是“M 年做大，N 年做强”。毫无疑问，这句口号足以让公司上下每个员工为之欢欣鼓舞，如果，它具的可以实现的话。然而，如果仔细琢磨一下这八个字，恐怕一连串的疑问就会让人觉得这口号喊起来底气不足：为什么说 M 年做大？凭什么 N 年做强？怎样叫“大”？怎样算“强”？如何实现这个战略？还有一层更深的顾虑是：金鼎公司毕竟是一个国有企业，毕竟还要完成很多政府和国家交予的任务，有时难免会承担许多其他完全市场型企业不需承担的压力……总而言之，这是一个不切实际的战略目标。

通过实际分析，金鼎公司得出这一空洞战略的原因可归纳为三点：

（1）战略的提出来自政府的指导因素、自身的经验和一时的感觉这三个方面，缺乏科学的论证过程和评估标准；

（2）金鼎公司总部缺乏强有力的参谋团队，目前也缺乏建立战略规划团队的机制；

（3）战略的制定和执行过程缺乏广泛的沟通，很难得到来自基层员工的认同。

在对金鼎公司有了较为透彻的认识后，可提出适合金鼎公司的战略制定方法。图 10－5 展示了金鼎公司制定科学战略的分解过程。

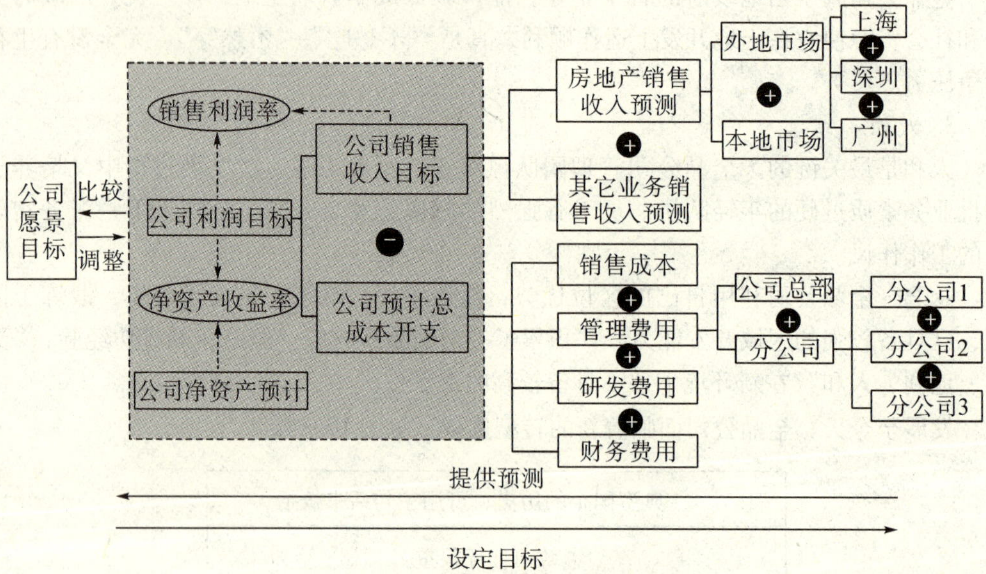

图 10－5　战略目标组成与制定示意图

三、环境分析

在战略环境分析阶段，分析国内房地产标杆企业以及中国所有上市房地产企业，可以提出房地产业“做强”至少应该达到的五大指标，它们分别是：

（1）资本雄厚，总资产规模至少达到 100 亿元。

（2）房地产主营业务市场地位突出，房地产主营业务年销售收入至少达到 80 亿元。

（3）企业盈利能力强，净资产收益率至少达到 10%。

（4）不靠关系吃饭。房地产开发业务能够摆脱地域性，立足若干房地产核心市场。

（5）体现公司综合能力的品牌优势突出。公司品牌具备广泛的知名度、良好的美誉度以及一定的顾客忠诚度。

表 10 - 5 就展示了金鼎公司与某标杆企业 A 进行对比后，两者间的异同。可以看出，面对强大的市场竞争，金鼎公司现有能力还没有形成强大的竞争优势。

表 10 - 5 用麦肯锡 7S 战略评估模型分析标杆企业 A 和金鼎公司

	标杆企业 A	金鼎公司
战略	①专做房地产业，寻求通过资本运作获得企业所需的资源。 ②细分住宅市场。	集中在房地产开发，做大做强，战略受政府指导成分多。
结构	全国性品牌，地方性运作；法人治理结构完善。	法人治理结构较完善。
员工	有一支业内公认的较强的职业经理人队伍。	①人员素质较高，但结构单一，职业化程度较低。 ②员工敬业精神和忠诚度高。
技能	较强的项目前期策划、运作能力形成品牌优势，表现在从建筑质量、品质控制、营销策划、物业管理各方面，有品牌溢价。	①政府关系是强项，规划、协调能力强，有一定的国际合作经验。 ②区域开发能力较强，但是品牌优势还未确立，市场化程度低。
系统	强调规范化、数字化、成本管理，该优势体现在品牌溢价上。	强调规范化严格管理，但职能部门功能弱化。
风格	①重营销，重炒作，文化鲜明张扬。 ②给顾客的第一印象：年轻的、活力的、亲和的、温馨的。	高调做事，低调做人。
共享价值观	①优质永远——历练自我的大气口号。 ②为理想去实现——造物主般的美好追求。 ③每一天我们持续超越——我们其实挑战的是自己！建筑无限生活。	没有形成企业文化。

结合房地产业自身的运营特点，将金鼎公司的内部运作划分为六大环节，即投资策划、土地获取、土地开发、规划设计、施工管理和销售管理。这六大环节形成了企业的价值链，在对这条价值链进行解剖式的分析后，顾问团队得出金鼎公司部分环节具备明显优势、但关键环节存在劣势的结论。具体环节优劣势分析见图 10 - 6。

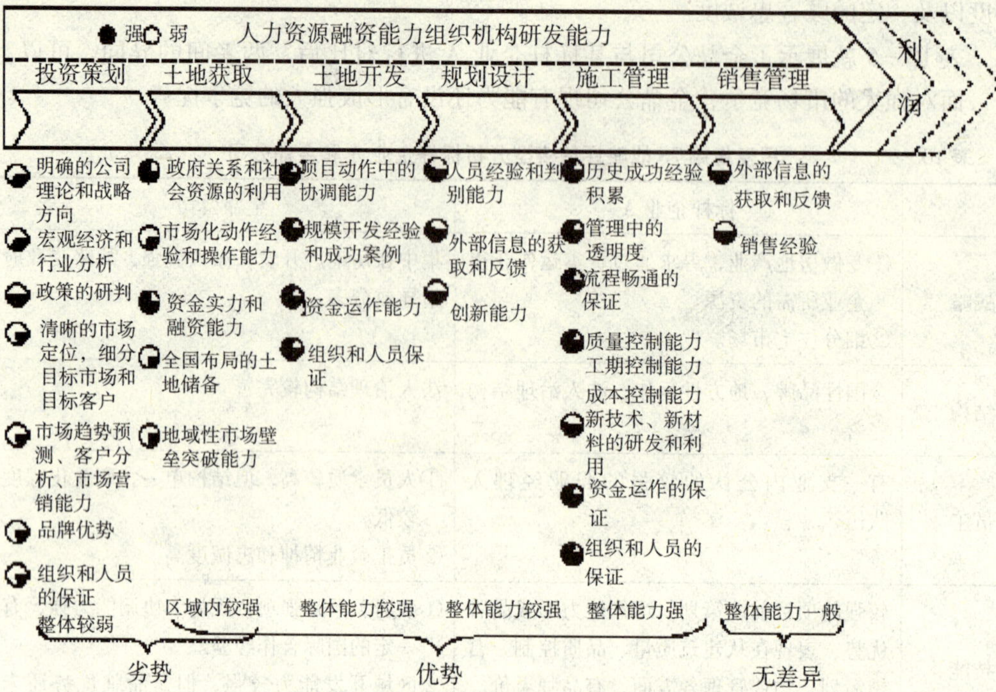

图 10-6　金鼎公司内部运作优劣势分析

从图 10-6 可以看出，金鼎公司在价值链前端环节呈较弱状态，价值链中间各环节呈较强状态，部分关键环节的能力有弱化的危险，将导致未来总利润的下降。另外，可以发现，企业更多可复制的能力都体现在中间环节。如果我们从为企业贡献利润程度大小的角度来分析这条价值链，会发现，价值链中各环节对利润的贡献率从前端到后端逐级递减。即越靠近价值链前端，企业就要承担越大的风险，同时也会获得越大的利润回报。那么，如何增强金鼎公司在前端环节的竞争优势，就是企业制定战略时应着重考虑的关键。借助对企业价值链进行剥离式的分析方法，我们从看似纷繁无序的现状中逐渐找出问题的症结。

另外，通过对业务收入和利润构成的分析发现，过去几年中，业务收入组合结构并没有明显变化，公司业绩存在高度依赖单一行业和单一市场的风险。虽然金鼎公司也曾在生物、微电子等领域开展了多元化业务，但在这些新业务上的收入与成为第二主业的标准——新业务收入占总收入的 15%——还相距甚远，所以，金鼎公司目前仍没有第二主业。总之，金鼎公司目前只是一个房地产公司，而不是一个投资控股公司。虽然在社会资源、专业人才、品牌积累等方面具备一定潜在的、形成核心竞争力的优势，但作为投资控股公司的核心竞争力仍待培养。

四、制定战略

结合该企业的实际情况，建议金鼎公司将核心竞争力的培养分解成对“三个竞争力”的提高：就是要使企业实现两个转变，即从“政府任务型”向“市场导向型”转变和从“资源优势型”向“能力优势型”转变。图 10-7 从治理结构竞争力、管理竞争力和市场竞争力这三个层面具体阐述了两个转变的过程。

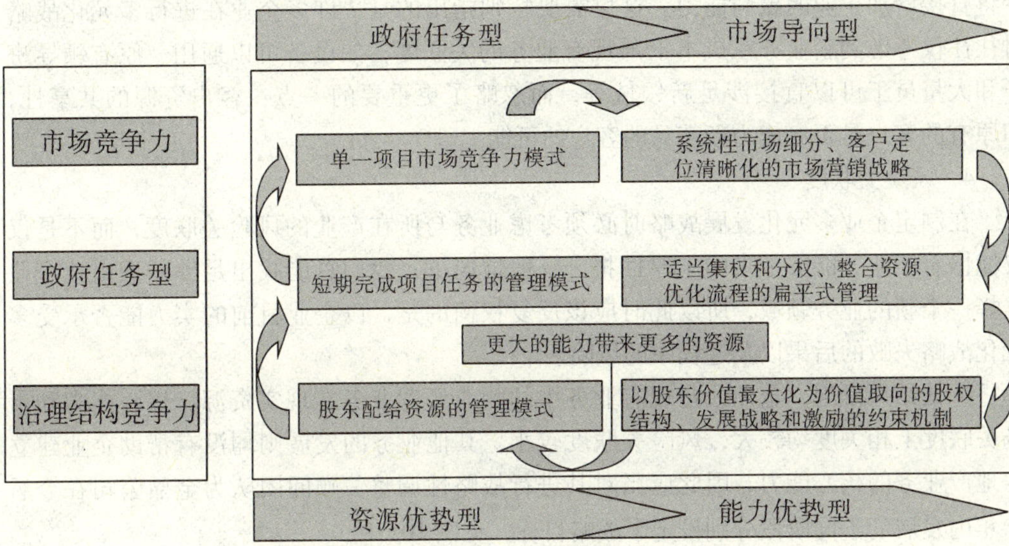

图 10－7　金鼎公司实现两个转变的具体过程

在明确了企业核心竞争力培养方向及方法后，金鼎公司将工作重心转移到建立清晰的愿景、使命和价值观上。作为企业文化的核心、企业战略的总纲，这三个环节因为和企业的经营管理没有直接联系，不能产生直接效益，而往往无法得到来自企业高层的重视。对于这三个环节认识的缺失，将使企业对未来的发展失去方向感。特别是正处于转型阶段的中国企业，提出符合企业自身状况的愿景、使命和价值观是企业统一思想、提高企业凝聚力的有力手段，更是制定中长期战略规划的当务之急。相应地，一个合格的发展战略也一定能够很好地回答企业的愿景、使命和价值观等问题，并且明确地指出了实现这些目标的途径。

从目前所涉足的业务领域来看，金鼎公司存在着缺乏层次性、管理不均衡的问题，这也反映了金鼎公司的发展战略缺少清晰的近期计划和长远规划。针对企业现存的其他业务和潜在业务作的评估，除了考虑诸如行业吸引力和竞争状况等通常因素外，主要将焦点集中在现实资源、核心能力、现存市场以及风险关联度这四个方面：

1. 现实资源

金鼎公司多元化发展战略的制定、新业务的选择要受到公司现实资源状况的约束。金鼎公司的资源包括人、财、物三个主要方面，如果脱离企业的现实资源制定多元化战略，无疑是纸上谈兵。

2. 核心能力

主要指金鼎公司的核心竞争力。核心竞争力作为一种组织能力，是能决定组织结构是否成功的关键性因素。金鼎公司在选择新业务领域时，应谨慎考虑主业已形成的核心竞争力能否最大可能地移植到这块新的业务上。

3. 现存市场

多元化战略的制定可以围绕着现存的市场和客户群来建立，满足同一群客户不同的产品需求往往是企业做业务延伸或多元化的首选，经营风险的降低和营销成本的减少将直接增加企业的赢利能力。这里需要特别指出的是，许多企业在进行多元化战略时往往仅考虑到新业务在成本上与现有业务的关联度，如设备可以通用、原有领导班子和大量员工可以直接涉足新领域等，而忽略了更重要的一点：客户资源的共享性，即原有的客户是否有成为新产品的客户的可能。

4. 风险关联度

在制定企业多元化发展战略时必须考虑业务与所在产业的风险关联度，而不是仅仅憧憬着新业务能够带来的丰厚回报。一般情况下，我们总能找出足够的理由让企业选择一个新的业务领域，所以此时应该反复权衡的是，以企业目前的实力能否承受多元化战略失败的后果以及过程中的风险。

评估结果发现，金鼎公司现有业务中的物业经营业务在现实资源、核心能力和市场关联度上相关度均较大，风险关联度较小。其他业务的发展则均没有帮助企业建立房地产业务的核心能力，因此应当对其进行战略性调整。顾问团队为金鼎公司在今后十年内发展的不同阶段分别设定了战略目标，见图 10－8。

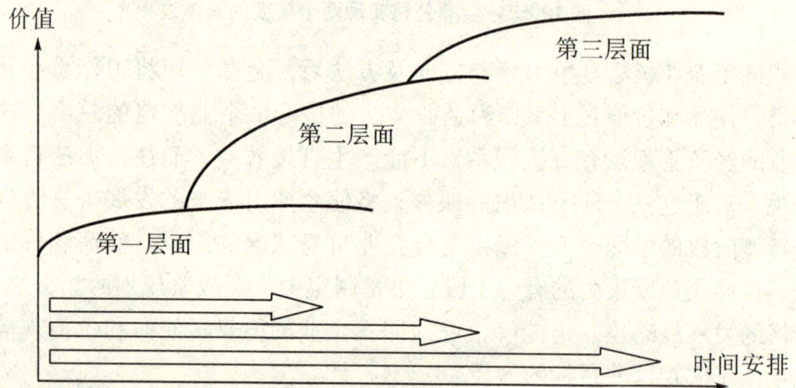

(时间供参考)	三年	五年	五至十年
衡量标准	•利润 •投资回报	•销售收入	•选择方案价值
能力	•完整的能力基础	•通过购买或自己发展需要的能力	•能力要求可能不十分清楚
激励	•以财务为主	•以里程碑为主	•以具体工作为主

图 10－8　金鼎公司三层面发展战略示意图

如图 10－8 所示，金鼎公司应争取在未来三年内，集中精力将房地产开发业务做强，以增加盈利能力为目标，在这一领域中真正培育出自己的核心竞争力；随后，借助金鼎公司目前在核心业务领域的实力，配合第一层面业务，在资源分配上适当倾斜，建立以销售收入增长为主和盈利能力提高为辅的目标，争取在三到五年内使新业务领域成为稳定的现金流来源；在第三层面上，金鼎公司应依托前两个阶段所积累的资金、储备的人才对新业务机会进行评估，以少量投资、增大选择的可能性与灵活性为主，待时机成熟和政策许可时进入新领域。

应该说明的是，战略目标并不单纯指效益目标，一个系统而全面的战略目标还应该包括企业的成长目标和管理层的管理目标。以第一层面的三年期战略目标为例，效益目标主要从年净资产收益率、主营业务收入、净利润和净资产四个方面制定。成长目标结合企业现有资源和潜力，主要通过以下三点来衡量：

（1）确立全国一流的房地产开发和物业管理的品牌地位。

（2）形成核心竞争力，有较强的投资策划能力和市场营销能力，形成从投资策划到市场营销纵贯价值链的综合能力。企业完成从“政府任务型”向“市场主导型”、由“资源优势型”向“能力优势型”的转变。

（3）具备走出所在地区，实现跨地区扩张的整体开发能力。

在管理目标上，依据金鼎公司已具备的制度体系和人才现状，顾问团队也提出了三点要求：

（1）形成较强的战略规划和管理能力，完善组织结构和管理机制。

（2）有健全的考核和激励制度，形成充满活力的企业文化。

（3）有系统的人力资源管理体系，具备丰厚的专业人才和管理人才的储备。

在战略制定这一阶段，金鼎公司制定了业务领域战略、经营地域战略、竞争战略、新业务战略、核心业务战略、品牌战略、人才战略、财务战略等局部战略方案，这些战略共同构建了金鼎公司发展的整体战略。

五、实施战略

区别于人力资源、渠道营销等项目的是，企业战略实施阶段的主要工作是强化公司高层对新战略的认同和理解。在此基础上，协助客户解决在战略澄清阶段发现的问题，围绕新的战略，调整或重建组织架构，修正或完善各类管理制度，并帮助各职能部门在新战略指导下重新定位等。

对于金鼎公司而言，战略实施计划整体建议为：以培养金鼎公司核心竞争力为目标，在未来×年内做强核心主业——房地产开发业务的同时，实现经营模式从以开发为主到开发和物业经营服务并重的转变，保持企业长期稳定发展。

如何培养金鼎公司的核心竞争力呢？正如前文提到的，金鼎公司的核心竞争力体现在管理竞争力、市场竞争力和治理结构竞争力三方面，因此，应从提升这三种竞争力入手。

（1）市场竞争力：从投资策划、品牌建设等关键环节入手，通过组织统一，人才培养，市场实践等综合手段强化金鼎公司整体的市场竞争力。

（2）管理竞争力：从提高金鼎公司总体战略规划能力，建立激励和考核制度、关键管理制度和流程入手，通过新设立的关键职能部门，突出管理重心和重点工作，增强管理关键环节的综合能力。

（3）治理结构竞争力：从金鼎公司未来的治理结构着手，管理模式在现阶段形成“强总部”的集权操作型管理模式，强化职能部门的能力和权力。通过对组织结构的调整，形成总部对人、财、物等关键要素的统一管理。接下来，顾问团队协助金鼎公司制定了具体的操作方案，主要从改善企业内组织流程、财务管理和人力资源三个环节开始，结合企业战略应伴随公司发展有阶段性地推进和深入的特点，将工作任务细化为不同时间段内应完成的相应指标。这样一来，就将原本庞大得让人不知如何下手的战略实施问题，分解成一件件分得清轻重缓急的具体工作，让金鼎公司高管人员一目了然，用他们自己的话说，就是“每一脚踩下去都是实的”。

例如针对原集团公司“弱总部”的突出问题，将组织结构调整的核心集中在强化总部职能管理的任务上来，通过成立总经理办公室等举措，将企业现在较弱的职能和一些涉及整个集团系统的关键要素的管理集中在高层。通过总部的集权管理，可以较快地改变弱、散的现状，树立集团职能的权威，实现集团高层的战略意图。而在解决总部人才问题上，以业务骨干为重点培养对象，通过短期内几个成功项目的运作，有针对性地提升总部职能部门相关能力。

资料来源：改编自李雪. 咨询的真相［M］. 北京：机械工业出版社，2003.

第三节　商业企业战略规划

易初莲花面对的是竞争性的市场，既有沃尔玛、家乐福等跨国商业巨头的围追堵截，又有各种业态的侵吞蚕食，它只有具备某种或某些竞争优势，才能在获取市场份额和实现利润方面比对手做得更好。

一、价值链分析

按波特的价值链理论对零售企业的价值链进行分析，可以把零售企业的基本业务活动分为九种类型（见图10－9），分别讨论它们对产生竞争优势的作用。这九种价值活动都是价值创造的来源，我们将直接创造价值的活动称为基础活动，包括内部后勤、销售经营、外部后勤、市场和促销、服务五种；将间接创造价值对基础活动给予支持的活动称为辅助活动，包括采购、技术开发、人力资源、基础设施四种。

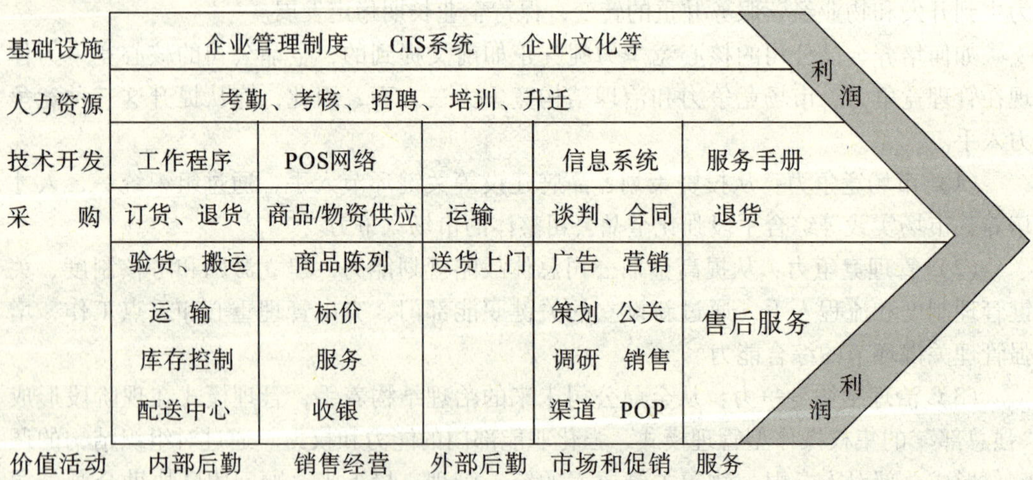

图10－9　零售企业的价值链

下面我们分别讨论各种活动对于成本领先优势和差异化优势的贡献。

二、九种价值活动对竞争优势的影响

（一）基础活动

1. 内部后勤

内部后勤是指与收货、存储和分配相关的各种活动，如验货、搬运、储存、库存控制、车辆调度、向分店送货、向供应商退货等。对于零售企业来说，内部后勤对于控制成本至关重要，保持低水平的库存，提高商品周转率，降低储存损耗，快捷的运输都能有效地降低成本。目前在国内大型连锁商店中，建立配送中心是提高竞争力的一个有力手段。

商品配送中心就是一个高效的内部后勤系统。连锁商业之所以发展迅速，它的优势就在于通过统一采购、统一结算、统一配送，以达到规模效益。配送中心通过先进的管理、技术和现代化的信息网络，对商品的采购、进货、储存、分析、加工和配送等业务过程，进行统一规范的管理，使整个商品运动过程高效、协调有序，从而提高效率，降低费用，实现最佳的经济效益。易初莲花在开店前选址时，必须考虑的三个原则中，就有一个物流问题：从配送中心的仓库如果要送货到那边，有没有能力处理；如果可以处理的话，是不是有一条成本最优化的道路？易初莲花已确定要在上海青浦建立一个 4 万 ~5 万平方米的巨型配货中心。该中心负责向大上海区各门店配送日常货物，包括 DC 商品和 CROSS DOCK 商品两大类别，所有的物流环节运作都由易初莲花内部负责。近年来，随着我国连锁商业的蓬勃发展，商品配送中心建设在全国部分大中城市纷纷展开，截至 1997 年底，全国已有 400 多家商品配送中心。

内部后勤活动除了对建立成本优势会取得明显的效果外，对建立差异化优势也有一定的帮助。易初莲花通过快速迅捷的配送中心送货，使得各分店很少出现断货的现象，它的鲜活食品也总是保持最新鲜的状态，有力地配合了易初莲花对顾客“保证满意”的承诺。

2. 销售经营

销售经营指与将商品销售给顾客有关的各种活动，如店面和商圈的选择、店面设计、商品陈列、店员服务、收银、安全保卫等工作，它们对取得成本优势和差异化优势有着同等重要的作用。不同的竞争战略将导致完全不同的销售经营活动。

作为采用低成本领先、差异化取胜战略的超市，也就是采用聚焦战略的易初莲花大型连锁超市，在低成本方面着意避免在繁华的黄金地带开店，以降低租金成本；采用简洁的装修，大包装的商品种类，如仓储式货架；采用开架经营的形式，以减少服务人员；严格的管理措施以防止失窃，降低损耗率等，总之一切从降低成本的角度出发，从而降低商品价值中的营运成本，在创造的价值总额不变的情况下，增加了顾客的消费者剩余，满足了消费者求廉的心理。

差异化方面则会根据消费者的需求和心理特点，采用有特色的经营活动吸引消费者。如有的消费者崇尚名牌，追求高档，超市则选择引进品牌开“店中店”，以装修豪华气派、服务细心体贴、环境幽雅舒适等服务特色来满足顾客追求虚荣的心理；有些消费者把购物作为休闲的一部分，超市则提供良好的购物环境，配套设置休息场所、咖啡厅、儿童乐园等作为经营特色，或者以经营某些特色商品作为差异化优势。总之，只要把握住消费者需求，任何一种经营活动都可以形成一种差异化优势，条件是这种差异化给消费者带来的价值增值大于创造这种差异化所付出的成本，这样才能增加消费者剩余，形成长久的差异化优势。

3. 外部后勤

外部后勤指将产品发送给顾客有关的各种活动。这种活动在某些零售企业中几乎不存在，因为顾客在商店买了东西后基本是自己带回家。但是对某些大件商品来说，外部后勤就显得很重要。现在的百货商场对于家电等大型商品都有送货上门的承诺，而家具零售店的送货服务几乎是必不可少的。这时，送货是否及时，服务是否周到，安装是否专业，则体现了商店对外部后勤的管理水平，这里就可以产生差异化优势来。

易初莲花为方便市民购物，各个连锁超市特别开设了免费购物大巴，每天往返大型居民住宅区、周边交通关键站点和易初莲花之间，免费接送市民到超市休闲购物，形成了一道独特的风景线。这样的举动，使易初莲花既在上海市民中留下良好的印象，又增加了客流量，取得经济效益和社会效益的双得益。

4. 市场和促销

市场和促销指与提供一种购买方式和引导消费者购买有关的各种活动，如广告、促销活动、促销队伍、定价策略、销售渠道、公共关系等活动。不同的竞争战略导致不同的促销手段和定价策略等活动。易初莲花在追求低成本领先方面，主要依靠低价格来吸引消费者，那么必然要控制促销活动等方面的开支，从而达到降低成本的目的。如多采用店面广告（POP），少使用公共媒体广告（如报纸、电视等）；多采用自动化辅助设备，减少服务人员；多从厂家直接进货，减少商品流通层次等。而有限的促销活动也是为公司的战略目标服务，如经常性的商品打折，让利于民的活动，不断强化消费者心中的平价形象，培养顾客的忠诚度。顾客一旦能够从超市获得最大的消费者剩余，必然会对超市产生满意心理，根据消费者心理调查分析，一个满意的顾客会向至少 10 个人诉说，并再次光临。

广告商品快讯是易初莲花最重要的促销手段，因为快讯商品的销售额占到整个商品销售额的 40%，即 1% 的商品的销售额占到全部商品的 40%。快讯每两周出一期，不间断进行，印刷精美，有实物照片、价格、品名，有促销主题，有文字描述促销，有重点商品介绍。

5. 服务

服务指提供售后服务以增加或保持产品价值有关的各种活动，例如，安装维修、培训、零部件供应和产品退换等。需求孕育市场，服务赢得顾客，通过在为客户服务中实现财富增值，这是硬道理。售后服务往往是产生差异化优势的一个重要途径，特别是对于一些专业商店来说。如卖电脑的专业商店，提供可靠的售后服务则为竞争优势的核心来源；卖空调的商店，其安装人员的技术和服务则会成为广告的卖点之一；出售高速度复印机的商店，能否提供良好的维修服务则是客户满意的关键。良好的售后服务将创造价值的范畴延伸到了产品售出之后，使得消费者剩余继续增加，这时增加的消费者剩余是超出消费者期望的，它将使消费者变得更加忠诚。反之，如果售后服务低劣，那么它将减少消费者已获得的消费者剩余，使消费者产生后悔、不值的感觉，从而使公司的竞争优势受到打击。

易初莲花推行“十步原则”。所谓“十步原则”，就是公司要求员工在十步之内无论遇到员工还是顾客，都要与其目光接触，并微笑地问候对方。“We care for you”是易初莲花中悬挂最多的标语之一，这是对顾客做出的承诺。易初莲花努力做到提供廉价商品的同时，让顾客享受到超值服务。

（二）辅助活动

1. 采购

采购虽然不直接创造价值，但对降低成本和建立差异化起着非常重要的作用。虽然采购活动存在于价值链所包括的所有活动之中，但对于零售企业来说，商品的售价影响最大的因素就是商品的采购成本，一个企业如果要采取总成本领先战略，那么首先就要控制采购成本，采购成本又和采购企业的砍价能力有关，根据竞争结构的分析，零售商对供应商的砍价能力取决于：①购买数量；②购买渠道；③供应商的多少；④所购商品的差异化。因而大批量的购买，从生产厂家直接进货，选择标准化的商品，有充分的供应商以供选择等都有助于采购成本的降低。

易初莲花一般直接从工厂以最低价格采购商品，由于采购数量巨大，信誉良好，付款及时，供应商也愿意以最低价出售给易初莲花。易初莲花对采购人员的管理也非常严格。分管商品采购的副总裁告诫每一位采购人员：“你们在和供应商谈判时态度要坚决。你们不是在为商店讨价还价，而是在为顾客讨价还价，要为顾客争取最低的价钱”。易初莲花对采购出差费用的规定是，不得超过采购金额的1%，同时对采购人员吃回扣的行为深恶痛绝。到过易初莲花办公室的人都可以看到墙上的很大的标语：“公司禁止任何员工以任何理由接受供应商的任何馈赠，包括金钱、礼物、请客等，一经发现，立即予以除名”。另外，采购也可以创造差异化优势。易初莲花采购的商品尽量选择当地的名牌产品，使产品质量有保证。

2. 技术开发

价值链上的每一项价值活动都包含技术成分，技术的进步往往会带来成本的优势和差异化优势的巨大变化。连锁经营这种新型零售业态的出现，是零售产业的又一次革命，这种现代流通技术，逐步取代传统流通模式，是现代商业的基本发展趋势。可以说，没有连锁经营，就没有像沃尔玛、家乐福这样超级零售巨无霸的出现。而连锁经营的发展，又促进了像配送中心这样新技术的出现，配送中心的存在又依赖于现代信息技术的发展。试想，没有电脑，没有网络技术，配送中心将如何动作？配送中心和信息系统的应用使得企业的后勤管理上升到一个新的高度，无法想象没有这项技术的企业如何与之竞争。据美国零售业协会的一项调查显示，有80%的零售业者认为：“POS系统是零售业的唯一方向”。任何一家进入我国零售市场的外资企业，都采用了POS系统，售货员只需用扫描器对商品上的条形码轻轻一扫，商品信息即被输入电脑处理，十分简单、快捷、准确，不仅减轻了收银员的劳动，减少了顾客的等候时间，还能使订货、分送、进货、销售、库存等商业信息得到一元化的管理，管理者可以得出综合决策信息。

事实上，任何一种管理上的创新都可以视为技术开发，管理也是一项技术。每一种新业态的出现，都会给创新者带来成本优势，或者差异化优势，或者二者有之。如仓储式、特许经营、超级市场、10 元店等。随着竞争者的不断加入，成本优势或差异化优势就会慢慢消失，迫使经营者不断地创新。例如随着互联网的发展和电子商务的兴起，网上购物又成为潮流。虽然现在的网上商店大部分亏损，但谁又能断言它明天不会取代今天的超级市场呢？因此，不断的管理创新和技术创新已成为当今零售企业成功的必要条件之一。

在易初莲花，条形码的应用在管理中不可或缺。从纵向到横向，从商品的流通、供应商的选择到客户及员工的管理，都已充分使用条形码。对条形码的使用主要体现在以下方面：① 商品流通的管理；② 客户的管理；③ 供应商的管理；④ 员工的管理。条形码作为一种信息载体，配合先进的电脑技术及自动识别技术，提高了易初莲花超市的管理层次，使超市的行政架构得以精简，减少工作强度及人力。清晰货品的进、销、存和流向等资料，对稳定超市的季节性变化至关重要，而产品资料的实时性收集，更会加快超市的运作频率，并使得超市的各项报告数据更精确。

3. 人力资源

人力资源管理包括人员的招聘、雇佣、培训、开发和报酬等各种活动，它贯穿整个价值链的所有活动中，可以说，没有了人力资源，价值的创造就无从谈起。零售企业之所以能低价买进商品，高价卖出商品，其中商品本身并没有发生变化，是因为商品在流通的过程中凝聚着员工的劳动，才能产生价值增值。因此，对人力资源管理的好坏直接关系到商品增值的多少。在国外，零售商业是一个资本技术构成水平较高，人力资源成本占其总成本 50% 以上的高人才行业。我国商业需要集传统商业经验和现代市场理论与方法于一身，既具有开拓、创新精神，又拥有勤勉、务实态度的高智力人才，企业的业绩更主要来自一群受过良好职业培训，认同公司理念，和公司共命运，同患难的员工的努力。

但国内商业企业长期忽视人力资源的开发，员工素质低下，知识结构层次低，缺乏职业技能培训，有市场观念、懂管理、善经营的高层管理人才更是缺少。据估计，国内零售企业在经营策略、促销方式、服务意识和信息处理等方面平均比西方先进企业至少落后 20 年。种种落后反映在市场上面就是竞争能力的低下，竞争优势的缺乏。易初莲花的领先和其高度重视人力资源的大量投入是分不开的。

在易初莲花，每一个员工和管理人员都有一整套完整的培训计划。普通员工进入公司后会立即安排在岗培训，每周专项培训播放培训影片；表现突出的员工有机会得到晋升，参加管理层培训，包括 16 周的在岗培训，3 周的管理系列课程学习，以及分店管理实习；提升为店长助理后，还可以参加零售管理研讨会，参与高校培训课程项目。

4. 基础设施

企业基础设施由大量的活动组成，包括企业总体目标、经营方针、管理风格、组织结构、企业文化、制度、规章、公共关系、企业形象、管理系统等，和其他辅助活动不同，企业基础设施是对整个价值链起作用而影响价值增值，而不是单个活动起作用。企业基础设施如果和公司的竞争战略相适应，将是竞争优势的一个主要来源。每一种竞争战略都要求相应的基础设施与之配合，才能获得成功。如成本领先战略意味着严格的控制系统、勤俭节约的工作作风、一丝不苟的质量意识、结构分明的组织层次和职责划分，而差异化战略则要求扁平化的组织结构、轻松愉快的工作气氛、强调部门之间的协作和沟通、重视主观评价和激励。实践证明，企业文化和竞争战略相适应，有助于顺利实施竞争战略，并强有力地巩固已获得的竞争优势，反之则会对竞争战略的实施起阻碍作用。

节约是企业文化的一部分，公司总裁谢汉人先生认为节约并不是吝啬，而是为了环保。他用“一石三鸟”这个词来形容节约的好处，一来可以降低企业的运营成本，二来可以节约有限的自然资源（木材、水），三还可以教人们养成节俭的好习惯。去过易初莲花总部办公室的人都知道那是一个再普通不过的环境。办公室的地上铺了瓷砖，除此以外没有什么装修。整个办公区域甚至没有一间一间的包间隔断，一张张的办公桌是连在一起的。总裁、副总裁和普通职员一起在一个开放的大办公室里办公。员工呈交报告时要尽可能地把所有内容“浓缩”在一张纸上，一张纸要尽量两面都使用。这里由企业文化所间接创造的价值也成为易初莲花的竞争优势之一。

资料来源：改编自黄曙《易初莲花大型连锁超市的竞争优势挖掘》，复旦大学硕士学位论文。

思考题

1. 你对重庆摩配行业有什么建议？

2. 上网查阅比较重庆摩托车行业与广州摩托车行业发展模式，有什么异同？

3. 查阅相关资料，苏宁与国美的商业模式是怎样的？现在面临着怎样的问题？

4. 国美和苏宁的竞争力来源于什么呢？当一个商圈支撑不了两个巨头维持生存的基本销售量时怎么办？以价格来刺激需求，无异是对消费者需求的一种透支，当这种透支需要偿还时，国美和苏宁又拿什么来面对消费者和供应商呢？

5. 中国的家电市场确实有支持国美达到 1 200 亿销售收入的潜力，但随着规模的扩大，国美的边际收益实际上已经下降。可以预测，随着连锁规模的扩张，总有边际收益为负的时候，而且为期不会太远，当这个时候来临时，国美与苏宁要如何面对？

6. 商业的基本规则在于各方在整个市场的价值链中找到自己的定位，赚取合适的利润。当总是试图从别人的腰包中掏取自己的利润时，它破坏的是整个商业运作的规则。“得道多助，失道寡助”，国美也好、苏宁也好，能否具备持续的竞争力，关键在于能不能在价值链中建立自己真正的竞争优势。那么国美、苏宁应该如何定位呢？

7. 小天鹅与 GE 战略合作成功的主要经验有哪些？小天鹅在几次合作中学到了什么？GE 在合作中最重视的是什么？合作双方在合作过程中出现的问题主要有哪些？应如何解决？归纳本案例的操作步骤与关键点。

8. 你认为金鼎公司还有别的战略选择么？金鼎公司在战略实施中还有哪些哪些需

要注意的？

9. 易初莲花的竞争优势主要有哪些？

10. 商业企业竞争的核心在哪里？

11. 结合本节的内容，分析前面国美、苏宁案例的商业模式与传统超市的经营有什么异同？国美、苏宁的这种模式能否移植到易初莲花上？

参考文献

[1] ALCHAIN A, DEMSETZ H. Production, information costs and economic organization [J]. American Economic Review, 1972, December: 777 - 795.

[2] AMIT R, SCHOEMAKER P J H. Strategic assets and organizational rent [J]. Strategic Management Journal, 1993, 14 (1), 33 - 46.

[3] BARNEY J B, BARNEY. Is the resource - based view a useful perspective for strategic management research [J]. Cademy of Management Review, 2001, 26 (1): 41 - 56.

[4] BARNEY J B. Organization culture can it be a source of competitive advantage [J]. Academy Management Review, 1986, 11: 656 - 665.

[5] BARNEY J B. Gaining and sustaining competitive advantage [M]. 2nd ed. NJ: Prentice Hall, 2002.

[6] BARNEY J B. Strategic factor markets: expectations, luck and business strategy [J]. Management Science, 1986, 32: 1231 - 1241.

[7] BARNEY J B, HESTERLY W S. Strategic management and competitive advantage [M]. NJ: Prentice Hall, 2005.

[8] CHAMBERLIN E. The theory of monopolistic competition [M]. Cambridge, MA: Harvard Unversity Press, 1933.

[9] GRANT R M . Contemporary stragy analysis [M]. 1st to 6th Eds. Cambridge. MA: Blackwell Publisher, 1991, 1995, 1998, 2002, 2005, 2008.

[10] LEONARD - BARTON D. Core capabilities and core rigidities: a paradox in managing new product development [J]. Strategic Management Journal, 1992, 13 (summer special Issue): 111 - 125.

[11] MARKIDES C C. Diversification, refocusing and economic performance [M]. Cambridge, The MIT Press, 1995.

[12] PENROSE E. The theory of the growth of the firm [M]. Oxford, England: Blackwell, 1959.

[13] PORTER M E. Competitive advantage [M]. New York: Free Press, 1985.

[14] PRAHALAD C K, HAMEL G. The corecompetence of corporations [J]. Harvard Business Review, 1990, May: 79 - 91.

[15] RICHARD P RUMELT. Strategy, structure and economic performance [M]. Harvard Business Press, Cambridge, MA, 1974.

[16] ROBINSON J. The economic of imperfect competition [M]. London: Macmillan, 1933.

[17] TARUN KHANNA K PALEPU. Why focused strategies may be wrong for emerging markets [J]. Harvard Business Review. July - Aug, 1997: 41 - 51.

[18] TEECE D J, PISANO G, SHUEN A. Dynamic capabilities and strategic management [J]. Strategic Management Journal, 1997, 18: 509 - 533.

[19] WERNERFELT. The resource - based view 0f the firm. ten years after [J]. Strategic Management Journal, 1995, 16: 171 - 174.

[20] WERNERFELT B. A resource - based view of the firm [J]. Strategic Management Journal, 1984, 5: 171 - 180.

[21] 陈幼其. 战略管理教程 [M]. 上海: 立信会计出版社, 2003.

[22] 大卫·J. 科利斯, 辛西娅·A. 蒙哥马利. 公司战略: 企业的资源与范围 [M]. 王永贵, 杨永恒, 译. 大连: 东北财经大学出版社, 2001.

[23] 丁宁. 企业战略管理 [M]. 北京: 清华大学出版社, 北京交通大学出版社, 2005.

[24] 董大海. 企业战略管理 [M]. 大连: 大连理工大学出版社, 2002.

[25] 董大海. 战略管理 [M]. 3 版. 大连: 大连理工大学出版社, 2006.

[26] 高红岩. 战略管理学 [M]. 北京: 清华大学出版社; 北京交通大学出版社, 2007.

[27] 格兰特. 当代战略分析第四版 [M]. 北京: 机械工业出版社, 2005.

[28] 郭松克, 肖飞等. 企业战略管理 [M]. 北京: 中国财政经济出版社, 2006.

[29] 韩伯棠, 张平淡. 企业战略管理 [M]. 北京: 高等教育出版社, 2004.

[30] 简新华. 产业经济学 [M]. 武汉: 武汉大学出版社, 2001.

[31] 姜左, 马扬. 拉长电影产业链条 [J]. 瞭望新闻周刊, 2004 (24): 52 - 53.

[32] 蒋运通. 企业战略管理——理论过程与实践 [M]. 北京: 企业管理出版社, 2006.

[33] 金润圭, 杨蓉, 等. 企业战略与管理 [M]. 上海: 立信会计出版社, 2007.

[34] 康荣平, 柯银斌. 企业多元化经营 [M]. 北京: 经济科学出版社, 1999.

[35] 康斯坦丁诺斯·C. 马吉士. 是否多元化? [A] //小乔治·斯托尔克, 等. 哈佛商业评论精粹译丛: 企业成长战略 [C]. 赵锡军, 译. 北京: 中国人民大学出版社, 1999: 91-92.

[36] 李福海. 战略管理学 [M]. 成都: 四川大学出版社, 2007.

[37] 李敬. 多元化战略 [M]. 上海: 复旦大学出版社, 2002.

[38] 梁东. 企业战略管理 [M]. 北京: 机械工业出版社, 2007.

[39] 刘翼生. 企业战略管理 [M]. 北京: 清华大学出版社, 2007.

[40] 刘志迎. 现代产业经济学教程 [M]. 北京: 科学出版社, 2007.

[41] 马浩. 战略管理学精要 [M]. 北京: 北京大学出版社, 2008.

［42］迈克尔·波特．竞争优势［M］．夏忠华，译．北京：中国财政经济出版社，1988.

［43］迈克尔·波特．竞争战略［M］．陈小悦，译．北京：中国财政经济出版社，1997.

［44］迈克尔·古尔德，安德鲁·坎贝尔，马库斯·亚历山大．公司层面战略：多业务公司的管理与价值创造［M］．黄一义，等，译．北京：人民邮电出版社，2004.

［45］任浩．战略管理——现代的观点［M］．北京：清华大学出版社，2009.

［46］谭忠富，侯建朝，等．企业战略管理——理论与案例［M］．北京：经济管理出版社，2008.

［47］王迎军．企业战略管理［M］．天津：南开大学出版社，2003.

［48］吴照云，等．战略管理［M］．北京：中国社会科学出版社，2008.

［49］希尔，琼斯，周长辉．战略管理［M］．7 版．北京：中国市场出版社，2007：90－102.

［50］［美］罗伯特·格兰特．公司战略管理［M］．3 版．胡挺，张海峰，译．北京：光明日报出版社，2001.

［51］徐飞，黄丹．企业战略管理［M］．北京：北京大学出版社，2008.

［52］杨锡怀，冷克平，王江．企业战略管理［M］．2 版．北京：高等教育出版社，2004.

［53］杨锡怀，等．企业战略管理［M］．北京：高等教育出版社，2004.

［54］杨锡怀，冷克平，等．企业战略管理理论与案例［M］．2 版．北京：高等教育出版社，2004.

［55］杨锡怀，冷克平，王江．企业战略管理理论与案例［M］．2 版．北京：高等教育出版社，2006.

［56］张秀屿．企业战略管理［M］．北京：北京大学出版社，2005.

［57］赵顺龙，吴琨，等．企业战略管理［M］．北京：经济管理出版社，2008.

［58］代宏坤．企业业务战略制定新方法［J］．商业时代，2007（15）.

［59］黄丹．战略管理［M］．北京：清华大学出版社，2005.

［60］李玉刚．战略管理［M］．北京：科学出版社，2005.

［61］孟卫东．战略管理［M］．北京：科学出版社，2004.

［62］王玉．企业战略管理教程［M］．上海：上海财经大学出版社，2005.

［63］王迎军．战略管理［M］．天津：南开大学出版社，2003.

［64］王方华．企业战略管理［M］．上海：复旦大学出版社，2003.

［65］众行管理资讯研发中心．管理工具全解［M］．广州：广东经济出版社，2004.

［66］周三多．管理学［M］．4 版．北京：高等教育出版社，2014.